D1994803

VERLAG KARL ALBER

Ram Adhar Mall / Damian Peikert

Philosophy as Therapy

An intercultural Perspective

In wake of Pierre Hadot's book »Philosophy as a Way of Life«, Greek and Roman thinking is being revisted as a »philosophical practice«. Philosophy is considered not only to be a way of learning how to think soundly but also how to live well. It is said to lead to a kind of »conversion«, which profoundly changes the life and complete being of the person converted. In the interplay between a vita contemplativa and vita activa, the person is taken to develop an attitude to life which withstands the hardships s/he faces in life or when through suffering s/he experiences the momentariness or inscrutability of human existence Hereby, a meditative-reflective transformation through »therapeia« is presupposed that takes place through mental exercises like those developed by the Epicureans, Stoics and Skeptics. Similar ideas and approaches are to be found in later philosophers like David Hume, William James, Friedrich Nietzsche, Ludwig Wittgenstein or Karl Jaspers. The notion that philosophy can have a therapeutic effect is also to be found in the Chinese and Indian traditions like in the thought of Buddha, in the Lotus-Sutra, Nagarjuna, Sri Aurobindo or Zhuāngzī. Ram Adhar Mall and Damian Peikert initiate a dialogue between these traditions and thinkers, which promises to be fruitful beyond intercultural philosophy.

The authors:

Ram Adhar Mall has taught as a professor of philosophy in Trier, Wuppertal, Bremen, Munich and Jena. He is the founding president of the Society of Intercultural Philosophy and has published extensively on issues pertaining to phenomenology, intercultural philosophy and comparative religion.

Damian Peikert has studied philosophy and psychology in Jena, Vienna and Heidelberg. He works with Ram Adhar Mall since 2011.

Ram Adhar Mall / Damian Peikert

Philosophie als Therapie

Eine interkulturelle Perspektive

Angeregt durch Pierre Hadots bahnbrechendes Buch »Philosophie als Lebensform« ist in den letzten Jahren das griechische und römische Denken als eine Art »philosophische Praxis« in den Blick gekommen. Philosophie sei nicht nur eine Schule des Denkens, sondern auch eine Schule des Lebens. Philosophie eröffne die Möglichkeit einer Bekehrung des Menschen, »die das ganze Leben verändert und das Wesen desjenigen verwandelt, der sie vollzieht«. Im Zusammenspiel von vita contemplativa und vita activa vermag ein Mensch eine Lebenseinstellung zu kultivieren, die auch dann trägt, wenn Schicksalsschläge oder Erfahrungen von Leid und Enttäuschung ihm die Flüchtigkeit bzw. Abgründigkeit seiner Existenz erkennen lassen. Dazu bedarf es allerdings einer meditativ-reflexiven Transformation durch geistige Übungen, wie sie die Schulen der Epikureer, Stoiker und Skeptiker im Sinne einer »Therapeia« entwickelt haben. Verwandte Ideen und Ansätze finden sich später bei Philosophen wie David Hume, William James, Friedrich Nietzsche, Ludwig Wittgenstein oder Karl Jaspers, aber auch in der chinesischen und in der indischen Tradition lassen sich bei Buddha, im Lotos-Sutra, bei Nagarjuna, Sri Aurobindo oder Zhuāngzī Grundgedanken einer therapeutischen Wirkung von Philosophie ausmachen. Ram Adhar Mall und Damian Peikert bringen diese Traditionslinien in einen Dialog, der nicht nur für die interkulturelle Philosophie eine Bereicherung bedeutet.

Die Autoren:

Ram Adhar Mall lehrte als Professor für Philosophie u. a. an den Universitäten Trier, Wuppertal, Bremen, München und Jena. Er ist Gründungspräsident der Gesellschaft für Interkulturelle Philosophie und legte zahlreiche Veröffentlichungen auf dem Gebiet der Phänomenologie, der interkulturellen Philosophie und der vergleichenden Religionswissenschaft vor.

Damian Peikert studierte Philosophie und Psychologie in Jena, Wien und Heidelberg. Seit 2011 arbeitet er mit Ram Adhar Mall zusammen.

Ram Adhar Mall /
Damian Peikert

Philosophie als Therapie

Eine interkulturelle Perspektive

Verlag Karl Alber Freiburg / München

FSC
www.fsc.org
MIX
Papier aus verantwortungsvollen Quellen
FSC® C083411

Originalausgabe

www.verlag-alber.de

Umschlagmotiv: green bamboo forest © Yury Zap – Fotolia
Umschlaggestaltung und Satz: SatzWeise GmbH, Trier
Herstellung: CPI books GmbH, Leck

Printed in Germany

ISBN 978-3-495-48748-8

Für Renate

Die Aufgabe des Philosophen ebenso wie die des Therapeuten ist es, die Verdrängung wieder rückgängig zu machen und das Individuum wieder mit etwas vertraut zu machen, was er oder sie schon immer gewusst hat. Darüber hinaus müssen der Philosoph und der Therapeut das Individuum dazu ermutigen, seine existentielle Situation anzuschauen und sich ihr zu widmen.

Irvin D. Yalom

Inhalt

Ein Wort zuvor

> Ich habe erkannt, daß die Philosophie nicht nur eine bestimmte Art, die Welt zu sehen, ist, sondern eine Art zu leben, und daß alle theoretischen Diskurse nichts sind im Vergleich mit dem konkreten gelebten philosophischen Leben.
>
> Pierre Hadot[1]

Das Auseinanderdriften und Zusammengehen von *vita contemplativa* und *vita activa* gibt es seit Menschengedenken. Wenn es um gute, wertvolle und dem Humanum verpflichtete Ideen und Gedanken geht, dann sollen und müssen beide Lebensformen, die der Theorie und die der Praxis, zusammengehen. Dass es auf dem Wege eines Zusammenflusses eine Vielzahl von Hindernissen und Verblendungen gibt, ist ebenso ein Faktum wie die Notwendigkeit, diese Hindernisse zu überwinden. Es ist umstritten, ob der Weg von *vita contemplativa* zu *vita activa* geht oder ob es sich umgekehrt verhält; buddhistisch gesprochen: von Erkenntnis, Einsicht, Weisheit (Prajna) zu Mitleid, Mitgefühl und dem Wohlwollen allen Wesen gegenüber (Karuna) oder umgekehrt. Jedoch ist von der Praktikabilität beider Möglichkeiten oft die Rede, und dies zu Recht. Für die Mönche im christlichen Mittelalter waren beide Wege möglich und Teil ihrer monastischen Lebensführung. Im Buddhismus spricht auch Shantideva von beiden Wegen, von der Erkenntnis und Einsicht in die Leerheit (Shunyata) zu Mitgefühl (Karuna) zu gelangen und umgekehrt.[2]

Was Philosophie sei, sage uns das reiche Reservoir der Philosophiegeschichte. Was jedoch außer Frage steht, ist Folgendes: keine bloß aprioristische, transzendentalphilosophische, spekulativ-metaphysische, nominal-definitorische oder bloß formal-logische Defini-

[1] Hadot, Pierre: Philosophie als Lebensform, Berlin 1991, S. 9.

[2] Vgl. Shantideva: Siksha-Samuccaya. A Compendium of Buddhist Doctrin, übers. v. Bendall, C. und Rouse, W. H. D., London 1922, S. 8f.

tion wird das Problem, was denn die Philosophie sei, lösen können. Ferner wird es auch nicht helfen, dass jemand in Oxford, Freiburg, New York, Kolkata usw. *eine* bestimmte Tradition der Philosophie als allgemein verbindlich privilegiert. Der einzige gangbare Weg ist zu fragen, was man tut, wenn man philosophiert. Und dieses Tun ist mehrstimmig. Und diese Mehrstimmigkeit ist reichlich belegt durch die Philosophiegeschichte. Freilich ist man frei, eine bestimmte Definition der Philosophie zu privilegieren, aber es geht »nicht darum, die eine oder andere dieser philosophischen Traditionen unter Ausschluss der anderen auszuwählen«.[3]

Der Philosoph Helmuth Plessner stellt die Frage nach dem Wesen der Philosophie und kommt zu dem Schluss, dass die Wesensfrage unentscheidbar sei. »Entweder lässt sich ihre Unentscheidbarkeit auf die Unmöglichkeit beziehen, eine Antwort zu finden [...] Oder aber die Unentscheidbarkeit bedeutet einen Grundsatz, wonach der Versuch, eine Antwort auf die Wesensfrage der Philosophie zu finden, von vornherein abgewehrt wird.«[4] Die Gründe hierfür sind sehr vielfältig. Vor allem sind die weltphilosophischen Traditionen selbst uneinig, und dies sowohl inter- als auch intrakulturell. Trotz dieser Mehrdeutigkeit der philosophischen Überlieferungen schüttet Plessner, und dies zu Recht, das Kind nicht mit dem Bade aus. Er weist auf eine grundsätzliche ›offene Mehrdeutigkeit der Überlieferungen‹ hin und findet darin dennoch eine konsensfähige Antwort. So schreibt er: »Die Frage nach dem Wesen der Philosophie findet ihre Antwort nicht mehr in den schulmäßigen Formen geschichtlicher Traditionen, wenn sie nicht der Opposition gegen diese Formen das gleiche Recht auf sie zugesteht.«[5] Für uns heißt dies, dass Philosophie beides ist und sein kann: ein Denkweg und ein Lebensweg. Darüber hinaus macht eine unparteiische Lektüre der Philosophiegeschichte überzeugend deutlich, dass Philosophie, wenn auch nicht bei allen Philosophen und in allen Zeiten, Denk- und Lebensweg in einem gewesen ist und sein kann.

Philosophie als Therapie begreifen zu wollen entspringt einem Unbehagen, das uns widerfährt, wenn die Ansicht vertreten wird: Ich weiß zwar, was Wissen ist, aber nicht, was mich hindert, das so Ge-

---

[3] Hadot, P.: Philosophie als Lebensform, S. 174.

[4] Plessner, Helmuth: Zwischen Philosophie und Geselllschaft, Frankfurt a.M. 1979, S. 89.

[5] Ibid. S. 110.

wusste zu tun. Keine denk-akrobatische, bloß analytisch-definitorische und aufklärerische Stringenz führt uns hier aus dem Dilemma des Entweder-Oder: Philosophie *oder* Gefühl, Denken *oder* Tun. Denn wer weiß, was zu tun ist, tut es aber nicht, sollte auch wissen, was ihn daran hindert, das Erkannte in die Praxis umzusetzen. Philosophie als Therapie ist ein »wissendes Tun«, das diese Hinderungsgründe zu überwinden sucht. Die Liaison zwischen dem »wissenden Tun« und »tatkräftigen Wissen« ist das Ziel einer Philosophie, die von vornherein ein Entweder-Oder zwischen Denk- und Lebensweg zu umgehen trachtet. Denn »die philosophische Tätigkeit erstreckt sich nicht nur auf das Wissen, sondern auf die eigene Person und das Dasein: sie ist ein Fortschreiten, das unser Sein wachsen läßt und uns besser macht; sie ist Bekehrung, die das ganze Leben verändert und das Wesen derjenigen verwandelt, der sie vollzieht.«[6]

Die zentrale These, die den Ausführungen in dieser Schrift zugrunde liegt, ist die folgende: Philosophie ist weder *nur* Denkweg noch *nur* Lebensweg, sondern sowohl als auch. Dieses »Zwischen« bewahrt uns vor einem bloßen Denken, das sich selbst fälschlicherweise zu genügen meint, und einem Handeln, das beinahe blind vonstattengeht. Ernsthafte Beschäftigung mit der Philosophie zielt auf Wissen und die Anwendung des Gewussten. Wer diese Zweiteilung der Philosophie unterschlägt, wird der pädagogischen Aufgabe der Philosophie nicht gerecht. Denn das »Wissen« ist nicht automatisch »Tugend«, sondern es bedarf transformativ-geistiger Übungen im Sinne einer θεραπεία (gr. therapeia). Dies ist immer ein zentrales Anliegen der indischen Philosophie in ihren ursprünglich pluralistischen Gestalten gewesen. Auch für das griechische und römische Denken war eine Art »philosophischer Praxis« ein zentrales Anliegen. Philosophie ist nicht nur eine Schule des Denkens, sondern auch eine Schule des Lebens.

* * *

Wir danken Bettina Klee und Norbert Peikert für ihren fachlichen Beistand und kritische Diskussion in den Bereichen Psychiatrie, Psychologie und tiefenpsychologisch fundierter Psychotherapie. Wir danken unserem Freund und Kollegen, Tony Pacyna, der uns durch seine unermüdliche sympathische Kritik und allgegenwärtige Hilfs-

[6] Hadot, P.: Philosophie als Lebensform, S. 15.

bereitschaft unentbehrlicher fachlicher Prüfstein ist. Ebenso sind wir Monika Kirloskar-Steinbach und Chibueze C. Udeani in Kollegialität und Dankbarkeit sehr verbunden. Wir danken Michael Hubig für seine fachspezifische Unterstützung und Gespräche. Auch bei Gita Mall und Tara Mall möchten wir uns an dieser Stelle sehr bedanken. Ferner danken wir Christine Bäker, für ihre Hilfsbereitschaft und Aufmerksamkeit. Sehr zu Dank verpflichtet sind wir Herrn Lukas Trabert und seinem Team vom Karl Alber Verlag für die beharrliche Unterstützung dieser Arbeit.

I. Einführung

1. Zur Einstellung interkulturellen Philosophierens

> *Bejahung* unserer Kultur und Religion bedeutet also den Verzicht auf ihre Verabsolutierung und die Anerkennung außereuropäischer Kultursysteme und Weltbilder.
>
> Helmuth Plessner[1]

Interkulturalität ist die Bezeichnung einer Geisteshaltung, aus der heraus Kulturen und die aus ihnen erwachsenen Ausprägungen von Philosophie als gleichrangig angesehen werden. Absolutheitsansprüche werden verneint. Die *philosophia perennis* ist niemandes Besitz allein und sie ist keiner willkürlich herausgehobenen Kultur als »Entelechie« eingeboren.[2]

Die Einstellung des interkulturellen Philosophierens in seinen

---

[1] Plessner, H.: Philosophie und Gesellschaft, Bern 1953, S. 249 (kursiv im Original).

[2] »Ich meine, wir [die Europäer, Vf.] fühlen es […], daß unserem europäischen Menschentum eine Entelechie eingeboren ist, die den europäischen Gestaltenwandel durchherrscht und ihm den Sinn einer Entwicklung auf eine ideale Lebens- und Seinsgestalt als einen ewigen Pol verleiht. […]« Husserl, E.: Die Krisis der europäischen Wissenschaften und die transzendentale Phänomenologie, Bd. 6, Haag/Nijhoff 1962, S. 320. Ein solcher Hochmut, eine derartige Selbstverabsolutierung des Eigenen ist aus interkultureller Perspektive nicht zu halten. Merleau-Ponty kritisierte Husserl in diesem Glauben an das »Eingeborene«, in seinem Festhalten an einer Privilegierung der abendländischen Philosophie: »Er [Husserl, Vf.] scheint also Hegels Weg fortzusetzen. Wenn er die abendländische Philosophie jedoch weiterhin privilegiert, so geschieht dies nicht aufgrund eines ihr zugesprochenen Rechtes und als verfüge sie mit absoluter Evidenz über die Prinzipien jeder möglichen Kultur. […] Die Idee einer Philosophie als ›strenger Wissenschaft‹ – oder als absolutem Wissen – taucht also wieder auf, von nun an jedoch mit einem Fragezeichen.« Merleau-Ponty, Maurice: Zeichen, Hamburg 2007, S. 199. Vgl. weiterführend dazu den Aufsatz *Husserl, Buddhism, and the Problematic of the Crisis of European Sciences* von Lau Kwok Ying in ders.: Identity and Alterity. Phenomenology and Cultural Traditions, Würzburg 2010, S. 221–233

vielfältigen Anwendungsformen möchte auf das therapeutische Potential des philosophischen Denkens aufmerksam machen, das sich in philosophischer Redlichkeit, Authentizität und Eigentlichkeit ergibt, wenn diverse philosophische Traditionen sich auseinandersetzen und eine Selbst- und Fremdkorrektur bewirken. Ferner leiten sie eine Horizonterweiterung (und eben nicht Horizont*verschmelzung*) ein, die ein Nebeneinander der (*Denk*-)Kulturen in ein Miteinander verwandelt.

Interkulturelle Philosophie stellt sich die Aufgabe, Antwortmuster auf Fragen zu entwerfen, die sich dem Menschen im heutigen Weltkontext des Denkens stellen, und dabei Überlappendes, d. h. universell Verbindendes sichtbar zu machen. Ausgangsbasis ist eine vorbehaltlose Anerkennung von je schon eigenen kulturspezifischen Merkmalen. Das philosophische Fragen kennt keine rein geographischen, kulturellen oder anderen traditionsgebundenen Begrenzungen. Kulturalität und Interkulturalität der Philosophie gehen Hand in Hand. Ein Philosoph qua Philosoph gewinnt seine Identität in erster Linie durch die Benennung von Problemen, durch ihre Fragestellungen und der Suche nach ihrer Lösung. Er gewinnt seine Identität daher nicht etwa durch seine Zugehörigkeit zum europäischen oder asiatischen Kulturkreis. Ein Empirist oder ein Rationalist bleibt auch über die Grenzen von Kultur und Sprache hinweg eben ein Empirist oder ein Rationalist.

Interkulturelle Philosophie steht nicht für eine zusätzliche Disziplin der Philosophie. Auch ist sie nicht zu verwechseln mit dem Begriff einer »komparativen Philosophie«.[3] Vielmehr hat sie eine begleitende Funktion für alle philosophischen Disziplinen und stellt diese in einen interkulturellen Kontext.[4] Wollen wir uns an diesem Projekt konstruktiv beteiligen, so bedarf es der Einsicht, dass es eine

---

[3] Interkulturelle Philosophie ist kein Eklektizismus und verwehrt sich einem solchen. Sie versammelt nicht verschiedene philosophische Traditionen, verfällt nicht in eine Buchbinderkunst, stellt nichts schlicht nebeneinander und verbleibt nicht in einem stummen Feststellen von Differenz und Pluralität. Nur Vergleichen, nur Bemerken der Verschiedenheit ist nicht ihr Anliegen.

[4] Interkulturelles Denken zeigt interdisziplinäres Denken an. Das ist ein Denken, wie es Jürgen Mittelstraß ausdrückt, »[…] dass im eigenen Kopf anfangen muss – als Querdenken, Fragen, wohin noch niemand gefragt hat [und] Lernen, was die eigene Disziplin nicht weiß.« Mittelstraß, J.: Die Stunde der Interdisziplinarität, in: Interdisziplinarität, hrsg. v. Kocka, J., Frankfurt a. M. 1987, S. 157.

vollkommen eigenständige, von Nachbarkulturen völlig abgeschottete Kultur nicht gibt und nicht geben kann.[5]

Der Begriff Kultur steht im Zusammenhang dieser Betrachtungen für einen sowohl theoretischen als auch praktischen Orientierungsrahmen. Zu diesem Begriff gehört wesentlich die Gestaltung einer bestimmten, dauerhaften Lebensform in Auseinandersetzung mit Natur und dem Gegenüber – sprich die Auseinandersetzung mit Mit- und Umwelt. So wie die Menschenwürde ausnahmslos allen Menschen als Menschen zukommt, sind alle Kulturen als Kulturen gleichwertig; die Feststellung von Unterschieden veranlasst uns zu differenzieren, niemals jedoch in diskriminierender Weise – denn die Grunderfahrung der Differenz, das Verschieden-Sein ist jedem Menschen gegeben.

Philosophie ist ein Kulturprodukt; eine jede Kultur bringt Philosophie hervor, mag diese auch im Poetischen oder Mythologischen wurzeln. Dass es sowohl aus intra- als auch aus interkultureller Betrachtungsweise unterschiedliche Philosophien gibt, ist ebenso zutreffend wie die Tatsache, dass Philosophie Ergebnis eines je eigenen kulturspezifischen Denkens ist. Das interkulturelle Projekt des Philosophierens plädiert für eine Vermittlung zwischen dem Besonderen einer jeweiligen Philosophie und dem Allgemeinen der überlappend-verbindlichen philosophischen Fragestellungen.

Auf die Frage, »woher« die Philosophie überhaupt komme, kann zunächst geantwortet werden, dass sie ein Kulturerbe ist. Zweitens kann man antworten, dass sie dem *Anthropos* qua *Anthropos* als Disposition zukommt; Philosophie als Ausdruck eines metaphysischen Bedürfnisses. Es ist wahr, dass unterschiedliche philosophische Denkrichtungen je eigene Akzente setzen und dementsprechend auch zu divergierenden Definitionen von Philosophie gelangen. Dies ist an sich nicht unphilosophisch. Für einen philosophischen Diskurs schädlich ist die Tendenz, eine bestimmte Sichtweise verabsolutieren zu wollen.[6]

---

[5] Dies führt zu der Einsicht, dass es eine von seinen »Nachbarkulturen« abgeschottete *Denk*kultur ebenso wenig gibt und geben kann, da auch Denken sich immer schon im Austausch, in Mitteilung befindet, sich immer schon durch und in der Begegnung mit dem Anderen vollzieht. Das meint, dass (interkulturelles) Philosophieren sich immer schon im Zwischenreich des Dialoges aufhält.

[6] Zur Grundposition eines interkulturellen Philosophierens gehört, wie weiter unten deutlich wird, wesentlich die Einsicht in das geschichtliche Gewordensein der konkreten Gestalten der Philosophie. Ferner aber auch die Überzeugung, dass Philosophie

Man hat oft die dienende Rolle der Philosophie als einer »Magd der Theologie« im christlichen Mittelalter beklagt; aber eine heutige, rein szientistische Bestimmung, die die Aufgabe von Philosophie in der Analyse, Erklärung und Begründung vorwiegend naturwissenschaftlicher Theorien sähe, würde die Philosophie neuerlich zu einer »Magd« machen, jene der Wissenschaften. Die Ansicht, Philosophie sei eine rein theoretische Angelegenheit, ist philosophiegeschichtlich nicht untermauert. Pierre Hadot, André-Jean Voelke und Juliusz Dománski haben die Philosophie als einen Denk- und Lebensweg verstanden und aus der Geschichte der Philosophie heraus belegt.[7] Es ist mit dem Aufkommen des Christentums in der Geschichte des Abendlandes verbunden, dass Philosophie als eine eigenständige Lebenslehre zurückgedrängt wurde, da das Christentum eine andere seligmachende Lehre nicht zuließ.

Eine Antwort auf die Frage, wann sich zwei Kulturen, Philosophien, Religionen etc. einander völlig wesensfremd gegenüberstehen oder aber sich nur graduell voneinander unterscheiden, kann lauten: Sie sind je schon zwei Beispiele eines Gattungsbegriffs. Denn wären sie *radikal* verschieden, könnte man sie nicht unter ein und denselben Gattungsbegriff subsumieren und radikale Unterschiede könnten nicht einmal sprachlich artikuliert werden. Selbst Gegenargumente werden Argumente genannt, mögen sie noch so konträr oder gar kontradiktorisch sein. So handelt es sich also um einen allgemeinen, überlappend-analogischen Begriff, der sich in Konkretion entfaltet. Von daher ist man überhaupt erst berechtigt, *chinesische, indische, europäische* Philosophie voneinander zu unterscheiden.

Begriffsbestimmung[8]

Will man das Allgemeine des Philosophiebegriffs erfassen, so darf man es nicht essentialistisch mit den dafür in unterschiedlichen kul-

---

und Anthropologie sich gegenseitig bedingen und in der Regel ineinander verflochten sind. Daher ist und bleibt die Frage nach dem Primat der einen vor der anderen offen.

[7] Vgl. zur weiteren Lektüre Hadot, Ilsetraut: Seneca und die griechisch-römische Tradition der Seelenleitung, Berlin 1969. Voelke, André-Jean: La philosophie comme thérapie de l'âme, Paris 1993. Rabbow, Paul: Seelenführung: Methodik der Exerzitien in der Antike, München 1954.

[8] An dieser Stelle kann nur eine allgemein gehaltene Bestimmung der die vorliegende Studie begleitenden Einstellung gegeben werden, ohne dass der Horizont interkultu-

turellen Kontexten jeweils vorhandenen sprachlichen Benennungen gleichsetzen. Gerade voreilige Gleichsetzung hat zu dem lexikalischen Argument verleitet, schon das bloße Fehlen eines Äquivalentes für den griechischen Ausdruck »Philosophie« in außereuropäischen Traditionen bedeute das Nichtvorhandensein von Philosophie. Daher ist es ein zentrales Anliegen einer interkulturell-philosophischen Betrachtungsweise, eine bloß philologische und/oder formale aprioristische Definition des Philosophiebegriffs zu vermeiden, mit dem Ziel, das *größere Gemeinsame* des Philosophierens in unterschiedlichen Kulturkreisen vielmehr in Fragestellungen als in Antworten zu suchen. Selbst wenn nicht-okzidentalen Denktraditionen philosophische Fragestellungen zuerkannt werden, behält man das Prädikat der »eigentlichen« Philosophie vielfach nur den Ergebnissen des okzidentalen Denkens vor. So ist beispielsweise für Gadamer »der Begriff der Philosophie [...] noch nicht auf die großen Antworten anwendbar, die die Hochkulturen Ostasiens und Indiens auf die Menschheitsfragen, wie sie in Europa durch die Philosophie immer wieder gestellt werden, gegeben haben«.[9]

Verwandte Stereotypen, Klischees oder Vorurteile sind weiter gegenwärtig, obwohl sich allmählich die Einsicht durchzusetzen scheint, dass Wahrheit und Werte den Konsens und Dissens implizieren und dass der Philosophie mehr als nur eine einzige Heimat zuzubilligen ist. Die Heimatlosigkeit der Philosophie ist eher ihre Stärke denn ihre Schwäche. Hierin liegt auch ihre großartige Unparteilichkeit begründet. Und so widmet sich auch die hier vorliegende Studie der Suche nach verschiedenen Ursprüngen eines Gedankens.

---

rellen Philosophierens dabei ausgeschritten würde. Ein detaillierter Überblick findet sich in Mall, R. A.: Interkulturalität, in: Brockhaus, Bd. 13, 2005, S. 392–396. Vgl. zur einführenden Lektüre in die Interkulturelle Philosophie und ihrer Standortbestimmung: Yousefi, H. R., Mall, R. A.: Grundpositionen der interkulturellen Philosophie, Interkulturelle Bibliothek Band 1, Nordhausen 2005. Polylog, Zeitschrift für interkulturelles Philosophieren, Nr. 1, Wien 1998/2014. Vgl. außerdem die Studien zum interkulturellen Philosophieren (SIP): Mall, R. A., Lohmar, D.: Philosophische Grundlagen der Interkulturalität, Rodopi 1993, sowie die Einführungen Mall, R. A.: Philosophie im Vergleich der Kulturen, Darmstadt 1995/2006. Kimmerle, H.: Interkulturelle Philosophie, Hamburg 2002. Wimmer, F. M.: Interkulturelle Philosophie. Geschichte und Theorie, Wien 1990. Vgl. zur umfassenden Diskussion des Begriffs Kirloskar-Steinbach, M., Dharampal-Frick, G., Friele, M.: Die Interkulturalitätsdebatte. Leit- und Streitbegriffe, Freiburg/München 2012.

[9] Gadamer, H.-G.: Europa und die Ökumene, in: Europa und die Philosophie, hrsg. v. Gander, H.-H., Stuttgart 1993, S. 67–86.

Es mutet seltsam an, wenn beispielsweise manche europäischen Philosophen an der indischen Philosophie kritisieren, sie sei »zu religiös«, oder wenn europäische Theologen die indische Religion als »zu philosophisch« einstufen. Es bleibt zu hoffen, dass im Geiste der interkulturellen Philosophie eine begriffliche und inhaltliche Klärung und Auflösung dieser scheinbaren Widersprüche gelingen wird. Wer an der Kreuzung unterschiedlicher Kulturen steht, wer in der Übertragung und »Übersetzung« von Lebensformen und Sprachspielen lebt, erfährt hautnah die Dringlichkeit, aber auch die Schwierigkeit einer interkulturellen, integrativen Verständigung.

Philosophie qua Philosophie hat nicht nur eine einzige Muttersprache. Sprachstruktur bestimmt zwar die Denkstruktur, fesselt diese jedoch nicht vollends. Ein Studium der Philosophiegeschichte unterschiedlicher Traditionen belegt diese Auffassung. Der indische Phänomenologe Jitendra Mohanty äußert tiefes Befremden, wenn man aus je eigenen kulturspezifisch getönten Fixierungen des Begriffs Philosophie resultierende Urteile vorfinde, die schlichtweg von mangelnder Sachkenntnis und philosophischer Unbesonnenheit zeugten.[10] Eine bloß kulturell-provinzialistische Bestimmung von Philosophie, die Verabsolutierung einer bestimmten philosophischen Konvention, ist abzulehnen, ansonsten wäre die Folge ein verabsolutierter Relativismus.

Es zeugt von einem verengten Wissenschaftsverständnis, die Vielfalt philosophischer Denkungsarten reduktionistisch zu traktieren und von der Möglichkeit nur einer einzigen Weise des Philosophierens, das diesen Namen verdiene, auszugehen. Vielfalt sollte als Reichtum angesehen werden; dann erübrigt sich auch ein Streit um Geburtsorte der Philosophie.[11]

Gerade heute wird im Weltkontext des Denkens erwartet, dass eine angemessene Philosophie der Hermeneutik erarbeitet wird, welche die philosophische Wahrheit orthaft ortlos sein lässt und sie nicht in einer bestimmten philosophischen Tradition ausschließlich manifestiert.

»Der Philosoph kann sich nicht mehr bewusst auf ein absolut radikales Denken berufen oder sich den intellektuellen Besitz der Welt und die Strenge des Begriffs anmaßen. Seine Aufgabe liegt weiterhin in der Überprüfung

---

[10] Mohanty, J. N.: Reason and Tradition in Indian Thought. An Essay on the Nature of Indian Philosophical Thinking, Oxford 1992, S. 288 ff.

[11] Vgl. Plessner, H.: Philosophie und Gesellschaft, Bern 1953, S. 249 ff.

seiner selbst und alles Anderen, aber er hat sie zugleich nie beendet, da er sie von nun an durch das Feld der Phänomene hinweg verfolgen muss, bei dem ihm kein formales *a priori* von vornherein die Herrschaft zusichert.«[12]

Das Projekt einer Interkulturellen Philosophie ist immer schon im Werden begriffen, sein eminent wichtiges Anliegen ist so alt wie die Menschheit selbst. Es gründet auf zwei Überzeugungen: Erstens ist das Verstehen von Kulturen, denen wir selbst nicht angehören, sowohl theoretisch als auch praktisch möglich. Zweitens ist ein interkultureller Diskurs lohnend, da er zu einer Erweiterung des je eigenen Denkhorizontes führt.

Philosophie – im Singular – ist abzulehnen, um eine rein stipulative Definition von Philosophie zu vermeiden. Selbst begriffsgeschichtlich kennt Philosophie keine Homogenität, sei diese intra- oder interkulturell. Dies mag einigen als unzureichend erscheinen. Lässt man die Definitionen von Philosophie in der Geschichte Revue passieren, so stellt man fest, dass eine jede Definition auch eine persönlich bestimmte ist, und man das Temperament eines Philosophen nicht ganz außer Acht lassen kann. Ähnlich verhält es sich mit dem Kulturbegriff. Was vermieden werden muss, ist die Verabsolutierung einer bestimmten Präferenz. Sprechen wir z. B. von der westlich-europäischen Kultur und Philosophie, so stellt sich die Frage, ob wir hierbei an eine in sich geschlossene Entität denken oder aber auch die griechischen, römischen, christlichen, naturwissenschaftlichen Einflussfaktoren mitberücksichtigen. Nicht viel anders verhält es sich, wenn wir von der islamischen, chinesischen oder indischen Kultur sprechen. Dass wir dennoch Philosophien und Religionen miteinander in Bezug setzen können, liegt nicht so sehr daran, dass sie radikal unterschiedliche Probleme behandeln, sondern dass sie unterschiedliche Aspekte und Akzentuierungen *derselben* Probleme erkennen lassen. Kulturen sind keine quasi monadischen Gebilde, und ein bestimmter Grad von Vernetzung war und ist stets zu beobachten.

[12] Merleau-Ponty: Zeichen, S. 199 f. So wie wir hier von orthafter Ortlosigkeit des Philosophierens sprechen und von der Kultivierung der Verbundenheit im gemeinsamen Fragen (der Suche nach der Überlappung), fühlen wir uns der Attitüde Merleau-Pontys verbunden, spricht er in seinen *Signes* davon, dass Philosophie überall und nirgends ist. Merleau-Ponty, M.: a. a. O., 181 ff.

Hermeneutik

Im Hinblick auf das Problem des Verstehens gehen wir daher von unterschiedlichen Graden des Verstehens und Nichtverstehens aus. Freilich ist es möglich zu unterstellen, kein Angehöriger einer Kultur A könne einen Angehörigen einer Kultur B jemals verstehen. Solche Annahmen erscheinen jedoch bloß analytisch, aprioristisch und tautologisch, bar jeder genuinen Information. Sie sind zwar nicht falsch, lösen aber keines der Probleme, die zu lösen sie vorgeben. Selbiges gilt auf interpersoneller Ebene.

Es herrscht ein dialektisches Verhältnis zwischen dem Selbst- und Fremdverstehen, und dies trotz der inneren Dynamik der beiden Verstehensarten. Das Selbstverstehen von A wird zum Gegenstand eines hermeneutischen Verstehens von B. In diesem Prozess ist der Konflikt der Interpretationen unvermeidlich. Analoges gilt für das Selbstverstehen von B. In diesem Prozess ist ein Konflikt der Interpretationen unvermeidbar. Eine interkulturelle philosophische Einstellung hilft, eine jede Selbstverabsolutierung zu vermeiden. So ist das hermeneutische Unternehmen weder eine kontinuierliche Verlängerung des Selbstverstehens noch ein völliger Bruch mit diesem. Vielmehr führt es zur beharrlichen Suche nach Überlappungen, mögen diese noch so minimal sein. Und mögen diese auch nur darin bestehen, dass man der Gegenposition das Recht zugesteht, Position zu sein. Zwischen dem Anspruch auf absolut gültige Interpretation und Hermeneutik muss daher gewählt werden.

Oft wird von der Vorstellung ausgegangen, die Innenansicht einer Kultur sei für alle, die ihr angehören, transparent, eindeutig, homogen und widerspruchsfrei. Diese Ansicht entspricht jedoch nicht den tatsächlichen Verhältnissen. Bei dem Phänomenologen und Soziologen Alfred Schütz heißt es, dass »das Wissen des Menschen, der in der Welt seines täglichen Lebens handelt und denkt, nicht homogen« sei. Denn dieses Wissen, so Schütz weiter, sei »erstens inkohärent, zweitens nur teilweise klar und drittens nicht frei von Widersprüchen«.[13] Die *homo duplex*-These hält die Insider-Outsider-Spannung für nicht letztgültig überwindbar. Es bleibt daher nur, sie zu minimieren und auszuhalten. Daher muss sich eine Betrachtung von Kulturen, Philosophien und Religionen aus dem Geist einer interkulturellen philosophischen Orientierung vor jeder voreiligen

---

[13] Schütz, A.: Das Fremde, Gesammelte Aufsätze, Bd. 2, Den Haag 1972, S. 61.

und willkürlichen Einheitsvorstellung hüten. Zwar wird für Einheit plädiert, aber zugleich von der Idee einer Einheitlichkeit Abstand genommen.

Philosophie im Vergleich der Kulturen lässt ein Dilemma sichtbar werden. Wenn wir z. B. indisches Denken in westliche Kategorien und Konzepte übersetzen, um es zu verstehen, dann ist die Gefahr einer Verdrehung nicht auszuschließen; sieht man indessen davon ab, so fürchtet man, es nicht verstehen zu können. Sind also die Denkweisen unterschiedlicher Kulturen derart radikal verschieden, dass wir sie erst in unsere eigenen transponieren müssen? Wie könnte dies geschehen, wenn die Unterschiede als derart radikal empfunden werden, dass sie nicht einmal artikuliert werden können? Oder ist gar von einer globalen anthropologischen Konstante auszugehen, die die Voraussetzung dafür bildet, dass wir Kulturen, die nicht unsere eigenen sind, verstehen können?

Dass Kulturen einander seit Menschengedenken über die eigenen Grenzen hinweg interpretiert und auch verstanden, mitunter auch missverstanden haben, ist ein Faktum. Wenn etwa ein Philosoph aus der europäischen Tradition die Feststellung macht, chinesische Denker beschäftigten sich hauptsächlich mit den Verifikationsimplikationen einer Aussage, während europäische Denker die Frage nach der Wahrheit oder Falschheit einer Aussage ins Zentrum stellen, so beweist er, dass er einige Merkmale der chinesischen Philosophie schon verstanden hat, denn wie sonst hätte er zu einer solchen Aussage gelangen können.

Plessner warnt vor der Unifizierung eines bestimmten Denk- und Kategoriensystems, durch das je eigene geschichtliche, kontextuelle und transzendentale Bedingungen auf andere Denkstrukturen übertragen werden. Daher die Notwendigkeit einer »Durchrelativierung« des je eigenen Weltverständnisses:

»In dem Verzicht auf die Vormachtstellung des europäischen Wert- und Kategoriensystems gibt sich der europäische Geist erst den Horizont auf die ursprüngliche Mannigfaltigkeit der geschichtlich gewordenen Kulturen und ihrer Weltaspekte frei. In dem Verzicht auf die Absolutheit der Voraussetzungen, welche diese Freilegung selbst erst möglich machen, werden diese Voraussetzungen zum Siege geführt. Europa siegt, indem es entbindet.«[14]

[14] Plessner, H.: Zwischen Philosophie und Gesellschaft, Frankfurt a. M. 1979, S. 299.

Keine philosophische Tradition, auch die westliche nicht, darf ihre eigenen Denk- und Verhaltensmuster verabsolutieren. Das *tertium comparationis* muss erarbeitet und nicht *per definitionem* im Sinne einer apriorischen Methode fixiert werden. Eine alternative Denkweise ist nicht unbedingt eine falsche, es sei denn, es handle sich um eine Denkweise, die neben sich keine andere zulässt. Dies wäre Dogmatismus, ein Feind aller Kommunikation und Verständigung, ob inter- oder intrakulturell. Wer in der Kategorie der Ausschließlichkeit denkt, argumentiert und philosophiert, verhindert offene und tolerante Diskurse.

Interkulturelle Philosophie geht von dem Faktum der Pluralität von Philosophien aus. Das Präfix *inter* (zwischen) suggeriert, dass diese je eigengeprägt und somit verschieden sind, aber nicht *radikal* verschieden. Diese logische Analyse gibt die Handhabe, interkulturelle Hermeneutik als eine *analogische* zu definieren. Diese unterscheidet sich von einer gattungsmäßigen Hermeneutik, bei der es um einen allgemeinen Oberbegriff des Verstehens geht und bei der alle Fälle als bloße Sonderfälle subsumiert werden. Bei der analogischen Hermeneutik geht es hingegen um verschiedene Verhaltensmuster, und der Maßstab des Vergleichs ist in einem »Zwischen« den Kulturen verankert.

Analogische Hermeneutik in interkulturellem Verständnis visiert eine Verfeinerung der Sensibilität für Differenzen an, zugleich eine Verstärkung der Fähigkeit, das Kommensurable zu bejahen, das Inkommensurable frei von Ängsten und Argwohn zu tragen und zu ertragen. Die Annahmen vollständiger Identität oder aber radikaler Divergenz werden als Hypothesen zurückgewiesen. Analogische Hermeneutik kann sich auf diese Weise als konstitutiv für den Entwurf eines Ethos der multikulturellen Gesellschaft erweisen. Im Weltkontext des Denkens wird erwartet, dass eine Philosophie der Hermeneutik ausgearbeitet wird, welche philosophische Wahrheit orthaft ortlos sein lässt und sie nicht in einer ganz bestimmten philosophischen Tradition exklusiv manifestiert sieht.

Die hier vorgeschlagene *analogische Hermeneutik* soll interkulturelle (und somit auch immer schon intersubjektive) Begegnungen theoretisch-methodisch ermöglichen. Identitätshermeneutik könnte dies nicht leisten. Denn diese läuft darauf hinaus, dass das eigene Selbstverständnis zum archimedischen Punkt aller Verstehensvorgänge schlechthin auserkoren wird. Unter dem Einfluss einer solchen Hermeneutik hat man oft behauptet, nur ein Buddhist könne den

Buddhismus, nur ein Christ das Christentum, nur ein Moslem den Islam, nur ein Platoniker Platon, nur ein Hegelianer Hegel verstehen. In diesem Geiste haben auch Missionare gehandelt: Da nur ein Christenmensch das Christentum verstehen könne, müsse ein Indianer Christ werden, um das Christentum überhaupt begreifen zu können. Die Kunst besteht jedoch darin, wechselseitiges Verstehen zwischen Dialogpartnern unterschiedlicher (kultureller) Provenienz zu ermöglichen.[15] Es kommt somit auf den ernsten Versuch an, auch solche philosophischen Herangehensweisen, Anschauungen und Erkenntnisse verstehen zu wollen, die sich außerhalb des eigenen Denkhorizontes situieren. Demgegenüber macht eine Hermeneutik der totalen Differenz Verstehen redundant, weil radikale Differenzen sich sprachlich gar nicht artikulieren lassen. Eine *überlappend-analogische Hermeneutik* dagegen ermöglicht das Verstehen trotz bestehender Differenz.

Man denke beispielsweise an den welthistorisch und kulturell so bedeutsamen Vorgang, dass der Buddhismus vom Land seiner Entstehung nach China, Korea und Japan gegangen ist. Dies bedeutete Kulturbegegnungen im größten Maßstab. Dennoch sind zerstörerische Kulturkämpfe ausgeblieben. Es ist eine spannende Frage, warum aus manchen Kulturbegegnungen ein gedeihliches Miteinander erwächst, andere wiederum Assimilationen unterschiedlicher Grade zeitigen, dritte auf Ausrottung von Vorgefundenem hinauslaufen. Bei Letzteren könnte doch die Verabsolutierung selbsteigener Maßstäbe als gefährliche Ideologie am Werke gewesen sein. Wenn Globalisierung nicht nur auf ökonomischem, sondern auch auf geistigem Gebiet erkennbar eine Frage des Überlebens der Menschheit ist, müssen wir negative Begleiterscheinungen eines solchen Prozesses zu minimieren, Nutzen stiftende hingegen zu maximieren suchen. Die Universalisierung der Menschenrechte, nicht minder als das Bestreben, die Menschenpflichten in das Bewusstsein zu heben, stellen positive Entwicklungen in Ost und West dar und führen zu einer wechselseitigen Bereicherung. Es geht dabei nicht um eine On-

[15] Dem liegt das immer schon eigenständig zu kultivierende Anliegen zugrunde, nach der Gemeinsamkeit im Anderen zu suchen: »Der Mensch sieht ›sich‹ nicht nur in seinem Hier, sondern auch im Dort des Anderen. Die Sphäre der Vertrautheit ist also nicht von ›Natur‹ begrenzt und erstreckt sich (gleichsam außergeschichtlich) bis zu einer gewissen Grenze, sondern sie ist offen und erschließt ihm dadurch die Unheimlichkeit des Anderen in der unbegreiflichen Verschränkung des Eigenen mit dem Anderen.« Plessner, H.: Gesammelte Schriften, Band V, S. 193.

tologisierung von Menschenrechten oder -pflichten, sondern um ethisch-moralische Sollensvorstellungen.

Analogische Hermeneutik ermöglicht Toleranz, den Aufbau von wechselseitigem Respekt und Konsensbildung im Horizont der Überlappungen (Gemeinsamkeiten). Das Subjekt der analogischen Hermeneutik ist dabei kein ontologisch-hypostasiertes, sondern es bleibt stets das seinem jeweils gegebenen kulturellen Bezugsrahmen real verhaftete, aber sich selbst transzendierende Subjekt.

Die orthafte Ortlosigkeit[16] der philosophia perennis

»Die Philosophie ist immer da. Nicht kämpfen kann sie, nicht sich beweisen, aber sich mitteilen. […] Sie lebt in Einmütigkeit, die im Grunde der Menschheit alle mit allen verbinden kann. Die Vielfachheit des Philosophierens, die Widersprüche und die sich gegenseitig ausschließenden Wahrheitsansprüche können nicht verhindern, daß im Grunde ein Eines wirkt, das niemand besitzt und um das jederzeit alle ernsten Bemühungen kreisen: die ewige eine Philosophie, die philosophia perennis. Auf diesen geschichtlichen Grund unseres Denkens sind wir angewiesen, wenn wir mit hellstem Bewußtsein und wesentlich denken wollen.«[17]

Der 1540 von Augustinus Steuchus[18] eingeführte Ausdruck *de perenni philosophia* bezieht sich auf Grundwahrheiten, die jenseits aller Begrenzungen durch Raum und Zeit bei allen Völkern vorhanden sein sollen. Aus der Sicht der interkulturellen Philosophie von heute scheint diese Bestimmung der *philosophia perennis* zu Recht zu bestehen, insofern sie die Möglichkeit des Vorhandenseins der einen immerwährenden Philosophie in mehreren Traditionen und Kulturen zulässt. Die Rede von einer *philosophia perennis* im Geiste der interkulturellen philosophischen Orientierung bedeutet, wie schon deutliche wurde, die Ablehnung einer Ontologisierung, Hypostasierung und Verabsolutierung eines bestimmten Philosophiebegriffs, wie er

---

[16] Vgl. zur Konzeption der Orthaften Ortlosigkeit: Mall, R. A., Hülsmann, Heinz: Die drei Geburtsorte der Philosophie, Bonn 1989; ders.: Philosophie im Vergleich der Kulturen, Darmstadt 1995/2006 sowie zur weiterführenden Diskussion Yousefi, H. R., Braun, I., Scheidgen, H.-J.: Orthafte Ortlosigkeit der Philosophie. Eine interkulturelle Orientierung, Nordhausen 2007.

[17] Jaspers, K.: Einführung in die Philosophie, München 1955, S. 17.

[18] Steuchus, A.: De perenni philosophia. With a New Introduction by C. B. Schmitt, London 1972.

in einer bestimmten Tradition entstanden ist. Eher deutet sie auf eine nicht-essentialistische, der Familienähnlichkeitsthese Wittgensteins verwandte, anthropologisch verankerte philosophische Fragestellung hin und gewinnt nun eine stärker intra- und intersubjektive Dimension. Eine jede andere Bestimmung liefe auf eine unzulässige Verengung und unbegründete Privilegierung eines bestimmten Philosophiebegriffs hinaus.

Das Metonymische von philosophia perennis besteht gerade darin, dass sie einer Sprache bedarf und sich ihrer bedient, in dieser aber nicht gänzlich verfügbar ist. Philosophia perennis kann sich nicht exklusiv »verkörpern«. Jaspers hat daher in seiner Schrift *Vom Ursprung und Ziel der Geschichte* richtigerweise die dem Geist der philosophia perennis entsprechende These von der »dreifachen Achsenzeit« in China, Indien und Griechenland (ca. 600 v.Chr.) vertreten.[19]

Die mögliche Kritik, dass dem hier vertretenen Verständnis von philosophia perennis eine Unbestimmtheit anhafte, würde die Tendenz zu einer Hypostasierung der Idee verraten. Darüber hinaus würde sich eine solche Kritik vermutlich einer erkenntnistheoretischen Voraussetzungslosigkeit schuldig machen. Aus heutiger hermeneutischer Situation kann philosophia perennis nur als orthaft-ortlos verstanden werden, woraus ein Verständnis von interkulturellem Philosophieren erwächst.

Die heutige interkulturell-philosophische Sichtweise billigt keiner Kultur, Religion oder philosophischen Konvention zu, philosophia perennis exklusiv je für sich allein beanspruchen zu können. Dies wäre, aus unserer Sicht als Philosophierende, anmaßend. Die interkulturell-philosophische Einstellung zielt vielmehr auf eine erkenntnistheoretische und metaphysische Bescheidung, insofern sie die philosophia perennis zwar *ortlos* sein lässt, nicht exklusiv an einen Ort bindet, sie jedoch in ihren Erscheinungsformen insofern als *orthaft* begreift, als sie den Menschen *in* seiner *Geschichtlichkeit* sieht, ihn nicht spekulativ-idealistisch, transzendentalphilosophisch oder gar offenbarungstheologisch in eine vollendete Geschichte postiert, wo dann die Rede von einer philosophia perennis und ihren geschichtlichen Erscheinungsformen jeden Sinn verlöre.

So wie alle anderen Entwürfe des menschlichen Geistes verraten auch die hermeneutischen Modelle hinsichtlich der philosophia pe-

[19] Jaspers, K.: Vom Ursprung und Ziel der Geschichte, München 1983, S. 19f.

rennis ihre lokale Bodenständigkeit und ihren Sedimentationscharakter. Diese Modelle jedoch, ob europäischer oder außereuropäischer Herkunft, hinken dem heutigen weltphilosophischen Gespräch, das sie zu verstehen und zu erklären vorgeben, hinterher. Eine philosophische Tradition, die beanspruchte, mit philosophia perennis zu koinzidieren, wäre mit einem Vorurteil behaftet. Bei unserem zeitgemäßen Verständnis der philosophia perennis geht es vielmehr um eine Hermeneutik, die radikal und offen genug ist, um die jeweilige Traditionsgebundenheit der philosophia perennis einzusehen, jedoch deren Vorhandensein auch in anderen philosophischen Traditionen zu unterstellen. »Es ist die philosophia perennis«, heißt es bei Jaspers, »welche die Gemeinsamkeit schafft, in der die Fernsten miteinander verbunden sind, die Chinesen mit den Abendländern, die Denker vor 2500 Jahren mit der Gegenwart […]«.[20]

Der Ansicht Jaspers', der wir zustimmen, steht Heidegger[21] beispielhaft diametral gegenüber: Er meint in dem Ausdruck »europäische Philosophie« eine Tautologie entdecken zu können.[22] Es ist wahr,

[20] Jaspers, K.: Weltgeschichte der Philosophie, aus dem Nachlaß hrsg. v. Saner H., München 1982, S. 56. In seiner kritischen Deutung des griechischen Logos schreibt der Philosoph Leopoldo Zea: »Die europäische Philosophie – und dessen werden sich europäische Philosophen bewußt – ist eine magistrale Philosophie gewesen, wie die Franzosen sagen. Das Instrument der Philosophie ist der Logos […] In Lateinamerika versucht die Philosophie, den alten Sinn des Logos als Vernunft und Wort wiederzugewinnen, d. h. als die Fähigkeit, zu verstehen und sich verständlich zu machen, d. h. als Dia-Logos. Philosophie der Befreiung hat aus ihrer Sorge (um den Dialog) hier ihre Problemstellung festgemacht: Bruch mit dem Logos als Herrschaft, mit dem Ziel, einen Logos zu erarbeiten, in und mit dem die Menschen in ihren unterschiedlichen Ausdrucksformen sich verstehen und verständlich machen.« Zea, L.: Signale aus dem Abseits – Eine lateinamerikanische Philosophie der Geschichte, München 1989, S. 19. Die griechische und in der Folge die europäische Philosophie hat den Logos zu einer exklusiven griechisch-europäischen Angelegenheit gemacht. Der Logos wurde zu einem universalen Paradigma erhoben und gebar ein Verständnis von Rationalität, das außerhalb der europäischen Philosophie und Kultur nur stammelnde Völker am Werk sah, des Logos unfähig.

[21] Vgl. Heidegger, M.: Was ist das – die Philosophie?, Pfullingen 1963, S. 13. Vergleiche zum Verhältnis von Jaspers und Heidegger: Ratlos war ich, in: DER SPIEGEL 16/1977.

[22] »Europäische Philosophie ist ein Pleonasmus, denn das europäische Denken ist philosophisch, und Philosophie ist europäisch.« Heidegger, Martin: Europa und die deutsche Philosophie, in: Martin Heidegger-Gesellschaft Schriftenreihe Band 2, Frankfurt a. M. 1993, S. 31–41. Siehe auch Heidegger, M.: Unterwegs zur Sprache, GA 12, S. 86: »[…] der Name und das was er nennt, stammen aus dem europäischen Denken, aus der Philosophie.«

der Ausdruck ›Philosophie‹ ist griechisch-europäisch, aber nicht die Tätigkeit des Philosophierens.[23] Es ist ebenso wahr, dass der späte Heidegger Philosophie vielmehr als *Andenken* begreift und darin Verwandtschaften zum ostasiatischen Denken entdeckt. Dies ändert jedoch nichts an seiner Überzeugung: Philosophie *sei* europäisch.[24] Diese Auffassung ist eurozentrisch.

Überlappung

Jenseits der Fiktion einer totalen Kommensurabilität bzw. einer völligen Inkommensurabilität steht die These der *Überlappung von Gemeinsamkeiten,* die aus unterschiedlichen Gründen zwischen den Kulturen zu finden sind. Diese These ist jedoch nicht mit einem idealisierten Konsens und dessen transzendental-pragmatischen und kommunikationstheoretischen Zügen gleichzusetzen. Sie deutet auf einen phänomenologisch-empirisch aufweisbaren dynamischen Prozess hin. Habermas' Theorie der Kommunikation mit ihren nachmetaphysischen Reflexionen will zwar keine alte Metaphysik der einen absoluten Vernunft, plädiert aber dennoch für eine starke Version des Kosensualismus, denn sie sieht im Konsens nicht nur ein regulatives Ideal rationaler Diskurse, sondern auch die konstitutive Vorbedingung für die Möglichkeit der Kommunikation.[25] Die Theorie der Überlappung plädiert für eine schwache Version des Konsen-

---

[23] »There is one extremly frustrating charge that worry all of us who have dedicated considerable parts of our intellectual careers to this risky business of boundary-breaking cross-cultural thinking […] The charge, when formulated abstractly, is this: either we represent an Asian (or African or Islamic or Hawaiian etc.) philosophy in its own original terms, which utterly alien to Western philosophy, in which case it is not philosophy proper, or we rephrase it in Western terms, in which case it risks ending up as just a repetition of what we already have in the West. Thus we either have nor need of comparison with foreign ideas because they are just the same or too similiar to our own native ideas, or we cannot allow it to count as hard-core philosophy because it is too different from how philosophy is done in the Western tradition.« Ganeri, Jonardon: A Manifesto for Re:emergent Philosophy, in: Confluence, Online Journal of World Philosophies Vol. 4, 2016, S. 134–141.

[24] Was meinen wir, wenn wir von der Philosophie als einer Kulturleistung sprechen? Freilich nicht als ob Philosophie qua Philosophie nur und ausschließlich kulturspezifisch wäre, sondern nur, dass sie eine kulturspezifische Verankerung, Artikulation und Manifestation kennt. Denn nur so kann man die Engstirnigkeit der Kulturalismen vermeiden.

[25] Vgl. Mall, R. A.: Interkulturelle Verständigung. Primat der Kommunikation vor

sualismus und lässt Diskurse auch ohne Konsens zustande kommen. Nicht etwa die Wünschbarkeit des Konsenses wird hier in Abrede gestellt, sondern vielmehr dessen essentialistischer und absoluter Status. Die hier vertretene Überlappungstheorie kommt der Auffassung von Rawls nahe, wenn er von einem überlappenden Konsensus *(overlapping consensus)* spricht.[26]

Im Gegensatz zu Konsenstheoretikern (Apel, Habermas und anderen), Kontextualisten (MacIntyre) und zu einem Kontrakttheoretiker wie Rawls, nimmt die Überlappungstheorie den weltanschaulichen Pluralismus und den erfahrungsgemäß zu erwartenden Dissens ernst und befürwortet eine interkulturelle Verständigung im Geiste reziproker Einwilligung. Diese gründet nicht so sehr im Konsens, sondern in der Bereitschaft, den Diskurs auch ohne Konsens zu realisieren (Kommunikation). Wer nur auf den Konsens wartet, um Diskurse zu führen, wartet entweder vergebens, oder er wird enttäuscht.[27]

Konsens bedeutet nicht Kompromiss, er macht diesen sogar redundant. Der Kompromiss ist notwendig, wenn der Wert der Vielfalt anerkannt und respektiert wird und wenn demzufolge Überlappungen gesucht und gefunden werden. Die interkulturelle philosophische Einstellung plädiert für eine *neue Bewertung der Vielfalt;* deren Vorhandensein wurde lange bedauert und gerät heute, da als unausweichlich erkannt, zur Herausforderung. Es geht darum, dass wir Vielfalt nicht nur bejahen, sondern sie als einen Wert begreifen, weil – selbst auf der Ebene der Theorie – Einheitsvorstellungen die Vielfalt negieren und damit repressiv werden. Ein System, eine Gesellschaft, die trotz bestehenden Dissenses funktionsfähig bleibt, ist theoretisch adäquat und praktisch wertvoll.[28]

Die Konsenstheoretiker übersehen in ihrer Vorliebe für eine absolute Vernunft, die zwischen konkurrierenden Ansprüchen verbindlich vermitteln kann und soll, dass es selbst unter den besten Überzeugungen und Lebenszielen keine prästabilierte Harmonie gibt. In einer Welt der radikalen Bedingtheiten, in der nichts aus sich heraus

dem Konsens?, in: Ethik und Sozialwissenschaften, hrsg. v. Benseler, F. et al., Jg. 11/ 2000, H. 3, S. 337–350.

[26] Rawls, J.: The Idea of Overlapping Consensus, in: Oxford Journal of Legal Studies, 7/1987, S. 1–25.

[27] Vgl. Berlin, I.: Freiheit. Vier Versuche, Frankfurt a. M. 1995.

[28] Vgl. Barnett, E. J.: Structuralism and the Logic of Dissent, London 1989.

allein entsteht und besteht, sind Allmachtsansprüche der Vernunft suspekt, denn diese lösen keine Probleme, sondern unterdrücken sie eher. Eine Anwendung der buddhistischen Lehre vom »abhängigen Entstehen« (Pratityasamutpada) macht dies deutlich.

Wenn es stimmt, dass wir zum Dissens verurteilt sind, was die Erfahrung zu bestätigen scheint, dann liegen die Gründe nicht so sehr in einer willkürlichen Verweigerung des Konsenses, sondern in dem Pluralismus der Prinzipien, der Werte, der philosophischen Dispositionen, der Sozialisationen, der Interessen und nicht zuletzt der philosophischen Präferenzen, wobei Präferenzen und Argumente sich gegenseitig bedingen und unterstützen. Dass aber dennoch Konsens zustande kommt, verdanken wir nicht so sehr der zwingenden Macht philosophischer Argumente, sondern den überlappenden Anlagen und Bedürfnissen der Menschheit. Konsens wurzelt in einem bejahenden »Zwischen« unterschiedlicher Lebenswelten.

Dass das menschliche Denken in seinen kulturspezifischen Gestalten das Welträtsel unterschiedlich buchstabiert, scheint eine anthropologische Konstante zu sein. »Es ist wichtig«, schreibt Ricoeur, »den Konfliktcharakter einer entwickelten Gesellschaft ernst zu nehmen. Wir können uns nicht damit bescheiden, auf einen Konsens zu hoffen. Die Idee des Konsenses ist wie die Idee des ewigen Friedens, auf den Diskurs übertragen.«[29] In einem ähnlichen Geist stellt Clifford Geertz, Vertreter einer interpretativen Ethnologie, die Frage nach der Möglichkeit einer Kommunikation auch ohne den Konsens. Er schreibt: »Nicht um den Konsens geht es, sondern um einen gangbaren Weg, ohne ihn auszukommen.«[30] Unsere Überlappungsthese der Kommunikation könnte eine mögliche Antwort sein.

Der interkulturelle Diskurs sieht sich heute auf jedwedem Gebiet mit der Frage konfrontiert: Wie ist eine Verständigung ohne Konsens möglich? Unsere Hauptthese lautet daher: Die Kanonisierung des Konsenses schadet mehr als sie nützt, und dies philosophisch, religiös, kulturell und politisch. Die Idee von der absoluten Wahrheit einer *philosophia* oder einer *religio perennis* ist niemandes Besitz allein, denn sie steht für eine Limesgestalt.[31] Wer einen abso-

---

29 Ricoeur, P.: Die Geschichte ist kein Friedhof, in: DIE ZEIT, Nr. 42, 1998.

30 Geertz, C.: Welt in Stücken, Wien 1995, S. 82.

31 Denn es geht um eine stete Approximation, eine stetige Annäherung im und durch das philosophische Fragen.

luten und letztbegründenden Anspruch auf sie erhebt, macht den Konsens zur Voraussetzung der Wahrheit und verbindet ihn mit der Rationalität. Fast alle Konsenstheoretiker machen eine potentiell monistisch-methodische Übereinstimmung zur Vorbedingung von Wahrheit und des Diskurses über sie.[32] Mit Recht spricht Ricoeur von einer ersten »Fehltat«, einer ersten »Gewaltsamkeit«, die in dem Wunsch der Vernunft bestehe, »die Unifizierung des Wahren« zu vollziehen.[33] Konsenstheoretiker unterschätzen die Wichtigkeit und Richtigkeit des Geistes der Empirie in dem Errichten der normativen und idealen Ordnung der Dinge. Ferner lassen sie die Kontrollfunktion der Empirie außer Acht und messen der Vernunft eine zu große Rolle zu.[34] Darüber hinaus ignorieren sie die Reichweite eines Prinzipienpluralismus, der nicht nur das Inhaltliche, sondern sogar auch das Formale des Konsenses betrifft. Den Anspruch auf Universalität erheben alle Seiten, und eine jede Konsenstheorie der Wahrheit ist in der jeweiligen prinzipiellen Position sedimentiert.[35] Der Wunsch nach einer Einheit der Wahrheiten ist nicht per se unbegründet; die Gefahr besteht darin, dass wir Wahrheit nicht nur formal definieren, sondern diese Definition auch in Philosophie, Religion, Kultur und Politik anwenden wollen. »Die verwirklichte Einheit des Wahren«, so Ricoeur, »ist gerade die Ur-Lüge.«[36] Wenn hier über die Möglichkeit einer interkulturellen Verständigung unter Voranstellung der Kommunikation vor den Konsens nachgedacht wird, so wird Letzterer keineswegs als solcher verworfen. Der regulative Charakter der Konsensidee bleibt erhalten.

---

[32] Vgl. Habermas, J.: Wahrheitstheorien, in: Wirklichkeit und Reflexion, hrsg. v. Fahrenbach, H., Pfullingen 1973, S. 219. Apel, K.-O.: Fallibilismus, Konsenstheorie der Wahrheit und Letztbegründung, in: Philosophie und Begründung, hrsg. v. Köhler, W. R. et al., Frankfurt a. M. 1987.

[33] »Ich will nachzuweisen versuchen, dass die Unifizierung des Wahren zwar ein Wunsch der Vernunft, immer aber auch erste Gewaltsamkeit, eine erste Fehltat ist […].« Ricoeur, P.: Geschichte und Wahrheit, München 1974, S. 152.

[34] Vgl. Mall, R. A.: Zur interkulturellen Theorie der Vernunft – Ein Paradigmenwechsel, in: Vernunftbegriffe in der Moderne, hrsg. v. Fulda, H. F., Horstmann, R. P., Stuttgart 1994, S. 750–774.

[35] Vgl. Apel, K.-O.: Fallibilismus, Konsenstheorie der Wahrheit und Letztbegründung, in: Köhler, W. R. et al.: Philosophie und Begründung, Frankfurt a. M. 1987.

[36] Ricoeur, P.: a. a. O., S. 165.

Zum Primat der Vorsilbe inter

Zunächst ist die *inter*kulturelle Sicht nicht anders als die *intra*kulturelle Sicht; denn innerhalb der gleichen Kultur gibt es auch unterschiedliche erkenntnistheoretische, ethische und politische Modelle. Und wie Bernhard Waldenfels immer wieder herausgestellt hat, beginnt dieses Entdecken des Fremden immer schon im Eigenen, in unserer Begegnung mit dem je schon Fremden: »Wir begegnen Fremdem nicht erst draußen, sondern schon drinnen, im eigenen Hause, im eigenen Lande und in der eigenen Kultur, und dies mit wechselnden Graden der Fremdheit.«[37]

Die interkulturelle Sicht macht die Palette der Modelle jedoch bunter, reicher und weist unter ihnen grundsätzliche Ähnlichkeiten und erhellende, kulturspezifische Differenzen auf. Daher wirkt die interkulturelle Sicht befreiend von der Enge der kulturellen Sicht. Sie kann aber auch beängstigend sein, wenn man fälschlicherweise die interkulturelle Begegnung mit Selbstverlust in Verbindung bringt. Unterschiedliche Kulturen sind unterschiedlich, weil sie die anthropologische, die menschliche Gleichartigkeit unterschiedlich entwickeln. Verständigungsprobleme innerhalb der gleichen Kultur, also die sogenannten *intra*kulturellen Verständigungsprobleme sind genauer besehen *inter*kultureller Natur, weil das Gefühl, die Wahrnehmung der Fremdheit mit Gradunterschieden nie ganz verschwindet. So zerfällt, recht verstanden, die Vorsilbe *intra* in die Vorsilbe *inter* im Sinne einer fraktalen Rekonstruktion.

Die unterschiedlichen Gestalten der Philosophie, ob inter- oder intrakulturell, können konträr bis kontradiktorisch sein, aber eine interkulturelle philosophische Orientierung gesteht ihnen allen das Prädikat Philosophie zu und rettet so eine überlappend-universelle *Verbindlichkeit*, mag diese auch noch so inhaltsarm sein. Der Protest gegen Zentrismen jeder Art gehört zum Charakter einer interkulturellen Philosophie. Daher wendet sich interkulturelles Philosophieren auch gegen alle Nivellierungsversuche und den Versuch, die Kategorie der Differenz stiefmütterlich und reduktiv zu behandeln und die regulative Idee der Einheit metaphysisch-ontologisch, spekulativ-ideologisch und aprioristisch als Einheitlichkeit *ab ovo* zu bestimmen.

---

[37] Waldenfels, Bernhard: Fremdheit innerhalb und außerhalb unserer Kultur, in: Interkulturalität. Konstruktionen des Anderen, hrsg. v. Gutjahr, O., Würzburg 2015, S. 219.

Die Vorsilbe *inter* steht für ein »Zwischen«, das sich bemerkbar macht auch auf der Ebene der sogenannten intrakulturellen Vergleiche. Die vermeintliche ›Kugelgestalt‹ der Kulturen erhält so offene Grenzen. Dies wird deutlich, wenn wir philosophische Auseinandersetzungen in den unterschiedlichen kulturellen Traditionen beobachten. So scheint die Vorsilbe *intra* sich in der Vorsilbe *inter* aufzuheben, da ein »Zwischen« nicht aufhört sich bemerkbar zu machen, auch in sogenannten *intra*kulturellen philosophischen Diskursen.

Treffen zwei philosophische Traditionen, zwei *Denk*weisen, wie z.B. die der Sophisten und Platoniker, aufeinander, so begegnen sich zwei Kulturen der Philosophie. Dies ist eine *inter*kulturelle (philosophische) Begegnung, auch wenn die beiden *»der gleichen griechischen philosophischen Tradition«* angehören. Das Gleiche gilt auf dem Boden der indischen philosophischen Tradition, begegnen sich hinduistische und buddhistische Tradition.[38]

Wenn Philosophie als Philosophie vor den Adjektiven wie z.B. indisch, chinesisch, europäisch ausschließlich trans-kulturell sein soll, dann stellt sich die Frage erstens nach dem Fixpunkt eines *tertium comparationis*, der in einer bestimmten Tradition nicht festgemacht werden kann, zweitens nach einer möglichen transzendentalen Verankerung der Philosophie und drittens nach einer apriorischen, bloß analytischen und nominalistischen Bestimmung von Philosophie überhaupt. Alle diese drei Möglichkeiten belasten die Vorsilbe *trans-* in einer Weise, die einer interkulturellen Verständigung nicht dienlich ist.[39] Die Universalisierungstendenz der Vorsilbe *trans-*, die sich der kulturellen Gestalten der Philosophie verweigert, endet im Leeren, weil die trans-philosophische Bestimmung das Zwischen im Voraus festlegt. Die Vorsilbe *inter-* ist frei von diesen Mängeln. Denn die Vorsilbe *inter-* versteht sich als ein in der Begeg-

---

[38] Dies meint das Zwischen, das Inter, der Denkkulturen und verweist auf die Kultur des Philosophierens, die die Einsicht in die Verschiedenartigkeit der Kulturen des Philosophierens übt.

[39] Vgl. zur Diskussion der Vorsilbe *trans-* Pacyna, Tony: Die Fremdheit des Eigenen. Wittgensteins Kultur der Einstellung, in: Das Fremde: Chance oder Bedrohung?, hrsg. v. Fuchs, B. und Farokhifar, K., Rheinbach 2016; ders.: Was ist transkulturell an Musikvermittlung und reicht das Konzept der Transkulturalität aus, um Musik im Unterricht zu vermitteln?, in: Transkulturalität und Musikvermittlung, hrsg. v. Binas-Preisendörfer, S., Unseld, M., Frankfurt a.M. 2012; ders.: Kulturen in Bewegung – Beiträge zur Theorie und Praxis der Transkulturalität, in: interculture journal 14/24, 2015.

nung, im Dialog stattfindendes Erleben des *Zwischen*, in dem sich philosophische Fragen und Lösungsansätze in Relation zu den sie gebärenden (weltphilosophischen) Traditionen begegnen, d.i. die gleichberechtigte Begegnung von philosophischen Lesarten. In Abwesenheit eines alle Kulturen transzendierenden Legitimationsgrundes für die Bestimmung der Philosophie, bietet eine interkulturelle Orientierung die notwendige Verbindlichkeit, die unparteiisch genug ist, der Gegenposition das gleiche Recht einzuräumen, das sie selbst in Anspruch nimmt. Als Fazit gilt dann: Was letzten Endes standhält, ist die Vorsilbe *inter-*, denn in ihr mündet auch die Vorsilbe *intra-*. Die theologisch und philosophisch so belastete Vorsilbe *trans-* liebäugelt mit einem allbestimmenden archimedischen Punkt und träumt von einer allverbindlichen Letztbegründungsinstanz. Keine interkulturelle Verständigung, die Differenzen nicht reduktiv traktiert, kann auf einem solchen Boden gedeihen. Die Vorsilbe *inter-* aber steht für eine Einstellung, die alle konkreten Gestalten und Orte der Philosophie begleitet und verhindert, dass irgendeine bestimmte Gestalt oder irgendein bestimmter Ort der Philosophie sich in den absoluten Stand setze.

Der Beitrag interkulturellen Philosophierens im weltphilosophischen Kontext

Bei der Frage nach einer möglichen Struktur einer regulativen *interkulturellen Welt* macht sich ein Spannungsverhältnis zwischen konvergierenden und divergierenden Konzeptionen bemerkbar. Diese Spannung kann durch keinen Konsensualismus restlos beseitigt werden, da sie sich jeder monistischen Vereinnahmung entzieht. Interkulturelle Einstellung, die jenseits des konsenstheoretischen Ansatzes angesiedelt ist, zeichnet sich durch eine kritische bis ablehnende Haltung gegenüber Denkweisen aus, die von vornherein Einheitlichkeit, Homogenität, Gesinnungsgleichheit postulieren. Durch eine interkulturelle philosophische Einstellung werden Anderssein, Abweichung und Vielfalt ernst genommen. Dadurch wird überhaupt erst der Boden bereitet, auf dem die Suche nach Gemeinsamkeiten, Konzessionen, nach Kooperation und anderen Formen differenzarmer Konfliktlösungen stattfinden kann. Nur wenn man bereit ist, den Begriff Struktur paradigmatisch nicht auf eine ganz bestimmte Philosophie, Religion oder Kultur zu begrenzen, kommt eine interkulturelle Herangehensweise zum Tragen.

Visiert man eine *interkulturelle Welt* an, so erscheint sie zunächst im Bilde einer unauflösbaren Verknotung von Unterschieden und Ähnlichkeiten. Alle Kulturwissenschaften sind seit jeher damit beschäftigt, diese Komplexität zu entwirren. Nur maßlose Selbstüberschätzung und Hypostasierung haben in manchen Weltanschauungen dazu geführt, alles, was dem Eigenen nicht ähnlich ist, entweder dem Eigenen mehr oder minder gewaltsam anpassen zu wollen oder aber es zu ignorieren, ja sogar zu beseitigen.

Die Wahrnehmung der Differenz ist zumindest gleich ursprünglich wie die Selbstwahrnehmung. Jede Ordnung angesichts von Vielfalt kann daher nur eine auf Differenz bezogene sein. Clifford Geertz schreibt:

»Angesichts der Stückhaftigkeit unserer Welt scheint die Auffassung von Kultur – einer *bestimmten* Kultur, *dieser* Kultur – als Konsens über grundlegende gemeinsame Vorstellungen, gemeinsame Gefühle und gemeinsame Werte kaum noch haltbar [...] Was immer eine Identität [...] im globalen Dorf definiert, es ist nicht die tiefgreifende Einmütigkeit über tiefgreifende Angelegenheiten. Eher ist es so etwas wie die Wiederkehr vertrauter Unterscheidungen, die Hartnäckigkeit von Auseinandersetzungen und die bleibende Präsenz von Bedrohungen – die Überzeugung, daß, was immer passieren mag, die Ordnung der Differenzen aufrechterhalten bleiben muß.«[40]

Die interkulturelle Sicht macht deutlich, dass es den absoluten Anspruch des Einen nicht gibt, es sei denn, man hebt aufgrund von Vorurteilen und/oder unzureichenden Kenntnissen einen Ort, eine Zeit, eine Sprache, eine Religion oder eine Philosophie heraus und verabsolutiert sie. Der Philosoph Nishida Kitaro spricht daher von einer »Eingebildetheit« der europäischen Kultur:

»Die Europäer neigen dazu, ihre eigene bisherige Kultur für die [...] beste zu halten. Sie tendieren dazu zu meinen, andere Völker müssten, wenn sie einen Entwicklungsfortschritt machen, genauso wie sie selber werden. Ich halte dies für eine kleinliche Eingebildetheit. Die ursprüngliche Gestalt der geschichtlichen Kulturen ist meines Erachtens reicher.«[41]

Die *Kultur* des interkulturellen Philosophierens stellt *sich* die Aufgabe, vielmehr stellt sich *der* Aufgabe, Fragen auf Antworten zu ent-

---

[40] Geertz, C.: a.a.O., S. 74f.

[41] Nishida Kitaro: Gesamtausgabe, Bd. 12, Tokyo [4]1987, S. 390f. Vgl. dazu Elberfeld, R.: Kitaro Nishida und die Frage nach der Interkulturalität, Würzburg 1994; ders.: Kitaro Nishida als Denker der Interkulturalität, in: Begegnung von Religionen und Kultur, Dettelbach 1998.

werfen, die sich der Wirklichkeit und Erfahrung des Menschen in seinem gegenwärtigen (Welt-) Kontext stellen. Philosophisches Fragen kennt keine geographischen, kulturellen, individuellen oder anderen überlieferten, irgendwie gewachsenen (arbiträren) Begrenzungen. *Kulturalität* (Herkunft, Orthaftigkeit) und *Interkulturalität* (Zwischen, Ortlosigkeit) des Philosophierens sind untrennbar. Der Philosophierende gewinnt Identität durch das Erkennen, Benennen und Bearbeiten von Problemen, Fragestellungen und Lösungen. Dies ist nicht beschränkt oder etwa bestimmt durch seine Zugehörigkeit zu *einer* bestimmten (Denk-) Kultur. Er hält sich bei den Sachen selbst auf, bewegt sich in der Fragestellung, ist beim Fragen selbst anwesend, bleibt als involvierte denkende, fühlende, wahrnehmende Person, die er immer schon ist, ganz bei der *Sache*.

Die begriffliche und inhaltliche Klärung der Interkulturellen Philosophie zeigt ferner, dass die Philosophiegeschichte selber ein unendliches Reservoir unterschiedlicher Interpretationen ist. Philosophiegeschichte ist selbst ein hermeneutischer Ort. Hieraus folgt, dass es keine *per definitionem* festgelegte Bestimmung von Philosophie und Kultur geben kann – sie verbleiben stets im Werden. Wer den Terminus *Interkulturelle Philosophie* jedoch für ungenau hält, weil er exakte Kriterien vermisst, übersieht, dass bei der Betrachtung von Kulturen, Philosophien, Religionen und politischen Weltanschauungen ein gewisses Maß an Traditionsgebundenheit und persönlicher Entscheidung nicht zu leugnen (und auch nicht zu sublimieren) ist.

> »Das Philosophieren wird ergriffen von der Forderung, es aushalten zu können, daß nirgends der feste Boden ist, aber gerade dadurch der Grund der Dinge spricht.«[42]

Wer von philosophischen Argumenten allgemeine Akzeptanz und Einstimmigkeit erwartet, überfrachtet sie. Auch im Kampf der philosophischen Argumente spielen Dispositionen und Sozialisationen eine – zum Teil sogar entscheidende – Rolle. Interkulturelle Philosophie ist auch eine notwendige Korrektur eines – nicht nur, aber hauptsächlich in Europa praktizierten – komparativen Philosophierens, die sich ihrer kolonialistischen und eurozentrischen Wurzeln überführen muss.[43]

Eine interkulturelle Einstellung erkennt unterschiedliche Men-

---

[42] Jaspers, K.: Was ist der Mensch, München 2000, S. 16.

[43] Das »reine« Exportieren und Anwenden der eigenen Begriffe kann nicht das Ziel sein.

schen- und Weltbilder an. Eine solche Einstellung ermöglicht einen interkulturellen Diskurs ohne die Angst, sich im Anderen zu verlieren und ohne den Versuch, sich das Andere einzuverleiben.[44] »Die abendländische Philosophie«, so schreibt Emmanuel Lévinas, »fällt mit der Enthüllung des Anderen zusammen; dabei verliert das Andere, das sich als Sein manifestiert, seine Andersheit. Von ihrem Beginn an ist die Philosophie vom Entsetzen vor dem Anderen, das Anderes bleibt, ergriffen, von einer unüberwindbaren Allergie.«[45]

Vor aller Komparatistik auf jedwedem Gebiet gilt daher, sich die Tugend der Interkulturalität zu eigen zu machen, um so die Vorbedingungen für die Möglichkeit eines in gegenseitiger Toleranz und Anerkennung stattfindenden philosophischen Gesprächs zu schaffen. Eine geläufige Metapher variierend, könnte man sagen: Vergleichende Philosophie ist ohne die interkulturelle philosophische Orientierung blind; Interkulturelle Philosophie ist ohne die vergleichende Philosophie leer.[46]

---

[44] D. i. das Ausbleiben der Angst vor der Beliebigkeit. Es ist bedeutsam einzusehen, dass die Anerkennung des Anderen, des Fremden, Hand in Hand geht mit der Anerkennung des Eigenen. Wie es Plessner in seinem Aufsatz *Philosophie und Gesellschaft* ausdrückt, bedeutet es eben das (notwendige) Bejahen des Eigenen um Umgang mit dem Anderen zu finden. Worauf uns Plessner so eindrücklich hinweist, ist das Ausbleiben der Angst vor der Beliebigkeit in der Verzichtleistung. Es geht, um dies noch einmal deutlich zu formulieren, einem interkulturellen Philosophieren nicht um Standpunktlosigkeit oder das Aufgeben von (persönlichen) Haltungen und Überzeugungen. Es geht um die mündige Bejahung der eigenen Überzeugungen, Positionen und Standpunkte. Es bedeutet das Eintreten für die je eigenen Interessen und Überzeugungen mehr denn je, denn das ist die Fruchtbarkeit der Pluralität. Es geht um einen toleranten Pluralismus und als solcher fordert und fördert er das Engagement des Einzelnen.

[45] Lévinas, E.: Die Spur des Anderen, Freiburg i.Br. 1983, S. 211. Und daraus lässt sich schließen, sich unaufhörlich in der Einübung des Blickes auf das Eigene zu üben, um gerade darin den Blick auf den Anderen zu richten und ihn ganz und unverstellt in den Blick zu bekommen. Das meint die Einsicht in das »Ich gehe mir im Anderen selbst voraus.«

[46] »Beim Vergleichen geht es – wie gesagt – zunächst nicht darum, mit dem Weichzeichner das Gleiche zu betonen, sondern vielmehr das Verschiedene, die Differenzen trennscharf herauszuarbeiten. Ich wage zu sagen: kein oberflächlicher Kulturschmus und schnelle Umarmungen, sondern: Vive la différence! Es kommt auf die kleinen Unterschiede an. Nur durch diese Differenzen kann die interkulturelle ›Kopulation‹ fruchtbar sein – darin gleicht die intellektuelle der sexuellen.« Wohlfart, Günther: Das offene Weltmeer des Denkens und der germanozentrische Brunnenfrosch. Wider den philosophischen Lokalpatriotismus, Zugänglich unter: polylog.org, 2000; Stand 01.02.2015.

Interkulturelle philosophische Orientierung, die als eine grundsätzliche Einstellung das Philosophieren stets begleitet, ist ein Prolegomenon zur Weltphilosophie, zum weltphilosophischen Denken in seinen kulturspezifischen Ausprägungen, die grundsätzliche Gemeinsamkeiten wie auch Unterschiede aufweisen. Eine solche Einstellung weist einen mittleren Weg zwischen der zu starken Fixierung der Moderne auf die Vernunft einerseits und der zu stark ausgeprägten Tendenz der Postmoderne auf Pluralität andererseits. So besteht das Ziel einer interkulturell orientierten philosophischen Hermeneutik darin, im Anderen weder nur sich selbst, gleichsam in Verdoppelung, zu sehen, noch das Nichtvorhandensein von Eigenem im Gegenüber als Mangel zu deuten. Vielmehr geht es hier um die anthropologisch-hermeneutisch verankerten unterschiedlichen Verstehens- und Kommunikationsstrategien. Diese implizieren nicht nur unterschiedliche Fragestellungen und Antwortmuster, sondern eröffnen darüber hinaus den Blick auf grundsätzlich andere Denkweisen. Zwischen Anthropologie, Phänomenologie und Hermeneutik bestehen Beziehungen, die in einem Bedingungszusammenhang stehen. Interkulturelle Hermeneutik ist diesem anthropologischen Reichtum zutiefst verpflichtet.

Trotz aller Parallelitäten mit unterschiedlichen Nuancen grundsätzlicher Ähnlichkeiten und erhellender Differenzen, stellen, z. B. Hegel und Schopenhauer, alternative Wege dar, ebenso wie die Philosophie der Rationalisten und jene der Empiristen. Im Enderfolg kann die größte Einsicht darin liegen, die Abwesenheit aller konkreten Gemeinsamkeiten zu erkennen, ohne doch jemals die Legitimität unterschiedlicher philosophischer Wege in Frage zu stellen.

> »Aus dem interkulturellen Philosophieren geht sowohl die Bildung einer bestimmten Art und Weise des Philosophierens hervor als auch und vor allem die Bildung eines interkulturell fähigen Menschen. Die Voraussetzung dafür ist, dass man ein Herz […] innehat, in dem unterschiedliche Ausformungen der Wahrheiten trotz anscheinend unaufhebbarer Differenzen beherbergt werden können. Es ist nicht die interkulturelle Philosophie, die die Gegensätzlichkeit der Kulturen aufhebt, sondern das kulturoffene Herz des denkfähigen Menschen.«[47]

Als Fazit hinsichtlich der Standortbestimmung der interkulturellen Philosophie gilt Folgendes: interkulturelles Philosophieren ist nicht

[47] Chen, Hsueh-I: Wer philosophiert interkulturell?, in: Polylog Nr. 27, Wien 2012, S. 71–82, hier S. 75.

eine zusätzliche neue Disziplin der Philosophie neben den bestehenden Disziplinen, sondern eine grundsätzliche Orientierung, eine Wahrnehmung *aller* philosophischen Disziplinen im weltphilosophischen Kontext und im Vergleich der Kulturen. Sie fragt nach den kulturspezifischen Zugangsweisen und Lösungsansätzen im gemeinsamen offenen (philosophischen) Fragen. Somit bedeutet Interkulturelle Philosophie das Projekt einer *Kultur des Philosophierens* angesichts der *Kulturen des Philosophierens*, d.i. die unerlässlich gewordene Erweiterung eines zu engen Begriffs von Philosophie angesichts kultureller Besonderheiten, die als solche nicht in Frage gestellt, sondern vielmehr rekontextualisiert werden.

Die interkulturelle Einstellung entfaltet ihre therapeutische Wirkung in der Befreiung vom Konflikt mit der Verschiedenheit, lindert die Einsamkeit im Selbstverstehen und nimmt die Angst vor der Beliebigkeit.[48] Sie befreit zu der Einsicht, dass der Reichtum des seligmachenden Philosophierens in seiner Vielfalt liegt. Das ist die Erweiterung des »Supermarktes der Philosophien«, in der jeder frei und gleichberechtigt die zu ihm passende, ihm widerfahrende Welterklärung wählen und leben kann und dieses Recht auch dem Anderen zuspricht. Für das immerwährende Fragen, für das nie endende Philosophieren, kann es keine abschließende Lösung, keine perfekte Antwort geben. Die Fragen werden die Antworten vermutlich stets überwiegen. Die interkulturelle Einstellung entfaltet ihre therapeutische Wirkung in der Anerkennung und mutigen Bejahung des lebenslangen Prozesses der approximativen, tentativen aber (vermutlich) nie vollständigen Minimierung der Differenz. Das therapeutische Ziel ist es, den Leidensdruck dadurch zu reduzieren, dass man die Ursache des Unbehagens (die Differenz, die Entzogenheit, die Unfertigkeit) als unausweichlich anerkennt und mutig bejaht. Der Leidensdruck wird minimiert durch die Kultivierung eines tätigen Philosophierens, den aufkommenden Fragen und Widersprüchen entgegenzutreten, sich in sie einzuüben und diesen Prozess des Einübens in die je konkret gewordene Frage als unabschließbar anzuerkennen. Der beruhigende und friedvolle Umgang mit den Problemen der Welt ist das Ziel dieser Einstellung, und nicht die Erreichung einer Welt ohne Probleme.

---

[48] Und zeigt darin auch die Notwendigkeit an, in Psychotherapie und psychopathologischer Forschung Anwendung zu finden.

»Die Philosophen von morgen werden keine ›anaklastische Linie‹ keine ›Monade‹, keinen ›Conatus‹, keine ›Substanz‹, keine ›Attribute‹ und keinen ›unendlichen Modus‹ mehr haben, aber sie werden auch weiterhin bei Leibniz und Spinoza lernen, wie die glücklichen Jahrhunderte die Sphinx zu zähmen gedachten, und sie werden auf ihre weniger bilderreiche und viel abrupter Weise auf die weitaus zahlreicheren Rätsel antworten, die ihnen die Sphinx aufgibt.«[49]

2. Denken verpflichtet?

> I'm only interested in people engaged in a project of self-transformation.
>
> Susan Sontag[50]

»Eigentum verpflichtet.« Das steht im Artikel 14 des Grundgesetzes der Bundesrepublik Deutschland.[51] Einige Verständnis- und Interpretationsfragen stellen sich hier: Sagt dies der Gesetzgeber kraft einer verfassungsrechtlich verbrieften Machtposition? Oder wünscht sich dies der Souverän, ohne es per Gewalt erzwingen zu können oder zu wollen, und appelliert an den Gemeinsinn? Oder ist dies eine Aussage, die einer Einsicht des Eigentümers selbst entspricht? Oder ist es sowohl als auch?

Mahatma Gandhi schlug vor, der Kapitalist besitze sein Kapital nicht, er verwalte es. Dies war seine Idee auf dem Wege zu sozialer und ökonomischer Gerechtigkeit (»trusteeship«-Prinzip, Treuhandschaft). Dies kontextuell variierend fragen wir in Hinblick auf das *Denken*, ob dieses ebenso *verpflichtet?* Verpflichtet Denken qua Denken? Verpflichtet Denken qua Denken zur Transformation des Denkers? Ist die Verpflichtung ein konstitutives Merkmal des Denkens? Oder ist es eine Sollens-Forderung an das Denken – Denken soll (sich) verpflichten? Oder ist das Denken eine notwendige, nicht jedoch hinreichende Bedingung für das Tun des Gedachten? Dies Letztere vermuten wir hier.

Das Geschäft der Philosophie hat in der Hauptsache mit dem Denken zu tun. Philosophen denken. Aber nicht nur Philosophen

---

[49] Merleau-Ponty: Zeichen, S. 231.

[50] Sontag, Susan: As Consciousness Is Harnessed to Flesh: Journals and Notebooks, 1964–1980, 4/11/71.

[51] Grundgesetz für die Bundesrepublik Deutschland, Artikel 14(2): »Eigentum verpflichtet. Sein Gebrauch soll zugleich dem Wohle der Allgemeinheit dienen.«

denken. Philosophen denken in einer besonderen, eben in einer philosophischen Weise. Hier soll der Versuch unternommen werden zu erkunden, worin diese Art und Weise des philosophischen Denkens besteht und was *Denken* beinhaltet. Denn *alle Menschen sind Philosophen,*[52] doch nicht alle denken philosophisch. Doch alle Philosophie – ob geschult oder nicht – soll sich bei der Lebenswelt aufhalten und sich auf diese richten, denn sie entspringt und thematisiert immer schon die menschliche Existenz.

Die Fragestellung: *Denken verpflichtet?* kann zumindest diese drei Lesarten erfahren. Erstens, kann man fragen, ob Denken überhaupt verpflichtet. Nur eine positive Antwort auf diese Frage führt zu einer zweiten Lesart, warum Denken verpflichtet. Drittens, wenn dem so ist, wie sehen dann transformative Schritte aus, die vom Denken zum Handeln führen? Kann man den Satz ›Denken verpflichtet‹ so lesen wie z. B. ›die Sonne scheint‹? Wohl kaum. Und dies deutet auf eine intentionale, auf eine normative Dimension des Denkens hin. Diese ethisch-moralische und selbstverpflichtende Seite des Denkens ist unser Thema hier. Ist diese Verpflichtung ein konstitutives Merkmal des Denkens oder kann das Denken *Denken* sein und bleiben, ohne sich zu irgendetwas zu verpflichten, was dann erst von außen an das Denken herangetragen wird? Diese Frage kann der Denker und nicht das Denken selbst beantworten. Der Denker verpflichtet das Denken.

Denken, Denker und das Gedachte stehen in einem inneren Verhältnis zueinander. Sagt uns das Denken qua Denken, dass es uns verpflichtet? Eine bejahende Antwort auf diese Frage fällt uns schwer, denn Denken als ein geistiger Akt wird vom Denkenden vollzogen. Aus diesem Grunde ist es der Denker, der das Denken (zum Handeln) verpflichtet. Dass die Denkenden das Denken sehr unterschiedlich auffassen, ist eine Tatsache der Erfahrung, auch auf unserem Gebiet des Verpflichtetseins des Denkens. Nicht selten wird die Frage aufgeworfen, ob der Wegweiser den Weg selber gehen muss. Ob er dies tun soll oder nicht, ist die normative, präskriptive Dimension des Denkens. Sie erwartet die Erfüllung einer regulativen Intentionalität, die der Denker in der Tat vernachlässigen kann mit dem Anspruch auf das Denken-können – er kann das Vorbildliche, das Wünschenswerte, das Erstrebenswerte, das Tugendhafte denken, aber er kann es auch im Bereich der Potentialität des Gedachten belassen und nicht in die

---

52 Vgl. Popper, Karl: Alle Menschen sind Philosophen, München 2004.

Aktualität des Handelns überführen. Im Volksmund heißt es nicht umsonst: Wasser predigen und Wein trinken. Es kann Denker geben, und es gibt sie in der Tat, die großartige, kohärente und systematische Bücher über Wahrheit schreiben können (und geschrieben haben), auch wenn sie im alltäglichen Leben notorische Lügner sind. Dies zwingt uns zu der eigentlichen Frage nach der Quelle der *Verpflichtung* des Denkens.

Wenn Denken qua Denken den Verpflichtungsaspekt des Denkens selbst nicht in einer sich selbst verpflichtenden Weise hervorbringen kann, dann ist eine Verankerung anderswo zu suchen. Dieses »Anderswo« kann in den gemeinschaftlichen, gesellschaftlichen, sozialpolitischen, ethisch-moralischen und persönlichen (charakterlichen) Bezügen der Person liegen.

Denken qua Denken ist im Eigentlichen wertneutral, weil es das *gute* und das *nicht-gute* Denken begleitet. Mit anderen Worten ist das Kriterium externer Natur. In den 68er-Jahren wurde oft vom »Schreibtischtäter« gesprochen. Gemeint waren eigentlich Denker, die auf der theoretischen Ebene Kritik übten, Korrekturen, ja sogar revolutionäre Vorschläge machten, selbst jedoch nicht auf die Straße gingen. Sprichwörtlich ist Adorno geworden, der, schon auf dem Wege auf die Straße, doch in den Hörsaal abbiegt und dort verbleibt. Diejenigen jedoch, die auf die Straße gingen und das Theoretische in die Praxis umsetzen wollten, waren in erster Linie keine bloßen »Schreibtischtäter«. Unsere Frage lautet hier: Was muss wohl dazugekommen sein, dass diese Menschen zu »realen« Tätern wurden.

In unseren Tagen hört und liest man von »geistiger« und »realer« Brandstiftung bezogen auf die Asyl- und Migrationsproblematik – wir denken an die brennenden Flüchtlingsheime unserer Tage. Auch hier fragt sich, was ist es, was geistige Brandstiftung zur realen werden lässt. Über die Denkleistung zum Guten und Bösen hinaus müsen sich wohl weitere Beweggründe hinzugesellen, die das Denken ins Handeln transformieren.[53]

---

[53] Wie der Philosoph Nishida Kitaro sagt, entdeckt sich das tätige Wissen im wissenden Tun: »Da Wollen wissendes Wirken und wirkendes Wissen ist, gehört es zu einer ganz anderen Gattung, als das bloß theoretische Verhalten, als die bloße Intention eines Gegenstandes. […] Das wissende Ich schaut das wirkende Ich an, d. h., es sieht die Veränderung des Ich. […] Was bedeutet nun für ein solches wissende Ich, das ›ich‹ wirke? Wirken ist zunächst ein Anderswerden. […] Das wirkende Ich ist die Kontinuität eines so wissenden Ichs. Das wirkende Ich schließt das wissende ein.« Brüll, Lydia: Die japanische Philosophie, Darmstadt 1993, S. 163 f.

Da wir hier aus unterschiedlichen Perspektiven Philosophie als Therapie begreifen wollen, stellt sich die Frage: Wie kommt es zu der Diskrepanz zwischen dem, was wir denken, und dem, was wir tun? Was bringt den theoretisierenden Wahrheitsprediger – sei es Politiker oder Kleriker – dazu, wider das Wissen um das eigene, nicht wahrheitsgemäße Tun öffentlich über Wahrheit zu sprechen? Ist dem so Redenden der Widerspruch von Denken und Handeln bewusst, entdeckt sich der so Handelnde, als Wasser predigend und Wein trinkend? Was begünstigt das Auseinanderklaffen von Einsicht und Handeln und was kann ihm entgegengesetzt werden?

Hier kommen in der Hauptsache zwei Motivationen in Frage: die innere und die äußere. Von einer äußeren Motivation wäre zu reden, stünden dem Handeln Belohnung oder Strafe entgegen, bzw. stünden äußere lebensweltliche Umstände im Widerspruch. Entscheidender scheint daher zuvor die Frage der intrinsischen Motivation. Der inneren Motivation stehen u. a. moralische Charakterschwäche und die Schwäche der Willenskraft entgegen. Denn diese sind auch dann wirksam, wenn argumentiert wird, wie Platon es im Protagoras tut (352b–356c), dass es für rationale Wesen unmöglich sei, wissend das Schlechte zu tun. Aristoteles rekontextualisiert die platonische Antwort und stellt in der Nikomachischen Ethik (7.2) die Frage: Wir möchten wissen, wie ein Mensch, der richtig urteilt, sich unrichtig, zügellos verhalten kann. Der platonische Sokrates ist der festen Überzeugung, dass es eine solche Zügellosigkeit nicht gibt und geben kann, denn Menschen, die so handeln, tun es aus Gründen der Unwissenheit. Aristoteles, in voller Anerkennung der Kraft der Empirie, meint zu Recht, dass die Erfahrung eine andere Sprache spricht. Eine von den vielen Erklärungen und Begründungen, die er vorschlägt, lautet: Es kann sein, dass ein Mensch zwar weiß, was gut ist, aber dennoch tut, was nicht gut ist, da das Wissen um das Gute keine hinreichende Bedingung für das Tun des Guten ist. Aus dem Wissen, aus dem Erkennen dessen, was gut ist, folgt also nicht folgerichtig seine Transformation.

Vielleicht liegt dies daran, dass hier Wissen in einem anderen Sinn gebraucht wird. Denn es gibt Menschen, die wissen, was gut ist, und tun, was nicht gut ist. Und es gibt Menschen, die tun, was gut ist, weil sie wissen, was gut ist. Es kann aber auch sein, dass man zwar Wissen hat, aber es nicht gebraucht.[54]

---

[54] Ist das Wissen dann doch eine notwendige, nicht jedoch eine hinreichende Bedin-

Das indische Denken ist im Großen und Ganzen der Überzeugung, dass Menschen in der Tat gegen ihre ethisch-moralischen Überzeugungen handeln können. Es geht hier letzten Endes um einen moralischen (Dharma-)[55]Konflikt verursacht durch Gier, Verblendung und Schwäche der Willenskraft. Ein Beleg hierfür ist der oft zitierte Sanskritvers: Janami *dharmam* na ca me pravritti janamy-a*dharmam* na ca me nivritti. – Ich weiß, was *Dharma* ist. Aber ich kann mich nicht überzeugen dementsprechend zu handeln. Ich weiß, was *A-Dharma* ist, aber ich bin unfähig mich dem Bösen zu enthalten.[56]

Der Epos *Mahabharata* erzählt, wie der Monarch Yudhisthira dem Wetten verfallen ist und alles verliert: sein Königreich, seine Brüder, seine Frau. Er weiß, dass Wetten eine Untugend *(A-Dharma)* ist, aber er kann sich davon selbst nicht befreien.[57] Er handelt wie der

---

gung für das Tun des Gewussten? Und gilt dies unabhängig davon, ob wir das Wissen positiv oder negativ besetzen?

[55] Der vieldeutige Begriff Dharma wird aus dem Sanskrit von »halten, festhalten, tragen« hergeleitet. Dharma bezieht sich seit den frühen Upanishaden auf Verhaltensnormen i. S. der Moral, Sitte und des Rechts. Dharma meint auch die innere, eigenste Natur der Dinge und der Menschen, allerdings nicht i. S. einer extrinsisch, von außen auferlegten Pflicht, sondern als Ergebnis einer Einsicht, Einkehr, Einstellung und Gesinnung. Vgl. dazu ausführlicher Soni, J., Mall, R. M.: Kleines Lexikon der indischen Philosophie, München 2009.

[56] Zit. in: The Collected Essays of Bimal Krishna Matilal: Ethics and Epics, hrsg. v. Ganeri, J., New Delhi 2002, S. 61.

[57] Yudhisthira ist gefangen im Zwang der Sucht. Er ist nicht länger fähig sich ohne Weiteres selbst zu befreien. Er ist nunmehr ein Getriebener. Wir können an dieser Stelle, wenn sich Wille, Freiheit und Mündigkeit nahezu gänzlich in die Potentialität zurückgezogen haben, kaum von Willensschwäche sprechen. Die Schwäche des Willens mag dem Unterliegen des Zwanges vorausgehen, einmal gefangen jedoch in der Unfreiheit des Zwanges – gefangen in einer ungeteilten Realität – sind wir nur unter Aufbringen großer Kräfte in der Lage uns selbständig und willentlich zu befreien. Wir können, als schwirrende Fliege, kraft des Willens und Vermögens das Spinnennetz meiden. Doch einmal gefangen im Spinnennetz, verlangt es ungleich mehr unseres Wollens und Wirkens, uns aus eigener Kraft daraus zu befreien (Indra's Net, Wittgensteins Fliegenglas). Es gibt diese Fliegen, die sich aus eigener Kraft aus dem Netz befreien und uns so als leuchtende Vorbilder vorangehen. Dies ist jedoch sehr schwierig und daher selten. Diese Bemühung, sich aus eigener Kraft aus den Verstrickungen zu befreien, ist Thema dieser Arbeit. Vgl. dazu Fuchs, Thomas: Wollen können. Wille, Selbstbestimmung und psychische Krankheit, in: Randzonen des Willens, hrsg. v. Moos, T., Rehmann-Sutter, C., Schües, C., Frankfurt a. M. 2016, S. 43–62. »Wollen zu können, in Freiheit handeln zu können ist keine Selbstverständlichkeit, sondern eine komplexe Fähigkeit, die von der frühen Kindheit an bis ins Erwachsenenalter hinein erworben und lebenslang geübt wird. Es ist damit eine Errungenschaft, die

sprichwörtliche vedische Spieler, der gesteht, dass Spielen eine Sünde ist, ohne mit dem Spielen aufzuhören. Denn sobald er die Würfelgeräusche hört, kann er sich nicht kontrollieren. Das indische Denken scheint von einer Anthropologie auszugehen, in der die Schwäche der Willenskraft Teil der menschlichen Natur ist.

So ist das theoretisch-philosophische Wissen, z.B. des Guten, nicht verpflichtend in dem Sinne, dass es das Tun des Guten zu einem konstitutiven Teil des Wissens macht, so wie die platonische Lesart dies tut. Aber das verpflichtende Wissen unternimmt Anstrengungen, um die diversen menschlichen Schwächen zu minimieren, zu kontrollieren und zu überwinden.[58]

Kehren wir zurück zu unserer anfänglich gestellten Frage, ob das Denken überhaupt verpflichtet, warum es dies tut und wie es dies tut. Die Idee eines transformativen Denkens scheint die zentrale Rolle zu spielen. Unsere Überlegung hat angedeutet, dass eine befriedigende Lösung hier wohl nicht allein über formal-logische, apriorische, rein analytische und definitorische Annahmen zu erreichen ist. Der Faktor Mensch, der nicht nur, sondern auch ein Vernunftwesen ist, muss sich willentlich und kraftvoll einsetzen, die Schwächen zu überwinden, die einer Überführung des Denkens ins Handeln im Wege stehen. Es ist der Mensch, der sich in und durch sein Denken realisiert, und nicht umgekehrt. Ein unerfahrenes Denken ist so nahezu eine *contradictio in adjecto*.[59]

Der Grund, warum Denken verpflichtet, ist auch darin zu su-

---

wir auch wieder einbüßen können, sei es zeitweise oder dauerhaft. Umso wichtiger erscheint es für unser Leben, das Handwerk und die Spielräume der Freiheit zu nutzen, solange wir dies vermögen […]« Ibid. S. 60.

[58] Die eigentliche Frage lautet hier: Ist das Tun des Guten in der Definition vom Wissen um das Gute enthalten oder nicht? Vgl.: Flanagan, O.: The Bodhisattva's Brain. Buddhism Naturalized, Massachusetts 2011, S. 167ff. Ist es enthalten, dann ist diese Lesart des Verhältnisses zwischen Wissen und Tugend zwar definitorisch sehr sauber, aber empirisch (und auch psychologisch) falsifizierbar. Ist das Tun des Guten in der Definition enthalten, dann ist Wissen nur eine notwendige, nicht jedoch hinreichende Bedingung des Guten. Platon und Buddha unterscheiden sich darin, dass für Platon das Wissen des Guten nicht nur eine notwendige, sondern auch hinreichende Bedingung für das Tun des Guten ist. Für Buddha ist aber das Wissen des Guten nur eine notwendige, nicht aber hinreichende Bedingung. Zu den hinreichenden Bedingungen für Buddha gehört u.a. der achtfache Pfad (die vierte edle Wahrheit), d.i. die beständige Einübung des Gewussten durch verschiedene meditative Übungen.

[59] Denn Erkenntnis braucht Erfahrung. Und Erkenntnis ist der erste Schritt zur Therapie. Selbsttherapie beginnt bei der Einsicht in die Wurzeln der krankmachenden Verblendungen.

chen, dass das Denken Zielsetzungen kennt, die mehr sein wollen, sollen und müssen als reine Erkenntnisgewinnung – dieses gewisse »*mehr* als *nur* Wissen«. Sicherlich ist rein theoretisches Denken richtig, wichtig und wertvoll. Das formal-definitorische, das rein analytische Denken hat seine Berechtigung. Die Einsicht in die Selbstverpflichtung des Denkens bedeutet seine Bescheidung: Denken, das sich nicht verpflichtet, ist Luxus.[60] Damit es aber zur Erkenntnisverwirklichung kommt, bedarf es einer Denkkonzeption, die nicht nur eine beschreibende, narrative Dimension der Analyse kennt, sondern darüber hinaus eine diagnostische und therapeutische. Und diese therapeutische Dimension des Denkens verbindet *vita contemplativa* mit *vita activa*. Wenn erstens gilt, dass es ohne Denken kein Handeln gibt, und wir zweitens erfahren, dass das Denken aber nicht immer zum Handeln führt, so scheint, dass Denken eine notwendige nicht jedoch hinreichende Bedingung für das Handeln ist. Die Frage stellt sich daher immer noch nach den hinreichenden Bedingungen.

Der Satz ›Denken verpflichtet‹ kann gelesen werden, erstens als ein bloß analytischer, zweitens als ein synthetischer Satz oder als eine Mischung von beiden. Als ein analytischer Satz hieße es, dass das Verpflichtet-Sein als Prädikat in dem Subjektkonzept Denken enthalten ist. Ohne in die Feinheiten der Diskussion um den Begriff ›analytische Sätze‹ zu gehen, lässt sich hier so viel sagen, dass der Satz ›Denken verpflichtet‹ ein analytischer ist. In dem oft erwähnten Beispiel ›Alle roten Rosen sind rot‹ geht es um einen analytischen Satz, weil das Prädikat ›rot‹ in dem Konzept ›rote Rosen‹ enthalten ist. Der Satz ›Alle Rosen sind verwelkt‹ ist jedoch nicht analytisch, sondern synthetisch, weil das Verwelkt-Sein nicht in dem Rose-Sein enthalten ist. Diese Kombination muss erfahren werden. Auf unser Thema angewandt hieße es, dass der Satz ›Denken verpflichtet‹ als analytischer noch gar keine wirkmächtige Aussage hinsichtlich einer zu erfüllenden Verpflichtung macht. Entgegen der Überzeugung Kants sind die Sätze entweder analytisch oder synthetisch, d.h. entweder analytisch apriori oder synthetisch aposteriori. Da wir aber nach einem Hinweis auf die im Denken angelegte Handlung suchen und diesen nicht in bloß analytischen Sätzen finden, müssen wir nach anderen Quellen Ausschau halten.

In seiner Theorie der phänomenologischen Beschreibung unterscheidet Husserl zwischen zwei Arten von Analyse. Es geht um

---

[60] Vgl. Wiesing, Lambert: Luxus, Berlin 2015.

›noetische‹ und ›noematische‹ Analyse. Die noetische Analyse beschreibt die subjektiven Intentionen und geistigen Aktivitäten, während die noematische Analyse das Objekt, den Gegenstand beschreibt. Noesis und Noema bedingen einander, aber sie lassen sich nicht aufeinander reduzieren. Die noetische, als die intendierte Seite, ist noch leer und wartet auf ihre Erfüllung. Intentionen können erfüllt sein, müssen jedoch nicht. Auf unser Thema angewandt hieße es: Wenn wir an das Denken denken (die noetische Seite), dann denken wir auch an das Gedachte (die noematische Seite). Also ist das Gedachte, in unserem Zusammenhang der Verpflichtungsaspekt des Denkens, zumindest als Intention im Denken enthalten und wartet auf die Erfüllung. Husserl macht auch eine für unsere Diskussion hilfreiche Unterscheidung zwischen ›natürlicher‹ und ›phänomenologischer‹ Einstellung. In der natürlichen Einstellung lebend, sind wir mit den Dingen der Welt, ja mit der Welt schlechthin beschäftigt. Wir nehmen in der phänomenologischen Einstellung eine reflexive Haltung ein und vollziehen eine Analyse der Intentionen und deren noematischen Korrelate. Ob wir hier, ohne Husserls Intentionen zu weit zu strapazieren, im Sinne unseres Anliegens, Methoden und Wege der Realisation des Intendierten auch zu der phänomenologischen Einstellung zählen sollen, ist eine Frage, die wir neigen zu bejahen. Diese phänomenologische Einstellung mit ihrem reflexiv-meditativen und transformativen Charakter ist im Grunde genommen eine ›axiologische‹, denn es geht um die Erfüllung eines intendierten Ethos. Es scheint dann doch so zu sein, dass das Denken allein nicht ausreicht, um zum Handeln zu werden, aber es ist eine notwendige Bedingung.

Unsere Frage ist und bleibt immer noch nicht zufriedenstellend beantwortet, ob das Denken verpflichtet. Und wenn ja, dann wie. Es darf festgestellt werden, dass ein rein syntaktisch-semantisches Verstehen wohl nicht ausreicht. (»Nur wissen« reicht nicht aus.) Welche anderen Faktoren müssen hinzukommen, sodass das syntaktisch-semantische Verstehen in Kombination und Kooperation mit diesen zusätzlichen Faktoren zur Handlungsmotivation wird? Unsere vorläufige und weltläufig anmutende These lautet: Das syntaktisch-semantische Verstehen ist eine notwendige, nicht jedoch hinreichende Bedingung für eine Handlungsmotivation.

Die Palette der zusätzlichen Handlungsmotivationen kann lang und kompliziert sein und verschiedene Bereiche des menschlichen Lebens umfassen: den psychologischen, den charakterlichen, den sozialen, den ethisch-moralischen, den machtpolitischen usw. So könnte man auch von einer Denklogik, Denkpsychologie, Denksoziologie, Denkethik und Denkmoral sprechen. In all diesen Fällen geht es letzten Endes um eine ›deontologische‹ Betrachtungsweise. Mit anderen Worten geht es um die ›Sollensdimension‹, um die normativen Begründungen, Rechtfertigungen und Handlungsmodi dessen, was sein sollte.[61]

Denklogik: In einem erweiterten Sinne wird unter Denken eine größere Palette von geistigen Tätigkeiten verstanden. Diese beziehen sich auf unsere Vorstellungen, Begriffe und Urteile. Im engeren Sinne wird Denken jedoch unterschieden von Gefühl und Empfinden. Ebenso ist Denken zu unterscheiden von den Sinnen. Denn Denken ist im gebräuchlichen Verständnis kein Sinnesorgan. Es wird aber nicht zu Unrecht von einem inneren Organ *(inner sense)* gesprochen, dem die Dinge, Ereignisse usw. gegeben sind. Im indischen philosophischen Denken wird Geist mit *Manas* übersetzt. Manas bedeutet ›messen‹ und steht für Erlebnisse wie Wut, Freude, Trauer usw. Manas ist eine feinstoffliche funktionale Einheit, die von Sinnesorganen nicht wahrnehmbar ist. Seine Existenz wird eher erschlossen. Die Gründe dafür sind: So wie wir für die Wahrnehmung äußerer Gegenstände unserer Sinnesorgane bedürfen, bedürfen wir auch eines ›inneren Sinnes‹ (Antarindriya), um die inneren Objekte wie z. B. Seele, Erkenntnis, Gefühl, Willensregung, Enttäuschung, Hoffnung u. a. wahrnehmen zu können. Darüber hinaus ist Manas aber auch eine erkennende und handelnde Instanz. Zu seinen Funktionen gehört Erläuterung und Ausführung. Manas weist einen instrumentellen Charakter auf, so wie die Sinnesorgane Instrumente für den Kontakt mit den Sinnesobjekten sind.[62]

Eine Logik des Denkens hat die Aufgabe, die Strukturen, Gesetze, Prinzipien und Normen des Denkens zu erarbeiten. Da das Denken in der Hauptsache stets in »wenn, … dann« Zusammenhängen besteht, steht die Funktion der Motivation nicht im Zentrum. Das Denken, der Verstand, ja die Vernunft als Informationsquelle sagt uns: Wenn Du ohne ein Schwimmer zu sein oder ohne Schwimmweste ins tiefe Wasser gehst, so ertrinkst du. Das Denken qua Denken verhindert jedoch nicht, dass ich das Risiko auf mich nehme und doch

[61] Vgl. Bentham, J.: Deontology or The Science of Morality, London/Edinburgh 1834.
[62] Vgl. Mall, R. A.: Der operative Begriff des Geistes. Locke, Berkeley, Hume, Freiburg/München 1984.

ins tiefe Wasser gehe. Die Denklogik als eine dichte Informationsquelle bedarf einer Motivationsquelle, die ihre Vorschläge in die Praxis umsetzt. Dem Denkwissen fehlt das Tatwissen. Dieses Tatwissen bedarf über die Denklogik hinaus einer Denkpsychologie, die sich mit unterschiedlichen Faktoren der Motivation zur Handlung beschäftigt. Nur so kann das Tugendwissen sich transformieren. Denkinformation ist lange nicht Tatinformation. Ob Denken allein verpflichtet, ist eine Frage, die so noch immer offenbleibt.

Denkpsychologie: Psychologie wird im Allgemeinen und dies nicht nur etymologisch, als die Lehre und Wissenschaft von der Seele (ψυχή, gr. psychē) verstanden. Die Seele wird als ein belebendes Bewusstseinsprinzip traditionell dreigeteilt: Das Vermögen des Denkens (Reflexion/Kognition), das Vermögen des Fühlens (Emotion) und das Vermögen des Wollens (Motivation/Volition). Ohne hier in die Tiefe der Leib-Seele Problematik einzusteigen, wollen wir Psychologie vom Denken her unter der Fragestellung thematisieren, wie weit Denken den Denkenden verändert und ihn als Person transformiert. Dies werden wir unter besonderer Berücksichtigung der Lehre Buddhas tun, die Erkenntnislehre mit Handlungslehre verbindet.

Wir möchten hier drei Formen – unter anderen – auseinanderhalten, wie Psychologie betrieben werden kann. Erstens kann sie als eine Naturwissenschaft, eine an analytischen Darstellungen orientierte Beschäftigung mit psychischen Phänomenen in ihren multiplen Kausalitäten verstanden werden. Hier steht die Anwendung der Ergebnisse nur bedingt im Zentrum, sondern Messbarkeit und Reliabilität. Zweitens kann sie versuchen ihre Resultate auf Basis wissenschaftlicher Überzeugungen in eine (therapeutische) Praxis umzusetzen. Hierbei bleiben jedoch die wissenschaftlich-methodisch erreichten Resultate wichtig. Drittens, und hier ist die buddhistische Konzeption der Psychologie an erster Stelle zu nennen, geht es um die Schulung des Bewusstseins, Erkenntnis zu gewinnen und zur Anwendung zu bringen.[63]

Nicht selten wird heute noch lebhaft und kontrovers die Frage diskutiert, ob Buddhismus eine Religion, eine Ethik, eine Morallehre, eine Philosophie oder eine Psychologie sei. Lama Anagarika Govinda gibt hierauf die knappe Antwort:

---

[63] Vgl. Nyanatiloka: Abhidhamma-Pitak, Bd. 1, Breslau 1910, übers. v. Neumann, K. E.: Die Reden Gotamo Buddhos in 4 Bänden, München 1927.

»Als Erlebnis und Weg der praktischen Verwirklichung ist der Buddhismus eine Religion; als gedankliche Formulierung dieses Erlebens ist er Philosophie; als resultatsystematische Selbstbeobachtung ist er Psychologie; und aus diesem allem ergibt sich eine Norm des Verhaltens, die wir innerlich als Ethik, von außen gesehen als Moral bezeichnen.«[64]

Es ist wahr, die Lehre Buddhas ist in der Tat erkenntnisgeleitet. Schon die Formulierung der ersten Wahrheit vom Leiden und von den Ursachen des Leidens belegt dies. Dieser epistemologische Schritt ist jedoch nur der Anfang, denn Leidenserfahrung ist der eigentliche Ursprungsort für das philosophische Denken. Dabei geht es nicht um etwas Erdachtes oder Vorgestelltes. Es geht um etwas, was zutiefst erlebt wird. Daher ist dieses Erlebte nicht bloß ein Glaubensbekenntnis. Philosophie und Psychologie gehen Hand in Hand. Sie sind verbunden im Ziel einer Minimierung oder gar Überwindung des Leidens. Unsere Rede von »Denkpsychologie« macht daher Sinn, weil es um ein Denken geht, das zwar bloß aus sich heraus nicht Handeln ist, aber dem Handeln ein Wegweiser ist.

»Philosophien und streng wissenschaftliche Systeme der Psychologie waren nie im Stande, einen dominierenden Einfluss auf das Leben der Menschheit auszuüben – nicht, weil sie als Systeme untauglich waren oder weil es ihnen an Wahrheitsgehalt fehlte, sondern weil die in ihnen enthaltene Wahrheit nur theoretischen Wert hatte, dem Gehirn und nicht dem Herzen entsprungen, vom Intellekt erdacht und nicht im Leben verwirklicht war.«[65]

Mit Recht wird daher der Buddhismus als eine angewandte Philosophie, ja ›angewandte Metaphysik‹ bezeichnet, denn er ist ein Pfad des Denkens und Handelns. Die Formulierung der dritten edlen Wahrheit, der Weg zur Aufhebung des Leids, ist der Achtfache Pfad (Astangmarga). Dieser besteht in der inneren Bemühung und Anstrengung, das Wissen um das Gute zum unablässigen Tun werden zu lassen. Es ist dabei von vier Schritten – zwei positiven und zwei negativen – die Rede. Es geht 1. um die Anstrengung und Bemühung in unserem Geist das bereits entstandene Böse zu beseitigen, 2. die noch nicht entstandenen Hindernisse am Entstehen zu hindern, 3. die noch nicht entstandenen guten Geistesregungen hervorzubringen und 4., die schon entstandenen guten Geistesregungen zu stärken, zu ent-

[64] Govinda, Lama A.: Die psychologische Haltung der frühbuddhistischen Philosophie, Wiesbaden 1962, S. 1.
[65] Ibid. S. 2

wickeln und zu pflegen.[66] So ist unsere Rede von Denkpsychologie nicht nur und nicht in der Hauptsache eine psychologische Beschreibung des Denkprozesses. Vielmehr geht es um die Entwicklung und Kultivierung einer inneren Erfahrung, die das philosophisch-metaphysisch und auch spekulativ Gedachte zum Tragen bringt.[67]

Denksoziologie: Soziologie, d.i. die Wissenschaft vom Zusammenleben der Menschen und der Ideen, Konzepte, Ziele und Regeln, die das Zusammenleben gestalten, leiten und lenken. Uns interessiert hier insbesondere die Sozialpsychologie.[68] Diese ist angesiedelt zwischen Soziologie und Psychologie und interessiert sich in der Hauptsache für die Verhaltensweisen der Individuen, für ihre Motive und Handlungen in der Gesellschaft. So spielt das Verstehen, Erklären und Verändern der geistigen, mentalen Intentionen und Erlebnisse eine zentrale Rolle. Hierher gehören daher auch all die Geistesregungen – ob gute, wie z. B. Mitgefühl, Wohlwollen, Nächstenliebe, Freundschaft, oder böse wie z. B. Hass, Gier, Verblendungen, Machtwille, Feindschaft –, die die Individuen zu den Handlungen führen, die das Wohl und Wehe der Gesellschaft bedeuten. Die vier buddhistischen Schritte zur Kultivierung der guten und Verhinderung der bösen Geistesregungen gehören hierher.

Es gibt zwei Dimensionen der Soziologie – die deskriptive und

---

66 Nahezu jedes Therapieverfahren beginnt mit der Bewusstwerdung, eruiert einen Veränderungswillen und schreitet voran, verändertes Verhalten aufzubauen und zu kultivieren.

67 Geht es nicht doch um eine ›angewandte Metaphysik‹, die das bloß Metaphysische zum ›Empirischen‹ d. h. zum Erfahrenen macht? Für Alfred N. Whitehead war der Buddhismus ein ›kolossales Beispiel‹ für eine ›angewandte Metaphysik‹. Vgl. dazu Hiriyanna, Mysore: Outlines of Indian Philosophy, London 1958, S. 20. Hegel meinte (fälschlicherweise), das buddhistische soteriologische Ziel Nirvana im christlichen Sinne theologisieren zu müssen. Nichts jedoch liegt den buddhistischen Philosophen, z. B. Nagarjuna, ferner als eine solche Theologisierung. Denn auch die Hinduphilosophen hatten ähnliche Versuche unternommen. Vgl. Mall, R. A.: Philosophie: Vom Denkweg zum Lebensweg, in: Lebenswelt und Wissenschaft, hrsg. v. Gethmann, C. F., Hamburg 2011, S. 1023–1038.

68 Sozialpsychologie, wie sie Gordon Allport definiert, ist die Disziplin, die zu verstehen und zu erklären versucht, wie Gedanken, Gefühle und Handlungen von Individuen durch die wahrgenommene, vorgestellte oder implizite Gegenwart des Anderen beeinflusst werden. In diesen feinen doch beschreibbaren Unterschieden zwischen der wahrgenommenen (tatsächlichen), vorgestellten und impliziten Anwesenheit des Anderen, zeigt sich die so entscheidende unauflösliche Verwobenheit des Individuums mit seiner Mit- und Umwelt.

die normative –, die die denksoziologischen Methoden und Verbesserungsvorschläge leiten. Das menschliche Streben nach einer Bewegung von dem, was ist, zu dem, was sein soll, scheint eine anthropologische Konstante zu sein. Denn meistens bleibt der Hiatus zwischen Sein und Sollen bestehen. Die Suche nach dem Himmel auf Erden, ob in einer transzendenten oder in einer säkularen Gestalt, ist und bleibt unser Antrieb. M.a.W. sehen wir uns dem unaufhörlichen Pendelschlag von Lustgewinn und Unlustvermeidung gegenüber.

Unser Ansatz zielt auf eine deontologische Soziologie, die es sich zur Aufgabe macht, die sozialen Verhältnisse dahingehend zu gestalten, dass Werte wie Mitgefühl, Freundschaft, Hilfsbereitschaft kultiviert werden. Und zwar entwickelt werden in erster Linie auf der Ebene des Individuums, um so die gesellschaftlichen Verhältnisse andauernd zu verbessern.[69] Die Verteidigung und Pflege humanistischer Werte wie der Menschenrechte, Gleichheit und Gerechtigkeit gehören dazu. Es geht weniger um eine großartig spekulativ-ideologische Suche nach absolutistischen, ewig gültigen Prinzipen. Zu Recht fordert daher Odo Marquard einen *Abschied vom Prinzipiellen.*[70] Alleinseligmachende Geschichtsvorstellungen haben mehr geschadet als geholfen, denn sie führten und führen einen erbitterten Kampf um Geltung. Zunächst führen sie ihn auf der Ebene der Theorie, üben bereits theoretische Gewalt aus, um dann – unter günstigen Bedingungen – sich in gewaltsames Handeln zu transformieren. Gewalt ist dabei stets am Werke, denn das Alleinseligmachende bleibt den Entwurf eines friedlichen Zusammenlebens in anerkennender Pluralität schuldig.

Die deontologische Denksoziologie ist bescheidener und versucht z.B. eine größere Gerechtigkeit durch die unermüdliche Anstrengung der Minimierung von Ungerechtigkeit zu erreichen. Denn unsere Widerfahrnis diverser Formen der Ungerechtigkeiten ist uns in direktem Erleben gegeben und steht im Gegensatz einer nahezu entrückten Idealvorstellungen einer absoluten Gerechtigkeit. So behalten Buddha und Schopenhauer Recht, wenn sie uns raten, das

---

[69] Die Notwendigkeit für den Blick auf den Einzelnen und einer gesellschaftlichen Resonanz auf sein Handeln, zeigen die Arbeiten zur *Beschleunigung* und den Resonanzverhältnissen des Soziologen Hartmut Rosa.

[70] Marquard, Odo: Abschied vom Prinzipiellen: Philosophische Studien, Stuttgart 1986.

Glück doch lieber durch das Vermeiden des Unglücks zu suchen. Platons ›Dreiteilung‹ und die ›Viererteilung‹ im Hindudenken sind solche denksoziologischen Entwürfe. Auch die politische Dreiteilung der Gewalten – in Judikative, Legislative und Exekutive – sind solche auf sozialpolitische Gerechtigkeit und Harmonie zielende Entwürfe. Sich die Denksoziologie vor Augen zu halten hilft, die Vernetzung allen Denkens und Handelns in der Mitwelt zu sehen und ihr zum Wohle anzuwenden.

Denkmoral: Ist Moral – als eine handelnde Seite der menschlichen Natur – auch eine Eigenschaft des Denkens? Man kann moralisch oder unmoralisch denken. Unsere Frage lautet jedoch: Motiviert sich das Denken selbst, das Gedachte zu tun oder zu verhindern? In ihren 1989 veröffentlichen Schriften *Das Denken* und *Das Wollen* stellt Hanna Arendt die wichtige Frage, ob das Denken eine der Bedingungen sei, die Menschen dazu zu veranlassen, das gedachte Gute zu tun und das gedachte Böse zu lassen.[71] Gehen *vita contemplativa* und *vita activa* notwendigerweise Hand in Hand? Oder ist *vita contemplativa* nur eine notwendige Bedingung für *vita activa?* (Liegt überhaupt eine Bedingtheit vor?)

Unser Handlungsimpuls scheint von mindestens zwei Faktoren bestimmt zu sein: auf der einen Seite von unseren egoistischen Trieben und von unserem Denken, von unserer Vernunft auf der anderen Seite. Ist der Mensch für seine Handlungen auch dann verantwortlich, wenn er ausschließlich triebgesteuert handelt? Oft wird diese Frage mit einem Nein beantwortet. Aber der Mensch ist auch in der Lage, seine Triebe zu beherrschen, zu kontrollieren und zu kultivieren. Und das Fehlen einer solchen möglichen Kontrolle kann ihn doch für seine Handlungen verantwortlich machen. Denkmoral lädt dazu ein, Verantwortung und Wohlwollen auf der Ebene des Denkens bereits wirken zu lassen. Denn dies hilft, Denken dem Handeln vorausgehen zu lassen.

Ein kurzer Blick sei hier auf die heute sehr leidenschaftlich und kontrovers diskutierten *Schwarzen Hefte* Heideggers erlaubt. Heidegger, in erster Linie der spätere Heidegger, hat nicht so sehr ›philosophiert‹, sondern ›gedacht‹. Es geht bei ihm um ›das Andenken des Denkens‹. Die Gedanken, die die *Schwarzen Hefte* enthalten, sind ›gedachte Gedanken‹. Diese sind jedoch weit entfernt von einer

[71] Vgl. Arendt, H.: Vom Leben des Geistes: Das Denken, Das Wollen, München 1998.

ethisch-moralischen Gesinnung. Das Denken kümmert sich hier nicht um menschliche Empfindungen. Der Seinsgedanke ist über alles erhaben. Denn wir sind ins Sein gehalten und nicht umgekehrt.[72]

Nun lautet die Frage: Hat dieses Seinsdenken Heideggers ihn auch ›motiviert‹ das Gedachte mit Hilfe außerphilosophischer Machtfaktoren in die Praxis umzusetzen? Wenn ja, dann ist das Denken anscheinend von Hause aus handlungsorientiert. Wenn nein, dann ist es ein fast narzisstisches, ja autoerotisches Denkspiel. Ist dem wirklich so? Es fällt einem schwer zu glauben, Heidegger wollte ›nur‹ Denker sein und kein Veränderer und Gestalter.[73] Es ist die Frage hier: Hat das Denken Heideggers Heidegger verpflichtet? Und wenn ja, in welcher Weise?

Eine andere Frage, unser Thema betreffend, ob Denken verpflichtet, lautet: Wie verhält es sich mit dem *Eigentlichkeitsdenken* bei Heidegger, dem Propheten der Eigentlichkeit? Alles Uneigentliche lehnt Heidegger vehement ab. Sollte Eigentlichkeitsdenken mit Redlichkeit, Transparenz, Wahrhaftigkeit einhergehen, ist dann im Denken Heideggers diese Stelle eigentlich leer geblieben? Oder ist es vielmehr so, dass für Heidegger sein Denkweg eigentlich sein ›Erlösungsweg‹ ist? Sollten wir diese Frage bejahen, dann scheint Hei-

---

[72] Vgl. Heidegger, M.: Überlegungen II-VI (Schwarze Hefte 1931–1938), hrsg. v. Trawny, P., Gesamtausgabe 94, Frankfurt a. M. 2014. Vgl. zur tieferen Diskussion Rudolph, Enno: Heideggers Schwarze Hefte im Echo, in: Philosophische Rundschau, Zeitschrift für philosophische Kritik, Band 62(2), 2015, S. 141–154.

[73] In einem erst jüngst veröffentlichten Brief an seinen Bruder Fritz Heidegger schreibt Martin Heidegger am 4. Mai 1933: »Lieber Fritz! […] Du darfst die ganze Bewegung nicht von unten her betrachten, sondern vom Führer aus und seinen großen Zielen. Ich bin gestern in die Partei *(NSDAP)* eingetreten, nicht nur aus innerer Überzeugung, sondern auch aus dem Bewusstsein, daß nur auf diesem Wege eine Läuterung und Klärung der ganzen Bewegung möglich ist. Wenn Du Dich im Augenblick dazu auch nicht entschließt, so möchte ich Dir doch raten, Dich auf einen Eintritt innerlich vorzubereiten und dabei in keiner Weise auf das zu achten, was um Dich vorgeht an niedrigen und weniger erfreulichen Dingen. Ich bin durch die Übernahme des Rektorats *(der Freiburger Universität am 21. April)* ganz plötzlich in neue Aufgaben hineingestellt worden und muss zunächst die eigene Arbeit vollständig in den Hintergrund treten lassen. Aber man darf jetzt nicht mehr an sich selbst denken, sondern nur an das Ganze und das Schicksal des deutschen Volkes, das auf dem Spiele steht. Gleichzeitig schicke ich Dir noch das gewünschte Exemplar meiner Antrittsvorlesung. […]« Vgl. Camman, A., Soboczynski, A.: Ich schicke Dir die neue Hitlerrede. Der Fall Heidegger, in: DIE ZEIT, Nr. 43, 2016, S. 45 f. Die Korrespondenzen Heideggers zwischen 1930 und 1940 sind veröffentlicht in: Heidegger und der Antisemitismus, hrsg. v. Homolka, W. und Heidegger, A., Freiburg 2016.

degger große Gemeinsamkeiten und erhellende Differenzen mit dem indischen Vedanta-Philosophen Shankara aufzuweisen. Denn für Shankara ist der Weg der Erkenntnis, des Denkens (Jnana-Marga) ein Erlösungsweg neben anderen Wegen: dem der Handlung (Karma-Marga) und dem der Gottesliebe (Bhakti-Marga). Dem Gedanken folgend; (Seins)Denken als Erlösungsweg. Der große Unterschied besteht jedoch darin, und hierauf hat Paul Deussen wiederholt hingewiesen, dass Shankara durch seine Erkenntnis (Jnana) von der Unzweiheit zwischen menschlicher Seele (Atman) und dem absolut Wahren (Brahman) zu einer Ethik der Empathie, der Nichtdiskriminierung zwischen den Menschen geleitet wird. Im Fall Heidegger scheint eine solche ethisch-moralische Komponente zu fehlen. Heidegger schreibt in seinem Gespräch mit einem Japaner, »der Name und das was er nennt, stammen aus dem europäischen Denken, aus der Philosophie«.[74] Hier erscheint wiederholt Heideggers Vermutung, *europäische Philosophie* sei eine Tautologie. Es war Karl Löwith, der meinte, Heidegger sei fest davon überzeugt gewesen, dass das Sein eine Vorliebe zum europäischen Geist habe, und zwar insbesondere eine Vorliebe für den ›deutschen Geist‹.[75]

Im Zusammenhang der kritischen Tagungen zu den *Schwarzen Heften* Heideggers betont Rainer Marten: »Wer die ›Seinsvergessenheit‹ des Abendlandes für eine Katastrophe halte und zugleich für das eigene Dasein einen privilegierten Zugang zum Sein beanspruche, der könne unter seinen Mitmenschen niemals heimisch werden.«[76] Freilich werden Heidegger-Liebhaber und Apologeten sagen, es ist nicht das Sein als Objekt, das Heideggers ›Denken‹ denkt; es ist vielmehr das Sein, das dem Denken Heideggers das Sein denken lässt. Es kommt fast einer privilegierten Behandlung, Bevorzugung, ja einem Gnadenakt gleich, der dem Denken Heideggers widerfährt. Ob hierbei Heidegger auch daran denkt, dass ein solches Sein nicht nur ungleich Heideggers Denken bevorzugt, sondern seine ihm (dem Sein) zukommende Unparteilichkeit einbüßt? Da scheint das ›Tao‹ von Lao Tzu viel unparteiischer, denn es behandelt alle Wesen unter der Son-

[74] Heidegger, M.: Unterwegs zur Sprache, Pfullingen 1960, S. 86.

[75] Löwith, K.: Gesammelte Abhandlungen zur Kritik der geschichtlichen Existenz, Stuttgart 1960, S. 175.

[76] Per Leo über Rainer Marten: So sieht Denken aus, in: Frankfurter Allgemeine Zeitung, 06.05.2015.

ne gleich, weil das Denken zwar im Tao aufgehen kann, aber Tao nicht im (vereinzelten) Denken aufgeht.

In diesem Zusammenhang ist Karl Poppers Kritik an Platon zu nennen. Popper spricht von dem »Zauber Platons«, ja auch von dem »Fluch Platons«, und meint damit Platons undemokratische, absolutistische, universalistische philosophische Staatenlehre.[77] Auf die Frage, ob Platon seine Lehre sozialpolitisch angewandt wissen wollte, lautet die Antwort ja. Denn Platon hat den konkreten Versuch unternommen seine Lehre zum Tragen kommen zu lassen. Dass er scheiterte, mag vielen willkommen gewesen sein. Es mag für das einheitliche Denken ein Ärgernis sein, dass die Vielfalt sich hat nie sehr lange unterdrücken lassen. Dies aber ist gut so. Denn es geht nicht um Einheit *in* der Vielfalt, auch nicht um Einheit *und* Vielfalt, auch nicht *entweder* Einheit *oder* Vielfalt oder *weder* Einheit *noch* Vielfalt, sondern es geht um Einheit *angesichts* der Vielfalt. Denn Einheitsvorstellungen sind in der Theorie gewaltsam. Und sie sind es in der Praxis umso mehr.

Dem Denken wohnt eine ihm eigentümliche Ambiguität inne, die sich auch dadurch kundtut, dass es stets eine Asymmetrie zwischen Fragen und Antworten gibt. Und dies zu Gunsten der Fragen. In diesem Sinne spricht George Steiner von »einem inneren Widerspruch (aporia) aller Denkakte«.[78] Dieses Übergewicht der Fragen vor den Antworten macht das Denken schwermütig und melancholisch. Denken qua Denken verbleibt in der gedanklichen Durchführung, bleibt im rein Geistigen verhaftet. Denken qua Denken wartet auf eine praktische Durchführung, weil diese Realisierung nicht nur vom Denken, sondern auch von vielen außerhalb des Denkens liegenden Faktoren abhängig ist. »Die Einschübe zwischen Gedanken und Tat sind so vielfältig wie das Leben selbst. Die Schatten, die zwischen Denken und Tun fallen, könnten nie erschöpfend aufgelistet, geschweige denn klassifiziert werden.«[79] Es ist wahr, Denken allein schafft es nicht, den Graben zwischen Denken und Tun völlig zu überwinden. Daher macht uns Denken in der Tat traurig, wie George Steiner ausführt. Aber wäre es ohne Denken nicht noch schlimmer?[80]

---

[77] Vgl. Popper, K.: Der Zauber Platons. Die offene Gesellschaft und ihre Feinde, München 1973.

[78] Vgl. Steiner, George: Warum Denken traurig macht, Frankfurt a. M. 2013, S. 22.

[79] Ibid. S. 62 f.

[80] Vergleiche dazu die von Steiner gegebenen zehn *möglichen* Gründe, *warum Denken traurig macht*. Aus ihnen spricht auch, dass es geboten ist, sich dem Denken

Die Frage ist nur, ob Denken und Moral sich gegenseitig bedingen oder ob das eine dem anderen vorausgeht? Oder liegen sie ewiglich im Widerstreit und die menschliche Situation ist ein Pendelschlag zwischen Hoffnung und Erfüllung, zwischen Vorstellung und Verwirklichung? Man könnte von vier Alternativen sprechen, wenn es um das Verhältnis Denken und Moral geht: 1. Denken ist von Hause aus moralisch, 2. Denken ist von sich aus a-moralisch, 3. Denken ist sowohl das eine als auch das andere und 4. Denken folgt einem ethisch-moralischen Empfinden, einer Empathie, die zustande kommt durch die Wahrnehmung des Leids und das Mitgefühl mit dem Leidenden.

Die erste Alternative, Denken sei in sich bereits ein moralisches, bestätigt sich nicht immer, denn es gibt durchaus Denkarten, die neben sich alles andere entweder als Vorstufe (Vorbedingung) oder gar als falsch abtun. Popper würde Platon einen solchen Vorwurf machen. Die zweite Alternative läuft darauf hinaus, dass Moral dem Denken etwas Extrinsisches ist. Die dritte Alternative bestätigt sich, wenn wir unterschiedliche Denkarten mit ihren theoretischen praktischen Grundlegungen betrachten. Die vierte Alternative scheint der Wahrheit näher zu kommen, weil der Anblick des Leides uns motiviert moralisch zu denken und zu handeln.

So kann Denken der Moral vorausgehen wie etwa im Denken Platons oder Kants. Denken kann jedoch auch einem moralischen Empfinden folgen wie im Denken von Buddha oder Levinas. Für Levinas ist das Angesicht des Anderen die Quelle eines ethisch-moralischen *Empfindens*. Denken und Moral können sich jedoch auch gegenseitig bedingen und bereichern. Ferner wird die Ansicht vertreten, Denken und Moral haben miteinander wenig oder gar nichts zu tun

---

selbstständig und selbsttherapeutisch zu bedienen, auch und insbesondere wenn es schlussendlich zu Melancholie führt. »In allererster Linie ruft dieses Buch übers Denken den Zappelphilipp in uns zur Ordnung. Es sagt klar und deutlich, was das eigentlich Verruchte unserer Zeit ist: das fortwährende Abgelenktsein. Ihre Kurzatmigkeit, Kurzsichtigkeit, Kurzlebigkeit hat dafür gesorgt, daß nicht nur das kollektive Denken fahrig geworden ist – das wäre geschenkt. Nein, auch das persönliche Denken ist fahrig geworden, hat angefangen, sich in seinen Neurosen zu gefallen, in seinen Löchrigkeiten und Schreianfällen. So sind wir dazu übergegangen, jedem Popanz nachzulaufen, heute diesem, morgen jenem, sind davon abgekommen, Erfahrungen zu formulieren, Wirklichkeit zu treffen. Steiner findet, daß das auf Dauer nicht gutgehen kann.« Christian Geyer über George Steiner: Die Kultur der Freiheit, in: Frankfurter Allgemeine Zeitung, 04.10.2006.

und stellen zwei unterschiedliche Bereiche dar. Philosophie ist oft, so lehrt die Geschichte, mit ihrem Appell an die Vernunft zu Ende. Denker wie Wittgenstein dagegen, wie unten ausgeführt wird, möchten Philosophie ethisch verpflichtet sehen.

Als Mängelwesen, d.h. als Wesen, das sich seiner physischen und psychischen Grenzen bewusst ist, ist der Mensch zum Denken nicht nur verpflichtet, er ist zum Denken verurteilt. Als Mängelwesen stehen uns Menschen drei Wege offen: Übermacht, Ohnmacht und resignationsfreie Selbstbescheidung. Der Mensch überschätzt sich, wenn er sich von seinem Wissensvorsprung aus eine Übermacht zuschreibt und meint, alles drehe sich um ihn und er sei der Leiter und Lenker der Geschichte. Hier scheint er jedoch sträflich zu vergessen, dass er nur ein winziger Teil im großen Haushalt der kosmischen Natur ist. Zu einem anderen Extrem neigt der Mensch, wenn er als Mängelwesen unter der ungeheuren Last der diversen Leidensformen dergestalt hoffnungslos wird, dass er nur noch Ohnmacht empfindet und restlos einen ›resignativen Pessimismus‹ lebt. Beide dieser Wege sind zu vermeiden. Woran wir jedoch festhalten, ist der mittlere Weg eines ›aktiven Pessimisten‹, welcher zwischen dem ›Panaktivismus‹ der Übermacht und dem ›Panpessimismus‹ der Ohnmacht hindurchführt. Das heißt, der aktive Pessimist bemüht sich, das Leben als Problemlösen zu begreifen. Und dies ohne Essentialisierung von Hoffnung oder Hoffnungslosigkeit. In diesem Sinne werden wir besonders Schopenhauer einen ›aktiven Pessimisten‹ nennen. Der aktive Pessimismus handelt jenseits eines blauäugigen, romantischen Optimismus und ebenso jenseits eines resignativen Pessimismus. Karl Popper, dessen schlussendlich immer optimistischer Aktivismus sich auf die Gegenwart richtet, schreibt über sich in seinem Buch *Alles Leben ist Problemlösen:*

»Ich bin ein Optimist, der nichts über die Zukunft weiß und der daher keine Voraussagen macht. Ich behaupte, dass wir einen ganz scharfen Schnitt machen müssen zwischen der Gegenwart, die wir beurteilen können und sollen, und der Zukunft, die weit offen ist und von uns beeinflusst werden kann. Wir haben deshalb die moralische Pflicht, der Zukunft ganz anders gegenüberzustehen, als wenn sie etwa eine Verlängerung der Vergangenheit oder der Gegenwart wäre. Die offene Zukunft enthält unabsehbare und moralisch gänzlich verschiedene Möglichkeiten. Deshalb darf unsere Grundeinstellung nicht von der Frage beherrscht sein ›Was wird kommen?‹, sondern von der Frage ›Was sollen wir tun?‹, um womöglich die Welt ein wenig besser zu machen? Und zwar auch dann, wenn wir wissen, dass, wenn wir wirklich etwas zu verbessern imstande waren, spätere Generationen vielleicht alles wieder verschlechtern können?»[81]

Philosophie als Therapie schlägt eine gesunde skeptische Denkmoral vor, die *denkend handelt* und *handelnd denkt*. Denn Denken und Handeln sind untrennbare Weggefährten, so wie der Lahme und der Blinde, die im gemeinsamen Ziel, sich zu bewegen, einander verbunden sind. Es geht im Grunde genommen um eine ethische Selbstverpflichtung des Denkens, das existentiell geboren wird aus den mannigfaltigen konkreten (und oft leidvollen) Erfahrungen des Lebens. Denken ist ein Mittel zum Zweck und nicht ein Selbstzweck. Denn in konkreten Fällen wird vom Denken stets ein Handeln gefordert.

3. Zur Unterscheidung von psychologischer und philosophischer Praxis

> Rather than putting meditation practice forward as a therapeutic technique for clients, I would contend that perhaps its chief value for psychotherapy lies in its use in the training of therapists. […] Whatever cognitive theory and practical techniques are necessary in the training of psychotherapists, a prime requirement is that the therapist has done her own work with her own experience, and has explored and familiarized herself with her own mind states to the point where she is comfortable with them. […] Having become comfortable and relatively unshockable in their own mental world, psychotherapists are enabled to extend that same ease to their clients.
>
> Gay Watson[82]

Philosophie ist keine Therapie. Philosophie hat therapeutische Wirkung. Philosophie als Therapie, philosophische Praxis, tritt nicht in Wettbewerb oder gar Konflikt mit einer Psychotherapie oder einer *psychologischen Praxis* im Allgemeinen. Denn Philosophie als Therapie setzt da an, wo Psychotherapie noch nicht begonnen hat. Philosophie als Therapie meint die reflexiv-meditativ-transformative

---

[81] Popper, K.: Alles Leben ist Problemlösen. Über Erkenntnis, Geschichte und Politik, München/Zürich 1994, S. 272.

[82] Watson, G.: The Resonance of Emptiness. A Buddhist Inspiration for a Contemporary Psychotherapy, Delhi 2001, S. 155.

Übung des Selbst. Die (methodische) philosophische Besinnung stellt eine Prophylaxe für eine ausgeglichene und belastbare Psyche dar, die selbst noch Zugriff auf ihre Konstitution hat. Genauer, Philosophie als Therapie begreifen heißt, den Philosophierenden als in seiner Selbstwirksamkeit noch uneingeschränkt, als autonom Handelnden begreifen. Wir gehen daher von einer tiefen Verschwisterung von Philosophie und Psychotherapie aus, sprechen mit unseren Überlegungen aber auch den Therapeuten selbst an. Die Gemeinsamkeit des Philosophen und des Psychotherapeuten liegt im Anspruch an sich selbst, die eigene Person zum Einsatz zu bringen und in der Zielsetzung, dem Anderen hilfreich in der Schulung des Bewusstseins und der Integration von Verhaltensänderungen zu sein: »The basic task of psychotherapy is to enlarge a person's living space; to expand their sense of self by integrating the parts that are hidden or defended against, or seen alien. To do this, first these alien areas must be brought to awareness, and then made friends with and accepted.«[83]

Im Folgenden möchten wir daher das Verhältnis einer Philosophie als Therapie und einer psychologischen Praxis beleuchten. Philosophie als Therapie begreifen zu wollen, bedarf der Unterscheidung von anderen therapeutischen Praxen, da sie nicht korrigieren, sondern ergänzen möchte. Der Ausgang unserer Überlegung einer Philosophie als Therapie ist folgender: dass Menschsein in seinem Grunde mit Verantwortlichsein Hand in Hand geht. Und zwar vornehmlich mit der Verantwortung, sein innerweltliches Erleben zu gestalten und zu überprüfen. D.i. sowohl die Schulung eines strukturierten autonomen Denkens als auch die Kultivierung einer beherrschten, doch nicht minder reichhaltigen Emotionalität. Es geht um die Verantwortung für sich selbst, d.h. die Elternschaft für sich zu übernehmen und ein achtsamer Gärtner der eigenen Seele zu sein.[84] Der

[83] Ibid. S. 156.

[84] Sprechen wir im Fortgang von Seele oder Bewusstsein, von seiner Entleerung oder seiner fehlenden Substanz, so gehen wir einerseits von einem buddhistischen Begriff der Leerheit (Shunyata) aus (siehe weiter unten) als auch von einem Arbeitsbegriff, wie ihn Karl Jaspers definiert: »Daß die Seele kein Ding ist, und das schon das Reden von ›der Seele‹ durch Vergegenständlichung irreführt, machen wir uns weiter deutlich: 1. Die Seele heißt das Bewußtsein, aber ebenso gut und unter bestimmten Gesichtspunkten sogar wesentlich ist sie das Unbewußte. 2. Die Seele ist gar nicht als Gegenstand mit Eigenschaften, sondern als Sein in ihrer Welt, als ein Ganzes aus Inwelt und Umwelt zu fassen. 3. Die Seele ist Werden, Entfaltung, Differenzierung, nichts Endgültiges und Vollendetes.« Jaspers, K.: Allgemeine Psychopathologie, Berlin/Heidelberg ^{4}1946, S. 9.

Mensch ist nicht nur sich selbst aufgegeben[85], das heißt er muss seinem Dasein einen je konkreten Sinn geben, sondern er hat zudem auch dieses *Geben* von Sinn, mag es gelingen oder scheitern, vor sich und dem Anderen zu *verantworten*.[86] Denn nur wer gut für sich selbst sorgen kann, die eigene Sinnhaftigkeit mündig verantworten kann, kann die Verantwortung für den Anderen tragen, die mit jeder Form der Beziehung immer schon aufkommt. In diesem Sinne ist Verantwortung (im Sinngeben), wie Jaspers sagt, immer schon konkret, »sie hat einen Namen, eine Adresse, eine Hausnummer«.[87]

Der Wiener Neurologe und Psychiater Viktor Frankl erklärte eine nicht gegebene, sondern immer wieder sich anzueignende Sinnhaftigkeit von Dasein zu einem zentralen Movens des »Leidens« an der Welt und ihrer Verfasstheit, erklärte dieses Leiden sogar zur Krankheit unserer Zeit und stellte das Therapieren des *existentiellen Vakuums*[88] in den Vordergrund: »Der Mensch von heute leidet nicht so sehr am Gefühl, daß er weniger Wert hat als irgendwer anderer,

---

[85] Denn »[dem] Menschsein ist seine Unfertigkeit, seine Offenheit, seine Freiheit und seine unabschließbare Möglichkeit selber Grund eines Krankseins. Ihm ist im Vergleich zu den Tieren eine ursprüngliche Wohlgeratenheit vital unmöglich. Er muß sie sich erwerben als jeweilige Form seines Lebens, er ist nicht bloß geraten, sondern sich aufgegeben.« Ibid. S. 8.

[86] »Viele Menschen vermeiden persönliche Verantwortung, indem sie sie auf jemand anderen verschieben. […] Die Übernahme von Verantwortung ist eine Vorbedingung für therapeutische Veränderung. Solange man glaubt, dass seine Situation und Niedergeschlagenheit durch irgendjemand anderen oder irgendeine externe Macht hervorgerufen wird, was für einen Sinn ergibt es dann, sich selbst auf persönliche Veränderung einzulassen?« Yalom, Irvin D.: Existentielle Psychotherapie, Bergisch Gladbach 2010, S. 264.

[87] Wer sich aus der kindlichen Haltung, dass nie ich selbst, sondern immer die anderen verantwortlich sind, nicht befreit, der lernt das *mündige Verantworten* nicht, sondern verbleibt in infantiler Fürsorgebedürftigkeit. Für ihn muss die Verantwortung übernommen werden. Er bleibt Objekt fürsorgender, verantwortender anderer und wird nicht Subjekt der eigenen Gestaltung und Verbesserung, was mit Selbstverantwortung gemeint wäre.

[88] »Fragen wir uns, was das existentielle Vakuum bewirkt und verursacht haben mag, so bietet sich folgende Erklärung an: Im Gegensatz zum Tier sagen dem Menschen keine Instinkte und Triebe, was er tun muß. Und im Gegensatz zu früheren Zeiten sagen ihm heute keine Traditionen mehr, was er tun soll. Weder wissend, was er muß, noch wissend, was er soll, weiß er aber auch nicht recht, was er eigentlich will. Und die Folge? Entweder er will nur das, was die anderen tun, und das ist Konformismus. Oder aber umgekehrt: er tut nur das, was die anderen wollen – von ihm wollen. Und da haben wir den Totalitarismus.« Frankl, Viktor: Die Psychotherapie in der Praxis, München ^{5}1986, S. 21.

wie vielmehr unter dem Gefühl, daß sein Sein keinen Sinn hat.«[89] Frankl, und in seinem Fortgang auch Irvin D. Yaloms *Existenzielle Psychotherapie*, stellen den aktiven Charakter des Sinngebens heraus und betonen die Eigenverantwortlichkeit, in der das *»Dem-Leben-Sinn-Verleihen«* passieren muss.[90] Sinn ist nicht als eine Substanz oder ein Geheimnis in der Welt auffindbar, sondern entspringt der aktiven Gestaltung des Individuums.

»Die Tradition des philosophischen Pessimismus, um ein Beispiel zu nehmen, ist ein natürliches Derivat der Milchstraßen-Perspektiven; und im 19. Jahrhundert betrachtete ihr führender Sprecher, Schopenhauer, Zeitlichkeit aus solch einer Distanz, sodass er zu dem Schluss kam, dass es keinen Sinn ergibt, für irgendein Ziel zu kämpfen, welches (aus der galaktischen Perspektive) im nächsten Moment wieder verschwindet. […] Zusammengefasst besteht also der erste Schritt des Therapeuten beim Umgang mit der Frage der Sinnlosigkeit darin, sie zu analysieren und zu differenzieren. [mutatis mutandis gilt dies auch, sind wir uns selbst Therapeut, Vf.] Viel von dem, was unter dem Stichwort ›Sinnlosigkeit‹ gefasst wird, gehört woanders hin (entweder zu einem kulturellen Artefakt oder ist ein Teil anderer letzter Dinge – Tod, Freiheit und Isolation) und muss dementsprechend behandelt werden. ›Reine‹ Sinnlosigkeit, besonders, wenn sie daraus hervorgeht, dass man eine distanzierte galaktische Perspektive einnimmt, geht man am besten indirekt an, durch Engagement, das die galaktische Perspektive unbedeutend werden lässt.«[91]

Unterscheiden wir im Fortgang verschiedene Formen von Therapie und therapeutischer Wirkung, so müssen wir doch die Gemeinsamkeit festhalten, dass ein jedes therapeutische Wirken sich zum Ziele nimmt, einen Weg zu einem persönlichen Lebenssinn zu verschaffen oder zu kultivieren, das heißt, einen Weg zur existentiellen Erfüllung. In diesem Feststellen von überlappenden Gemeinsamkeiten, folgt eine Unterscheidung von Methoden und Ansätzen immer schon dem Gedanken der Problemorientierung, gemäß der Devise: Der Therapeut soll keiner Schule angehören, aber alle Schulen sollen dem Therapeuten angehören.[92]

---

[89] Frankl, V.: Das Leiden am sinnlosen Leben, Freiburg/München 1989/[2]2015. Siehe auch Frankl, V.: The Feeling of Meaningless, The American Journal of Psychoanalyses 32, 1972.

[90] Vgl. Yalom, Irvin D.: Existentielle Psychotherapie, Bergisch Gladbach 2010, die Kapitel Isolation (III) und Sinnlosigkeit (IV).

[91] Yalom, Irvin D.: a. a. O., S. 553 u. 558.

[92] »Denn es gibt einen Eklektizismus ebensowohl aus Mut zu ihm wie einen aus Schwäche. Kein Gesichtspunkt darf verabsolutiert werden. Und mag der einzelne

Der Mensch als das selbstreflexive, koreflexive (*compassion* und *interpassion*) und metareflexive (sich selbst übersteigende)[93] Subjekt, das er ist, ist auch ein kreatives Subjekt, das sich selbst, seine Persönlichkeit, sein Selbst und die Welt im Zusammenhang seiner Lebensvollzüge zu verstehen und zu erschaffen sucht. Diese Motivation zu Kontrolle, Orientierung und Gestaltung für sich, mit Anderen und für Andere, gewinnt im Denken und Tun fortwährend Konkretion. Diese Konkretion, d.i. die Transformation, geht einher mit der beständig wachsenden Fähigkeit Sinn zu erfassen, zu verarbeiten und schöpferisch hervorzubringen.

»Sein, was man geworden ist; wissen, daß man einmal nicht mehr sein wird. – Nur wer einmal die Sorge für Dinge und Menschen auf sich genommen hat, wer sich Triumphen und Enttäuschungen angepaßt hat, *nolens volens* der Ursprung anderer Menschenwesen und der Schöpfer von Dingen und Ideen zu sein – nur dem kann allmählich die Frucht [der Entwicklung der Persönlichkeit] heranwachsen.«[94]

Die Entdeckung des reflexiven Selbst als ein *selbstreflexives* (d.h. auch selbstreferentielles) Subjekt geht einher mit der Kultivierung, mit der Schulung und Übung des Reflexiven, um das Ringen mit sich und mit der Widersetzlichkeit der Wirklichkeit zu bestreiten. Dass dieses Sinngeben des persönlichen Daseins, dieses Sich-selbst-auf-

---

auch das Recht, ja die Pflicht haben, seinen Standpunkt nicht nur zu vertreten, sondern auch, selbst auf die Gefahr einer gewissen Einseitigkeit hin zu verbreiten: in der Praxis wird er der Wirklichkeit und deren Ansprüchen nur dann wirklich gerecht werden können, wenn er auf die Stimmen aller Forscher hört – und sieht, wie sie allesamt in ihrer Vielfalt einander so recht ergänzen.« Frankl, V.: Die Psychotherapie in der Praxis, München [5]1986, S. 10.

93 »Die Selbsttranszendenz markiert das fundamental-anthropologische Faktum, daß menschliches Dasein immer auf etwas verweist, das nicht wieder es selbst ist – auf etwas oder jemanden, nämlich entweder auf einen Sinn, den zu erfüllen es gilt, oder aber auf mitmenschliches Dasein, dem es begegnet. Wirklich Mensch wird der Mensch also erst dann und ganz er selbst ist er nur dort, wo er in der Hingabe an eine Aufgabe aufgeht, im Dienst an einer Sache oder in der Liebe zu einer anderen Person sich selbst übersieht und vergißt.« Ibid. S. 20.

94 Erikson, Erik H.: Identität und Lebenszyklus, Frankfurt a.M. 1973, S. 118. Der Entwicklungspsychologe und Psychoanalytiker Erikson, bekannt für seine Untersuchungen zur psychosozialen Entwicklung, führt weiter aus, wie sich der Begriff der Integrität der Person aus dieser Sorge ableitet: »So bedeutet Ich-Integration auch eine emotionale Integration, die es dem Individuum gestattet, sich einer Sache als Anhänger anzuschließen, aber auch Verantwortung der Führung auf sich zu nehmen.« Ibid. S. 120.

gegeben-Sein und dieses selbstreferentielle Reflektieren ein Ringen des Einzelnen mit sich selbst ist und manches Mal ein Ringen mit der traurig machenden Einsicht in die Willkürlichkeit der menschlichen Wirklichkeit, geht aus der alltäglichen Erfahrung hervor. Dem eigenen Tun und Streben Ziel und Richtung zu geben heißt, sich selbst Aufgabe zu sein und das Gelingen dieser Aufgabe zu *verantworten.*[95] Auch das meint es, wenn wir sagen, dass *Denken verpflichtet.*[96]

»Wenn jemand ernst damit macht, daß er selbst am Zustandekommen seiner Krankheit tätig teilnimmt, dann ändert sich damit nicht nur eine Krankheitstheorie, sondern das Weltverhältnis dieses Menschen. Auch seine moralischen, religiösen, politischen Einstellungen müssen sich ändern. [...] jede Krankheit [ist] ein Ausdruck des Menschseins, daß die aktiven

---

[95] Dies meint, die Elternschaft für sich selbst zu übernehmen. Der Psychologe und Neurowissenschaftler Mark Leary beschreibt in seinem Essay *Don't beat yourself up* die Analogie zwischen der Sorge um andere und der Selbstsorge. Es ist essentiell wichtig zu verstehen, wie notwendig es ist, sich selbst ebenso Fürsorge und Wohlwollen entgegenzubringen, wie den uns Anvertrauten: »To understand what it means to be self-compassionate, think about what it means to treat another person compassionately, and then turn that same orientation toward oneself. Just as compassion involves a desire to minimise the suffering of others, self-compassion reflects a desire to minimise one's own suffering and, just as importantly, to avoid creating unnecessary unhappiness and distress for oneself. Self-compassionate people treat themselves in much the same caring, kind and supportive ways that compassionate people treat their friends and family when they are struggling. When they confront life's problems, self-compassionate people respond with warmth and concern rather than judgment and self-criticism. Whether their problems are the result of their own incompetence, stupidity or lack of self-control, or occur through no fault of their own, self-compassionate people recognise that difficulties are a normal part of life. As a result, they approach their problems with equanimity, neither downplaying the seriousness of their challenges nor being overwhelmed by negative thoughts and feelings. [...] Self-compassion is hardly a panacea for the struggles of life, but it can be an antidote to the cruelty we sometimes inflict on ourselves. Most of us want to be nice people, so why not be as nice to ourselves as we are to others?« Leary, M.: Don't beat yourself up, in: Aeon, 20 June 2016.

[96] Die Essayistin Joan Didion beschreibt in ihrem Versuch über Selbstrespekt die Ambiguität, die darin liegen kann: »Character – the willingness to accept responsibility for one's own life – is the source from which self-respect springs. Self-respect is something that our grandparents, whether or not they had it, knew all about. They had instilled in them, young, a certain discipline, the sense that one lives by doing things one does not particularly want to do, by putting fears and doubts to one side, by weighing immediate comforts against the possibility of larger, even intangible, comforts.« Didion, Joan: Slouching Towards Bethlehem: Essays, FSG Classics 2008/Vogue 1961.

Kräfte des Menschen, die alle untereinander zusammenhängen, auch alle an ihrem Zustandekommen beteiligt sind. Wenn dies letztere der Fall ist, dann reichen auch die Verantwortungen viel weiter, sind die Behandlungsmöglichkeiten viel weitere, ändert sich auch der Begriff von Krankheit und Gesundheit.«[97]

Mit dem *Sich-selbst-aufgegeben-Sein* ist eben nicht nur die praktische Übung im »*Gut-für-sich-Sorgen*« gemeint, sondern auch die Übung, in diesem Sorgen, den Anderen im Blick zu behalten. Dass der Andere Teil meiner Orientierung ist, bedeutet die Einsicht zu üben, dass wir einerseits nur in dem Maße wir selbst werden, als der andere er selbst wird, andererseits ich mir selbst *im* Anderen bereits vorausgehe. Orientierung (oder auch *Kontrolle*) heißt, dass sich der Einzelne zurechtfinden kann, sich auf etwas zu richten weiß, sich auf etwas, an etwas auszurichten weiß. Die Frage nach Orientierung und Kontrolle des Eigenen (und der eigenen Umwelt) bedarf der Beantwortung. Sie kann nicht offenbleiben. In diesem Sinne, in diesem Grundbedürfnis nach Orientierung, sind Tun und Streben nicht voneinander zu trennen.[98] Der Soziologe und Philosoph Siegfried Kracauer liefert eine treffende Beschreibung der Erfahrung, wenn die Frage der Orientierung aus dem Blick gerät. Vielmehr bringt er die grundlegende Gemeinsamkeit einer therapeutischen Erfahrung zum Ausdruck, die darin besteht, sich als einen *ganzen* Menschen wahrzunehmen und anzuerkennen, dass die innersten Regungen keinerlei Abnormität darstellen. Es ist dies die Einsicht in die Ähnlichkeit, ja Verwandtschaft mit dem Anderen, die aus der Sorge »Meine Sorgen sind unnormal,« die Gewissheit erwachsen lässt, »Meine Sorgen, sind Sorgen, die jedermann hat und haben kann«.

»Es gibt gegenwärtig eine große Anzahl von Menschen, die, ohne voneinander zu wissen, doch alle durch ein gemeinsames Los verbunden sind [...] [sie] vergessen [...] wohl häufig über dem Lärm des Getriebes ihr eigentliches inneres Sein und wähnen sich frei von Last, die sie heimlich beschwert. Wenn sie sich aber von der Oberfläche in den Mittelpunkt ihres Wesens zurückziehen, befällt sie eine tiefe Traurigkeit, die dem Wissen um ihr Eingebanntsein in eine bestimmte geistige Situation entwächst und am Ende sämtliche Wesensschichten überwuchert. Es ist das metaphysische

[97] von Weizsäcker, Viktor: Der kranke Mensch, Stuttgart 1951, S. 322.
[98] Vgl. Seebaß, Gottfried: Was heißt, sich im Wollen orientieren, in: Autonomes Handeln. Beiträge zur Philosophie von Harry G. Frankfurt, hrsg. v. Betzler, M. und Guckes, B., Berlin 2000, S. 193–214.

Leiden an dem Mangel eines hohen Sinnes in der Welt, an ihrem Dasein im leeren Raum, dass diese Menschen zu Schicksalsgefährten macht.«[99]

Sowohl in der Notwendigkeit der Orientierung als auch im zeitweise Aus-dem-Blick-Geraten der Orientierungssuche, sind wir durch ein gemeinsames Los verbunden. Und wir sind eben darin auch dem Anderen verbunden. Denn wie es der Psychiater Kimura Bin ausdrückt, findet die Aufgabe, die wir uns selbst sind, immer schon im *Zwischen* statt, d.h. der Andere ist notwendiger Bestandteil der Konstitution des Selbst:

»Noch bevor der einzelne Mensch sich als Individuum identifiziert, ist die Beziehung, das Zwischen Mensch und Mensch. Dass ich der bin, der ich jetzt gerade bin, bestimmt sich nie und nimmer ›innerhalb‹ meiner, sondern immer ›außerhalb‹ meiner selbst, nämlich im Zwischen Mensch und Mensch, im Zwischen mir und meinem Gegenüber.«[100]

Der Ausgang unserer Überlegung einer Philosophie als Therapie ist so auch einer, der das Zwischen von Ich und Du, von Mensch zu Mensch, als nicht zu verlassenden Aufenthaltsort dieses Ringen um uns selbst annimmt. Dass dieses Ringen gelegentlich ungangbare Wege einschlägt, Leiden nicht minimiert, sondern vertieft, sich in Dysfunktionalität verliert; dass dieses *Sich-selbst-aufgegeben-Sein* scheitern kann und münden kann in eine *Melancholie,*[101] d.i. die

---

[99] Kracauer, Siegfried: Die Wartenden, in: Das Ornament der Masse, Frankfurt a.M. 1977, S. 106–119, hier 106f.

[100] Kimura, Bin: Zwischen Mensch und Mensch, Darmstadt 1995, S. 102.

[101] Vgl. dazu weiter unten William James' Begriff der philosophischen Melancholie, auf den wir uns hier beziehen und beschränken. Und es wird deutlich, dass wir an dieser Stelle beim Nachdenken über die psychologische Praxis ihre Anwendung nicht beschränken auf die psychische Störung, welche ein klinisch bedeutsames Verhaltensmuster (psychisches Syndrom) meint, das mit instantanen Leiden, (zeitlich begrenzten) Beeinträchtigungen des Lebensvollzuges und/oder mit einem tatsächlichen Risiko für Leib und Leben einhergeht. Störungen dieser Art, d.h. verhaltensmäßige, psychische oder biologische Funktionsstörungen, markieren den wesentlichen Anwendungsbereich einer psychologischen Praxis und damit einen Grad der Störung des Lebensvollzuges, der über eine verständliche Reaktion auf Ereignisse in der Innen- und Außenwelt des Individuums hinausgeht (z.B. Trauerreaktion bei Verlust eines geliebten Menschen). Normabweichendes Verhalten und Konflikte des Einzelnen mit seiner Innen- und Außenwelt sind so von einer psychologischen Praxis nicht als psychische Störung begriffen, solange diese Abweichungen und Konflikte keine Symptomatik einer beschriebenen Funktionsstörung aufweisen und die beschreibbaren Konflikte des Einzelnen keine Einschränkung des eigenen Lebensvollzuges oder die der Mitmenschen bedeutet.

Ohnmacht der Reflexion, die Unfähigkeit zur Tat und das Leiden an der jemeinigen Verfasstheit von Welt und Selbst, ist Thema einer *psychologischen Praxis*. Der ringende Mensch, aus welchem (psychophysischen) Grunde auch immer er unsicher geworden ist in seinem Zur-Welt-kommen und Selbst-Sein, ist in diesem Ringen ein *hilfsbedürftiger* Mensch.[102] Der hilfsbedürftige Mensch, unsicher geworden in der Orientierung und Stabilität im Denken, verunsichert im sinnhaften Zusammenhang von Ich und Umwelt, Wahrnehmen und Bewegen, Verstehbarkeit und Sinnhaftigkeit,[103] bedarf der *therapeutischen Fürsorge* (Seelsorge) durch ein wirkendes Gegenüber.[104] Wer

---

[102] Unter dem Eintrag *Order, Disorder, and Oneself* schreibt Paul Valéry in eindrücklicher Weise, was Disorder (Durcheinander, Störung, Unordnung, Krankheit, Affektion) auch meint; die Entdeckung einer Unordnung im Selbst: »I have unearthed this notebook which I thought I'd lost. It had not been mislaid; quite the contrary, put in so ›right‹ a place that I could hardly believe my eyes. To have put it there wasn't like me. I'd lost touch with my Ariadne's clew, my ›disorder.‹ I mean a private, personal, familiar disorder. If you don't want things to get lost, always put them where your instinct is to put them. You don't forget what you always do. Real disorder is a breach of this rule – a waiving of the principle of frequency. Disorder comes of putting things in places you have laboriously thought up or finally discovered after a series of experiments, calculations, deviations, and successive swerves from your natural bent. And you hail each new cache as a discovery, a New World, a marvelous solution! So when I want to find the object again, I am obliged to retrieve on particular train of thought, without anything to guide me back to it. But if it was placed instinctively, all I need is to rediscover myself, lock, stock, and barrel – that's to say I have only to be myself. If disorder is the rule with you, you will be penalized for installing order. So – keep to your rule!« Paul Valéry: Order, Disorder, and Oneself, LVIII, in: Collected Works of Paul Valéry: Analects, Vol. 14, 2015, S. 296 f.

[103] D. i. die Kohärenz (oder auch Konsistenz, z. B. Konsistenztheorie von Klaus Grawe, oder Homöostase in Biologie und Kognitionsforschung) der vier grundlegenden Motive, denen wir in der Gestaltung unserer Umwelt nachkommen: Kontrolle/Orientierung, Lustgewinn/Unlustvermeidung, Bindung/Anschluss und Selbstwerterhöhung/-schutz. Die psychologischen Theorien variieren in der Bedeutung und Äußerung dieser Bedürfnisse, doch kreisen nahezu allesamt um diese vier. Der Erhalt der Kohärenz dieser Bedürfnisse in Kontakt mit der Umwelt ist maßgeblicher Motivator menschlichen Handelns und Verhaltens.Viktor von Weizsäcker betont in seiner Lesart der Kohärenz vor allen Dingen die Verflochtenheit von Organismus und Umwelt. Kohärenz ist so als ein dynamischer Prozess zu verstehen, der aktiv im *Umgang* von Ich und Umwelt gestaltet werden muss. Der Soziologe Aaron Antonovsky nennt *Kohärenzgefühl*, das im Zusammenhang der Salutogenese (d. i. das beständig im Werden begriffene Gesund-Sein) notwendige Zusammenkommen von Sinnhaftigkeit, Verstehbarkeit und Handhabbarkeit.

[104] M. a. W. wird therapeutisches Wirken dort notwendig, wo psychische Gesundheit zurückgetreten ist. Was ist psychische Gesundheit? Das ist vornehmlich die Fähigkeit selbstbestimmt und autonom die eigene Lebenswirklichkeit zu gestalten und zu kon-

in Therapie Hilfe sucht, hat in irgendeiner Weise begonnen an einer Beziehung zu leiden – an der Beziehung zur Welt, zum Du, zum Selbst. Kimura Bin nennt die psychische Krankheit daher eine Störung, eine *Verrückung* des Zwischen. Die Beziehungshaftigkeit ist Thema aller Therapie: Die Minimierung des Leidensdrucks an ungelösten Widersprüchen, der Ambiguität angesichts der Dinge wie sie sind und wie sie eigentlich sein sollten.

Der Halt am und im Geistigen, d.i. Orientierung im Sinne eines ›Sich-halten-an-Anhaltspunkten‹[105], nach der die therapeutische Fürsorge sucht, funktioniert wie ein Leuchtturm, *nach* dem gesteuert wird, doch darauf bedacht, dass der Steuernde versteht, sich gerade in einem gewissen Abstand von ihm zu halten, d.h. eine natürliche Distanz, die zum Therapeuten als Gegenüber gewahrt bleibt.[106] Dieses Gegenüber, der Therapeut, ist in der psychologischen Praxis mit dem Gesprächspartner durch einen bewussten und strukturierten interaktionalen Prozess verbunden, der auf die Beeinflussung (aktive und konstruktive Veränderung) des Verhaltens und der Leid verursachenden Umstände zielt. Vielmehr zielt er also auf die Ursachen und die Anteile des Verhaltens, die einem therapeutischen Konsensus entsprechend für behandlungsbedürftig befunden wurden. Dieses Wirken im Zwischen bedarf daher einer tragfähigen emotionalen Bindung. Da diese tragfähige emotionale Beziehung als notwendig für das therapeutische Verhältnis gelten muss, stehen der Aufbau und

---

trollieren. Wir unterscheiden diese Fähigkeit näher in: die Einstellung der Person zu sich selbst, d.i. die realistische Selbsteinschätzung und Selbstvertrauen; die Fähigkeit der Person zur Selbstverwirklichung, d.i. die oben beschriebene Sinnfindung für das eigene Leben; die Fähigkeit zu flexibler Identifikation mit dem eigenen Ich/Selbst (Kohärenzgefühl sowie die Kohärenz des Selbst); die Autonomie gegenüber sozialen Einflüssen, d.i. die Fähigkeit zu selbstbestimmten Handeln und Stabilität gegenüber Manipulation; die unverstellte Wahrnehmung der Realität, d.i. die Fähigkeit zur Unterscheidung von Wunsch und Realität sowie die Vermeidung von Selbsttäuschungen und schlussendlich die Fähigkeit zum Bewältigen der Aufgaben durch die Umwelt, was Durchsetzung und Anpassung sowie deren Verhältnis meint. Dies folgt maßgeblich der Definition von psychischer Gesundheit nach Marie Jahoda (1958), die ihrerseits bereits auf das Fehlen und die Unmöglichkeit einer einheitlichen Definition hinwies. Wohlgemerkt ist über einen Begriff von »Normalität« in der Definition von psychischer Gesundheit noch nichts gesagt. Vgl. dazu Heinz, Andreas: Der Begriff der psychischen Krankheit, Berlin 2014.

[105] Vgl. Stegmaier, Werner (Hrsg.): Orientierung, Frankfurt a.M. 2005, S. 30f.

[106] Dieses Prinzip der natürlichen Distanz des Therapeuten dem Klienten gegenüber ist übertragbar auf das Maß an Selbst-Distanzierung, wenn wir uns je selbst Therapeut sind. Vgl. Frankl, V.: Der unbedingte Mensch, Wien 1949, S. 88.

das Gelingen einer therapeutischen Beziehung im Mittelpunkt einer psychologischen Praxis.[107] Die therapeutische Grundhaltung beruht daher auf Wertschätzung, Empathie und Kongruenz.[108] Entscheidend ist hier das Auftreten des Therapeuten in der Zweiten-Person-Perspektive mit größtmöglicher Distanz und Objektivität. Die Psychotherapie beruht auf der Wahrung dieser Distanz, die den Therapeuten zur »externen« Reflexionsinstanz macht und auch die »Intervention von außen« erlaubt. Eben diese Distanz beansprucht die philosophische Praxis aufzuweichen und entdeckt eben darin ihre Chance. Die Trennlinien von psychologischer und philosophischer Praxis verlaufen keineswegs scharf. Bedürfen jedoch der feinen Unterscheidung, um Anliegen, Methoden und Potentiale zutreffend anzuerkennen. Die psychologische Praxis betont die Wahrung des distanzierten Verhältnisses: der Therapeut ist der Helfende, der Klient der Hilfsbedürftige. Insbesondere in klinischen Zusammenhängen ist dies auch notwendig. Die philosophische Praxis kann auch dies aufweichen und das Zusammentreffen in einem gemeinsamen Anliegen anbieten, nämlich der gemeinsamen philosophischen Besinnung, in der die Gesprächsteilnehmer ganz anwesend sein können. Vor allen Dingen der Begriff von Krankheit/Patient ist dadurch relativiert bzw. aufgehoben und erlaubt die Betonung, dass in der philosophischen Praxis nicht *Hilfsbedürftige*, sondern Ratsuchende thematisiert sind. Im Anliegen sehr verbunden, gehen psychologische und philosophische Praxis in Theorie und Praxis verschiedene Wege. Ihnen gemeinsam bleibt die Involvierung eines Zweiten in die je individuellen psy-

---

[107] Vielmehr ist dies das therapeutische Arbeitsbündnis, in welchem sich zwei auf einen kooperativen Prozess der Interaktion einlassen.

[108] Die therapeutische Grundhaltung korrespondiert mit der Kooperationsbereitschaft des Klienten; sie setzt nicht nur die Offenheit und aktive Öffnung hin zum therapeutischen Geschehen, sondern auch Autonomie und Freiwilligkeit, sowie Veränderungswille und Absprachefähigkeit voraus. Das Erlernen und Kultivieren dieser therapeutischen Grundhaltung zum Zwecke der gelingenden therapeutischen Beziehung, die sich immer auf das Wohl und das Arbeitsziel des Klienten richtet, ist wesentliche Aufgabe des Therapeuten. Es ist eine Aufgabe, wie Ekstein betont, die eigenen Fähigkeiten und die eigene Person für das Gelingen des therapeutischen Wirkens zu kultivieren. »Die schließlich erworbenen Fertigkeiten und Kenntnisse sind nicht nur intellektueller Natur, sondern basieren auf der Fähigkeit, die eigene Person in einem umfassenden Sinne als Instrument zu nutzen, mit einem persönlichen Einsatz, der ein völlig anderes Engagement fordert, als es in den meisten anderen Wissenschaften der Fall ist.« Ekstein, R., Wallerstein, R. S.: The Teaching and Learning of Psychotherapy, New York 1958, S. 53, zit. und übers. in Argelander, Hermann: Das Erstinterview in der Psychotherapie, Darmstadt [10]2013, S. I.

chischen Prozesse, das Spiegeln am Anderen, das Zugang-Nehmen des Anderen zum Eigenen und das Aufhalten bei einer (strukturierten) gemeinsamen Reflexion im Zwischen zum Zwecke der Verhaltensänderung.[109] Dieses Zwischen, wie Kimura Bin schreibt, ist hier bereits durch die therapeutische Grundhaltung bestimmt, nämlich unverstellten Zugang zu nehmen zur Anwesenheit des Anderen im Zwischen:

»Das Zwischen besagt hier nicht lediglich den Ort einer zwischenmenschlichen Begegnung, sondern weist zugleich auf das Wesentliche des Selbst-

[109] Wie im Folgenden noch deutlicher werden wird, ist dies die Thematisierung des Zwischenmenschlichen überhaupt. D. h. das Zugang-Nehmen zum Eigenen und zum Anderen therapiert uns, »tut uns gut«. Das Zusammenleben ist eine wesentliche menschliche Eigenschaft und Bedürfnis. Das Ausleben von sozialem Miteinander ist unhintergehbar für ein gesundes Innenleben. Interaktion mit dem Anderen ist immer schon Anlass und Aufenthaltsort von Reflexion. Das Zusammenleben in Gemeinsinn, das Leben in Interpassion, das sinngebende Zwischen-uns-Sein, verweist auf die Grundgesinnung des Menschen, in Compassion zu leben. Das Zusammenleben in Frieden und Mitgefühl findet in allen Weltreligionen Ausdruck. Compassion ist der englische Ausdruck für das (christliche) Mitleiden, Mitgefühl und aktive Mit-Fühlen. Im Buddhismus nimmt die Mitleidenschaft (Karuna) eine fundamentale Rolle ein. Im Islam heißt es rahman rahim (arab.). Diese Reihe ist weiterzuführen und drückt doch immer die Bezogenheit des Menschen auf das Zusammenleben aus. In ihrem Aufsatz *Heal Thyself* schreibt Jo Marchant über die Bedeutung von Zusammenleben, Optimismus und Meditation. Sie nimmt Bezug auf die Forschung von Charles Raison und John Cacioppo, die die Isolation des Individuums und ihre Folgen untersuchen und es auf die Formel bringen, dass das »Heilen von Einsamkeit« (curing loneliness) für gesundes Leben ausschlaggebend ist: »It's probably the single most powerful behavioural finding in the world. […] People who have rich social lives and warm, open relationships don't get sick and they live longer.« Marchant, Jo: Heal Thyelf, in: New Scientist, Issue 2827, August 2011. An anderer Stelle führt sie die Rolle der Meditation aus, die im Folgenden uns Hinweis auf die wissenschaftliche Evidenz der reflexiv-meditativen Übung ist und auf das gelingende Verhältnis von Einsamkeit (Übung in Meditation und Reflexion) und Zusammenleben (Compassion) hinweist. Es bedarf eines mittleren Weges zwischen Einsamkeit und Gemeinsamkeit. »There is some evidence that meditation boosts the immune response in vaccine recipients and people with cancer, protects against a relapse in major depression, soothes skin conditions and even slows the progression of HIV. Meditation might even slow the aging process. Telomeres, the protective caps on the ends of chromosomes, get shorter every time a cell divides and so play a role in aging. […] As with social interaction, meditation probably works largely by influencing stress response pathways. People who meditate have lower cortisol levels, and one study showed they have changes in their amygdala, a brain area involved in fear and the response to threat.« Marchant, J.: Heal Thyself, in: Nothing: Surprising Insights Everywhere from Zero to Oblivion, hrsg. v. Webb, J., New York 2014, S. 33–43.

seins hin und gibt somit den unumgänglichen Zugang zur Existenz des jeweiligen Gesprächspartners frei.«[110]

Philosophie als Therapie ist nicht Psychoanalyse

> Between the inner reality of the individual and the outer reality of the world [...] [lies] the third part of the life of a human being, a part that we cannot ignore, is an intermediate area of *experiencing*, to which inner reality and external life both contribute. Since no human being is ever free from the tension of relating inner and outer, relief from this strain is provided by the intermediate area which is analogous to that third area [...]. It is the space of play, of culture and of religion.
>
> Donald Winnicott[111]

Die Psychoanalyse ist eine der ersten entscheidenden Schulen *psychotherapeutischer Praxis* und aus der Geschichte therapeutischen Handelns nicht wegzudenken. Ihr Aufkommen in der Geschichte und ihre Tragweite machten sie zu einer entscheidenden Theorie, an der sich alle seitdem aufkommenden psychotherapeutischen Therapien definieren – mag dies durch Abgrenzung oder Identifikation geschehen. Insbesondere der historische Blick auf die Psychoanalyse ist untrennbar mit dem Namen Sigmund Freud verbunden. Das klassische psychoanalytische Paradigma ist heute aus methodischen Gründen ungeeignet und wird, insbesondere die Trieb- und Phasenlehre betreffend, auch von zeitgenössischen psychoanalytischen Ansätzen zurückgewiesen. Den methodischen Überprüfungen durch eine empirische Psychologie kann die Psychoanalyse Freuds nicht standhalten.[112] Umso mehr müssen gegenwärtige psychoanalytische Ansätze

---

110 Kimura Bin: Das Zwischen als Grundlage der phänomenologischen Methode in der psychiatrisch-psychotherapeutischen Praxis, in: Phänomenologie in Psychotherapie und Beratung, Existenzanalyse 24. Jahrgang, 2/2007.

111 Winnicott, Donald: Reading Winnicott, New York 2011, S. 104. Donald Winnicott (1896–1971) ist Psychoanalytiker und Pionier der Psychotherapie mit Kindern gewesen.

112 Immer wieder überraschend ist der Umstand, dass Freud, gelernter Mediziner, die Psychoanalyse selbst als eine Naturwissenschaft begriff. Ein Umstand, der sich ansatzweise aus dem historischen Kontext des aufkommenden und sich stark durchsetzenden Positivismus des 19. Jahrhunderts erklären lässt. Der späte Freud entwickelte den methodischen Anfragen seiner Theorie gegenüber eine legendäre Immunität, ob-

als fruchtbare Überwindungen und Entwicklungen anerkannt werden. Denn einige Konzepte der Psychoanalyse haben sich bewährt und insbesondere in eine Persönlichkeitspsychologie Eingang gefunden. So sind z. B. die Konzepte der unbewussten Kognitionen (und Motive), der assoziativen Informationsverarbeitung, die Abwehrmechanismen (insbesondere in der Angstforschung) und das Konzept der frühen Objektbeziehungen und ihrer Wirkung auf spätere soziale Beziehungen (Partnerschaft, Elternschaft) als belastbare psychologische Theorien weitergedacht worden. Es muss festgestellt und betont werden, dass Freuds Leistungen nicht nur in einer grundlegenden Veränderung des Denkens seiner Zeit bestanden, welche bis heute wirkt und uns Aufgabe ist, sondern auch in der Erarbeitung einer Theorie des menschlichen Geistes und einer therapeutischen Praxis. Mögen sowohl die Praxis als auch die ihr zugrundeliegende Theorie heute zurecht auf dem Prüfstand stehen (und im Großen und Ganzen auch ihrer maßgeblichen Verfehlungen überführt sein), so ist ihre Rolle in der Geschichte und Entwicklung der psychologischen und im Engeren der psychotherapeutischen Praxis nicht zu vernachlässigen. Wir behalten Freud und seine Psychoanalyse an dieser Stelle im Kopf, da sie mitgesagt ist, werden im Folgenden Vergleiche von Psychoanalyse und Yoga diskutiert.[113]

---

wohl er sehr vertraut mit den Methoden seiner Zeit war. In einem Brief an Saul Rosenzweig 1934 schreibt Freud: »Ich habe Ihre experimentellen Arbeiten zur Prüfung psychoanalytischer Behauptungen mit Interesse zur Kenntnis genommen. Sehr hoch kann ich diese Bestätigungen nicht einschätzen, denn die Fülle sicherer Beobachtungen, auf denen jene Behauptungen ruhen, macht sie von der experimentellen Prüfung unabhängig. Immerhin, sie kann nicht schaden.« Zitiert nach Kiener, F.: Empirische Kontrolle psychoanalytischer Thesen, in: Handbuch der Psychologie, Bd. 8, Klinische Psychologie, Göttingen 1978, S. 1200. Es bleibt festzustellen, dass Freuds Metapsychologie die Tendenz hat sich zu reifizieren, sich in einer Weise zu ontologisieren. Sie steht daher nicht (mehr) der direkten Erfahrung zur Verfügung und kann nur erschlossen werden. Freud liefert ein beindruckendes (idealisiertes) Modelldenken. Das Bedürfnis, die beobachteten Phänomene (Ödipuskomplex etc.) zu erklären, wird vereinseitigt oder gar vereitelt, wenn einem bestimmten Modell ein Primat eingeräumt wird, welches selbst nicht mehr falsifizierbar ist. So wird aus dem Modell ein Mythos, welches sich einer Diskursivität von vornherein verschließt.

113 Denn wie Fromm und Suzuki in ihrem Versuch *Zen-Buddhismus und Psychoanalyse* bereits in Revidierung Freuds geschrieben haben, geht es nicht nur um das Entdecken des Unbewussten, sondern auch um die Transformation des Charakters: »Wer das Unbewußte nur zur Heilung einer Krankheit freilegen will, wird natürlich nicht einmal versuchen, das tiefgreifende Ziel zu erreichen, das in der Überwindung der Verdrängungen besteht. […] Es wäre jedoch falsch anzunehmen, dass das tiefgreifen-

In unserem Anliegen hier möchten wir einen Moment der Psychoanalyse herausstellen: die Dekonstruktion der Bestimmungen durch Es und Über-Ich und die Dekonstruktion aller Autoritätsfiguren im Allgemeinen: »Das Hauptziel des Rituals einer Psychoanalyse ist die Dekonstruktion aller *absoluten Autoritätsfiguren* [...].«[114] Denn dabei handelt es sich um die Herausstellung der Derogation des Selbst und seiner Ursprünge. Zur Unterscheidung von Philosophie als Therapie und zur Verdeutlichung von Ziel und Methode der Psychoanalyse *(Wo Es war, soll Ich werden)*, sei auf Freuds Ausführungen in seinen einführenden Vorlesungen hingewiesen:

»Sie denken bei dieser Sonderung der Persönlichkeit in Ich, Über-ich und Es gewiß nicht an scharfe Grenzen, wie sie künstlich in der politischen Geographie gezogen worden sind. Der Eigenart des Psychischen können wir nicht durch lineare Konturen gerecht werden wie in der Zeichnung oder in der primitiven Malerei, eher durch verschwimmende Farbenfelder wie bei den modernen Malern. Nachdem wir gesondert haben, müssen wir das Gesonderte wieder zusammenfließen lassen. Urteilen Sie nicht zu hart über einen ersten Versuch, das so schwer erfaßbare Psychische anschaulich zu machen. [...] Man kann sich gut vorstellen, daß es gewissen mystischen Praktiken gelingen mag, die normalen Beziehungen zwischen den einzelnen seelischen Bezirken umzuwerfen, so daß z. B. die Wahrnehmung Verhältnisse im tiefen Ich und im Es erfassen kann, die ihr sonst unzugänglich waren. Ob man auf diesem Weg der letzten Weisheiten habhaft werden wird, von denen man alles Heil erwartet, darf man getrost bezweifeln. Immerhin wollen wir zugeben, daß die therapeutischen Bemühungen der Psychoanalyse sich einen ähnlichen Angriffspunkt gewählt haben. Ihre Absicht ist ja, das Ich zu stärken, es vom Über-Ich unabhängiger zu machen, sein Wahrnehmungsfeld zu erweitern und seine Organisation auszubauen, so

de Ziel der Befreiung des Verdrängten keinen Zusammenhang mit einem therapeutischen Ziel habe. Wie man erkannt hat, dass es ohne Analyse und Änderung des Charakters nicht möglich ist, ein Symptom zu heilen und zukünftige Symptombildungen zu verhindern, ebenso muss man erkennen, dass es nicht möglich ist, diesen oder jenen neurotischen Charakterzug zu ändern, ohne das radikalere Ziel einer vollkommenen Wandlung der Persönlichkeit zu verfolgen. [...] Wenn die Psychoanalyse auf diese Weise helfen kann, kann sie zur Erlangung wahrer geistiger Gesundheit beitragen; wenn nicht, wird sie nur helfen, kompensierende Mechanismen zu verbessern.« Fromm, E. und Suzuki, D., Martino, R.: Zen-Buddhismus und Psychoanalyse, Frankfurt a. M. 1972, S. 174 f.

[114] Edmundson, Mark: Sigmund Freud, München 2009, S. 225 (Hervorhebung Vf.). Edmundson liefert auch ein gutes Verständnis der Person Freuds und eine historisch-kritische Verortung seines Denkens.

daß es sich neue Stücke des Es aneignen kann. Wo Es war, soll Ich werden. Es ist Kulturarbeit etwa wie die Trockenlegung der Zuydersee.«[115]

Der alles entscheidende Punkt ist das Wirken des Selbst auf sich, das Ich zu stärken. In der Therapie kommen die das Selbst konstituierenden Muster zum Vorschein und das in sich forschende Selbst lernt diese zu sehen und zu verstehen. Installiert die Psychoanalyse den Analytiker als Geburtshelfer, als Projektionsfläche, als Gegenstand der Übertragung, so interessiert uns hier im Fortgang vielmehr die Möglichkeit der selbstständigen Erforschung des Innenlebens. Die Errungenschaft Freuds, wie sie die Psychotherapie immer wieder inspiriert hat, ist die Einsicht in die Veränderung des Verhaltens durch Erkenntnisgewinn. Indem ein sich seiner selbst voranschreitend bewusstes Ich sich an die vormals durch das Es *verstellte* Stelle setzt, wird es sich selbst zur höchsten Autorität und kann zu bewusster Freiheit kommen. Freud setzte für diesen Prozess den Analytiker als unersetzliche Projektionsfläche der Übertragung. »Die Übertragung schafft so ein Zwischenreich zwischen der Krankheit und dem Leben«, schreibt Freud in seinen kleineren Schriften *Erinnern, Wiederholen und Durcharbeiten* (1914), »durch welches sich der Übergang von der ersteren zum letzteren vollzieht. Der neue Zustand hat alle Charaktere der Krankheit übernommen, aber er stellt eine artifizielle Krankheit dar, die überall unseren Eingriffen zugänglich ist.«[116] Das Ziel der Übertragungsanalyse nach Freud ist ›das Subjekt, das wissen soll‹, wie es später Jacques Lacan ausdrückt. Diese Kulturarbeit des Selbst an sich, diese Trockenlegung des Sees des Noch-nicht-Bewussten, bedeutet ein aktives Zugang-Nehmen zum Vergessenen, Verdrängten und in irgendeiner Weise Noch-nicht-Gewussten. Wie Freud es ausdrückt, »[der Analysierte] *erinnere* überhaupt nichts

---

115 Freud, Sigmund: Vorlesungen zur Einführung in die Psychoanalyse, Hamburg 2010, S. 31. Vgl. auch die Vorlesung *Die Zerlegung der psychischen Persönlichkeit*, S. 516–517. Sprechen die Yogatraditionen und später auch die buddhistischen Schulen ebenso von der Entleerung des Sees des Unbewussten, so postulieren diese die Selbstwirksamkeit der Trockenlegung des Unbewussten (Yogapsychoanalyse), nur mit dem Unterschied, dass dort ein gänzlich autonomer und selbsttherapeutischer Erfahrungsweg am Werke ist, der in keiner Abhängigkeit zu einem von außen Wirkenden steht. Freud jedoch postulierte immer die notwendige Abhängigkeit vom Psychoanalytiker als der einzigen Instanz, die zur Selbstdistanzierung (»Heilung«) führt, da die Distanz zum Selbst nicht aus eigenen Kräften erreicht werden könne.

116 Freud, S.: Erinnern, Wiederholen und Durcharbeiten, in: Internationale Zeitschrift für Ärztliche Psychoanalyse, Band 2 (6), 1914, S. 485–91. Freud, S.: Gesammelte Werke 1893–1939, Bd. 10, 1910–1919, S. 126–36.

von dem Vergessenen und Verdrängten, sondern er *agiere* es. Er reproduziert es nicht als Erinnerung, sondern als Tat, er wiederholt es, ohne natürlich zu wissen, daß er es wiederholt.«[117]

Philosophie als Therapie ist nicht Philosophietherapie[118]

Schon seit jeher sehen sich die Geisteswissenschaften, und durch alle Zeiten hindurch Philosophie in besonderer Weise, dem Vorwurf ausgesetzt, sich zu weit von der gelebten Erfahrung, von der Dringlichkeit der Alltagsprobleme entfernt zu haben – den Bezug zu einer *lebensweltlichen Relevanz* und gar eine Vorstellung davon gänzlich verloren zu haben. So legitim der Vorwurf sein mag, ist doch von einer zu eiligen Verabreichung eines leicht bekömmlichen philosophischen Therapeutikums, einem übereilten Missverständnis des Philosophen *als* Therapeut, abzusehen. Karl Jaspers gab bereits in den 1960er Jahren den gefährlichen Kurzschluss darin zu bedenken:

> »Die Forderung nach einer neuen Philosophie begehrt diese wie ein Heilmittel von außen. Sie soll das Neue sein, so wie man die zuletzt in den Handel gebrachte, auf der modernsten Erkenntnis beruhende Medizin aus der Apotheke haben will. Man denkt, man könne irgendwo das Lebensrezept erhalten und greift nach wunderlichen Angeboten auch skurriler Art.«[119]

Seit Jahrzehnten häufen sich die Versuche und Experimente der Wissenschaften, und wiederum der Philosophie in besonderer Weise, nicht nur ihre Methoden an der alltäglichen Erfahrung zu orientieren, sondern auch ihre Erkenntnisse als für diese *relevant* zu präsentieren. Dass eine Geisteswissenschaft immer schon dem Bereich der Lebenswelt entspringt und ihre Wissenschaft so immer schon eine Wissenschaft von *Leben* ist, ist und bleibt ein nicht leicht nachzuvollziehender Gedanke. Seit den 1980er Jahren intensivierten sich die Bemühungen der Philosophie, den vermeintlichen Elfenbeinturm der Wissenschaften zu verlassen und wieder spürbar und sichtbar ins alltägliche Leben zu treten. Es ist der Versuch, das Vorbild der antiken Philosophie wiederzubeleben und Philosophieren wieder auf

---

117 Ibid.

118 Vgl. Poltrum, M. und Musalek, M.: Philosophische Therapie und therapeutische Philosophie, in: Wiener Zeitschrift für Suchtforschung, Jahrgang 31, 2008, S. 23–31.

119 Karl Jaspers im Gespräch mit Francois Bondy, in: DIE ZEIT, Nr. 9, 1963.

dem Marktplatz stattfinden zu lassen, im Zentrum gesellschaftlichen Zusammenlebens. Das Vorbild der Antike beinhaltet dabei nicht nur das Aufhalten *in* der Gesellschaft, sondern auch einen Begriff von Philosophie als Tätigkeit, als lebendiger und gelebter Vollzug, der untrennbar ist von der Person und ihren Beziehungen. Und dieses *Philosophieren* richtete sich in der Antike immer schon auf die Entbehrungen und Widersprüchlichkeiten der Existenz. Philosophieren ist von seinen antiken Wurzeln her eine Tätigkeit, die Leben (und Sterben) zu meistern sucht.

Von diesen Wurzeln ausgehend, drangen die Versuche der Philosophie zu der Bemühung vor, erneut *beratend* und *Rat gebend* in Erscheinung zu treten. Unter dem Arbeitsbegriff einer *Philosophischen Praxis*[120] ist eine »professionell betriebene philosophische Lebensberatung« gemeint, die in alle Bereiche der Individualberatung vordringt. Sie verortet sich so selbst in *allen* Bereichen der Lebensberatung und bietet sich als Gesprächstherapie als Alternative zur Psychotherapie[121] an. Zugleich mit dem Aufkommen dieses Angebots entzündete sich auch die Auseinandersetzung innerhalb und außerhalb der *Philosophischen Praxis,* ob denn tatsächlich von einer Alternative zur Psychotherapie gesprochen werden könne oder nicht vielmehr von einer Ergänzung von therapeutischen Praxen, oder ob gar

---

[120] Siehe eine erste Definition hierzu in Marquard, Odo: Philosophische Praxis, in: Historisches Wörterbuch der Philosophie, hrsg. v. Ritter, J., Basel/Stuttgart 1989, S. 1307 ff. Odo Marquard gab der Philosophischen Praxis nicht nur sein Theorem des Homo Compensator (der kompensierende Mensch) mit auf den Weg, sondern stellte immer auch die Bedeutung der Narration für den Menschen heraus. Daraus leitet sich für Marquard auch die unbedingte Notwendigkeit einer Geisteswissenschaft überhaupt ab: »Denn die Menschen: das sind ihre Geschichten. Geschichten aber muß man erzählen. Das tun die Geisteswissenschaften: sie kompensieren Modernisierungsschäden, indem sie erzählen; und je mehr versachlicht wird, desto mehr – kompensatorisch – muß erzählt werden: sonst sterben die Menschen an narrativer Atrophie. […] Je moderner die moderne Welt wird, desto unvermeidlicher werden die Geisteswissenschaften, nämlich als erzählende Wissenschaften.« Marquard, O.: Über die Unvermeidlichkeit der Geisteswissenschaften, in: Apologie des Zufälligen, 1986, S. 105 f.

[121] Dabei ist eine Engführung von Psychotherapie auf kognitive Verhaltenstherapie (KVT) u. ä. noch nicht gemeint. In den »inner-psychologischen« Methodenstreit, was taugliche therapeutische Methoden und ihre Anwendungsfelder seien, mischt sich eine philosophische Praxis im weitesten Sinne noch nicht. Gleichwohl sie einen kritischen Blick auf das therapeutische Handeln wirft und sich als Gesprächspartner anbietet, stellt sie die Psychologie als Kernwissenschaft der Psychotherapie nicht in Frage.

der Begriff der Therapie gänzlich verfehlt sei.[122] In jedem Falle verbleibt die Philosophische Praxis selbst bei der wichtigen Unterscheidung, sie sei keine »alternative Psychotherapie« sondern eine »Alternative zur Psychotherapie«.[123]

Philosophische Praxis ist nicht Klinische Philosophie

Die Praxis des Arztes ist konkrete Philosophie.
Karl Jaspers[124]

Seit Kurzem drängt ein weiterer Begriff in die Bereiche der philosophischen und psychologischen Praxis, der unterschieden sein will. Der Begriff der *Klinischen Philosophie* kommt aus der psychiatrischen Phänomenologie und Daseinsanalyse (insbesondere in Japan) und meint ein Philosophieren, dass sich direkt mit Medizin, Psychologie und Psychiatrie auseinandersetzt.[125] Die vielseitigen Bemühungen

---

[122] Der vorliegende Versuch begibt sich nicht in diese Debatte und verortet sich selbst auch nicht in der Philosophischen Praxis. Vielmehr sind die vorliegenden Überlegungen propädeutischer Art und thematisieren die therapeutische Wirkung (Selbsttransformation) von Philosophie innerhalb des Denkenden und Philosophierenden. Es wird also der Bereich des beruhigenden, heilsamen und selbst-therapierenden Philosophierens ausgeschritten, den der Einzelne von sich aus und für sich entdecken kann. Gleichwohl kommt hier eine natürliche Sympathie zur Philosophischen Praxis zum Ausdruck.

[123] Vgl. Ehrenberg, B.: Mit dem Philosophen auf der Couch, in: Hohe Luft 05/2014, S. 79–82.

[124] Jaspers, K.: Der Arzt im technischen Zeitalter, München 1986, S. 56. Auch der Psychotherapeut C. G. Jung brachte dies zum Ausdruck: »Ich kann es kaum verschleiern, dass wir Psychotherapeuten eigentlich Philosophen oder philosophische Ärzte sein sollten, oder vielmehr, dass wir es schon sind, ohne es wahr haben zu wollen […].« Jung, C. G.: Probleme der Psychotherapie, Olten 1972, S. 74.

[125] Karl Jaspers darf als wesentlicher Vordenker eines solchen Philosophierens angesehen werden. Durch seine stetige Orientierung an der Praxis, insbesondere der ärztlichen Tätigkeit in und an der Lebenswelt, und der Selbstkultivierung des therapeutisch Handelnden in der philosophischen Besinnung, erschien es nur folgerichtig, dass sich keine Disziplin selbst genügen könne und in ihrem Handeln sich am technischen Fortschritt und den Erfordernissen ihrer Zeit messen muss: »Es könnte hier, wo mit der Wissenschaft zugleich Freiheit und Menschlichkeit und der Ernst des Unbedingten bedroht sind, eine Reaktion zur notwendigen Selbstbesinnung führen. – Denn seit hundert Jahren ist wohl das ärztliche Wesen unter Vergessen seiner Berufsidee bei gewaltiger Steigerung des technischen Könnens immer mehr an dieses verfallen. […] In der Vereinigung der Aufgaben von Wissenschaft und Philosophie liegt die wesentliche Bedingung, die heute zwar nicht die Forschung, aber die Bewahrung der Idee des

der Klinischen Philosophie streben in ihren praxisnahen Bereichen nach einer Vereinbarung, bzw. engeren Verknüpfung von *Fremd-* und *Selbstführung* – genauer, nach der Fundierung allen (therapeutischen) Wirkens in einer philosophischen Schulung und Besinnung:

»Klinische Philosophie ist eine den Menschen zugewandte (κλίνειν) Liebe (φιλία) zur Weisheit (σοφία), ein Lebenswissen, das Grundlage jeder engagierten Praxis von ›Menschenarbeitern‹ in helfenden und entwicklungsfördernden Berufen sein sollte. Sie ist am ›Wegcharakter‹ des menschlichen Lebens ausgerichtet, führt zu immer neuen Einsichten und Erkenntnissen und gibt Orientierungen auf den zuweilen schwierigen und oft beglückenden Wegen zu sich selbst und zum Anderen. Sie unterstützt Menschen im Bemühen, ihre ›ästhetische Wahrheit‹ zu finden in den Prozessen der Selbstgestaltung, in denen das Selbst Künstler und Kunstwerk zugleich wird.«[126]

Eine klinische Philosophie sucht Konsequenzen für eine philosophische und eine psychologische Therapie aus den Erkenntnissen der Einzelwissenschaften zu ziehen. Sie bleibt dabei jedoch zumeist auf Seiten der Theoriebildung. Sie widmet sich z.B. der differenzierten Feststellung von therapeutischen *Aspekten* in den genannten Disziplinen und stellt diese in einen interdisziplinären Dialog. Es ist ein Ringen um einen noch jungen Begriff von klinischer Philosophie, der sich aus den unleugbaren Einflüssen der empirischen Befunde aus Medizin, Psychiatrie und Psychologie, auf die Philosophie und umgekehrt ergibt.[127]

Arztes ermöglicht. Die Praxis des Arztes ist konkrete Philosophie. […] Ohne Philosophie kann man an der Grenze naturwissenschaftlicher Medizin des Unfugs nicht Herr werden. Man darf an das hippokratische Wort erinnern: ἰατρός φιλόσοφος ἰσόθεός [iatros philosophos isotheos: Der Arzt, der Philosoph wird, wird einem Gotte gleich. Vf.]«. Jaspers, K.: Der Arzt im technischen Zeitalter, S. 56. Schon in der *Allgemeinen Psychopathologie* betont Jaspers, dass »das philosophische Studium einen positiven Wert für die Art der menschlichen Haltung des Psychopathologen in der Praxis und für die Klarheit der Motive im Erkennen« hat, aufgrund der »in philosophischer Schulung zu erwerbende[n] methodologische[n] Besinnung«. Jaspers, K.: Allgemeine Psychopathologie, Berlin/Heidelberg [4]1946, S. 5 f.

[126] Petzold, H. G.: Methoden des therapeutischen Umgangs mit Symbolen und Symbolisierungsprozessen – Überlegungen zu Kernqualitäten des Menschenwesens, Vortrag auf dem 7. Deutschen Symposium für Kunsttherapie, Hückeswagen 1988.

[127] Besonderen Einfluss auf die Entwicklung einer Konzeption von Klinischer Philosophie, hat die Arbeit des Psychiaters und Philosophen Kimura Bin genommen. Kimura bestimmt das Zwischen von Mensch zu Mensch als grundlegend für die Verortung des Selbst und seiner psychopathologischen Störungen. Vgl. Kimura, B.: Zwischen Mensch und Mensch, Darmstadt 1995. Kimura postuliert ein Zwischen, dass die

Denn »[wir] kennen keinen Grundbegriff, mit dem der Mensch schlechthin begriffen, keine Theorie, durch die seine Wirklichkeit als ein objektives Geschehen im Ganzen erkannt würde. Unsere wissenschaftliche Grundhaltung ist daher: Offenheit für alle Möglichkeiten empirischer Untersuchung, Abwehr der Verführung, das Menschsein gleichsam auf einen Nenner zu bringen. Statt eines Entwurfs des Ganzen erörtern wir vorweg nur einige Horizonte, in denen unsere seelische Wirklichkeit uns entgegentritt.«[128]

Dass jedoch die lohnenden Implikationen der Einzelwissenschaften oft am interdisziplinären Dialog, d.h. an unterschiedlichen Wissenschaftssprachen, Erkenntnisinteressen und Denkkulturen scheitern und unfruchtbar bleiben, ist eine bekannte, doch mitnichten unüberwindliche Problematik, wie der Phänomenologe Tani Toru ausführt:

»Das Wort ›Klinik‹ bezieht sich auf die Medizin und besonders auf ihre ›Praxis‹. Dagegen versteht man ›Philosophie‹ traditionell als ›theoretisch‹. Es scheint, dass zwischen beidem keine Beziehung besteht oder, wenn doch, es allenfalls ein Antagonismus ist.«[129]

Unauflöslichkeit der direkten leiblichen Bezüge des Selbst zum Anderen und zu Welt als die Bedingung der Möglichkeit von Selbst überhaupt annimmt. Kimuras Psychiatrie des Zwischen bietet aufgrund ihrer Tradition u.a. in der Kyoto-Schule, theoretische und praktische Grundlagen für eine klinische Philosophie. In diesem Zusammenhang sind die nationalistischen Tendenzen der Kyoto-Schule und ein Moment der »Unverstehbarkeit« kultureller Eigenarten bei Kimura besonders kritisch zu befragen. Kimura hat sich intensiv mit der Daseinsanalyse auseinandergesetzt, mit Wolfgang Blankenburg und Ludwig Binswanger zusammengearbeitet und hat die Schriften Viktor von Weizsäckers übersetzt und herausgegeben. Es ist die Suche nach dem unverstellten Zugang zur Existenz des jeweiligen Gesprächspartners, der zum entscheidenden Hinweis im Nachdenken über therapeutisches Handeln und Philosophie als Therapie wird. Im vergangenen Vierteljahrhundert, in dem Kimura zahlreiche Seminare und Symposien zur klinischen Philosophie veranstaltet hat und noch immer veranstaltet, ist es das Verhältnis zwischen der, wie er sagt, weichen und harten Seite in uns, die beide gleichermaßen verletzbar sind. Die weiche Seite meint dabei unsere Gefühle und Wahrnehmungen, die harte Seite unseren Organismus und seine Funktionen. Ob das Anliegen und die Bemühungen einer klinischen Philosophie übersetzbar sind und ob die Einführung und Etablierung dieses Begriffes sinnvoll und notwendig ist, bleibt noch zu diskutieren. Die Einrichtung und Etablierung eines Instituts und Studienganges für »Clinical Philosophy« an der Universität Osaka, gibt Anlass zu dieser Überlegung.

[128] Jaspers, K.: Allgemeine Psychopathologie, S. 6.

[129] Tani, Toru: ›Klinische Philosophie‹ und das Zwischen, in: psycho-logik. Jahrbuch für Psychotherapie, Philosophie und Kultur, Bd. 1, Freiburg 2006, S. 304–317, hier 304. Wie Tani ausführt, ist dieser Antagonismus keinesfalls unüberwindlich und allenfalls abgeleitet aus einer Überlieferungstradition. Tani führt aus, wie sich der Begriff der klinischen Philosophie in Japan bereits etabliert hat. Er gehört zu dem Kreis von Psychopathologen und Philosophen um Kimura Bin. Im deutschsprachigen Raum

Von einem Kurzschluss oder einer Vermengung mit der Philosophischen Praxis, bzw. von deren Ableitung oder Grundlegung in der Klinischen Philosophie, kann nicht die Rede sein. Klinische Philosophie und Philosophische Praxis gehen verschiedene Wege in Theorie und Praxis, gleichwohl sie einen fruchtbaren Dialog implizieren. Geht es der Klinischen vornehmlich um die Anerkennung der philosophischen Grundlagen von Psychiatrie und Psychologie und deren Erforschung, finden ihre Resultate und Einstellungen in der Philosophischen Praxis bereits Anwendung und Konkretion. Beide Ansätze sind jedoch in der Notwendigkeit und Unausweichlichkeit der existentiellen Dimension therapeutischen Handelns verbunden, d. h. jenen Bemühungen, wie es Viktor Frankl ausdrückt, die den »depersonalisierenden und dehumanisierenden Tendenzen, die vom Psychologismus in der Psychotherapie ausgehen […]«[130] entgegenwirken und Therapie immer schon als existentielle Therapie begreifen. Es sind Bemühungen, die sich auf die konkreten Bedingungen und Möglichkeiten des Individuums *in* seinem Existieren konzentrieren. Diesem Anliegen bleibt Philosophie als Therapie verbunden und leistet – in der philosophischen Besinnung – ihren Beitrag.

Die philosophische Reflexion der gegenwärtigen anthropologischen und neurowissenschaftlichen Debatten hält wichtige Implikationen für den Wissenschaftsdiskurs der Philosophie und für deren Transformation in der Praxis bereit. Diesem Umstand sind sich eine Klinische Philosophie und eine Philosophische Praxis gleichermaßen bewusst und widmen sich daher auch, wie es Frankl ausdrückt, der »Aufhellung des Grenzgebiets, das sich zwischen Psychotherapie und Philosophie erstreckt, unter besonderer Berücksichtigung der

hat vermutlich Hilarion Gottfried Petzold den Begriff als Erster verwendet. Petzold nennt Band 1 seiner Integrativen Therapie »Klinische Philosophie«. Martin Poltrum hat 2011 ein Buch unter gleichem Titel veröffentlicht und entwirft darin eine Therapie aus Ästhetik, bzw. Ästhetik als Therapeutikum. Poltrum meint, »[m]an könnte sogar so weit gehen und behaupten, dass sich all jene Philosophen, welche der Ästhetik eine ganz besondere Leistung zutrauen, sich irgendwie als Zeit- und Gesellschaftsdiagnostiker, ja als Therapeuten der jeweiligen Pathologie des Zeitgeistes verstehen. Das Ästhetische spielt dabei immer die Rolle eines Therapeutikums.« Poltrum, Martin: Klinische Philosophie. Logos Ästhetikus und Philosophische Therapeutik, Berlin 2011, S. 63.

130 Frankl, V.: Philosophie und Psychotherapie, in: Logotherapie und Existenzanalyse, Texte aus sechs Jahrzehnten, Weinheim 2002, S. 46.

Sinn- und Wertproblematik der Psychotherapie.«[131] Toru Tani, der im Wesentlichen von Husserl ausgeht und das Moment der Intersubjektivität im *Zwischen* erweitert und expliziert, definiert eine Klinische Philosophie schlussendlich wie folgt:

»Die Krise [des Individuums, Vf.] erfolgt jetzt jedoch nicht nur im Zwischen, sondern auch bei der Begegnung mit dem Fremden. Das Selbst ist nicht nur in seinem (vertrauten, aber gleichzeitig sozusagen ur-unheimlichen) Grund, sondern auch stets vom Außen bedroht. Das Selbst ist von beiden Seiten gefährdet. In diesem Sinne ist unsere Erfahrung immer die Gefahr. Die Klinische Philosophie untersucht den Menschen in dieser Erfahrung/Gefahr. […] Psychiatrie des Zwischen begegnet der Philosophie, oder besser, erst in dieser Begegnung entfaltet sie sich zum Konzept der Klinischen Philosophie. Deren Entstehung selbst ist schon ein Phänomen des Zwischen und des Begegnens. In dem Maße, wie sich diese Bewegung weiter fortsetzt, entdeckt die Klinische Philosophie neue Möglichkeiten.«[132]

Philosophie als Therapie und Philosophische Praxis

> Mir geht es nicht darum, die Psychotherapeuten zu ersetzen, sondern deren Einseitigkeit aufzuheben. Es ist so, daß in jeder Philosophischen Praxis Psychologie eine Rolle spielt, aber sie spielt eine Nebenrolle. Ohne Psychologie geht es nicht, mit Psychologie alleine geht es auch nicht.
>
> Gerd Achenbach[133]

Die Unterscheidung zwischen Philosophie als Therapie und Philosophischer Praxis bedeutet auch die Unterscheidung beider Praxen von der Psychotherapie.[134] Denn es gibt eine notwendige Unterscheidung des Handwerks der Psychotherapie und der Philosophischen Praxis. Philosophie als Therapie (d.i. das Zusammengehen von Denk- und

---

131 Frankl, V.: Was nicht in meinen Büchern steht. Lebenserinnerungen, Weinheim 1995, S. 39.

132 Tani, Toru: a.a.O., S. 315.

133 Achenbach, G.: Zur Einführung der Philosophischen Praxis, Köln 2010, S. 19.

134 Wobei wir hier der Definition nach Strozka, Hans: Psychotherapie: Grundlagen, Verfahren, Indikationen, München/Berlin 1975, verschrieben bleiben. Demnach ist Psychotherapie ein bewusster, geplanter interaktionaler Prozess zur Beeinflussung von Verhaltensstörungen und Leidenszuständen, die in einem Konsensus für behandlungsbedürftig gehalten werden. Gegenstand dieser Definition ist sowohl die Notwendigkeit einer tragfähigen emotionalen Bindung als auch das Vorhandensein lehrbarer Theorien und Methoden die auf einer allgemeinen Psychopathologie beruhen.

Lebensweg in einem sich selbst verpflichtenden Denken durch die meditativ-reflexiv-transformative Übung), wie wir sie hier beschreiben, will sich nicht in das Handwerk der Beratungspraxis »einmischen«. Philosophie als Therapie thematisiert die Selbstwirksamkeit des Denkens, d.h. die Selbsttherapie durch Übung und Reflexion. Sie setzt also an einem Punkt an, an dem das therapeutische Wirken durch den Anderen »noch nicht« notwendig geworden ist. Inwieweit diese Anteile philosophischen Denkens als Selbsttherapie mit den Beratungspraktiken korrespondiert und harmoniert, müssen andere bestimmen. Uns ist es an dieser Stelle wichtig, die Verwandtschaft des Anliegens, nämlich das Therapieren, und den gemeinsamen Gegenstand aller Therapie, nämlich die menschliche Existenz und ihre Widersetzlichkeit, zu betonen.

Philosophie ist nicht kognitive Verhaltenstherapie.[135] Der Philosoph als Therapeut und der kognitive Verhaltenstherapeut treffen sich im gemeinsamen Anliegen, der Dysfunktionalität von Gedanken und Verhalten, den kognitiven Dissonanzen des Einzelnen entgegenzuwirken.[136] Sie teilen die Sorge um das Wohl des Klienten, die Problematik seiner Existenz und die unbedingte Anerkennung des Leidensdrucks. Sie gehen unterschiedliche Wege die auftauchenden Probleme in der Therapie zu lösen, sie lösen sie durch verschiedene Methoden und begründen ihre Entstehung durch verschiedene Modelle. Das *Kognitive* ihres Ansatzes und ihrer Vorgehensweise ist ihnen dabei jedoch gemeinsam. Genauso wie ihnen das Prinzip der *Hilfe zur Selbsthilfe* gemeinsam ist. Es ist immer der Klient, der Suchende, der Erkrankte selbst, der den Weg zur Änderung seines Denkens und Verhaltens gehen muss. *Veränderungswille* und *konstruktive Produktivität* sind in einer jeden Therapie unbedingte Voraussetzung. Wir begreifen daher die Rolle des Therapeuten in der folgenden Weise: in der Psychotherapie übernimmt der Therapeut

135 Es muss ganz deutlich betont werden, dass Philosophie als Therapie und Philosophische Praxis eindeutig einen Bereich des selbstständig zu bewältigenden Lebens sind und weder klinische Hilfe noch deren Notwendigkeit ersetzen. »Philosophische Praxis ist weder Therapie [im klinischen, medizinischen Sinne, Vf.] noch professionelle Hilfe.« Lindseth, Anders: Zur Sache der Philosophischen Praxis, Freiburg/München 2005, S. 19. Vgl. auch Brandt, Daniel: Philosophische Praxis, Freiburg/München 2010.

136 Sie folgen der ebenso einfachen wie so unendlich widersetzlichen Einsicht: »Denken beeinflusst unsere Gedanken.« Aus diesem Grunde ist es doch entscheidend, die Frage an sich zu stellen, ob und wie Denken verpflichtet und ob und wie es (selbst) wirksam wird.

die Führung der Selbsthilfe, er führt als ein wirkendes Gegenüber (als ein Du) aus der Situation (z. B. der konkreten Angst (Phobie) oder der Depression) heraus. Dies ist eine *Fremdführung*, da dabei die natürliche Distanz zum Therapeuten erhalten bleibt; der Therapeut ist der Helfende. In der Philosophischen Praxis übernimmt der Philosoph im Gespräch einen korrigierenden Überblick. Den Weg aus der Situation (z. B. der (existenziellen) Angst (»Ich muss sterben.«) oder der Melancholie) geht und *führt* der Betroffene dabei selbst. Der Philosoph begleitet im Gespräch diesen Weg der Selbsthilfe und der Selbsttherapie als ein korrigierender Dritter. Ein Dritter, da er vielmehr das Gespräch des Klienten mit sich selbst (Denken ist Reden mit sich) ›überschaut‹, d. h. ein achtsames Auge auf dessen selbsttherapeutischen Prozess hat in dem Sinne, als dass er als zuratendes Korrektiv, erfahrener Führer ist und als unmittelbar involvierte Person zur Seite steht.[137] Der philosophische Praktiker ist zwar stets als ganze Person in den Gesprächsprozess verwickelt und in ganzer Weise anwesend und präsent, doch bringt er seinerseits dem Klienten keinerlei Veränderungswillen oder Einflussnahme entgegen – der Philosoph *inter-*

[137] Aus diesem Grunde gilt für den Philosophen wie für den Psychotherapeuten, dass er nur dahin führen kann, wo er selbst bereits gewesen ist. »Der Psychotherapeut, der sich selbst nicht durchleuchtet, kann auch den Kranken nicht recht durchleuchten.« Jaspers, K.: Allgemeine Psychopathologie, Heidelberg [4]1946, S. 679. Daher geht die Selbsterfahrung einer jeden beratenden Tätigkeit voraus und begründet einen nie endenden Prozess der Selbstexploration. »Whatever cognitive theory and practical techniques are necessary in the training of psychotherapists, a prime requirement is that the therapist has done her own work with her own experience, and has explored and familiarized herself with her own mind states to the point where she is comfortable with them.« Watson, G.: The Resonance of Emptiness. A Buddhist Inspiration for a Contemporary Psychotherapy, Delhi 2001, S. 155. Die Notwendigkeit der Thematisierung der eigenen Erfahrung als auch die Fähigkeit zur Selbsttherapie zeigen neuere Studien zur Depressivität, Überforderung und Substanzmissbrauch unter Ärzten und Therapeuten. Vgl. Braun, M. et al.: Depression, Burnout and Effort-Reward Imbalance among Psychiatrists, in: Psychotherapy and Psychosomatics, 79(5), 2010. Dass Philosophie als Therapie dazu einen Beitrag leisten kann, zeigt Bohrer, T. et al.: Die Praxis des Arztes ist konkrete Philosophie. Über die Wiedereinführung des Philosophikums an der Julius-Maximilians-Universität Würzburg, in: Med Welt, 1/2016. »Neueste Studien belegen jedoch eindeutig, wie wichtig die Lebensqualität von Ärzten auch für die Versorgungsqualität ihrer Patienten […] ist. Es gibt aktuell konkrete Hinweise darauf, dass sich die Lehre einer Philosophie in der Medizin, dadurch, dass sie die kritischen Entwicklungen der modernen Medizin beleuchtet und die (Selbst-) Reflexion bezüglich des eigenen Fachs und des eigenen Tuns fördert, positiv auf die mentale Gesundheit von Studenten und Ärzten auswirkt.« Ibid. S. 14.

veniert in diesem Sinne nicht. Er ist der, der Rat gibt und der in seiner Person und Expertise um Rat gefragt wird; er ist jedoch nicht der *Wirkende*, denn dies ist der Fragende selbst, der nach der Korrektur seiner *Selbstführung* sucht.

»Philosophisches Denken bewegt sich nicht in vorgefertigten Bahnen, es sucht den jeweils ›richtigen Weg‹ vielmehr jeweils neu; es bedient sich nicht der Denkroutinen, sondern sabotiert sie, um über sie aufzuklären. Auch geht es nicht darum, ihm auf seinem Weg weiterzuhelfen. Auf der Seite des Philosophen setzt das [...] die Haltung voraus, die den anderen ›ohne Billigung und Tadel‹ [...] zu würdigen weiß, ohne ihm zustimmen zu müssen.«[138]

Philosophie als Therapie thematisiert diese *Selbstführung*. Doch was ist die Philosophische Praxis dann eigentlich und was ist die Rolle des Philosophen *als* Therapeut? Gerd Achenbach, Schüler Odo Marquards und Wegbereiter der *Philosophischen Praxis*[139], versucht eine kurzgefasste Beantwortung dieser Frage:

»In der Philosophischen Praxis melden sich Menschen, denen es nicht genügt, nur zu leben oder bloß so durchzukommen, die sich vielmehr Rechenschaft zu geben suchen über ihr Leben und sich Klarheit zu verschaffen hoffen über dessen Kontur, sein Woher, Worin, Wohin. [...] Sie suchen die Philosophische Praxis auf, weil sie verstehen und verstanden werden wollen. Dabei ist es fast nie die Kantische Frage ›Was soll ich tun?‹, die sie

---

[138] Achenbach, G.: a.a.O., S. 16f. So wendet eine »beratende« Haltung, die nach dem Gemeinsamen, dem Verstehenwollen sucht, eine analogische Hermeneutik an, die anerkennt, dass das Gemeinsame, das Überlappende im Tun und in der Tätigkeit liegt, nämlich im tätigen Fragen, in der Suche nach tätigem Wissen und wissendem Tun, im Philosophieren selbst. Mögen Argumente, Einstellungen, Lebensweisen, Überzeugungen auch konträr bis kontradiktorisch sein, sie sind doch Positionen gleichen Ranges. Denn sie sind je schon Ausdruck einer jemeinig vollzogenen Existenz, die in ihrer Originalität anerkannt werden will. Darin wird die Verzichtleistung deutlich, die in der natürlichen und zu wahrenden Distanz zwischen Therapeut und zu Therapierendem liegt.

[139] In den 1970er Jahren dachte Catherine McCall über die Methode und die Bewandtnis der »Philosophical Inquiry« nach, 1980 sprach Symon Hersch dann bereits von einem »beratenden Philosophen« (counseling philosopher). Gerd Achenbach bereitete 1981 durch die Eröffnung der ersten Philosophischen Praxis im deutschsprachigen Raum die Einführung der philosophischen Lebensform als Beratungstätigkeit vor und legt seitdem strukturierte methodische Überlegungen zur grundsätzlichen Orientierung der Philosophischen Praxis vor. Vgl. die Schriftenreihe der Philosophischen Praxis der Internationalen Gesellschaft der Philosophischen Praxis (IGPP). Pierre Hadots Philosophie als Lebensform erschien 1981 in Paris, 1991 in der deutschen Übersetzung.

bewegt, häufig hingegen die Frage Montaignes – und die lautet: ›Was tue ich eigentlich?‹«[140]

Die Philosophische Praxis konzentriert sich darauf, wie es Ekstein auch für die Psychotherapie betonte,[141] die erworbenen Fähigkeiten und Kenntnisse des Philosophen, des geschulten Denkers, aktiv in den Dienst am Anderen zu stellen. Denn diese (»philosophischen«) Fähigkeiten sind nicht nur intellektueller, rein formaler Natur, sondern basieren auf der Begabung, die eigene Person in einem umfassenden Sinne als »Instrument« einzusetzen – *sich* als Person zu involvieren und involvieren zu lassen. Dieser persönliche Einsatz am Anderen für den Anderen meint ein besonderes Engagement, nämlich den Einsatz der eigenen Person: »Die einzige Gemeinsamkeit aller Beratungen, das einzig Identische aller Gespräche, die ein bestimmter philosophischer Praktiker führt, ist der Praktiker selbst – bin, indem ich Auskunft gebe, ich selbst.«[142]

Damit die beratende Tätigkeit und die Führung in der Selbsttherapie gelingt und die gemeinsam Philosophierenden in ein fruchtbares Arbeitsbündnis gelangen, legt Achenbach der Philosophischen Praxis eine Grundhaltung zugrunde, die der psychotherapeutischen Grundhaltung verwandt ist. Die Grundsätze Achenbachs zielen auf die Wahrung der Distanz zwischen den Gesprächspartnern und auf das Zielführende einer veränderungswilligen Einstellung. Aus den Grundhaltungen spricht die Anerkennung des Einzelnen in seiner ganzen Originalität und die unhintergehbare Anerkennung des gegenseitigen Verstehenwollen und Verstandenwerdenwollen.

1. Grundsatz: »Der erste ist der, der alles […] auf das Verhältnis zu unserem Besucher überträgt. Er lautet, formuliert von Gustave Thibon: ›Man behandelt nicht auf universelle Art, was Gott grundverschieden haben wollt. Sonst geht es, wie der Dichter vom Baum sagt, das Ich leistet Widerstand und deformiert sich.‹ Dieser […] Grundsatz bestreitet allem Regelwerk und Schematismus, die den Umgang mit den Menschen übersichtlich machen möchten, die Berechtigung – und das ist der Anfang.«[143]

---

140 Achenbach, G.: Kurzgefaßte Beantwortung der Frage: Was ist Philosophische Praxis, in: Zur Einführung der Philosophischen Praxis, Köln 2010, S. 15.
141 Ekstein, R., Wallerstein, R. S.: The Teaching and Learning of Psychotherapy, New York 1958.
142 Achenbach, G.: Zur Einführung der Philosophischen Praxis, Köln 2010, S. 93.
143 Ibid. S. 94.

2. Grundsatz: »In erster Linie und zunächst und lange Zeit geht es in der Praxis um nichts anderes als darum, den Menschen, der sich uns anvertraut, als den besonderen und einzigartigen, als diesen einen, der er ist, so innerlich und vielfältig wie möglich zu verstehen.«[144]
3. Grundsatz: »Wolle den Besucher, der um deinen Rat nachsucht, nicht verändern!»[145] [»Ergo: Überlassen Sie das Arbeiten am Menschen der Entschlossenheit von Therapeuten.«]
4. Grundsatz: »Versuchen Sie, die Geschichte, die Ihnen erzählt wird, genau zu machen, zu ›amplifizieren‹, und versuchen Sie, den Rahmen der Geschichte zu erweitern!»[146]

Die Philosophische Praxis ist im Werden begriffen und zahlreichen Anfragen von innen und außen ausgesetzt.[147] Mit gutem Grunde muss sie vom Metier der psychologischen Praxis als einer Tätigkeit anderer Möglichkeiten und Begrenzungen unterschieden werden.

---

[144] Ibid. S. 95.

[145] Ibid. S. 99.

[146] Ibid. S. 100. Auch der New Yorker Neurologe und Psychiater Oliver Sacks vertrat diese unbedingte Hinwendung zur erzählenden Person: »No stories, no persons: you need the stance of the story teller to bring us into view. So it turns out that Sacks' method – close attention to the person, collaborative engagement with the patient – might be exactly the right method to bring whole person/human being into focus.« Alva Noe über Oliver Sacks in Noe, A.: Oliver Sacks: An Appreciation, 2013. Schon Blaise Pascal hielt zur Geschicklichkeit an, in der Erweiterung der Narration nicht den eigentlichen Erzähler aus dem Blick zu verlieren: »Wovon man auch immer jemand überzeugen wolle – man muß Rücksicht nehmen auf die Person, die man überzeugen will; man muß ihren Geist und ihr Herz kennen; man muß wissen, zu welchen Prinzipien sie sich bekennt und was sie liebt; und schließlich muß man bei der Sache, um die es sich handelt, im Auge behalten, welche Beziehung sie zu den bereits anerkannten Prinzipien oder zu den Gegenständen hat […].« Denn, wie bereits dargelegt, kann es in der philosophischen Besinnung, in der kognitiven Umstrukturierung, in der meditativ-reflexiv-transformativen Übung, nicht um die Veränderung von außen durch etwas oder jemanden gehen, sondern um die eigenständige Veränderung durch einen Veränderungswillen. So Pascal weiter: »Man überzeugt sich im Allgemeinen besser durch Gründe, die man selber gefunden hat, als durch die, die andern eingefallen sind. […] Unsere ganze Würde besteht also im Denken, an ihm müssen wir uns aufrichten […]. Bemühen wir uns also, richtig zu denken, das ist die Grundlage der Sittlichkeit.« Pascal, B.: Gedanken über die Religion und einige andere Gegenstände, Pensées sur la religion et sur quelques autres sujets, 1656–1662, Heidelberg 1972.

[147] »Die Frage nach der ›Rechtfertigung‹ Philosophischer Beratung, d. h. ob sie notwendig oder eher überflüssig sei, kann […] nur aus der Perspektive potentieller Ratsuchender beantwortet werden, für die ein Philosophischer Berater dann ein möglicher Ansprechpartner sein wird, wenn er durch eine klare und gut begründete Konzeption verständlich machen kann, daß hier kompetente Beratung angeboten wird, deren Zuständigkeit für den jeweiligen Anlaß einleuchtet.« Ruschmann, Eckart: Philosophische Beratung, Berlin/Köln 1999, S. 11.

Und doch kann es eine lohnenswerte Überlegung sein, ob nicht das Entweder-Oder von philosophischer und psychologischer Praxis durch ein strukturiertes *auch* vermieden werden kann.[148] Da eine therapeutische Beziehung, ob nun mit sich selbst oder durch ein wirkendes Gegenüber (welcher Funktion auch immer), auf einer fundamentalen Anerkennung der eigenen Existenz beruht, ob nun durch das Selbst oder durch den Anderen, ist es die Wirkrichtung von *Therapie*, auf die es hier ankommt.

Zusammenfassend möchten wir daher die Gemeinsamkeiten im Anliegen aller therapeutischen Praxen herausheben, auch und gerade wenn sie gänzlich verschiedene Wege gehen. Ihnen gemeinsam ist nicht nur ihr Gegenstand, die existenzielle Frage des Einzelnen, sondern auch ihr Aufenthaltsort im Gespräch, im *Zwischen* und der Präsenz darin.

»Das ist die Gegenwart des Geistes im Gespräch, daß er [mutatis mutandis der Therapeut und sein Gegenüber, Vf.] ›im anderen bei sich‹ ist, indem er nicht sich fürchtet, ›außer sich‹ zu sein, indem er also nicht ›bei sich‹ bleibt, sondern zu sich ›zurückkehrt.‹«[149]

4. Philosophie als Therapie in der Antike: Zur Unterscheidung von geistiger und geistlicher Übung

> Durch Gläubigkeit (sraddhâ) übt man den *dharma*, durch Erkenntnis (prajnâ) weiß man wirklichkeitsgemäß (tattvatah). Von den beiden ist es die Erkenntnis, auf die es ankommt, Glaube jedoch geht ihr voran.
>
> Nagarjuna[150]

Philosophie als Therapie meint einen Weg, der noch vor dem Bedürfen einer psychologischen oder philosophischen Praxis liegt. Wenn es uns um eine reflexiv-meditative Übung geht, so meint dies nicht ein

[148] Die Einrichtung des postgradualen Studienganges zur Philosophischen Praxis an der Universität Wien und seiner Institutionalisierung durch das Institut Philosophie, ist daher ein entscheidender und bemerkenswerter Schritt für die Entwicklung der philosophischen Praxis.

[149] Achenbach, G.: a.a.O., S. 97.

[150] Glaube in Nagarjunas Sinne bedeutet eine Gewissheit, ein Vertrauen, dass die Inhalte der Lehre tatsächlich der Wahrheit entsprechen. Daher geht dieses Grundvertrauen (skt., Sraddhâ, P. Saddhâ, Glaube) als ein erster Impuls der Evidenz, d. h. der tiefen Zuversicht, dass die Lehre wahr sei, der Suche nach Erkenntnis voraus. Sraddhâ

»und« des Reflexiven und des Meditativen. Es meint eine transformative Qualität, die das Reflexive im Meditativen gewinnt. Nämlich die Qualität des Widerfahrens. Denken widerfährt uns anhaltend und scheinbar unaufhaltsam. Gleich dem Atem ist Denken immer schon da. Dies ist mitunter mühsam und nicht selten mit einer gewissen Traurigkeit, mit einer gewissen Melancholie verbunden, angesichts der Ohnmacht und der Grenzen des Denkens. Ziel einer Meditation ist es einerseits eine Ruhe in diesen ununterbrochenen Strom der Gedanken zu bringen, ihn gar einmal ganz zu unterbrechen und zu friedvollem Schweigen zu bringen und andererseits das Handeln durch das Denken immer schon vorzubereiten, d.h. den Gedanken durch die Einübung auf die Transformation vorzubereiten. Gelingt diese Unterbrechung oder gelingt ein Fortschritt in der anhaltenden Übung darin, so macht man die beruhigende Erfahrung der Wirksamkeit (Veränderbarkeit) eines reinen Widerfahrens. Etwas widerfährt mir, *etwas gelingt mir,* ich erfahre etwas als durch mich veränderbar. Und zwar widerfährt mir die Frucht einer eigenen Bemühung, nämlich der Bemühung, doch Herr des eigenen Denkens zu sein, d.h. zu erfahren, dass Denken nicht beim Denken stehenbleibt, sondern immer schon auf die Tat und die Transformation in der Welt ausgerichtet ist. Und in der Kultivierung dieses Gedankens liegt auch eine Kultivierung der mit ihm einhergehenden Gefühle und Willensregungen. Diese reflexiv-meditative Übung nennen wir hier die *Selbsttransformation des Denkens,* die auch anzeigt, dass das Denken den Bereich des rein Geistigen verlässt und durch unseren Leib in die Welt tritt. Die Selbsttransformation korrespondiert mit der sogenannten Selbstwirksamkeit, d.i. die Überzeugung, dass ich mir selbst gegenüber erfolgreich wirksam werden kann, d.h. aus eigener Kraft und aus dem eigenen Denken heraus Veränderungen bewirken kann.[151] Vor dieser Überzeugung erst kann Philosophie als Therapie verstanden werden. In den Worten Karl Jaspers: »Philosophieren ist der Entschluß, den Ursprung wach werden zu lassen, zu-

---

ist daher im Eigentlichen auch selbst ein Weg zur Erkenntnis. Vgl. The Way of Comprehension, in: Ramanan, K. Venkata: Nagarjunas Philosophy, Delhi 1978.

[151] Selbstwirksamkeitserwartung (perceived self-efficacy) hat ihren wesentlichen Bestand in der Kontrollüberzeugung, d.h. in der Überzeugung, dass die lebensweltlichen Umstände tatsächlich der eigenen Beeinflussung unterliegen.

rückzufinden zu sich und im inneren Handeln nach Kräften sich selbst zu helfen.«[152]

Transformation meint die Fähigkeit, uns frei von Zwängen und den Bedingungen unserer Umwelt zu gestalten, uns aus eigenen Kräften und eigenem Wollen zu einem Besseren zu machen.[153] Dies erübrigt nicht die Rolle des Lehrers oder der Anleitung, sondern stellt das autonome Wirken des Lernenden, des Suchenden heraus. Darin wird der biografische Charakter der reflexiv-meditativen Übung offenbar. Besonders im letzten Teil dieses Buches thematisieren wir verschiedene biografische Erlebnisse, denen das Reflexiv-Meditative als einer Eigentherapie gemeinsam ist. Denn Üben (áskēsis) ist ein je eigenes, ein für mich passendes Üben. Es gibt zahlreiche Wege des Meditierens, des Übens und Praktizierens. Und es gibt auch viele Wege Denken zu üben und die Melancholie an der Welt zu heilen. Das ist die biografische Qualität: den für sich geeigneten Weg zu sich selbst zu finden. In der Geschichte des eigenen Denkens und Übens wird der zurückgelegte Weg deutlich, so wie in allen Erfahrungen des Lebens. Daher verweist eine reflexiv-meditative Übung immer schon auf einen Denk- und Lebensweg hin. Sowohl auf den bereits zurückgelegten als auch auf den noch kommenden.

Wir möchten an dieser Stelle darauf hinweisen, dass sich Selbsttransformation, dieser Denk- und Lebensweg der reflexiv-meditativen Übung, auch im Religiös-Spirituellen ausdrückt und äußert. Denn wie es der strenge Religionskritiker Ludwig Feuerbach ausdrückt, hat derjenige bereits eo ipso eine Religion, der sich und seinem Leben einen Zweck setzt, ein Ziel, einen »Lichtpunkt der Selbsterkenntnis«, durch den er sich selbst zu leiten weiß. Im Leben ohne

---

[152] Jaspers, K.: Die Unabhängigkeit des philosophierenden Menschen, München 1997, S. 106.

[153] Giovanni Pico della Mirandola, ein bedeutender Philosoph der Renaissance und des Humanismus, setzte dieser Bejahung der Willensfreiheit in seiner Rede *Über die Würde des Menschen* ein literarisches Denkmal: »Du bist durch keinerlei unüberwindliche Schranken gehemmt, sondern du sollst nach deinem eigenen freien Willen, in dessen Hand ich dein Geschick gelegt habe, sogar jene Natur dir selbst vorherbestimmen. Ich habe dich in die Mitte der Welt gesetzt, damit du von dort bequem um dich schaust, was es alles in dieser Welt gibt. Wir haben dich weder als einen Himmlischen noch als einen Irdischen, weder als einen Sterblichen noch als einen Unsterblichen geschaffen, damit du als dein eigener, vollkommen frei und ehrenhalber schaltender Bildhauer und Dichter dir selbst die Form bestimmst, in der du zu leben wünschst.«Pico della Mirandola, G.: Über die Würde des Menschen, Zürich 1988, S. 10f.

Zweck, ohne Sinn, liegt »größtes Unglück« und der Freigeist, der sich selbst kein Ziel zu setzen weiß, ist der Gefahr eines dissoluten Lebenswandels ausgesetzt, d.h. sich ganz im sinnlichen Leben zu verlieren. Die Religion ist jedoch *ein* Weg, sich diesen Zweck zu setzen.[154] Jaspers, der *philosophisch glaubt*, formuliert dies in seinen Überlegungen zur *Philosophischen Lebensführung* so:

»Soll unser Leben nicht in Zerstreuung verlorengehen, so muß es in einer Ordnung sich finden. Es muß im Alltag von einem Umgreifenden getragen sein, Zusammenhang gewinnen im Aufbau von Arbeit, Erfüllung und hohen Augenblicken, sich vertiefen in der Wiederholung. Dann wird das Leben noch in der Arbeit eines immer gleichen Tuns durchdrungen von einer Stimmung, die sich bezogen weiß auf einen Sinn. [...] Was die Religionen in Kultus und Gebet vollziehen, hat sein Analogon in der ausdrücklichen Vertiefung, der Einkehr in sich zum Sein selbst.«[155]

Wir bemerken das hilfreiche und uns auszeichnende Vermögen des Denkens, Konsequenzen vorauszusehen und logische Schlüsse zu ziehen. Zumeist führt dieses Vermögen jedoch zu Widersprüchen, sobald der Bereich des formal-logischen Denkens oder der Bereich der axiomatisch idealisierten Wissenschaft verlassen wird. Denken führt zu Widersprüchen, sobald es der Widersetzlichkeit der Dinge und der Vieldeutigkeit der Lebenswelt begegnet. Die vormals zutreffenden formal-logischen Schlüsse stehen nun jedoch nicht im Widerspruch zu irgendeinem nicht-rationalen Anderen. Der Widerspruch, die Ambiguität, äußert sich nicht an irgendeiner mystisch geschauten Jenseitigkeit. Dies erklärt, warum wir seit Menschengedenken in der

---

[154] Feuerbach, Ludwig: Das Wesen des Christentums, Leipzig 1841, S. 69–71. »Der gewöhnliche Mensch verliert sich ohne Religion (im gewöhnlichen, aber weltgültigen Sinne), es fehlt ihm der Punkt der Sammlung, des Zusammenhalts. Jeder Mensch muß sich daher einen Gott d. h. einen Endzweck setzen. Der Endzweck ist der bewußte und gewollte wesentliche Lebenstrieb, der Genieblick, der Lichtpunkt der Selbsterkenntniß – die Einheit von Natur und Geist im individuellen Menschen. Wer einen Endzweck, hat ein Gesetz über sich: er leitet sich nicht selbst nur; er wird geleitet. Wer keinen Endzweck, hat keine Heimath, kein Heiligthum. Größtes Unglück ist Zwecklosigkeit. Selbst wer sich gemeine Zwecke setzt, kommt besser durch, auch wenn er nicht besser ist, als wer keinen Zweck sich setzt. Der Zweck beschränkt; aber die Schranke ist der Tugend Meisterin. Wer einen Zweck hat, einen Zweck, der an sich wahr und wesenhaft ist, der hat darum eo ipso Religion – wenn auch nicht im Sinne der gewöhnlichen, der herrschenden Religion, aber doch im Sinne der Vernunft, der Wahrheit [...].« Ibid.

[155] Jaspers, K.: Die Unabhängigkeit des philosophierenden Menschen, München 1997, S. 105 ff.

Theorie bereits alle Probleme gelöst haben, in der Praxis jedoch der Theorie Scheitern beobachten. Dem formal-logischen Denken mangelt es nicht an Möglichkeiten und Lösungsansätzen. Doch woran hapert es, diese in die Praxis zu überführen? Vielmehr steht das Formal-Logische im Widerstreit zu einer ihm eigenen Voraussetzung, nämlich der Wirklichkeit der Lebenswelt, die es zu ergründen und zu begründen sucht. Diese Lebenswelt ist selbst jedoch von einem unerklärlichen Sich-Entziehen charakterisiert, von einer Wirklichkeit, an die das Formal-Logische mit erkenntnisgeleiteter Regelhaftigkeit herantritt und enttäuscht wird.[156] Die Widersprüchlichkeit und Widersetzlichkeit zeigt sich an der Begegnung (zumeist an der Leiderfahrung) mit den Lebensvollzügen des Subjekts. Und diese Begegnung ist eben nicht ein mystisches, nicht-rationales Andere. Diese Begegnung ist die ganz konkrete Begegnung mit dem Widerfahren von Wirklichkeit. Solches Widerfahren stößt uns auf die Frage, welche Mittel dem Subjekt zu einer ihm je eigenen Sinnstiftung, zu dieser jemeinigen Kontingenzbewältigung zur Verfügung stehen.[157] Auf dem Prüfstand muss stehen, ob tatsächlich das Religiös-Spirituelle dort beginnt, wo die Wissenschaft aufhört, d. h. ob es tatsächlich dort auftaucht, um es mit einem Wort Werner Heisenbergs zu sagen, wo das Glas der Wissenschaft zur Neige getrunken ist. Finden wir nicht einen Anhaltspunkt dafür, dass auch das Religiös-Spirituelle in seiner Vielgestaltigkeit ein heilsames Denken bereithält und von sich aus

---

[156] Wie Merleau-Ponty richtigerweise sagte, ist die Welt vor aller Analyse da und daher nur zu beschreiben, nicht zu konstituieren oder zu konstruieren. Philosophie, die – auch als strenge Wissenschaft – von der Lebenswelt ausgeht, um sich auf sie zu beziehen, macht sich daher die nicht zu verlassende Perspektivität klar. Daher ist alle Wissenschaft per definitionem eine Axiomatik, ein Anlegen von Regelhaftigkeit und Gesetzmäßigkeit nach den selbstgegebenen Prinzipien des Denkens, wie es Kurt Hübner in seiner *Kritik der wissenschaftlichen Vernunft* dargelegt hat. Oder, wie es Karl Jaspers ausdrückt, ist »Erkennen mit wissenschaftlichen Methoden unter den allgemeinen Satz zu bringen: Alles Erkennen ist *Auslegung*. Das Verfahren beim Verstehen von Texten ist ein Gleichnis für alles Auffassen von Sein. Dieses Gleichnis ist nicht zufällig.« Jaspers, K.: Einführung in die Philosophie, München 1971, S. 76.

[157] Vgl. Peter Bieri zu den geistigen Übungen von ›innerer Selbständigkeit‹, ›sich selbst zum Thema werden‹ und ›sich in sich auskennen‹: »Die Formen des Ausdrucks können ganz unterschiedlich sein und müssen nichts mit Worten zu tun haben. Wer man ist, kann sich auch an Tönen, Pinselstrichen und geformtem Material zeigen, an der Art zu filmen und zu fotografieren, zu tanzen und sich zu kleiden, sogar daran, wie man kocht oder den Garten gestaltet. All das kann eine Quelle von Selbsterkenntnis sein: Man betrachtet, was man gemacht und wie man es gemacht hat und sieht: So also bin ich auch.« Bieri, P.: Wie wollen wir leben, München 2013, S. 47.

auf das Denken wirkt?[158] Aus diesem Grunde stellt Nagarjuna das Vertrauen (siehe Sraddhâ weiter oben) der Erkenntnis voran, auch wenn das Einüben der Erkenntnis und ihre Anwendung das Primat behalten.

Stellen wir im Folgenden die Unterscheidung von *geistlichen* und *geistigen* Übungen anhand der von Pierre Hadot getroffenen Unterscheidung im Sinne einer *Philosophie als Lebensform* (Philosophie verändert den, der sie vollzieht) heraus, so bedeutet dies in keiner Weise eine Absage an das Religiöse im Allgemeinen und das Spirituelle im Besonderen.[159] Vielmehr unterstellen wir, dass die Erfahrungswelt und die gelebte Erfahrung in ihr im Wesentlichen durch einen spirituell-religiösen Zugang ebenso gemeistert werden kann wie durch einen wissenschaftlich-säkularen, denn beiden ist die Notwendigkeit der reflexiv-meditativen Transformation gemeinsam.[160] Im Allgemeinen vermuten wir in diesen Zugängen keinen Antagonismus. Es sollte weiterhin die Bemühung sein, dass sich die methodischen Zugänge, dass sich Theologie und Naturwissenschaft, Phi-

---

[158] Vgl. dazu Holm Tetens' Verteidigung einer rationalen Theologie. Wie Tetens in Gott denken darlegt, ist der Bereich des Religiös-Spirituellen auch Gegenstand der Philosophie. Ist unser Anliegen hier die Untersuchung der geistigen Übungen, so sind die geistlichen Übungen weder zu vernachlässigen noch restlos abzulehnen. Mit Tetens' Ansatz verbindet uns hier die Einstellung, dass auch die Kritik des Religiös-Spirituellen von Seiten der geistlichen Übung her betreten werden kann, auch wenn dies hier nicht unser Anliegen ist und wir uns ganz der geistigen Übung widmen. »Um die Philosophie wird es erst dann wieder besser bestellt sein als gegenwärtig, wenn Philosophen mindestens so gründlich und hartnäckig und so scharfsinnig über den Satz ›Wir Menschen sind Geschöpfe des gerechten und gnädigen Gottes, der vorbehaltlos unser Heil will‹ und seine Konsequenzen nachdenken, wie Philosophen zur Zeit pausenlos über den Satz ›Wir Menschen sind nichts anderes als ein Stück hochkompliziert organisierter Materie in einer rein materiellen Welt‹ und seine Konsequenzen nachzudenken bereit sind. Und des Weiteren wird es um die Philosophie erst dann wieder besser bestellt sein als gegenwärtig, wenn es nicht von vornherein unbedingt als verdächtig gilt, dass unser Kernsatz einer rationalen Theologie ›Mut zum Sein‹ (Paul Tillich) macht und er uns tröstet. Es gab schon einmal Zeiten, da hat Metaphysik die Denkenden getröstet. Es waren beileibe nicht die schlechtesten oder wahrheitsfernsten Zeiten der Philosophie.« Tetens, H.: Gott denken, Stuttgart 2015, S. 90.

[159] Insbesondere ist Hadots Philosophieren vor dem Hintergrund zu verstehen, dass er einer streng katholischen Familie entstammte und nach dem Studium der Theologie und Philosophie 1944 zum Priester ordiniert wurde. Auch wenn er nur wenige Jahre später gänzlich aus der Kirche austrat, ist sein Philosophieren durch eine intime Spiritualität geprägt.

[160] Vgl. Dalai Lama: Ethik ist wichtiger als Religion, Salzburg 2015.

losophie und Spiritualität mit ihren Thesen und Argumenten, Methoden und Ergebnissen weder innerhalb der Wissenschaft noch innerhalb der Person widersprechen. Ja, dass sie nicht einmal in Widerstreit treten, sondern sich im tatsächlichen Zwiegespräch des interdisziplinären Dialoges aufhalten. Wohl ist dem Wunderglauben eine Absage zu erteilen, »ereignet sich [in der uns zugänglichen Erfahrungswelt] nichts, was sich nur so erklären lässt, dass anerkannte Naturgesetze oder andere strukturelle Gesetzmäßigkeiten der Erfahrungswelt einmalig außer Kraft gesetzt sind«.[161]

Wir wollen die Verwandtschaft von *geistigen* und *geistlichen* Übungen herausstellen als gleichermaßen der Personwerdung und Menschwerdung dienlich.[162] Das *Geistige* ist das Primat des Philosophischen, das *Geistliche* ist das Primat des Religiösen. Das heißt für uns an dieser Stelle nur zu bemerken, dass die *geistigen Übungen* ohne die *geistlichen* bestehen können und sich in keinerlei Abhängigkeit zueinander befinden. Es sind unterschiedliche Wege zur Beruhigung der Seele. Die *geistliche* Übung ist nicht einer einzigen Religion vorbehalten, auch die *geistige* Übung ist nicht einer einzigen Philosophie vorbehalten. Philosophie als Therapie ist daher als ein gleichrangiger Weg zur Seelenruhe zu begreifen, die ihrerseits der *geistigen Übung* ein Primat einräumt, ohne der *geistlichen* ihre Berechtigung abzusprechen.

Der *geistigen* und der *geistlichen* Übung ist also in der einen und der anderen Weise der Bereich des Geistigen, des Verstandesmäßigen

---

[161] Tetens, H.: Gott denken, S. 8.

[162] So schreibt Adolf Haas über Ignatius von Loyola, den Gründer des Jesuitenordens und Vater der großen Exerzitien, der dreißigtägigen geistlichen Übung: »Das Ziel der Anweisungen bleibt ein zweifaches: 1. Einige Einsicht in die geistlichen Übungen zu erlangen; dabei muss hervorgehoben werden, dass Ignatius in den Anmerkungen – so sehr sie als Formel der Idee der Exerzitien gelten können – nur einige Einsicht zu vermitteln glaubt. Die eigentliche Einsicht kommt aus der gelebten und erlebten Erfahrung vollzogener Exerzitien. Die Anmerkungen sind selbst Frucht solcher Erfahrung aus vollzogener Übung; sie können deshalb nicht das eigentliche Geheimnis des Wesens der Exerzitien voll ans Licht bringen, weil dieses eben im gelebten Vollzug liegt. […] Das Eigentliche ist und bleibt der gelebte Vollzug, zu dem sie hinführen wollen. – 2. Damit ist das zweite Ziel schon nahegebracht: um zu helfen.« Weiter heißt es, im Sinne des gelebten Vollzuges und der Rolle der Wahrhaftigkeit, über das Verhältnis von Anleitendem und Übenden: »Damit sowohl der, welcher die geistlichen Übungen gibt, wie der, welcher sie macht, sich gegenseitig mehr nützen, müssen sie voraussetzen, dass jeder […] mehr dazu bereit sein muss, die Aussage des Nächsten für glaubwürdig zu halten, als sie zu verurteilen.« Ignatius v. Loyola: Geistliche Übungen, hrsg. u. übers. v. Adolf Haas SJ, Freiburg 1966, S. 25 und 121.

gemeinsam. Sie halten sich im Geistigen auf und nehmen dort ihren Ausgang. Welche Wege der Transformationen sie auch nehmen, d. h. auf welche Weise sie auch heraustreten aus dem Bereich des Möglichen in den Bereich des Wirklichen, sie zielen doch auf die Veränderung des Geistigen, nämlich hin zu einer Besserung, die nur in und durch den Geist gelingen kann. Eine jede Beschäftigung mit dem Spirituellen nimmt darin seinen Ausgang. Im Folgenden geht es uns jedoch um die *geistige* Übung und ihrer Entwicklung in den verschiedenen Kulturen der Philosophie. Wir unterscheiden sie daher auch von der *geistlichen* Übung, da wir den Bereich des Religiösen nicht weiter betreten wollen, sondern uns auf den Gedanken der therapeutischen Wirkung von Philosophie konzentrieren. Uns geht es hier in erster Linie um eine *philosophische Religion*[163] und nicht um eine *religiöse Philosophie*. Daher räumen wir der *geistigen* Übung ein Primat ein.[164] Nach David Hume ist philosophische Religion eine aus der Philosophie geborene Lebensform, da sie sich auf die konkret erfahrenen Lebensvollzüge und ihre Erklärung bezieht und Religion als Spielart der Philosophie erscheinen lässt:

»All the philosophy, therefore, in the world, and all the religion, which is nothing but a species of philosophy, will never be able to carry us beyond the usual course of experience, or give us measures of conduct and behaviour different from those which are furnished by reflections on common life.«[165]

Die Philosophie ist seit der Antike der Versuch, zu unverstellten »wahren« Einsichten über den Menschen und seine Welt zu gelangen. Immanuel Kant reduziert die bis zu ihm und bis heute wiederkehrenden Grundfragen der Philosophie auf die *eine* Frage: »Was ist der Mensch?« Bei ihm findet sich denn auch noch die Behandlung des *Verrückten* als die eigentliche Aufgabe des Philosophierenden: »Die Philosophie muss als Arzneimittel wirken.«[166] Da Kant die Medizin

---

[163] Wie wir weiter unten bei Karl Jaspers und seinem *philosophischen Glauben* deutlich machen.

[164] Daher auch unsere Sympathie zu Pierre Hadot, der die geistige Übung des griechisch-römischen Denkens von der Abhängigkeit zur geistlichen Übung befreit.

[165] Hume, David: Enquiries, Oxford 1966, S. 146.

[166] Kant, Immanuel: Verkündigung des nahen Abschlußes eines Tractats zum ewigen Frieden in der Philosophie, 1798 AA VIII, (paraphrasiert). Dass in diesem Zusammenhang Kant auftaucht ist nicht zufällig, denn im Folgenden ist es bei Hadots Unterscheidung von geistiger und geistlicher Übung von Bedeutung im Blick zu behalten, dass es Kant war, der die Philosophie von der Theologie durch seine Kritik der reinen

seiner Zeit für nicht fachkundig, ja für nicht fähig befindet, den *Kranken* wieder in die *natürlichen* Regeln eines geordneten, vernunftgeleiteten, d.i. autonomen Denkens zurückzuführen, obliegt diese Aufgabe ganz offenkundig denen, die sich am besten mit dem Denken auszukennen haben.[167] Das Überwinden von dysfunktionalen Gedanken durch kognitive Umstrukturierung basiert auf eben dieser Einsicht. Die Einsicht in den misslichen Gedanken ist zwar der erste Schritt, entscheidend ist jedoch, dass dem der zweite Schritt folgt, nämlich die Besetzung der frei gewordenen gedanklichen Stelle durch einen *überzeugenden* (evidenten, vertrauensvollen) und lebenstauglichen Gedanken. Dass sowohl Anwendung als auch Erfolg eines therapeutischen Wirkens von einer überzeugenden Argumentation aus-

---

Vernunft emanzipierte und alles Denken vor eine richtende Vernunft zog. Weiterhin muss das Bild Kants als gar so weltfremder Sonderling und grimmiger Professor auf weiten Strecken relativiert werden. Einen Versuch unternimmt Assheuer, Thomas: Was nun, Herr Kant?, in: DIE ZEIT Nr. 49, 2015. Denn wendet sich Hadot auch gegen die professorale Praxis der Neuzeit als einem Missverständnis der griechischen Philosophie, so würde Kant ihm darin beipflichten. Stellt auch unser Versuch eine Anfrage an den Philosophierenden, sein Verhältnis von Theorie und Praxis zu überdenken, d.h. die Frage an sich zu richten, ob Denken verpflichtet, so müssen wir doch sorgsam fragen, woher diese fundamentale Entfremdung der akademischen Praxis von der Erfahrungswirklichkeit stammt. »Woher dieses falsche Bild stammt, ist schwer zu sagen. Es sind nicht einfach die Professoren, die es erfunden haben, denn es gab auch Professoren, die dagegengesprochen haben, und es sind auch nicht einfach die deutschen Philosophen, die dieses Bild entwickelt haben, denn Kant zum Beispiel, von Rousseau ›zurechtgebracht‹, hatte es nicht. Er erklärte ausdrücklich, daß Epikur und die Stoiker, die Philosophie als Lebenslehre begriffen, der wahren Idee der Philosophie näher geblieben seien als die neuzeitlichen Denker. Auch Hegel hat ausgesprochen, daß nichts geschehe, ohne daß ein Interesse dabei sei. Dennoch gibt es in Deutschland und bei deutschen Professoren eine mächtige Tendenz, Philosophie als reine Theorie oder doch primär als Theorie, eventuell mit einem ethischen Anhang versehen, zu verstehen und diese späte Konstruktion in der Geschichte wiederzufinden.« Flasch, Kurt: Heilung durch Philosophie, Frankfurter Allgemeine Zeitung, 11.10.1996.

[167] Das Verhältnis der Medizin, genauer von Psychiatrie und klinischer Psychologie, wie wir sie heute zuständig machen, den *Ver*rückten zu therapieren, zu den philosophischen Anteilen von (geistiger) Krankheit, ist nicht minder angespannt. Der Philosoph und Psychologe Daniel Hutto untersucht u.a. kritisch die Potentiale eines engeren Austausches von Medizin (Neurobiologie) und Philosophie einerseits und einer vielseitigeren klinischen Praxis andererseits. Hutto, Daniel D.: A Reconciliation for the Future of Psychiatry: Both Folk Psychology and Cognitive Science, in: Frontiers in Psychiatry, Vol. 7, No. 12, 2016; ders.: Narrative and Folk Psychology, in: Journal Consciousness Studies, Vol. 16, No. 6–8, 2009; ders.: Folk Psychological Narratives. The Sociocultural Basis of Understanding Reasons, Massachusetts 2008.

geht und nicht darin aufgeht, und dass fundierte Argumentation die Verstandesarbeit stützt und leitet, geht bereits aus dem antiken Denken hervor:

»The therapists of desire [Epicureans, Skeptics, and Stoics, Vf.] provided, indeed insisted on providing strong – ideally valid and sound – arguments to support their diagnoses, prognoses, and therapeutic practices. In part, like their Indian counterparts, especially Buddhists, this was because they believed that mistaken views are often at the root of human suffering – for example, money is widely thought to bring happiness but doesn't. But they also recognized that argument alone does not always produce the necessary change.«[168]

Dass die Sorge des Menschen in und an der Welt in die Zuständigkeit und Kompetenz des Philosophierenden fallen, ist eine Überzeugung, die in der Antike geboren wurde. Stehen an dieser Stelle und in unserer Überlieferungstradition die Wurzeln dieses Gedankens im Hellenismus im Vordergrund, ist zu keiner Zeit zu vergessen (und wird im Folgenden noch deutlich werden), dass der Gedanke einer soteriologischen Philosophie viele Geburtsorte kennt. Für Platon war der Philosoph bekanntlich der Arzt der Seele und die Philosophie eine allgemeine Lebensform, die sich durch die *Kunst zu Leben* auszeichnet und in der *liebevollen Zuwendung zur Weisheit* (zu ganzem und wahren Wissen) gründet. Die Philosophie hat so neben dem ihr inhärenten erkenntnistheoretischen Begehren immer schon einen therapeutischen oder soteriologischen (befreienden) Anspruch. Sie versteht sich, wie Hadot herausgearbeitet hat, als eine Befreiung von der Angst, Sorge und jeder Form des Leidens, die das vergängliche Leben mit sich bringt. Maßgeblich also die Angst vor dem Tod, dem Sterben und dem Schmerz durch Verlust. In diesem Sinne bleibt unser Anliegen Pierre Hadots *Philosophie als Lebensform* verbunden, als einer Lebensform, die auf unterschiedlichen Wegen doch stets auf die Erreichung eines Seelenfriedens (Ataraxia, Nirvana, Moksha) zielt.

Philosophie ist so begriffen als der methodische Weg zu Trost und Seelenfrieden (als *Trösterin der Seele* bei Boethius[169] und Kierke-

---

[168] Flanagan, Owen: The Bodhisattvas' Brain. Buddhism Naturalized, Massachusetts 2011, S. 174.

[169] Der römische Philosoph Boethius (ca. 480–525 n.Chr.), u.a. Konsul des Ostgotenkönig Theoderich, verbrachte seine letzten Lebenstage im Warten auf die Todesstrafe. Vermutlich zutiefst verängstigt und desillusioniert, schreibt er in dieser Zeit seine Vision über den *Trost der Philosophie* nieder. In seiner Gefangenschaft erscheint ihm

gaard) oder eben als Gebrauchsanweisung zur *guten* Lebensführung – bei den Stoikern (Seneca, Marc Aurel) einerseits und den Epikureern (Epikur, Lukrez, Horaz) andererseits.[170] Die Befreiung von Angst und Sorge, von der tiefen Beunruhigung der Seele kann – so bereits der Schulstreit in der Antike – auf gänzlich unterschiedlichen Wegen erreicht werden. Gemeinsam sind ihnen das Befreiende eines geschulten und geordneten Denkens und der (in der einen oder anderen Weise) *disziplinierte* Weg zur Gesundheit des Körpers, zu Gelassenheit (Seelenruhe angesichts der Kontingenz und Ambivalenz des Lebens) und zur Tugendhaftigkeit (der selbstbeherrschte und friedliche Umgang miteinander).

»The Hellenistic philosophical schools in Greece and Rome – Epicureans, Skeptics, and Stoics – all conceived philosophy as a way of addressing the most painful problems of human life. They saw the philosopher as a compassionate physician whose arts could heal many pervasive types of human suffering.«[171]

Die Epikureer sehen als maßgebliche Ursache für Angst und Sorge das Streben nach *falschem* Lustgewinn an. Die Stoa meint, es seien die falschen Anschauungen und Urteile über die Wirklichkeit. Die Skeptiker (Sextus Empiricus, Diogenes Laertius) machen ganz allgemein jede Form des Urteils und des Urteilens für das Ausbleiben von Zufriedenheit verantwortlich.[172] Die Kyniker hingegen (Dioge-

---

die Allegorie der Philosophie, eine Frau von sehr ehrwürdigem Aussehen und unerschöpflicher Vitalität, die ihm seine »Diagnose« verkündet: »Du hast aufgehört zu wissen, was du bist.« Und fortan verbringen sie Boethius' verbleibende Zeit in philosophischem Disput und meditativer Besinnung, um ihn zu Selbsterkenntnis zu führen. Das Motiv ist auch hier das *gnothi seauton* (Γνῶθι σεαυτόν): »Erkenne dich selbst!« Vgl.: Moreschini, C.: Boethius: De consolatione philosophiae, opuscula theological, München 2005; Bieler, L: Anicii Manlii Severini Boethii Philosophiae Consolatio, Turnhout 1984.

[170] Martha Nussbaum untersucht in *The Therapy of Desire* detailliert die griechische und römische Philosophie nach Aristoteles und belegt, dass diese sehr viel mehr geleistet hat als die aristotelische Ethik nur zu erweitern. Insbesondere eröffne die postaristotelische Philosophie die Möglichkeit für ein gutes Leben für jedermann. Das tugendhafte Leben (Ethik) ist damit nicht mehr nur dem gut Gebildeten vorenthalten, sondern steht jedem ernsthaft Übenden offen. Nussbaum, M.: The Therapy of Desire: Theory and Practice in Hellenistic Ethics, Princeton University Press 1994.

[171] Flanagan, O.: The Bodhisattva's Brain, S. 173.

[172] »Die Skeptiker hofften, die Seelenruhe dadurch zu erlangen, daß sie über die Ungleichförmigkeit der wahrgenommen und gedachten Dinge entschieden. Da sie das nicht zu tun vermochten, hielten sie inne. Als sie aber innehielten, folgte ihnen wie

nes von Sinope) machen ausschließlich den gesellschaftlichen Zwang (Konvention) und Druck (Macht) für das Leiden des Menschen an Welt und Selbst verantwortlich.

Leben lernen

»Wann willst du anfangen Tugendhaft zu leben, sagte Plato zu einem alten Mann, der ihm erzählte, daß er die Vorlesungen über die Tugend anhörte. – Man muß doch nicht immer speculiren, sondern auch einmal an die Ausübung denken. Allein heut zu Tage hält man den für einen Schwärmer, der so lebt wie er lehrt.«[173]

In seiner *Philosophie als Lebensform* widmet sich Pierre Hadot erklärtermaßen dem Wesen der Philosophie und des Philosophierens selbst. Hat seines Erachtens doch die bisherige Geschichtsschreibung der Philosophie mit ihren gewohnten Methoden nicht die *Inkohärenzen* der antiken griechisch-europäischen Philosophie aufzudecken vermocht und sich zu sehr der reinen Doxographie verschrieben, so müsse vielmehr der Charakter des (antiken) Philosophierens offengelegt werden als »eine Art zu leben«.[174] Der *besondere Charakter* der antiken Philosophie ist *»missachtet«*, will man ihr einen rein informativen Zweck, eine reine Gedankenakrobatik zuschreiben. Der eigentliche Charakter der philosophischen Lehre ist, so Hadot, transformativer Art und dient dazu, »die Seelen der Schüler« zu formen. Diese Interpretation der antiken Philosophie als Schulung in einer Lebenskunst führt auch dazu, den Inkohärenzen begegnen zu können.

Die Wurzel der Lesart Hadots liegt in seiner Beschäftigung mit Bergson, demzufolge eine Philosophie sich immer schon darin zeigt, »in einer bestimmten Art, die Welt zu betrachten«.[175] Diesen Charakter diagnostiziert Hadot auch und insbesondere der antiken Philosophie. Er bleibt jedoch nicht bei der Betrachtung der Welt durch Philosophie stehen, sondern sieht in ihr das Potential, ja ihr Wesen darin, *aktiv* die Seele zu formen. Dieses Ziel, das Formen der Seele und ihr

---

zufällig die Seelenruhe wie der Schatten dem Körper.« Sextus Empiricus: Grundriss der pyrrhonischen Skepsis, übers. v. Hossenfelder, M., Frankfurt a. M. 1985, I, S. 29.

[173] Kant, I.: Kleinere Vorlesungen, Philosophische Enzyklopädie, in: Akademieausgabe Bd. 29, Berlin 1980, S. 12

[174] Hadot, P.: Philosophie als Lebensform. Frankfurt a. M. ^{3}2011. S. 9.

[175] Ibid.

»existentieller Inhalt«[176], hat, so Hadots Kritik, die neuzeitliche Philosophie aus den Augen verloren. Der Durchgang durch das christlich-jüdische Denken, durch das scholastische Mittelalter, die späte Emanzipation der Philosophie von der Theologie und der Verlust des reflexiven Umgangs mit Spiritualität,[177] respektive der geistigen Übung, entfernte das Philosophieren von ihrem transformativen Charakter. Diese Entwicklung führte schließlich auch in den akademischen Elfenbeinturm und den professoralen Habitus (Kathederphilosophie) der neuzeitlichen Philosophie; »[…] die alten griechischen Philosophen wie Epicur, Zeno, Socrates etc. […] sind also der wahren Idee des Philosophen weit getreuer geblieben, als in den neueren Zeiten geschehen ist […]«[178]

Der Auffassung von Philosophie als einer *rein* akademischen Disziplin stellt Hadot das geistige Üben entgegen. Die wesentliche Eigenschaft der geistigen Übung in ihrem weitesten Sinne, ist also die intellektuelle wie emotionale Qualität, die ihr durch ihre tägliche Praxis und Routine zuteilwird. »Jeden Tag eine ›geistige Übung‹ – allein oder zusammen mit einem anderen Menschen, der sich auch bessern will.«[179] Hadot untersucht daher minutiös den Ursprung der geistigen

---

[176] Ibid. S. 10.

[177] »Es gab schon einmal Zeiten, da hat Metaphysik die Denkenden getröstet. Es waren beileibe nicht die schlechtesten oder wahrheitsfernsten Zeiten der Philosophie.« Tetens, H.: Gott denken. S. 90. Und Hadot selbst: »Die Philosophie wurde zur ›Dienerin der Theologie‹ erniedrigt und hatte der Theologie begriffliches, also rein theoretisches Material zu liefern. Als die Philosophie in der Neuzeit ihre Autonomie zurückeroberte, behielt sie dennoch viele von der mittelalterlichen Auffassung ererbte Züge bei, vor allem ihren rein theoretischen Charakter, der sich sogar stetig weiter in Richtung auf eine immer größere Systematisierung entwickelte. Erst mit Nietzsche, Bergson und dem Existentialismus wird die Philosophie wieder bewußt zu einer Lebensform und einer Weise, die Welt zu sehen, zu einer konkreten Haltung.« Hadot S. 45.

[178] Kant, I.: Kleinere Vorlesungen, Philosophische Enzyklopädie. An welcher Stelle der Gedanke der therapeutischen Wirkung von Philosophie verloren ging, wissen wir nicht mit Sicherheit. Auch aus Hadots Analyse geht dies nicht hervor. Es gibt noch vereinzelte Werke, die therapeutische Aspekte herausgreifen. Zum Beispiel entwickelt Spinoza in seiner Ethica den Aspekt einer Therapie der Emotionen. Auch Ehrenfried Walter von Tschirnhaus entwickelt in seiner medicina mentis (wobei mit Medizin des Geistes die Logik gemeint ist) einen schon weit gefassten therapeutischen Aspekt. Vgl. dazu das Projekt von Michael Hampe et al. zur Geschichte therapeutischer Philosophieverständnisse von Spinoza bis Cavell der ETH Zürich (2015) sowie Lemmens, Willem: The Melancholy of the Philosopher: Hume and Spinoza on Emotions and Wisdom, in: Journal of Scottish Philosophy, Vol. 3, 1, 2005, S. 47–65.

[179] Hadot S. 13.

Übung in der antiken Vorstellung von *Askesis* (ἄσκησις áskēsis, Übung), die sich nicht wengiger als der ganzen Wirklichkeit des Menschen widmet und *das Wesen* desjenigen *verwandelt*, der sie *vollzieht*.

»Man könnte natürlich von Denkübungen sprechen, da das Denken in diesen Übungen sich gewissermaßen selbst zum Gegenstand oder zum Stoff nimmt und sich selbst zu verändern sucht. Aber das Wort ›Denken‹ zeigt nicht klar genug an, daß die Einbildungskraft und die Gefühle in erheblichem Maße bei diesen geistigen Übungen mitspielen. [...] Das Wort ›geistig‹ *(spirituel)* gibt sehr gut zu verstehen, daß diese Übungen nicht nur das Werk des Denkens, sondern des gesamten seelischen Bereichs des Individuums sind [...]«[180]

Diese ganze Wirklichkeit des Menschlichen ist zutiefst durch seine Leidenschaften, Begierden und Bedürfnisse und die Erfahrung derselben geprägt. (Ich entdecke mich als einen begehrenden Menschen und leide an der Undenkbarkeit der Begierde.) Der Mensch wird durch diese seine Abhängigkeiten in das Bewusstsein einer kontingenten Existenz und seiner Verhältnisse gezwungen, ohne darin »jemals zur Ruhe gekommen zu sein«.[181] Diese Ruhe sucht die antike Philosophie in der geistigen Übung. Die geistige Übung löst den Menschen aus seiner Abhängigkeit vom Bedürfnis durch die Beherrschung seiner Bedürfnisse, bzw. der gänzlichen Emanzipation von ihnen.

Insbesondere die Lebensformen der Stoiker und Epikureer widmen sich dieser Emanzipation.[182] Der wesentliche Unterschied zwischen diesen Schulen besteht in der Art und Weise der Erreichung der Seelenruhe – die Stoa wählt den Weg der »Anspannung des Geistes«[183], der Epikureismus wählt den Weg der »Entspannung und Heiterkeit«.[184] Beide Wege dienen dem Ziel, sich seiner Leidenschaften

[180] Ibid. S. 13 f.
[181] Ibid. S. 22
[182] Ibid. S. 22 ff.
[183] »Denn ist der Reiz der Sinnengenüsse geschwunden, so stellt sich stattdessen, was kleinlich, hinfällig und eben durch seine Lasterhaftigkeit schädlich ist, eine erstaunlich frohe Stimmung ein, unerschütterlich und sich immer gleichbleibend, sodann Friede und Eintracht der Seele, sowie hochherzige Gesinnung verbunden mit Sanftmut; denn wilde Rohheit hat ihren Ursprung immer nur in der Schwäche.« Seneca, Vom glücklichen Leben, zit. in: Werle, Josef: Seneca für Zeitgenossen, München 2000, S. 44.
[184] »Wir werden die notwendigen Begierden überreden, indem wir sie erfüllen, die bloß natürlichen, indem wir sie gewähren lassen, vorausgesetzt, daß sie nichts scha-

zu entledigen und beginnen und enden in der Anerkennung der menschlichen Existenz als einer leidvollen. Dieses Leiden angesichts der Zufälligkeit und Unvollkommenheit der Existenz und ihrer Widersprüchlichkeit (Ambiguität), fordert den Denkenden heraus, sowohl die Frage nach der Sinnhaftigkeit als auch nach der moralischen Tiefe von Leben zu stellen. Der zum Selbstbewusstsein verurteilte Mensch kann sich dem Aufkommen dieser Frage nicht eigentlich entziehen. Die geistige Übung, sprich die Selbstdisziplinierung, trägt dazu bei, indem sie hilft, eine Atmosphäre zu schaffen, in der die Herzen aufgehen.[185] Die Beherrschung des Selbst (und seiner Leidenschaften) stellt für Hadot mit Blick auf Stoa und Epikureismus die erste und wesentliche Bedingung für ein gelingendes Zusammenleben und das Glück des Einzelnen dar.

»Nach Meinung aller Philosophenschulen stellen die Leidenschaften, wie ausschweifende Begierden und übertriebene Ängste, für den Menschen die Hauptursache für Leid, Ausschweifung und Unbewußtheit dar. Die Herrschaft der Sorge hindert ihn daran, wirklich zu leben. Die Philosophie erscheint also in erster Linie als Therapie der Leidenschaften.«[186]

Mit anderen reden lernen

Der Dialog und sein Gelingen ist wichtiger Gegenstand von Philosophie und Therapie und hat seine Gestalt in der Methode des *sokratischen Dialogs*.[187] Denn ein »Dialog ist ein Weg des Denkens«[188], der zeigt, dass eine untrennbare Beziehung zwischen dem Gespräch mit sich selbst und dem Gespräch mit dem Anderen besteht. Da beide, das Gespräch mit sich und mit dem Anderen, den paradoxen Charakter einer jeden menschlichen Begegnung offenbaren.[189] »Nur derjenige,

---

den, die schädlichen aber, indem wir sie scharf anfahren.« Epikur, Spruchsammlung, in: Werle, J.: Epikur für Zeitgenossen, München 2002.

185 Hadot S. 23.

186 Hadot S. 15.

187 Und stellt daher auch vornehmlichen Bestandteil sowohl einer Philosophischen Praxis als auch einer Psychotherapie dar. Gehen die Anwendungen und Deutungen zwar auseinander und ist bei ersterer der Dialog wesentlicher praktischer Dreh- und Angelpunkt und bei zweiterer diagnostische Methode zum Zwecke des Beziehungsaufbaus (Psychoedukation und Exploration), so ist ihnen das Verbindende im *Zwischenreich des Dialogs* (Bernhard Waldenfels, Den Haag 1971) doch gemein.

188 Hadot S. 27.

189 Die therapeutische Begegnung ist von Natur aus widersprüchlich, ambigue, para-

der einer echten Begegnung mit dem anderen fähig ist, ist einer authentischen Begegnung mit sich selbst fähig, und das Umgekehrte ist gleichfalls wahr.«[190] Was wir mit der Authentizität in der Begegnung meinen, im Sprechen miteinander, ist das ganz für sich und den Anderen *präsent*-Sein. Denn welche Erfahrung suchen wir in der Begegnung mit dem Anderen, im Gespräch, im Dialog, in der Beziehung? Wir suchen nach der echten Akzeptanz, der vollen Anerkennung, die nichts im Gegenzug verlangt, die keine Bedingung stellt und keine Erwartung aufkommen lässt. Diese Erfahrung der Anerkennung, dieses in actu Erfahren von Angenommen-Sein, drängt die Furcht vor Zurückweisung und die Angst vor Isolation zurück und lässt das Gegenüber ganz der sein, der er ist, ganz das werden, was er werden will, nämlich ganze Person. Und darin wird die enge und untrennbare Beziehung zwischen dem Gespräch mit sich selbst und dem Gespräch mit dem Anderen offenbar, denn sie haben beide diese Erfahrung der Anerkennung zum Ziele und können beide ohne das je Andere nicht zu diesem Ziele vordringen.

Die Rolle des Dialoges und seine Bedeutung für das Miteinander war daher immer schon Gegenstand philosophischen Denkens und ist untrennbar von den Überlegungen der geistigen Übung. In der Antike markierten die sokratische Methode und ihr Durchgang durch den platonischen Dialog eine entscheidende Wende, geht man davon aus, dass die Praxis der geistigen Übungen in Traditionen aus »undenklichen Zeiten« wurzeln und das Auftreten von Sokrates nur als einen Punkt in der Überlieferung erscheinen lässt.[191] »Im ›sokratischen‹ Dialog geht es nicht um das, worüber man spricht, sondern um den, der spricht.«[192]

Die sokratische *Mäeutik* (Hebammenkunst) geht davon aus, dass die gesuchte Erkenntnis immer schon im Gegenüber angelegt ist und

---

dox. Das Undurchdringliche des Verstehenwollens und Verstandenwerdenwollens und der Verlust durch die Verbalisierung lassen Verstehen immerzu zu einer Gradwanderung werden. Darin zeigt sich auch das enge Verhältnis von Selbst-Therapie und Therapie, da dem Selbstverständnis stets ein Primat zukommt. Wie gesagt, beruht ein jedes therapeutische Wirken auf dem Führen, dem Anleiten zur Selbst-Therapie, zum gelingenden Gespräch mit sich selbst. Wobei der Therapierende den Therapierten nur dahin führen kann, wo er selbst bereits gewesen ist, nur die Wege führen kann, die er selbst bereits gegangen ist.

190 Hadot S. 26.

191 Ibid. S. 23.

192 Ibid.

nur *zur Geburt* gebracht werden muss.[193] Demgegenüber findet der platonische Dialog in einem Bereich *zwischen* den Sprechenden statt.[194] Sokrates, als »Witzbold und Straßenkünstler«[195], zwingt sein Gegenüber durch logische Winkelzüge zu einer Wachsamkeit und geflissentlichen Befragung seiner selbst. Gesuchte Antworten werden so förmlich aus sich selbst heraus gefunden, was das befriedigende Gefühl des Erkennens mit sich bringt. Daher ist der sokratische Dialog eine *Hebammenkunst,* insofern er das Gegenüber solange in der Befragung seiner selbst hält, »bis er ihn da hat, dass er Rede stehen muss über sich selbst, auf welche Weise er jetzt lebt [...]«.[196] So *lehrt* Sokrates nichts und der Andere *lernt* an sich. Aus diesem Grunde nennt Hadot den sokratischen Dialog eine Beziehung des Ich zum Ich und entschlüsselt so das *erkenne dich selbst* (Γνῶθι σαυτόν, gnṓthi sautón).[197]

»Es ist die Figur des Sokrates, die dieses Bedürfnis nach rationaler Kontrolle im abendländischen Bewußtsein geweckt hat, denn die Figur des Sokrates

---

[193] Im indischen philosophischen Denken lautet die Metapher, der Lehrer sei dem Gedanken eine Mutter. »The teacher leads the student towards himself, makes him an embryo within; he bears him in his belly three nights.« Arthavaveda: The Brahmacarin in the Veda: The Evolution of the ›Vedic Student‹ and the Dynamics of Texts, Ritual and Society in Ancient India, zit. in: Wharton, Kate: The Teacher as Mother or Midwife? A Comparison of Brahmanical and Socratic Methods of Education, in: Ganeri, J., Carlisle, C.: Philosophy as Therapeia. Cambridge University Press 2010, S. 103–117.

[194] Vgl. dazu Platons Theaitetos. »Immer wird es eines der großen Verdienste Platons bleiben, dass er [...] die Dimensionen der Liebe, der Begierde und des Irrationalen in die Philosophie einzuführen verstand.« Hadot 2011, S. 155.

[195] Vgl. Schwanitz, Dietrich: Bildung, Frankfurt a. M. 2002, Kap. 5, Abs. 1. Sokrates erscheint als das erste Individuum in der Geschichte des abendländischen Denkens (Hadot S. 148) und gleichzeitig als *frecher Kerl, Starrkopf und Schwätzer.* (Ibid. S. 152) Von der Wirkung Sokrates' auf die jungen Männer und von seinem Witz gegenüber dem Anderen und dem Schicksalhaften wissen wir auch durch die Lobrede des Alkibiades. So schreibt Hadot auch resümierend: »Wir finden also im sokratischen Eros die gleiche Grundstruktur wie in der sokratischen Ironie, ein gespaltenes Bewusstsein, welches leidenschaftlich empfindet, dass es nicht das ist, was es sein sollte.« Ibid. 154 f. Bei Aristoteles wird es dann heißen: »Zweierlei ist es, was man mit Recht dem Sokrates zuschreiben dürfte: Einmal die Begründung durch Heranführung aus der Erfahrung und dann das Bilden von Allgemeinbegriffen.«

[196] Hadot S. 24.

[197] Ibid. S. 25. Sokrates stößt uns mit seiner rhetorischen Figur, dem didaktischen Mittel und Topos (Motiv, Thema) des »Ich weiß, dass ich nichts weiß«, auf einen wichtigen Charakterzug der Selbsterkenntnis und der mündigen Selbstständigkeit. Es ist die Einsicht in die eigene Fehlbarkeit und Unvollkommenheit.

war und ist ein lebender Aufruf zur Erweckung des moralischen Gewissens.«[198]

Eine klare Grenze zwischen dem sokratischen und platonischen Dialog kann nicht gezogen werden. Doch die platonische Wechselrede bleibt ihrem Wesen nach *sokratisch*, denn auch sie ist eine intellektuelle und letztendlich *geistige* Übung. Dieses Merkmal des platonischen Dialoges gilt es an dieser Stelle festzustellen. Denn einerseits liegt in der sokratischen Mäeutik die Wurzel der platonischen Ideenlehre, andererseits hat der platonische Dialog ideellen Übungscharakter, da er eine ideale Anleitung zu einem Dialog ist, der ein Weg des Denkens wird. Ein Weg, eine geistige Übung, die das Gegenüber in den Mittelpunkt des Interesses rückt, zum Zwecke seiner Besserung:

»So gesehen ist jede geistige Übung in dem Maße ›dialogisch‹, wie sie die Übung eines echten Gegenwärtigseins darstellt, eines Gegenwärtigseins für sich selbst und für andere. […] Die Beziehung zum Gesprächspartner ist also von größter Bedeutung. Sie verhindert, dass der Dialog zu einer theoretischen und dogmatischen Darlegung wird und macht aus ihm zwangsläufig eine konkrete, praktische Übung, eben weil es nicht darum geht, eine Lehre vorzutragen, sondern einen Gesprächspartner zu einer ganz bestimmten Haltung zu bringen […].«[199]

Sterben lernen

Philosophieren, das heißt das Sterben zu lernen. Dass Leben heißt, das Sterben zu lernen, ist ein Tenor der antiken griechischen Philosophie, ein Tenor, der verbunden ist mit Platons Einkerkerung der Seele in den Leib: »Die Seele ist an ihren Körper gefesselt und mit ihm verwachsen, gezwungen die Wirklichkeit durch den Körper zu sehen wie durch Gitterstäbe, anstatt durch ihre eigene ungehinderte Sicht.«[200]

Mit dem Ziele der Einsicht in die Unvermeidbarkeit des Todes widmet sich der Philosophierende dem Gedanken des Sterbens ganz und gar. Das mutige Anerkennen und Annehmen des eigenen Sterben-müssens und ohne Groll und Missgunst dem Tod entgegen zu gehen, ermöglicht erst das beruhigende Üben von Achtsamkeit in

198 Ibid. S. 23.
199 Ibid.
200 Phaidon 82e.

Gegenwart und ist gleichbedeutend mit dem Erlernen von Freiheit. Das Sterben-müssen ist dabei sowohl bereits Ziel als auch Inhalt der Übung. Sterben-müssen sich zu vergegenwärtigen und sich so ›von den Banden des Leibes‹ zu befreien, bedeutet für die antike Philosophie die Beherrschung und Überwindung der Leidenschaften in der Begegnung mit der sinnlichen Welt – in der sinnlichen Begegnung mit der Welt. Denn es sind die Freuden der Sinne, die Entdeckungen der Wahrnehmung, die uns auf Vergänglichkeit stoßen. Ein jeder Gegenstand der sinnlichen Wahrnehmung zeigt sich als von Dauer seiend. Die Vergegenwärtigung des Vergehens, allem voran das Vergehen des eigenen Leibes, stößt uns immer wieder auf die Melancholie angesichts von Vergänglichkeit und ihr zutiefst beängstigender Charakter.[201]

Für das antike griechische Denken ist das Sterben kein beängstigendes Finale, sondern eine besondere Wende. Für Platon führt das Sterben in ein erhöhtes Sein und bringt die Seele dem Unsichtbaren, dem Göttlichen, Vernünftigen und Eingestaltigen näher.[202] Philosophie erringt daher ein außerordentliches Verhältnis zum Tod. »Nämlich diejenigen, die sich auf rechte Art mit der Philosophie befassen, mögen wohl, ohne dass es freilich die anderen merken, nach gar nichts anderem streben als nur, zu sterben und tot zu sein.«[203]

Dieses Tot-Sein bedeutet jedoch nicht ein Nicht-Sein. Tot sein, d. i. »in sich gesammelt«[204] und nicht gefesselt und verwirrt durch den Leib zu sein. Nicht vom Leibe verwirrt zu sein, das meint, »sich zu befreien und sich aller an die körperlichen Sinne gebundenen, sinnlichen Leidenschaften zu entledigen, um geistige Unabhängigkeit zu erreichen«.[205] Hadot schließt sich Platon in diesem Gedanken an, dass das Zurücklassen von Leiblichem ein »Aufschwingen [des Denkens] zu einem universalen und normativen Gesichtspunkt« bedeutet.[206]

Es ist die Überwindung der diesseitigen Welt und ihrer Verwirrungen, die den Blick des Intellekts und die Öffnung der Seele für den jenseitigen Charakter der Ideen, für das Reich der Ideen, ermöglicht. Und es ist die Stufenfolge der Tugenden, die Befreiung vom Leiblichen, das Studium der Leidenschaften und ihre Überwindung, die

---

201 Hadot S. 29 ff.
202 Phaidon 83d.
203 Phaidon 64a.
204 Phaidon 80e.
205 Hadot S. 36.
206 Ibid. S. 32.

den Weg zur gänzlichen Hinwendung des Geistes zu den höchsten Ideen ermöglicht. Die Seele soll sich so gänzlich vom Leibe und seinen Sinnen trennen. Ist diese Trennung vorangeschritten, so geht der Philosophierende zu einer Weltanschauung über, »die von der Universalität und der Objektivität des Denkens bestimmt wird«.[207]

Aus diesem Grunde legt einer der skeptischsten und scharfsinnigsten Denker des ausgehenden Mittelalters ein besonderes Augenmerk auf das *Sterben lernen:* Michel de Montaigne. Sein Denken prägt im Vergleich zum frühen Mittelalter einen vollkommen anderen Ton, nämlich den der Möglichkeit zum freien, rationalen und vorurteilsfreien Denken des Menschen. Montaignes säkularer Humanismus und aufklärerisches Vordenken, inspiriert auch Hadot. Insbesondere sein Essay *Daß Philosophieren sterben lernen heisse,* in dem Montaigne, wie Hadot sagt, Seneca plagiiert:[208]

»Cicero sagt, das Philosophieren sey nichts anders, als eine Vorbereitung zum Tode. Dieses kömmt daher, weil das Studiren und die tiefsinnigen Betrachtungen unsere Seele einigermaßen ausser uns ziehen, und derselben, ohne daß der Körper daran Theil hat, etwas zu thun verschaffen; welches gleichsam eine Anweisung zu dem Tode ist, und eine gewisse Aenlichkeit mit demselben hat: oder vielmehr daher, weil alle Weisheit und alles Reden der Welt endlich darauf hinaus laufen, uns zu lehren, daß wir den Tod nicht fürchten sollen. […] Und damit wir ihm [dem Tod] seinen besten Vortheil abgewinnen, so wollen wir einen ganz andern Weg erwählen, als man gemeiniglich geht. Wir wollen ihm das Fremde nehmen, wir wollen Bekanntschaft mit ihm unterhalten, wir wollen uns an ihn gewöhnen, wir wollen nichts so oft als den Tod in den Gedanken haben, wir wollen ihn unserer Einbildungskraft alle Augenblicke und unter allen möglichen Gestalten vorstellen. […] Die Vorbereitung zum Tode ist die Vorbereitung zur Freyheit. Wer sterben gelernet hat, hat ein Sklave zu seyn verlernet. Derienige, welcher recht eingesehen hat, daß der Verlust des Lebens kein Unglück ist, weiß in seinem Leben von keinem Unglücke. Die Kunst zu sterben befreyet uns von aller Unterwürfigkeit, und allem Zwange.«[209]

Es gibt eine weitere Gemeinsamkeit für Hadot mit Montaigne; sie beide hatten einen starken Glauben und bekannten sich zum Christentum, doch unterschieden sie beide zwischen einer geistlichen und

---

207 Ibid.

208 Ibid. S. 31.

209 Michel de Montaigne, zitiert in: Was ist Philosophie?, hrsg. v. Elberfeld, R., Stuttgart 2006, 119f. Textvorlage: Michel de Montaigne: Daß Philosophieren sterben lernen heisse, in: Essais nebst des Verfassers Leben, nach der Ausgabe von Coste, P. und übers. v. Tietz, D.J., Leipzig 1753.

einer geistigen Übung, wobei letztere zum Erlernen der Fähigkeit zur Freiheit dient. Montaigne, überzeugter Katholik, war doch vom freien Denken und also vom freien und friedlichen Zusammenleben der Konfessionen überzeugt. Ganz der Autonomie des Denkens und der Freiheit des Menschen verschrieben, meditiert er die antiken Philosophien und versenkt sich ganz in Selbstbesinnung: »Ich studiere mich selbst mehr als jeden anderen Gegenstand. Ich bin meine Metaphysik und Physik.«[210]

Lesen lernen oder »Seine eigene Statue meißeln«[211]

Ist den philosophischen Schulen das *Leben*- und *Sterben*-Lernen gemeinsam, und sind sie sich einig in der Rolle der Leidenschaften und ihrer Leidhaftigkeit, so unterscheiden sie sich vornehmlich in der Art und Weise der Erreichung der Seelenruhe, in ihrem tieferen Verständnis von geistiger Übung. Doch die Wege die sie gehen, die Disziplinierung der Stoiker, die Lustbarkeit der Epikureer und die Vergeistigung der Platoniker, dienen alle dem Zweck, das Selbst zu formen, zu kultivieren und zu mündiger Selbstbestimmung zu vervollkommnen.

»Kehre ein zu dir selbst und sieh dich an; und wenn du siehst, daß du noch nicht schön bist, so tu wie der Bildhauer, der von einer Büste, welche schön werden soll, hier etwas fortmeißelt, hier etwas ebnet, dies glättet, das klärt, bis er das schöne Antlitz an der Büste vollbracht hat! So meißle auch du fort, was unnütz ist und richte, was krumm ist, das Dunkle säubere und mach es hell und laß nicht ab, ›an deinem Bild zu handwerken‹, bis dir hervorstrahlt der göttliche Glanz der Tugend […]. Bist du das geworden, […] hast du keine fremde Beimischung mehr in deinem Innern.«[212]

Eine vermeintliche Trennung von Körper und Seele wird als ein Wechselspiel betrachtet, worin die Übung des Philosophen der Übung

---

[210] Michel de Montaigne: *Gesammelte Schriften.* Historisch-kritische Ausgabe mit Einleitungen und Anmerkungen unter Zugrundelegung der Übertragung von Johann Joachim Bode hrsg. v. Flake, O. und Weigand, W., München/ Leipzig 1908–1915.

[211] Hadot S. 39.

[212] Plotin: Das Schöne – Das Gute – Entstehung und Ordnung der Dinge, hrsg. u. übers. v. Harder, R., Hamburg 1986, S. 24. Plotin (3. Jh. n. Chr.) ist Neuplatoniker und verstand sich als Bewahrer der platonischen Lehre. Demgemäß glaubt er auch, die Seele bedürfe keines Körpers, sondern bewege ihrer Substanz ewig und unveränderlich unabhängig von der Materie.

des Athleten gleichkommt – d.h. die körperliche Übung steht in direkter Bezüglichkeit zur geistigen Übung. In jeder Form des Übens sind Körper und Geist nicht trennbar und müssen einander tragen. Ein jeder Sportler weiß, was »mentale Stärke« bedeutet. So wie der Athlet vornehmlich seinen Körper formt, formt der Philosoph vornehmlich sein Selbst durch ebenso kontinuierliche Übung. Keiner der beiden könnte den je anderen Teil entbehren. Für beide Formen der Übung gilt, durch *richtiges Wegnehmen des Überflüssigen* zu einem freiheitlichen Selbst durchzudringen und sich von äußeren Zwängen zu lösen, d.h. Konzentration auf das Wesentliche zu erarbeiten.[213] Durch die Befreiung von den Zwängen (Anhaftungen) erreicht der Übende einen Punkt, an dem ›hervorstrahlt der göttliche Glanz der Tugend‹.[214]

Die geistige Übung und der rechte Dialog geraten so zum Werkzeug der Selbstwirksamkeit, für das eigene Selbst in der Bejahung des eigenen Denkens gut zu sorgen – (kritisch) Denken tut gut.[215] Die therapeutische Wirkung eines gelingenden Miteinander-reden-Könnens liegt nahe. Und so wie der rechte Dialog durch einen festen und selbstständigen Stand gelingt (von dem man auch *durch* die Bejahung des Eigenen abzurücken versteht), so liegt im Lesen ein Weg dahin. Ganz so wie die körperliche Übung den Leib stählt, stählt die geistige Übung, das reifliche Überlegen im Lesen, den selbstständigen Geist:

> »Die Philosophie erscheint sodann in ihrer ursprünglichen Gestalt, nicht mehr als eine theoretische Konstruktion, sondern als eine Methode der Menschenformung, die auf eine neue Lebensweise und ein neues Weltverständnis abzielt, als eine Bemühung, den Menschen zu verändern.«[216]

Hadots eigentliche Intention in der Untersuchung dieser Dimension antiken Philosophierens ist es, auf die stets besonderen Umstände bei

---

[213] »Dies ist des Ungebildeten Standpunkt und Charakter: niemals erwartet er von sich Nutzen oder Schaden, sondern von der Außenwelt. Dies ist des Philosophen Standpunkt und Charakter: allen Nutzen und Schaden erwartet er von sich selbst. Kennzeichen des Fortschreitenden sind diese: er tadelt niemand, lobt niemand, schilt niemand, macht niemand Vorwürfe und spricht nicht von sich, als bedeute oder wisse er etwas.« Epiktet: Handbüchlein der Ethik, Kapitel 48.

[214] Vgl. Hadot, S. 37.

[215] In der Vermittlung dieser Werkzeuge liegt für Keith Parsons auch das wesentliche Angebot der Philosophie an die Gesellschaft. Vgl. Parsons, K. M.: What Is the Public Value of Philosophy?, in: Huffington Post, 04.08.2015.

[216] Hadot. S. 45

der Entstehung von philosophischen Werken zu achten. Denn »sie sind Produkte einer philosophischen Schule, […] in welcher der Lehrer seine Schüler formt und sich bemüht, sie zu einer Wandlung und Verwirklichung ihrer selbst hinzuführen«.[217] *Lesen lernen*, das bedeutet beim Lesen uns von Sorgen zu befreien, zu uns selbst zurückzufinden und in Ruhe das Gelesene zu meditieren. Lesen lädt ein, reiflich zu überlegen und die Texte zu uns sprechen zu lassen. Auch in unseren Tagen der Effizienzsteigerung und Unbeständigkeit ist es eine Herausforderung, die Lektüre zur eigentlichen Tätigkeit zu machen – ein Buch wieder *ganz* zu lesen, sich mit entsprechender Zeit in seine Tiefe zu begeben – und an der je eigenen Lesart zu reifen. Lesen und kommunizieren lernen, sind die zwei Seiten der selbsttransformativen geistigen Übung.

Marc Aurel

Der Pessimismus ist mehr oder minder allen griechisch-europäischen Philosophien der Antike gemein, rührt jedoch nicht von einer Verbitterung oder Misanthropie her, sondern von der unverstellten Anerkennung des menschlichen Unbehagens angesichts der Widersprüchlichkeit des Lebens. Und schreibt Hadot über Marc Aurel, »wenn man die Sammlung der Ermahnungen an sich selbst Marc Aurels durchblättert, kann man nicht umhin, über die Fülle an pessimistischen Äußerungen zu staunen«[218], so er sieht er eben darin eine Beschäftigung mit dem Widersprüchlichen und Vergänglichen, eine Beschäftigung mit der »menschlichen Komödie«[219] selbst. Gegenstand von Marc Aurels Betrachtungen über die menschliche Komödie ist es, »in einer gleichgültigen Haltung den gleichgültigen Dingen gegenüber zu leben«.[220]

---

[217] Ibid. S. 42. Vgl. dazu auch Matthew T. Kapstein, der ausführlich die Entstehung des antiken philosophischen Denkens untersucht (und dabei Hadot im Blick hat) und die Kontextgebundenheit (d. i. historische, soziale, geographische etc. Randbedingungen) herausstellt: »[…] from a large world-history perspective this version of the problem [of any philosophical problem] could only appear under very special social and intellectual conditions […].« Kapstein, M.: Reason Traces, Oxford 2001, S. 31.
[218] Hadot S. 69.
[219] Ibid.
[220] Ibid. S.79.

Hadot vermutet in der bisherigen Interpretation der Gedanken Aurels einen Interpretationsfehler. Bei den *Selbstbetrachtungen* Aurels handelt es sich weder um die beliebige Notation eines Tagebuches noch um ein ausformuliertes Verlaufsprotokoll einer tiefen Identitätskrise.[221] Die Selbstbetrachtungen sind selbst eine meditative Übung, die sich durch tägliche Routine, anhaltende Selbstreflexion und voranschreitende Selbst-Dekonstruktion auszeichnet und darauf zielt, »die Seele des Schülers umzuformen«.[222] Wobei der Schüler wiederum das eigene Selbst wie auch das Gegenüber ist. Hadot beschreibt diese eigene literarische Gattung der meditativen Übung, d.i. die aphoristische Schreibweise der Antike, als eine zweckdienliche Lösung. So sollen die Weisheiten der Philosophen alltägliches Rüstzeug zum Bewältigen des Lebens sein, weshalb sie uns auch noch in ihrer ursprünglichen Form als Aphorismen und Lebensmaximen zugänglich sind. Der meditative Charakter der dogmatischen Aphorismen erhält sich durch ihre Prägnanz, welche ein unaufhörliches Erinnern ermöglichen sollen.

> »Ein großer Teil von Marc Aurels ›Ermahnungen an sich selbst‹ entspricht dieser Übung: Es gilt, Grunddogmen des Stoizismus auf lebendige Weise geistig präsent zu haben. Marc Aurel sagt ›sich selbst‹ Bruchstücke des stoischen Systems auf.«[223]

Der Dialog mit sich selbst durch diese Dogmen rüstet für eine verantwortungsvolle Begegnung mit dem Dasein. Der augenscheinliche

---

[221] »Man meint, dieses Werk, dessen Titel ›An sich selbst‹ für sich genommen vage ist, sei eine Art Tagebuch, in dem der Kaiser sein Herz ausschütte. Man stellt sich den Kaiser ziemlich romantisch in der tragischen Atmosphäre des Krieges gegen die Barbaren vor, wie er abends seine von allen Illusionen befreiten Gedanken über das Schauspiel der menschlichen Verhältnisse niederschreibt oder diktiert, indem er, um den Zweifel zu beseitigen, der an ihm nagt, entweder versucht, sich ständig zu rechtfertigen oder aber sich selbst zu überreden. So verhält es sich aber keineswegs.« Ibid. S. 71. Ganz ähnlich können auch die Bekenntnisse des Augustinus (um 400 n.Chr.) gedeutet werden. In den *Confessiones* X, 33, 50, findet sich ein Ausruf, der die befreiende Tragik, die die Aufgabe, die wir uns selbst, sind zum Ausdruck bringt: »*Tu autem, ›domine deus meus, exaudi, respice‹ et vide et ›miserere et sana me‹, in cuius oculis mihi quaestio factus sum, et ipse est languor meus.* Du aber, ›Herr, mein Gott, höre und schaue auf mich‹, sieh doch und ›hab' Erbarmen und heile mich‹. Unter dem Blick Deiner Augen bin ich mir zur Frage geworden, und das ist mein Elend.« Zitiert nach Augustinus: Bekenntnisse. Lateinisch und Deutsch, eingeleitet, übersetzt und erläutert von Joseph Bernhart, Frankfurt am Main 1987, S. 566–567.

[222] Ibid. S. 72.

[223] Ibid. S. 72.

Pessimismus dekonstruiert durch eine »physikalische Vorstellung von den Dingen«[224] die illusorische Wirklichkeit des Übenden.

»Die Übung besteht also darin, dass man das Ding oder das Ereignis an sich, so wie es ist, definiert, wobei man es von den konventionellen Vorstellungen, die sich die Menschen gewöhnlich davon machen, abtrennt.«[225]

Das Gewahrwerden der *rein* menschlichen Wertesysteme und die daraus folgende Rückkehr zu einer *physikalischen* Natürlichkeit des Lebens führen zur gesuchten Seelenruhe. Sich den gleichgültigen Dingen gegenüber gleichgültig zu verhalten ist das Ziel dieser gestrengen Methodik der Selbstdisziplinierung Marc Aurels. Wobei mit gleichgültigen Dingen die ›von unserem Willen unabhängigen, aber vom göttlichen Willen abhängigen Dinge‹ gemeint sind.

Der Sinn der stoischen Maximen besteht also in der Auflösung von leidenschaftlichen, begehrenden Illusionen. Die Dinge werden als Teil eines einzigen Kosmos des Lebendigen gleichermaßen angenommen und in Einklang mit dem Eigenen gebracht. Diese *Versöhnung* zwischen dem Menschen und den ihn umgebenden Dingen ist das Wesen von Aurels Ermahnungen. Sie sind daher nicht Ausdruck eines Pessimismus, sondern einer Meditation, die die sich immer wieder einschleichende Entfremdung des Menschen von seiner Umgebung und das anhaltende Auftauchen von Leidenschaften und Verstimmungen zu überwinden oder gar aufzulösen vermag.

Seneca, ein bereits zu seiner Zeit vielgelesener Schriftsteller und Erzieher Kaiser Neros, ist ein weiterer Vertreter stoischen Denkens. Was bei Aurel die literarische Gattung der meditativen Selbstbetrachtung und Anweisung an sich selbst ist, ist bei Seneca der Brief und die Rede, die die Lehranweisungen und stoischen Dogmen als Lehrformel an das Gegenüber richten.

Auch sie transportieren das aphoristische Handwerkszeug für den Alltag und sind dabei durchweg ermutigend und lebensbejahend. Kurze Sätze, die leicht zu merken und rhythmisch zu sprechen sind, helfen dem Übenden, sich in außergewöhnlichen Situationen zum Handeln anzuleiten. Auch Senecas Denken beschäftigt vornehmlich die Maßlosigkeit. Diese seinem Schützling Nero anzueignen, gelang ihm zeitlebens nicht.[226] Aurel seinerseits betont fortwährend, dass ein

---

224 Ibid. S. 73.

225 Ibid.

226 Einen kurzen Versuch die Geschichtsschreibung der Regentschaft Nero in his-

gerecht Handelnder einer sei, auf den sich anwenden lässt, »was man von Sokrates berichtet«, dass nichts an ihm sei, von dem man sagen könnte: »Es sei von Übermaß«.[227] Auch Senecas Maximen folgen dem Prinzip: Suche das Gute, vermeide das Böse; halte dabei deinen Geist rein und unbeschwert.

»Unsere Frage geht also dahin, wie man der Seele zu einem gleichmäßigen und heilsamen Gang verhelfen kann, dergestalt, daß sie in bestem Einvernehmen mit sich stehe und ihre Freude an sich selbst habe und diese Freude nicht unterbreche, sondern immer im Zustand friedlicher Ruhe verharre, sich weder überhebend noch sich herabwürdigend: das wird das Wesen der Gemütsruhe ausmachen. Wie man dazu gelangen könne, will ich im allgemeinen untersuchen: du wirst dir aus dieser allgemeinen Anweisung herausnehmen, was du für dich gut findest. Doch muß das Übel im ganzen ans Licht gezogen werden; jeder kann sich dann seinen Teil daraus entnehmen. Zugleich wirst du daraus ersehen, wieviel geringere Not du mit deiner Selbstquälerei hast […] alle sind in der nämlichen Lage […]«[228]

Marc Aurels Exerzitien: Drei Regeln

»[1] Alles, was von der Allnatur abhängig ist, soll mit Freude, Ehrfurcht und Bereitwilligkeit angenommen werden, und man soll nur das anstreben, was in unserer Macht steht […] [2] Man soll gerecht handeln, um der menschlichen Gemeinschaft zu dienen. […] [3] Die Vorstellung soll kritisch betrachtet werden, damit man nur dem beistimmt, was objektiv gesehen ist […] Das erste Thema legt in der Tat das Verhältnis des Menschen zum Kosmos fest, das zweite die Beziehung des Menschen zu seinen Mitmenschen und das dritte die Beziehung des Menschen zu sich selbst […].«[229]

Das Dreierschema Marc Aurels (121–180 n.Chr.) findet sich schon in den drei *topoi* (τόπος topos, Motiv, Thema, Gemeinplatz) des Epiktet (55–135 n.Chr.), der dritte namhafte Vertreter der (späten) Stoa. Epiktet beschreibt diese *topoi* als Merkmale einer jeden geistigen Übung. Zum Ersten handelt es sich dabei um das bereits erläuterte Beherrschen des Begehrens. Dieser stoischen Maxime zu folgen heißt bei Epiktet, zwischen jenen Dingen zu unterscheiden wissen, die in

---

torisch-kritischem Lichte zu beleuchten unternimmt Bätz, Alexander: Nero. Ein unsterbliches Monster?, in: DIE ZEIT, Nr. 20, 2016.

227 Mark Aurel: Selbstbetrachtungen I/16, Augsburg 2001, S. 19.

228 Seneca: Von der Gemütsruhe, zitiert in: Werle, J.: Seneca für Zeitgenossen, München 2000, S. 81.

229 Hadot S. 84, Anmerkungen Vf.

der eigenen Möglichkeit stehen (Begehren, Streben, Urteil), und jenen, die außerhalb der eigenen Möglichkeit liegen. Danach soll man nicht Begehren noch Widerwillen für die Dinge des Lebens empfinden, sondern gleichmütig annehmen und ihre Herkunft aus der *Allnatur* erkennen.

»Bemühe dich nun, dir bei jeder widrigen Vorstellung alsbald zu sagen: ›Du bist eine Vorstellung und durchaus nicht das, was du scheinst.‹ Sodann untersuche und beurteile sie gemäß den Regeln, die du hast, und zwar zunächst und vorzüglich danach, ob sie den Dingen, die in unserer Gewalt stehen, oder denen, die nicht in unserer Gewalt stehen, angehöre. Und wenn sie den nicht in unserer Gewalt stehenden angehört, so halte dir sogleich vor Augen: ›Es geht mich nichts an.‹«[230]

Das erste Thema, sich selbst als Teil der Natur begreifen, heißt, gleiche Liebe allen Teilen der Natur entgegenzubringen.[231] »Das Schlüsselwort des ersten Themas ist *euarestein* […], ein freudiges und liebevolles Wohlgefallen.«[232] Um diese Haltung zu verinnerlichen, muss die Übung darin beginnen, die Dinge so zu sehen »wie sie sind« *(Physik)*.[233] Von Konvention und wertendem Urteil gelöst, mit den Wor-

---

[230] Epiktet: Handbüchlein der Ethik, Kap. 1., zitiert in: Werle, J.: Klassiker der philosophischen Lebenskunst, München 2000, S. 106. Dieses Motiv können wir auch das Identifizieren von dysfunktionalen Gedanken und kognitive Umstrukturierung nennen.

[231] Vgl. weiter unten unsere Gedanken zum gleichberechtigen Eingebettetsein des Menschen in den großen Haushalt der kosmischen Natur. Der Psychoanalytiker Erich Fromm leitet aus dieser Einsicht in das eigene Verhältnis zur Natur sowohl die Selbsterkenntnis als auch die Emanzipation von einer beherrschenden Natur ab, die jedoch die Leerstelle eines existentiellen Vakuums zur Folge hat, die durch Selbstübersteigung gefüllt werden will: »Als Adam und Eva noch im Garten Eden lebten, waren sie ein Teil der Natur; sie standen in voller Harmonie mit ihr und transzendierten sie noch nicht. Sie befanden sich in der Natur wie der Embryo im Mutterleib. Sie waren Menschen und gleichzeitig waren sie es noch nicht. All das änderte sich, als sie einem Gebot nicht gehorchten. Dadurch, dass der Mensch seine Bindung an die Erde und Mutter löste, dass er die Nabelschnur durchtrennte, tauchte er aus der vormenschlichen Harmonie auf und konnte so den ersten Schritt in die Unabhängigkeit und Freiheit tun. Der Akt des Ungehorsams setzte Adam und Eva frei und öffnete ihnen die Augen. Sie erkannten, dass sie einander fremd waren und dass auch die Außenwelt ihnen fremd, ja sogar feindlich war. Ihr Akt des Ungehorsams zerstörte die primäre Bindung an die Natur und machte sie zu Individuen.« Fromm, E.: Über den Ungehorsam und andere Essays, Stuttgart 1982.

[232] Hadot S. 91.

[233] »Zu dem, was die sinnlichen Wahrnehmungen dir unmittelbar – in erster Linie – verkündigen, dichte dir nicht noch etwas in Gedanken hinzu. Man hat dir beigebracht, dieser und jener rede schlimm von dir. Gut! Das aber, dass du hierdurch Schaden

ten Marc Aurels: in quantitative Teile zerlegt, und schließlich in Beziehung mit dem Kosmos und seiner Allnatur gesetzt, beginnt man die Dinge der Natur in ihrer wahren Erscheinung zu sehen; nämlich als physikalische Erscheinungen einer lebendigen und beständig in Veränderung begriffenen Natur. So gewinnt man Vertrauen in die Allnatur und erlangt durch diese Dekonstruktion *Seelengröße*, die die Dinge zu durchschauen weiß. Das ist das Thema der Beruhigung durch Erkenntnisgewinn, denn mein Wissen über das Wirken der Natur entledigt mich meiner Angst vor ihr – Erkenntnis lindert Angst. In der Vertrautheit mit der Natur, d.i. bei Aurel das Ehren der Götter, denn sie sind eine »Verbildlichung der Natur«, kommt außerdem der transzendente Charakter der Natur zum Ausdruck; die Anerkennung der Teilhabe an Natur bedeutet die Anerkennung der Selbstübersteigung.[234] Epiktet drückt sehr deutlich dieses Anleihen an der Natur aus:

»Sage niemals von einer Sache: ›Ich habe sie verloren‹, sondern: ›Ich habe sie zurückgegeben.‹ Das Kindlein ist gestorben: es wurde zurückgegeben. Die Frau ist gestorben: sie wurde zurückgegeben.«[235]

Das zweite Thema ist die Disziplinierung des Strebens *(Ethik)*.[236] Die Stoa postulierte einen Instinkt, der den Menschen zum beständigen Handeln *treibt*, nicht nur um sich selbst zu erhalten, sondern auch um das Gefühl anhaltender Entwicklung zu erhalten. Doch sind Handlungen sittlich gut, wenn sie dem Erhalt und der Pflege der Gemeinschaft dienen. Der Einzelne soll, alle Menschen gleichermaßen lieben, so wie die Gesellschaft alle Menschen gleichermaßen lieben soll. Denn Gesellschaft entsteht aus dem Gemeinsinn des Mit-Sein, aus dem achtsamen Handeln des Einzelnen. Das Streben zu disziplinieren bedeutet nicht nur, sein Handeln einer ethisch-moralischen

---

leidest, hat man dir nicht hinterbracht. Ich sehe, dass mein Kind krank ist. Gut! Das aber, dass es in Gefahr schwebt, sehe ich nicht. So, nun bleibe immer bei den ersten Eindrücken stehen und setze nichts aus deinem Inneren noch selbst hinzu, und dir wird nichts geschehen. Oder vielmehr, setze etwas hinzu als ein Mann, der alle Weltbegebenheiten durchschaut!« Mark Aurel: Selbstbetrachtungen VIII/49, Augsburg 2001, S. 167.

234 Hadot S. 92.

235 Epiktet: Handbüchlein der Ethik, Kap. 11.

236 »Tue ich etwas, so tue ich es mit Rücksicht auf Menschenwohlfahrt; widerfährt mir etwas, so nehme ich es hin als von den Göttern und dem allgemeinen Urquell kommend, aus dem alle Ereignisse engverbunden herfließen.« Mark Aurel: Selbstbetrachtungen VIII/23, Augsburg 2001, S. 158.

Maxime zu unterwerfen, sondern sich auch der Notwendigkeit des Maßhaltens im eigenen Handelns bewusst zu werden.

»So wie du dich beim Spazierengehen davor hütest, in einen Nagel zu treten oder den Fuß zu verstauchen, so hüte dich davor, daß deine Vernunft Schaden leide. Und wenn wir dies bei jedem Tun beachten, werden wir gesicherter zu Werke gehen.«[237]

Das dritte Thema ist die Disziplinierung des Urteils und der Strukturen des Denkens *(Logik)*.[238] Konsequent arbeitet sich das stoische Denken an der Einsicht ab, dass ein jedes Urteil nur eine vermeintliche Realität herstellt. Das Urteilen gehört zu den Dingen, die in unserer Macht stehen, denn es folgt Einsichten und Einstellungen, die zu erwerben und zu kultivieren wir uns befleißigen können. Gleichzeitig ist das Urteilen jedoch auch unersättliches Bedürfnis und intuitive Regung. Wir können nur sehr schwer *nicht* urteilen. Daher muss der Übende sowohl die eigenen Denkweisen und ihre Gesetze als auch die Ausdrücke und Konventionen der Gemeinschaft erkennen und disziplinieren lernen, um beständig die Richtigkeit der eigenen und gemeinschaftlichen Einstellungen prüfen zu können. Tugendhaft ist, beim Sprechen einfach, wahr und klar, beim Handeln ehrlich und gerecht zu sein – dies folgt aus der Disziplinierung der eigenen Einstellungen.

»Hat ein Rabe unheildrohend gekrächzt, so soll die Einbildungskraft dich nicht mit sich fortreißen. Sogleich unterscheide bei dir selbst und sprich: Dergleichen hat nichts für mich zu bedeuten […] Für mich gibt es nur glückverheißende Vorzeichen, wenn ich es will. Denn was davon sich auch einstellen mag, es liegt in meiner Macht Vorteil daraus zu ziehen.«[239]

Das stoische Denken ist die dringende Aufforderung, unablässig *Gleichmut* durch Entsagung zu üben. *Gleichmut* den Geschehnissen der Natur und allen belebten und unbelebten Ereignissen gegenüber zu erlangen, ist freilich keine leichte Übung und verlangt von uns

---

[237] Epiktet: Handbüchlein, Kap. 38.

[238] »Wie wäre es überall möglich, Grundsätze zu ertöten, wenn die ihnen entsprechenden Vorstellungen nicht ausgelöscht worden sind, deren beständige Wiederanfachung von dir abhängt? Ich kann über dies und das urteilen, wie ich soll; kann ich's aber, wozu meine Unruhe? Was außerhalb meiner Denkkraft liegt, ist überhaupt nicht maßgebend für meine Denkkraft. Fühle das, und du stehst fest da. Wieder aufzuleben hängt dann von dir ab. Betrachte die Dinge von einer anderen Seite, als du sie bisher ansahst!« Mark Aurel: Selbstbetrachtungen VII/2, S. 125.

[239] Epiktet: Handbüchlein, Kap. 18.

nicht weniger als »Tag und Nacht [zu] meditieren«.[240] Doch geht es nicht um eine Gleichgültigkeit im Sinne der Beliebigkeit und stillschweigenden Toleranz. Diese Unterscheidung ist wichtig zu bemerken, da wir hier keine Aufforderung zu Gefühllosigkeit und Teilnahmslosigkeit lesen. Vielmehr lesen wir ein Denk- und Lebensweg, der sich der Anerkennung und Akzeptanz der Unmöglichkeit einer *letzten* Seelenruhe annimmt und sich dem Versiegen des Begehrens und der Linderung des Leidens widmet.[241] »Nicht soll dich die Vorstellung des ganzen Lebens aus der Fassung bringen.«[242] Ein Leiden, das seinen Ausgang nimmt bei der Widersprüchlichkeit der Erscheinungen des Lebens. »Was für ein lächerlicher Fremdling in der Welt ist der, welcher über irgendein Ereignis in seinem Leben erstaunt!»[243]

Sich allzeit des Vergehens bewusst und durch gut eingeübte Einstellung fröhlich, sucht der so Übende zu nehmen, was der ständige und willenlose Prozess des Werdens und Vergehens für ihn bringt – ganz darauf konzentriert, das diesseitige Leben zu meistern und das

---

[240] Hadot S. 72. Bei Nietzsche heißt es dann von der befreienden Qualität dieses Gleichmutes: »[…] nicht mehr in den Fesseln von Liebe und Hass, ohne ja, ohne Nein, freiwillig nahe, freiwillig ferne, am liebsten entschlüpfend, ausweichend, fortflatternd, wieder weg, wieder emporfliegend; man ist verwöhnt, wie jeder, der einmal ein ungeheures Vielerlei unter sich gesehen hat, – und man ward zum Gegenstück derer, welche sich um Dinge bekümmern, die sie nichts angehen. In der Tat, den freien Geist gehen nunmehr lauter Dinge an – und wie viele Dinge! – welche ihn nicht mehr bekümmern […].« Nietzsche, F.: Menschliches. Allzumenschliches, Gesammelte Werke, Köln 2012, S. 121 f.

[241] »Drei Teile sind es, woraus du bestehst, Körper, Seele, Denkvermögen. Von diesen sind die ersten beiden nur insoweit dein, als du für sie zu sorgen hast; der dritte ist aber in vorzüglichem Sinne dein Eigentum. Hältst du also von deinem Ich, das heißt von deiner Denkkraft, den Gedanken an alles fern, was andere tun oder reden oder was du selbst getan oder gesagt hast, alles, was dich schon im voraus beunruhigt, alles, was den dir anliegenden Leib oder den ihm eingepflanzten Lebensgeist angeht und mithin deiner freien Wahl entzogen ist, endlich alles, was der Wirbel der dich umgebenden Außenwelt dir zuwälzt, so dass die Denkkraft in dir dem Einflusse der Verkettungen des Schicksals entzogen, rein und ungebunden sich selbst lebt, tut, was recht ist, will, was geschieht, und redet, was der Wahrheit entspricht, – scheidest du, wie gesagt, von dieser herrschenden Vernunft alles, was durch leidenschaftliche Neigungen angehängt ward und der Zukunft oder der Vergangenheit angehört, bildest du aus dir ein Wesen gleich der Welt, von der Empedokles sagt: Eine gerundete Kugel, des Wirbelns im Kreise sich freuend, bist du darauf bedacht, nur die Zeit, welche du lebst, das heißt die Gegenwart, ganz zu durchleben, so wird es dir möglich sein, den Rest deiner Tage bis zum Tode ungestört, edel und dem Genius in dir hold hinzubringen.« Mark Aurel: Selbstbetrachtungen XII/3, Augsburg 2001, S. 240.

[242] Hadot S. 74, dort: Mark Aurel: Selbstbetrachtungen VIII/36.

[243] Mark Aurel: Selbstbetrachtungen XII/13.

friedliche Miteinander zu kultivieren. »In Ansehung dessen, was eine Folge des Naturlaufs ist, soll man weder den Göttern noch den Menschen Vorwürfe machen; denn jene verfehlen sich weder willkürlich, noch unwillkürlich, diese nur unwillkürlich; daher soll man niemand Vorwürfe machen.«[244]

Die Stoiker sind auf die Kontrolle der inneren Leidenschaften bedacht. Der Mensch hat die Aufgabe und die Pflicht, seine Ängste, Ärger, Hass und dgl. zu kontrollieren, um im Einklang mit der Natur zu leben. Da die Welt mit Vernunft beseelt ist, ist alles in ihr vernunftgemäß, und d.h. gut für den Menschen. Selbst Schicksalsschläge sind Naturereignisse und sollen von den Weisen ohne Protest angenommen werden. Die vernünftigen und tugendhaften Menschen befreien sich von den Leidenschaften, die Unglück produzieren. Die hellenistischen und römischen Stoiker vertreten diese orthodoxe Ansicht. Für die Stoiker ist Philosophie eine Übung, eine Übung in Sinne geistiger, spiritueller selbst-transformativer Tätigkeit. Es geht nicht bloß um eine rein theoretisch-philosophische Tätigkeit. Philosophie ist nicht abstrakte Theorie, sondern Bewältigung des Lebens.[245] Philosophisches Wissen ist zwar auch theoretisches Wissen, aber es erstreckt sich auf die Person des Philosophierenden und verändert diese Person. Der Philosoph verwaltet, kultiviert und unterrichtet dieses Wissen. Kein Bereich des menschlichen Lebens soll von dieser Expertise unberührt bleiben. So heißt es bei Plutarch: »Da die Philosophie Lebenskunst ist, ist es recht und billig, dass sie von keinem Spiel und von keinem Vergnügen ferngehalten wird, sondern dass sie überall dabei ist und Ordnung und Maß hinzuträt.«[246]

Für Seneca ist Philosophie die Quelle der Seelenruhe, für Epiktet die Kunst diese zu erreichen. Seneca geht sogar so weit, dass er anstelle einer moderaten Beherrschung der Leidenschaften eine völlige Elimination vorschlägt. An Lucilus richtet er die Worte. »Ich bemerke, Lucilus, dass ich mich nicht nur verbessere, sondern mich förmlich verwandle (me transfigurari). Zu gern würde ich dich daher an meiner so plötzlichen Verwandlung teilnehmen lassen.«[247] Interessant ist hier, dass Seneca von einer ›plötzlichen Verwandlung‹ spricht. Einer

---

[244] Mark Aurel: Selbstbetrachtungen XII/12.
[245] Vgl. Hadot S. 15 ff.
[246] Zit. in: Hadot S. 182.
[247] Ibid. S. 182. Vgl. die kritischen Ausgaben der *Epistulae morales* in Beltrami, A. (Hg.), Brescia 1937; Meyer, F. (Hg.), Münster 1953; Reynolds, L. D. (Hg.), Oxford 1969.

Verwandlung, die ganz ähnlich den plötzlichen Wandlungen in Nirvana, Moksha, Mukti, Satori und Atman-Brahman-Unzweiheit sind. In eine andere Richtung weist die Lehre von Sextus Empiricus mit seinem Skeptizismus als Lebensweg. Seiner Lehre von der Urteilsenthaltung geht eine logisch-epistemologische Erörterung einer Natur der Argumentation voraus. Auch wenn Sextus das Ziel der Ruhe und Friedlichkeit ins Zentrum stellt, verwendet er die medizinische Analogie nicht so oft wie die Epikureer und die Stoiker (siehe zur medizinischen Analogie weiter unten).

Gegenwärtigkeit

Die Bewusstmachung des ewigen Entstehen-Bestehen-Vergehens, die Anerkennung der eigenen und allgemeinen Vergänglichkeit, bedeutet mutig der Einsicht ins Gesicht zu blicken: was gewesen ist, ist nicht mehr und wird nimmermehr; was da kommen wird, ist noch nicht da. Einzig von erfahrbarer Wirklichkeit ist, was das Gegenwärtige und der vollzogene Augenblick erfahrbar machen. Denn dann, einem Worte Goethes Faust folgend, schaut der Geist nicht vorwärts, nicht zurück, die Gegenwart allein ist unser Glück.

Anhand der symbolischen Figuren Helena, dem Symbol »der antiken Schönheit in ihrer besänftigenden Gegenwärtigkeit«, und Faust, dem Symbol »des modernen Menschen in seinem nie endenden Streben«, skizziert uns Hadot das antike Zeiterlebnis.[248] Dabei erörtert er das idealisierte Bild, das viele von der antiken griechischen Seele haben und das zu dekonstruieren er sich fortwährend anschickt. Das Denken der Antike hat einen auszeichnenden Sinn für Gegenwärtigkeit ausgebildet. Und in der Tat ist allen philosophischen Überlegungen dieser Zeit nicht nur eine tiefe Verwunderung über die Zeitlichkeit, sondern auch eine tiefe Zuneigung zur Gegenwärtigkeit gemein. Hadot geht jedoch mit romantisierenden Skizzen scharf ins Gericht und bezeugt die nicht mindere Angst der Antike vor Vergänglichkeit und Zukünftigem. Bei der besungenen, insbesondere durch die Weimarer Klassik stilisierten Gegenwärtigkeit des antiken Denkens handelt es sich vielmehr um ein philosophisches Ideal, nach dem innerhalb des Lebensvollzuges gesucht wurde. Die antike Phi-

[248] Ibid. S. 104.

losophie brachte dabei gänzlich unterschiedliche Wege und Verständnisse hervor, welche den Einzelnen von der Angst der Vergangenheit zu befreien und eine befreite Anwesenheit in der Gegenwart zu erreichen suchen.[249] Denn sie war sich bewusst, dass Zeitlichkeit, die Angst vor der Vergänglichkeit, mit der Angst vor Tod, Isolation und Sinnlosigkeit synonym ist und der Umgang mit Lustbarkeit und Sinnlichkeit eben diese Angst thematisiert – in der Erfüllung der Begierde erfahren wir tiefe Gegenwärtigkeit, in ihrer Beherrschung erfahren wir Sinnhaftigkeit.

Epikur betont die Erfüllung der Begierden. »Die Stimme des Fleisches spricht: Nicht hungern, nicht dürsten, nicht frieren! Wem aber dies alles zuteil wird oder wer gewiß nicht darauf hoffen darf, der kann sich an Glückseligkeit selbst mit Zeus messen.«[250] Doch selbst der vermeintlich lustbetonte Epikureismus ruft nach einem Maß der Beherrschung, dass nur realiter vollziehbare und erfahrbare Begierden überhaupt gedacht und auch angestrebt werden. »Man soll nicht aus Gier nach fernen Gütern die nahen gering achten, sondern bedenken, daß auch diese einmal zu den sehnlich erwünschten gehört haben.«[251] Ähnlich halten sie es mit der (erotischen) Lust; diese ist in einem Maße von erstrebenswertem Charakter, indem sie auch nachhaltig lustbringende Gedanken hervorbringt. »Reiner empfindet bestimmt der Vernünftige jene Genüsse als ein an Liebe Erkrankter. Am Höhepunkt einer Umarmung nämlich beginnt die Begierde des Liebenden unstet zu wallen, Augen wie Hände erkennen nicht länger ein Maß im Genießen.«[252] Die Lust selbst unterliegt dabei nicht den Maßregeln der Zeitlichkeit. Vielmehr taucht hier das Kernelement

---

[249] Ibid. S. 106–111.

[250] Epikur: Aphorismen und Fragmente, zit. in: Werle, J.: Epikur für Zeitgenossen. München 2002, S. 28.

[251] Ibid. S. 29.

[252] Antike Quellen zur Philosophie Epikurs: Lukrez, Ibid. S. 63. »Aber man sollte die Bilder verscheuchen, die Liebe nicht länger nähren, auf andere Ziele die Leidenschaft lenken […] sollte indes das Begehren nie sparen für eine Person nur, dadurch mit Sicherheit Sorge und Qual sich auf Dauer bewahren! Wird solch Geschwür noch genährt, so verschlimmert es sich, ja nistet tiefer sich ein, der Wahnsinn verstärkt sich täglich, die Schmerzen steigern sich, stillst du nicht gleich den Kummer durch frischere Reize oder betäubst ihn schon vorher durch wechselnde Liebesgenüsse – oder verstehst es, den Trieb in ganz andere Bahnen zu zwingen! Nicht zu verzichten braucht auf Früchte der Venus, wer jedes Übermaß meidet und straflos Freuden dem Überschwang vorzieht.« Ibid.

des Epikureischen Denkens auf, nämlich, dass die Tatsache der Vergänglichkeit und die Nähe des Todes immer schon auf die Gegenwart verweisen. Auf das Gegenwärtige, das Präsente verweisen in dem Sinne, die Freuden nicht zu verschieben und den Augenblick dankbar entgegenzunehmen und ihn zu vollziehen. »Der Tod ist für uns ein Nichts, denn was der Auflösung verfiel, besitzt keine Empfindung mehr. Was aber keine Empfindung mehr hat, das kümmert uns nicht.«[253] Es ist eben dies das Vollziehen des Augenblickes, nicht unbedingt in dem Sinne, als sei er der letzte, als vielmehr in voller Anerkennung seiner Originalität. Es ist auch dieser tiefere Gedanke der Vergänglichkeit des Augenblicklichen und des Vergänglichen überhaupt und nicht etwa eines oberflächlichen Hedonismus, der in Horaz' Mahnung an Leuconoe Niederschlag findet: *Dum loquimur, fugerit invida aetas: carpe diem, quam minimum credula postero.* Noch während wir hier sprechen, ist uns bereits die knapp bemessene Zeit entflohen: Genieße den Tag, und vertraue möglichst wenig auf den morgigen!

Bei den Stoikern stellt die Gegenwart sowohl die Grenze zwischen Vergangenem und Zukünftigen dar als auch ein Verhältnis zum eigenen Bewusstsein. Daher zieht die Stoa eine wachsame bzw. achtsame Haltung als Konsequenz, welche auf die eigene Handlungsmöglichkeit bedacht ist und all jenes ins Reich des Spekulativen verbannt, was eben nicht in der eigenen Macht steht. Denn vielmehr ist das Glück in jeder Gegenwärtigkeit bereits enthalten. Glück, d.i. das sittlich Gute und das Tugendhafte, also die Dinge, die aus der Partizipation der Allvernunft erschlossen werden. Hadot, und dies gilt hier festzuhalten, beschreibt Stoizismus und Epikureismus als entgegengesetzte Haltungen, welche gleichermaßen Teil unseres innerlichen Erlebens sind. Auch hier ein Maß der Mitte finden heißt, beide Anteile, die der Freude und die der Disziplin, als je schon eigene Anteile zu begreifen, anzuerkennen und zu kultivieren.[254]

Philosophie im antiken Sinne hat diesen Ereignis-Charakter, sie ist lebendiger Vollzug, fortwährende Praxis und nie endende Übung; sie zielt auf die Umkehr (conversio) des Denkenden und seine Achtsamkeit sich selbst gegenüber. Philosophische Umkehr, philosophi-

253 Ibid. S. 17.

254 Die Begierde an sich ist nicht schlecht, ihr (willenlos) nachzugeben, ihr zu unterliegen ist schlecht.

sche Besinnung meint eine tragische Befreiung, denn sie entreißt dem Denkenden seine vertrauten und alltäglichen Verhältnisse und wirft ihn ganz zurück auf sich und sein Gegenüber, den Anderen: »Für den existentiellen Denker stellen Banalität und Oberflächlichkeit in der Tat eine Lebensnotwendigkeit dar: Es geht darum, mit den Menschen in Kontakt zu bleiben, auch wenn diese unbewusst leben.«[255]

Das Ziel der (philosophischen) Umkehr, der Konversion, der Besinnung und der Seelenruhe (Ataraxia) verbindet die Schulen der Antike. Wir bleiben Hadot in der Entdeckung der Lebensform und der zu kultivierenden Einstellung philosophischen Lebens verbunden. Das Lebenswerk Hadots ist die Dekonstruktion der modernen Romantisierung und Ideologisierung des antiken Denkens und die Freilegung der ganzen Folgerichtigkeit, mit der das antike Denken das *Denken verpflichtet*. Wie deutlich wird und was wir hier zum Ausgang nehmen, hat das antike Philosophieren zwei Haltungen geprägt: auf der einen Seite die mündige Wahl und konsequente Praxis einer Lebensform, die Weisheit und Seelenfrieden sucht und nicht zu besitzen (geschweige denn zu entdecken) behauptet, und auf der anderen Seite die Bedeutung und die Dankbarkeit gegenüber einer freundschaftlichen Zwischenmenschlichkeit. Der Dialog, das freundschaftliche Gespräch zum Zwecke der eigenen und gemeinsamen Besserung und die Kultivierung der Verzichtleistung durch Selbstbeherrschung und Selbstzurücknahme sind die Botschaft des antiken Denkens. Hadot hat diese freigelegt und liefert den Gedanken einer Philosophie, die dem eigenen Denken und dem Anderen darin verpflichtet bleibt.

---

[255] Hadot S. 147.

5. Reflexiv-meditative Übungen zur gleichberechtigten Sonderstellung des Menschen im großen Haushalt der kosmischen Natur oder wider die Anthropozentrik[256]

> Wer sagt uns, daß die Welt auf die Menschen und seine Geschichte hin angelegt ist und nicht auch ohne uns sein könnte, nicht aber der Mensch ohne Welt, in der er und durch die er überhaupt da ist.
>
> Karl Löwith[257]

Die Frage nach der Sonderstellung des Menschen im »kosmischen Haushalt der Großen Natur« kann in zwei Arten gelesen werden, als die Frage nach *der* Sonderstellung oder als die Frage nach *einer* Sonderstellung. Die reflexiv-meditativen Übungen, die hier vollzogen werden, vertreten die zweite Lesart und sind skeptisch bis ablehnend der ersten Lesart gegenüber. Denn in einer bestimmten Weise sind alle Gattungen der Naturwesen unverwechselbar einzigartig. Und gerade in dieser je eigenen Einzigartigkeit haben sie *eine*, nicht aber *die* Sonderstellung, die als etwas Transzendentales, Apriorisches, Natur- oder Gottgewolltes dasteht. M. a. W. verträgt sich eine solche Lesart einer Sonderstellung des Menschen mit der Idee und Überzeugung eines gleichwertigen Eingebettetseins der menschlichen Gattung in den Haushalt der Großen Natur. Denn alle Gattungen unterliegen dem großen Gang des miteinander vernetzten dreiteiligen Wandels aller Dinge: Entstehen-Bestehen-Vergehen.

Ein jedes Reden über Therapie und therapeutische Wirkung, ist ein Formulieren anthropologischer Grundaussagen. Denn was dem Menschen »gut tut« und was ihn »krank macht«, richtet sich nach unserer Auffassung davon, wie der Mensch überhaupt ist. Ebenso verhält es sich mit der Bestimmung dessen, was Philosophie ist. Philosophie ist selbst nicht nur der Weg, die beständig die Stellung des Menschen zu eruieren, sie stellt auf diesem Weg auch die Frage an sich selbst, mit welchen weiteren Aufgaben sie betraut ist. In diesem Kapitel wollen wir die reflexiv-meditative Übung einführen, die Sonderstellung des Menschen im Kosmos zu befragen. Diese wird uns weiter unten wieder begegnen. Das selbsttherapeutische Potential

---

[256] Vgl. zur vertiefenden Lektüre Mall, R. A.: Mensch und Geschichte. Wider die Anthropozentrik, Darmstadt 2000.

[257] Löwith, Karl: Mensch und Geschichte, in: Sämtliche Schriften, Band 2, Stuttgart 1983, S. 346–376; hier S. 376.

liegt darin, eine Einstellung zur je eigenen Stellung im Lauf der Dinge zu finden. Diese Einstellung zu finden, entschärft sowohl den Konflikt zwischen Natur und Kultur und der Pluralität darin als auch unser Hadern mit der eigenen Vergänglichkeit und Nichtigkeit angesichts der Gleichgültigkeit der kosmischen Natur.

Das Natur-Sein kennt eine nahezu unendliche Vielfalt der Formen. Unser menschliches Bewusstsein ist mit all seinem Reichtum nur eine davon. Kultur ist zwar nicht Natur, aber sie ist auch nicht ohne sie. Der Wille zur Sonderstellung ist ein menschlicher Traum, eine Sehnsucht des Menschen. Diese Sehnsucht läuft heute (möglicherweise *insbesondere* heute) Gefahr zu einer »Sucht« zu werden, wenn der Mensch beherrscht wird vom Willen zum Beherrschen. Der Wissensvorsprung des Menschen mit seinen Kulturleistungen scheint einherzugehen mit dem Vergessen des Gebots der Gegenseitigkeit und der Verflochtenheit im großen Haushalt der kosmischen Natur. Der Mensch hat sich nicht der Natur enthoben und lebt emanzipiert in »reiner Kultivierung«. Der Weg von der Natur zur Kultur und von Kultur zur Natur, ist keine Einbahnstraße – Natur und Kultur gehen Hand in Hand und sind kaum voneinander zu trennen.

Sehr zu Recht schreibt der Anthropologe Philippe Descola: »Die Unmöglichkeit der Modernen, ihre Beziehungen zur Vielfalt des Existierenden mit Hilfe einer umfassenden Beziehung zu schematisieren, nimmt eine fast tragische Wendung, wenn sie der Versuchung gegenüberstehen, mit den Nichtmenschen eine wirkliche Gegenseitigkeit einzugehen.«[258] Dieser Wert der Gegenseitigkeit nimmt die Selbständigkeit der Menschen nicht weg.

Philosophie als Therapie nimmt alle Dimensionen der Selbstständigkeit des Menschen in den Blick. Sein Verhältnis zu sich selbst ist nicht weniger essentiell als sein Verhältnis zur Natur, denn diese kann er ebenso wenig abgelegen. Das therapeutische Moment liegt in der Befriedung der Konflikte zwischen Natur und Kultur sowie zwischen Menschlichkeit und Natürlichkeit. Für den Einzelnen bedeutet es die Befriedung des Konflikts mit der eigenen Natürlichkeit. So wie

[258] Descola, Philippe: Jenseits von Natur und Kultur, Frankfurt a. M. 2013, S. 573 f. In der lesenswerten Studie *Vom Leben und Sterben in Amazonien. Bei den Jívaro-Inidanern.* (Frankfurt a. M. 2011), erzählt Descola, Schüler des Ethnologen Claude Lévi-Strauss, von der Selbstverständlichkeit der Verbundenheit von Natur und Kultur und zeigt uns die Möglichkeit auf, unsere *selbstverständliche* Trennung von Natur und Kultur in Frage zu stellen. Vgl. dazu auch die Arbeiten des Philosophen Bruno Latour, zuletzt Latour, B.: Reset Modernity!, hrsg. v. Leclercq, C., Cambridge 2016.

wir in der Anthropologie das Verhältnis des Menschen zur Natur befrieden, befrieden wir in der philosophischen Besinnung das Verhältnis des Einzelnen zu seiner Natur. Selbsterkenntnis und Selbsterforschung haben zum Ziel, das eigene Vermögen und Unvermögen zu erkennen und in ein wissendes Tun zu übersetzen. Was wir mit der Reifung der Introspektion zu erreichen suchen, ist nicht weniger als das herauszufinden, was *natürlich* zu mir gehört. Es ist gleichermaßen Teil der Frage: »Wer bin ich?« Womöglich ist es hilfreich, die Fragen der Anthropozentrik und der Egozentrik als Spielarten derselben Frage zu betrachten: Gelingt uns eine (gleichberechtigte) Beziehung zu dem mit uns Existierenden? Gelingt uns gewaltfreies und gleichberechtigtes Mit-Sein? Friedrich Nietzsche machte daraus weniger eine Frage als eine Aufgabe:

»Über ›mich‹ und ›dich‹ hinaus! Kosmisch empfinden! […] Meine Aufgabe: die Entmenschung der Natur und dann die Vernatürlichung des Menschen, nachdem er den reinen Begriff ›Natur‹ gewonnen hat.«[259]

Die Frage nach dem Verhältnis von Mensch und Kosmos pendelt zwischen den Alternativen: für einen Anthropozentrismus oder wider einen Anthropozentrismus. Oder möglicherweise für einen Kosmozentrismus? Wenn Zentrismus, dann eher Kosmozentrismus. Wenn wir das Verhältnis zwischen Mensch und Kosmos bestimmen wollen, können wir einen der beiden folgenden Wege wählen: Entweder geben wir unserem kosmischen Eingebettetsein den Vorrang und nicht dem Geist, ohne jedoch dabei die geistig-kulturellen Errungenschaften des menschlichen Denkens zu schmälern oder zu ignorieren, oder wir stellen den Geist über die kosmische Verbundenheit mit dem Ergebnis, dass wir immer auf der Suche nach einer besonders privilegierten Stellung, nach einer *nur* menschlichen *Kultur*geschichte im Kosmos sind. Ob dieses Ansinnen nicht doch dem Willen einer Selbsterhöhung gleichkommt, bleibt zu bedenken. Denn wenn ein

[259] Nietzsche, Friedrich: Sämtliche Werke, Studienausgabe in 15 Bänden, Colli, G. und Montinari, M. (Hrsg.), KSA 9, München 1980, S. 443 u. 525. Wir werden weiter unten das *anthropische Prinzip* bei Nietzsche und die Bedeutung der Lebensform angesichts dieses Prinzips noch einmal ausführlicher bedenken. Im Kapitel *Friedrich Nietzsche: Die Ethik und Lebensform der ewigen Wiederkehr* können wir einen Ausblick auf die ethisch-moralischen Implikationen angesichts einer vermeintlichen Sonderstellung des Menschen versuchen, da Nietzsche einer der schärfsten Kritiker des Menschen Umgang mit der Natur ist. Auch wird noch einmal deutlich werden, was es heißen kann, die Besinnung auf das eigene und des Menschen Verhältnis zur Natur, zur meditativ-reflexiv-transformativen Übung zu machen.

solcher (menschlicher) Wille gepaart mit Machtpotentialen, die Natur der menschlichen *Be*herrschung unterstellen, dann wird es zu einem »lose-lose-Geschäft« werden. Denn dabei wird nicht nur die Natur, sondern auch der Mensch in eine schicksalshafte Leidenschaft gezogen. Daher könnte eine Kontemplation unseres Verhältnisses zur Natur heilende Wirkung entfalten und den Konflikt des Menschen zwischen seiner Kultürlichkeit und Natürlichkeit befrieden. Das Verhältnis könnte sich vielmehr partnerschaftlich gestalten und zur Realisation einer friedlicheren und gemeinnützigeren Ökologie helfen. Man darf schließlich niemals vergessen, dass Ökologie und Ökonomie synonym zu betrachten sind. Eine Wirtschaftsform denken heißt, eine Lebensform denken. Und als solche ist sie immer eingebettet in ihre natürliche Umgebung und die Ressourcen die sie da vorfindet. Eine Ökonomie klärt vornehmlich das Verhältnis und den Umgang mit den ihr zur Verfügung stehenden Ressourcen. Ferner könnte eine solche Kontemplation zur Folge haben, dass wir *Selbst*beherrschung üben und die Natur, und nicht nur die Natur, nicht *zu sehr* instrumentalisieren. Denn nichts ist *nur* Instrument.

Die zentrale anthropologische Frage ist, als was wir den Menschen sehen (und bereit sind zu sehen): Ist er primär ein Naturwesen oder ein von Gott geschaffenes Wesen, ein geschichtliches Wesen oder ein kulturelles Wesen? Je nachdem, wie wir diese Fragen beantworten, fallen unsere anthropologischen Entwürfe aus. Was der Mensch sei, sage ihm nur seine Geschichte. Diese Ansicht Diltheys[260] kann jedoch nicht bedeuten, dass der Mensch in seiner Geschichte restlos aufgeht. Er hat Geschichte, *ist* sie aber nicht. Auch wenn die Menschen Geschichte machen, sind sie ihr doch zugleich ausgesetzt. Diese Unverfügbarkeit der Geschichte wird als Diskrepanz zwischen den Intentionen und den tatsächlichen geschichtlichen Ereignissen erlebt. Man könnte sagen: Die Ergebnisse laufen unseren Erwartungen immer hinterher. Die Ist-Zustände beklagen wir, die Soll-Zustände entwerfen wir.

Auch hier ist eine Selbstbescheidung hinsichtlich eines »Machbarkeitswillens« angesagt. Fortschritte und Rückschritte kann es geben; jedoch nur partikular innerhalb eines großen Ganzen. Dieses große Ganze selbst kennt weder »Fortschritt« noch »Rückschritt«.

---

[260] Dilthey, W.: Der Aufbau der Geschichtlichen Welt in den Geisteswissenschaften, hrsg. v. Groethuysen, B., Gesammelte Schriften, Band 7, Stuttgart ^{2}1958, S. 279.

Es kennt nur Entstehen, Bestehen und Vergehen. Das menschliche Bewusstsein sollte das Eingebettetsein in das Ganze nicht nur »intellektuell« erkennen, sondern sich demnach verhalten. Bewusstsein ist eine Form des Naturseins, nicht umgekehrt.[261] Menschen, die sich mit Descartes immer noch als »Meister und Besitzer« der Natur verstehen, sagt die griechische, chinesische, indische oder indianische Verbundenheit mit dem Kosmos nicht zu. Denn diese Verbundenheit ordnet sowohl den Menschen als auch seine Geschichte dem ewigen Lauf des Entstehens und Vergehens unter. Wer zu sehr auf *(s)eine* Sonderstellung pocht, endet melancholisch.[262] Aus dem Geist der phänomenologischen Methode, das heißt jenseits aller Hypostasierungen und Konstruktionen, gehen wir in dieser Untersuchung von einem Primat der Wahrnehmung aus, mit dem Ziel, das je eigene Widerfahren und Verhalten in den Mittelpunkt zu stellen. Und dies im Geiste einer ethischen Verpflichtung, Mensch und Natur gegenüber.

In der klassischen chinesischen Philosophie wird oft von zwei Wegen gesprochen: von dem des Himmels und dem des Menschen. Wobei der Weg des Himmels einen Vorrang behält. In unserem Zusammenhang sind der Weg der Natur und der des Menschen nicht zwei sich gabelnde Wege. Ist der Weg der großen Natur die Hauptstraße, der Hauptstrom, so sind die Wege des Menschen (und auch die der anderen Lebewesen) die vielen Nebenstraßen und Nebenströme, die sich von dem Hauptstrom abzweigen und doch immer wieder zu ihm zurückfinden. Der Mensch stellt einen Knotenpunkt von Natur und Kultur, von Mythos und Logos dar. Einen Knotenpunkt i. S. eines gleichberechtigen Zusammenfließens von Natur und Kultur. Der Mensch mit seiner Geschichte ist nicht unabhängig *von* der Natur, sondern unabhängig *in* der Natur. Der Mensch ist sowohl Gestalter

---

[261] Der natürliche Gang der Dinge: Entstehen, Bestehen, Vergehen, enthält selbst keine immanente, essentielle Verpflichtung ethisch-moralischer Art. Wir entdecken in der Natur, im kosmischen Haushalt keine idea innate einer ethisch-moralischen Verpflichtung. Diese Verpflichtung des Menschen, einen gleichberechtigten Platz in diesem Haushalt einzunehmen, muss von ihm selbst entdeckt, entwickelt und kultiviert werden. Und dies erlernt er in der Internalisierung und Realisierung der Unparteilichkeit der Natur.

[262] Melancholisch angesichts der Resignation vor der Unparteilichkeit der Natur, oder aber er endet in gewaltsamen Handeln gegen die Natur (und gleichsam gegen sich selbst) in Widerspruch und Rebellion gegen diese ihre Unparteilichkeit. Schadet der Mensch der Natur, so schadet er sich zugleich selbst.

der Geschichte als auch ein von der Geschichte Gestalteter. Er ist kein Knecht der Natur, aber ebenso wenig ist er ihr Herr.[263]

Beide Grundideen, die einer planmäßigen Veränderbarkeit der natürlichen und gesellschaftlichen Welt und die der geistigen Vervollkommnung des Menschen, finden ihre Grenzen an der Großen Natur, die alles duldet außer einer radikalen Zurückweisung ihrer selbst. Daher soll weder ein simples »Zurück zu Natur« noch ein alleiniges »Zurück zur Kultur« propagiert werden. Es geht um ein »Zurück zur Natur« *durch* und *mit* und *in* der Kultur. Es ist verbunden mit der Einsicht in die unaufhebbare Schicksalsgemeinschaft aller Wesen im Haushalt der Großen Natur. Dies könnte auch ein Weg zur Überwindung unseres »Unbehagens in der Kultur« sein.[264]

Es ist eine seit Menschengedenken unbestreitbare Erfahrungstatsache, dass es eine Asymmetrie gibt zwischen Fragen und Antworten, Problemen und Lösungen, und dies zugunsten der Fragen und der Probleme. All unsere Versuche zielen auf die Herstellung eines Gleichgewichts zwischen Problemen und Problemlösungen, wenn nicht das Erreichen eines Zustandes der »Fragelosigkeit«. So scheint dem Denken sowohl ein *befreiendes* als auch ein *tragisches* Moment innezuwohnen. Befreiend, weil die menschliche Vernunft in ihrer Autonomie nichts zulässt, was dem Denken qua Denken nicht einleuchtet. Tragisch, weil die Vernunft die Fragen, die sie selbst aufwirft, nicht zufriedenstellend (nämlich letzgültig) beantworten kann. Schon Kant hatte auf einen ähnlichen Zustand der Vernunft hingewiesen. Das Melancholische an unserem Denkgeschäft ist Folgendes: Mit dem Denken geht es eher schlecht als recht, aber ganz ohne geht es gar nicht.

Der menschliche Wissensvorsprung im Reich der Natur ist und bleibt eine großartige Leistung. Er bringt jedoch eine ethische Verpflichtung mit sich, die über den Veränderungswillen hinausgeht. Es gilt heute mehr denn je, den schicksalshaften Dualismus, den Riss zwischen Kulturmensch – Naturmensch, zwischen Natur-Sein und Bewusst-Sein zu überwinden. Die Theorie und die Praxis eines un-

---

[263] Vgl. Mall, R. A.: Anthropologie zwischen Mythologie und Aufklärung – Der Mensch zwischen Mythos und Logos, in: Hestia. 1984/85, Märchen, Mythen und Symbole, Bonn 1985, S. 21–36.

[264] Freud, S.: Das Unbehagen in der Kultur, Stuttgart 2012. Könnte die von uns vorgeschlagene Einsicht (und ihre Einübung und Realisierung) des gleichberechtigten Eingebettetseins in die Natur auch das von Freud beschriebene (naturalistische und kulturpessimistische) Unbehagen lindern?

abwendbaren Verbundenseins der Natur mit der Kultur sind jenseits der Dualität »Natur *contra* Kultur« angesiedelt.[265]

Es kann keine philosophische Anthropologie im Singular geben – der Mensch ist nicht auflösbar in *einen* Grundbegriff – und sie dekliniert sich seit Menschengedenken plural. Es gibt eine fast unüberschaubare Vielfalt kultureller Ausprägungen. Keine dieser Ausprägungen kann den Anspruch erheben, alleinig richtig und letztgültig zu sein. Ein solcher Anspruch käme einer Gewaltsamkeit gleich. Eine interkulturell orientierte Anthropologie öffnet unsere Augen für Differenzen, für Diversität, und betrachtet diese nicht als Bedrohung, sondern als Reichtum und trägt damit zur Bildung eines interkulturellen Humanismus bei. Dies führt zu einer Neubesinnung auf die Kategorien wie z. B. Menschenwürde, Menschenrecht, Menschenpflicht, Tierrecht u. a. Die neueren evolutionsbiologischen Forschungsergebnisse haben deutlich gemacht, dass zwischen Menschen und Menschenaffen wie z. B. Schimpansen, Gorillas und Bonobos keine strikte und eindeutige Grenze gezogen werden kann und sollte. Dies wirft die Frage nach den Tierrechten auf. Es gibt nicht wenige Menschen, die eine Parallele zwischen Kinderrechten und Tierrechten sehen. Die Achillesferse des Ganzen ist und bleibt der Mensch selbst. Und er bleibt es kraft seines Wissensvorsprungs und allem, was damit zusammenhängt. Mit dem Aufkommen der Naturwissenschaften, vor allem der biotechnologischen und neurobiologischen

[265] Dies bedeutet, erneut am Stachel eines formal-logischen Dualismus zu ziehen, welcher kaum Übereinstimmung mit unserer Lebenswelt findet und der unsere Wissenschaftskultur in vielerlei Gestalt durchzieht. Die Kognitionswissenschaftler und Philosophen Francisco Varela, Evan Thompson und Eleanor Rosch formulierten sehr prägnant: »Sofern es uns nicht gelingt, diese Gegensätze [Natur vs. Kultur, formallogische Wissenschaft vs. gelebte Erfahrung, Geistes- vs. Naturwissenschaft, Vf.] zu überwinden, wird sich die Kluft zwischen Wissenschaft und Erfahrung in unserer Gesellschaft weiter vertiefen. Keines der beiden Extreme [Naturalismus vs. Kulturalismus, Vf.] eignet sich als Basis für eine pluralistische Gesellschaft, in der sowohl die Wissenschaft als auch die Vielfalt der unmittelbaren Erfahrung ihren Platz finden müssen. Leugnen wir in der wissenschaftlichen Selbstanalyse die Wahrheit unserer Erfahrung, ist das nicht nur unbefriedigend, sondern wir nehmen der wissenschaftlichen Selbstanalyse auch ihren Gegenstand. Unterstellen wir dagegen, daß die Wissenschaft nichts zum Verständnis unserer Erfahrung beiträgt, geben wir möglicherweise das Ziel, uns selbst zu verstehen, im Kontext der Moderne einfach auf. Erfahrung und wissenschaftliches Verständnis sind wie zwei Beine, ohne die wir nicht laufen können.« Varela F., Thompson E., Rosch E.: Der Mittlere Weg der Erkenntnis. Der Brückenschlag zwischen wissenschaftlicher Theorie und menschlicher Erfahrung, München 1995, S. 32.

Forschungen, erlebt das Selbstverständnis des Menschen eine nie dagewesene Herausforderung, die den Menschen zur übermütigen Fehlhandlung oder aber zur Selbstbescheidung führen kann. Das urphilosophische Thema: Leib und Seele, Geist und Materie ist heute nicht mehr Hoheitsgebiet der Philosophie.

Die These von einer grundsätzlichen Einbettung der menschlichen Gattung in eine größere Natur darf nicht reduktiv-naturalistisch traktiert werden. Es ist zwar wahr, der Mensch ist zweifelsohne ein Teil der Natur. Es ist aber nicht wahr, dass er darüber hinaus nichts ist. Seine Fähigkeiten wie Sprache, Denken, Reflexion, Normen usw. sind nicht zufriedenstellend und ausschließlich durch Physik, Biologie und Chemie zu erklären. Das Bewusstsein, ein Mängelwesen zu sein, trennt die Menschen von den Tieren dahingehend, dass der Mensch sich unaufhörlich mit den instabilen und brüchigen Selbst- und Weltentwürfen beschäftigt. Kein rein naturalistisches Unternehmen wird der Normativität des Geistigen ganz gerecht. Auch hier macht sich das Phänomen der Emergenz bemerkbar. Die verbreitete Rede von Tier- und Kinderrechten hat zwar die Tiere und die Kinder zum Adressaten, aber diese sind nicht eigentlich die bestimmenden Instanzen. Der Mensch ist parteiisch, wenn er von den Menschenrechten als Naturrechten spricht, denn es geht beim Terminus »Naturrecht« nicht um die Rechte der Natur, was naheliegender wäre, sondern um Rechte der Menschen, die der Mensch von Natur aus besitzt. Der Gebrauch des Ausdrucks »Natur« ist hier zweideutig. Recht verstanden sind die zumeist fälschlicherweise primitiv genannten Naturreligionen die besseren »Naturrechtler«, denn sie erkennen Rechte an, die die Natur von sich aus besitzt.[266]

Auf der Suche nach dem *Sinn des Lebens* thematisiert William James die natürliche Religion und meint, dass hier die Natur zu sehr, ja sogar ausschließlich positiv besetzt wird. Diese Haltung lehnt er

---

[266] Es soll jedoch nicht der Eindruck entstehen, dass das gleichwertige Eingebettetsein in den Haushalt der Natur ohne Wenn und Aber etwas Nachahmenswertes darstellt. Dem ist nicht so. Denn Natur ist nicht nur wohltuend, sondern ebenso gewalttätig. Und Kultur ist eine nicht zu schmälernde Errungenschaft. Die Sonne spendet nicht nur wohlige Wärme, sondern kann auch verbrennen. Nicht selten wird die Frage gestellt, ob Mutter Natur nicht doch sehr janusköpfig sei, vergleichbar mit den zwei Gesichtern der indischen Göttin Kali. In seinem Buch *Zunge zeigen* »zeichnet« Günther Grass die zerstörerische Seite dieser Göttin. Vgl. Grass, Günter: Zunge zeigen, Darmstadt 1988. Können, sollen oder dürfen wir die Große Natur ohne weiteres zu einem Ideal, zu einer Lehrmeisterin machen und unbedingt in unser Verhalten übersetzen? Unsere Antwort fällt im Ganzen mit einem eindeutigen *»Jein«* aus.

vehement ab. »Es gab Zeiten«, schreibt er, »in denen Philosophen wie Leibniz unter ihren riesigen Perücken Theodizeen entwerfen konnten und wohlbestallte Kirchendiener ausgehend von der Funktionalität der Herzklappen und der Eleganz des Hüftgelenks die Existenz eines ›moralischen und intelligenten Schöpfers der Welt‹ beweisen konnten. Aber diese Zeiten sind ein für alle Male vorbei.«[267] Die heutigen Menschen, meint James, kennen die Erklärungen der Naturwissenschaften sehr gut und sind unbefangen in ihrem Urteil über die Natur. Die Adjektive gut, göttlich, mütterlich, wohlwollend sind heute nicht mehr ohne Einschränkung angebracht. Denn die Natur enthält das nachahmenswerte Gute ebenso wie das abscheuliche Böse.[268]

Wer dennoch nur Göttliches hinter der Natur annimmt, betreibt eine spekulative Metaphysik und vernachlässigt sträflich die menschlichen Erfahrungen mit der Natur. So ist James der Ansicht, und in diesem Punkte dem Ratschlag Buddhas gleich, uns in unserem Verhältnis zur Natur nach den Regeln einer Geschicklichkeit zu richten. Auf die Frage, ob es vielleicht doch einen göttlichen Geist des Universums gäbe, sagt James: »Entweder gibt es also keinen Geist, der sich in der Natur zu erkennen gibt, oder er gibt sich nur unvollständig zu erkennen.«[269] So ist eine Verehrung Gottes in der Gestalt der Natur heute kaum nachvollziehbar. Aus so manchem Blickwinkel lädt die Natur uns zum Theismus ein, in anderen jedoch ebenso zum Atheismus. Eine schicksalhafte Ambivalenz kennzeichnet anscheinend unser Verhältnis zur Natur. Schelling spricht eben dort von einer das Leben begleitenden Melancholie:

> »Dies ist die allem endlichen Leben anklebende Traurigkeit, die aber nie zur Wirklichkeit kommt, sondern nur zur ewigen Freude der Überwindung dient. Daher der Schleier der Schwermut, der über die ganze Natur ausgebreitet ist, die tiefe unzerstörliche Melancholie alles Lebens.«[270]

Philosophie kann sich nicht selbst genügen. Denn durch sie bestimmen wir unsere Verhältnisse. Unsere Beziehungen zu Mensch, Welt

[267] James, W.: Der Sinn des Lebens. Ausgewählte Texte, hrsg. v. Krämer, F. und Pape, H., Darmstadt 2010, S. 50.

[268] »Die sichtbare Natur ist vollkommen wandelbar und indifferent, man könnte sie eher als ein moralisches Multiversum bezeichnen denn als ein moralisches Universum. Einer solchen Hure sind wir keine Treue schuldig, mit ihr in ihrer Gesamtheit können wir keine moralische Verbindung eingehen.« Ibid.

[269] Ibid. S. 50.

[270] Zit. in: Steiner, G.: Warum Denken traurig macht, Frankfurt a. M. 2006, S. 7.

und Gott *denken* und *kultivieren* wir in der philosophischen Besinnung. Und ob die Klärung dieser Beziehungsgeflechte »gelingt«, hängt vom Ausgang dieser Besinnung ab. Dass die Philosophie ihren Zielen und Entwürfen – hier die Befriedung des Konflikts zwischen Natur und Kultur – hinterherhinkt (denn in der Theorie haben wir die meisten Probleme gelöst …), erzeugt das Gefühl der Melancholie. Melancholie angesichts dieses Sich-Entziehens der Wirklichkeit. Dieses Hinterherhinken, dieses tentative, approximative und unaufhörliche Im-Werden-begriffen-Sein der Philosophie, lässt die ganze Unfertigkeit allen Philosophierens erkennen. Die Beziehungen, die Philosophie zu ergründen und zu erklären hat, bringen stets ein Unbehagen mit sich. Der Lebenskäse, unser Leben in Natur und Kultur, hat immer ein paar Löcher. Das macht ihn zum Käse. Doch beständig sind wir bemüht diese Löcher, dieses Unbehagen und diese Melancholie im Leben kleiner zu machen. Es gehört zum Charakter dieser Melancholie, dass sie in »ewiger Freude der Überwindung« verbleibt. Ganz heilen werden wir die Melancholie angesichts des vitalen Treibens in der Natur nicht.

Die selbstkritische Anfrage lautet daher: Muss Philosophie Therapie sein? Kann sich das philosophische Denken nicht doch selbst genügen und so bei sich selbst »zuhause« und damit gleichsam zufrieden sein? Wie oft vernimmt man die Klage über die Philosophen, sie hätten doch schon längst Patentrezepte für alle Probleme der Lebenswelt? Wie oft hört man den Ruf, sie mögen diese Rezepte nicht in reiner Anschauung und in stiller Vergeistigung der Lebenswelt vorenthalten? Warum hapert es stets und immer wieder an der Praxis, an der Umsetzung all des gut Durchdachten?

Selbst das Denken, das meint mit sich selbst zufrieden sein zu wollen und zu können, beklagt sich, wenn die Rezepte nicht zum Tragen kommen. Es ist ein Gebot der Redlichkeit: Will das philosophische Denken seine Autonomie behalten und keine wesentlichen Anleihen machen z. B. bei Theologie oder Physik und anderer außerphilosophischer Instanzen, so muss und soll es »denkend handeln« und »handelnd denken«. M. a. W. bedingen sich Philosophie und Therapie und setzen einander voraus. Im Zentrum stehen dabei die Fragen, Probleme, Nöte und Sorgen der Menschen. Menschen, die nicht nur rein intellektuelle Rezepte suchen, sondern gangbare Auswege. Wenn Philosophieren eine kritische, rationale Tätigkeit durch und in der Erfahrung ist, verbunden mit dem Ziel der Lösung von Problemen und der Erfüllung von Mängeln, dann verdient Philosophie als

Therapie bezeichnet zu werden. Freilich darf man auch hierbei weder das Philosophieren noch das Therapieren dogmatisch dingfest machen. Denn der Gang der Erfahrung lässt neue Formen des Philosophierens und Therapierens offen, prüft sie kritisch und lässt sie zu, wenn sie helfen, den »Schleier der Schwermut« zu lüften.

Da Philosophie uns keine eindeutige, einstimmige Antwort auf unsere Frage gibt, steht uns selbstverpflichtend frei, die Philosophie mit der Aufgabe zu betrauen, Denk- und Lebensweg zu sein. Diese Auffassung von Philosophie erlaubt uns, das Zusammenfließen von Denken und Handeln, Theorie und Praxis, Reflexion und Meditation als das zentrale Anliegen eines *tätigen* Philosophierens zu begreifen.

II. Indische Philosophie. Am Zusammenfluss von Denkweg (Jnanaprapti) und Lebensweg (Phalaprapti)

1. Philosophie als Therapie im indischen philosophischen Denken

> Das vorherrschende Anliegen aber ist dort (Indien) – in auffallenden Gegensatz zu den modernen westlichen Philosophen – nicht die Information, sondern die Transformation: eine grundlegende Wandlung der Natur des Menschen, wodurch er ein neues Verständnis sowohl für die Außenwelt wie für sein eigenes Dasein gewinnt; eine so gründliche Wandlung, dass sie, wenn sie gelingt, einer völligen Bekehrung oder Wiedergeburt gleichkommt.
>
> Heinrich Zimmer[1]

Auf die Frage: Warum philosophiert der Mensch? gibt es und muss es unzählige Antworten geben. Nur zwei, uns hier interessierende Antworten sind die indische und die griechisch-europäische. Freilich gibt es nicht *die* verbindliche »indische« oder »europäische« Antwort; denn die Antworten variieren nicht nur interkulturell, sondern ebenso und nicht minder intrakulturell. Für den indischen Geist ist die Existenz, die Erfahrung des Leides, die eigentliche Geburtsstätte des philosophischen Denkens. Das Wort Leid (Dukha) ist ein pan-indisches (*all*-indisches) Wort und steht nicht nur für Leid in seinen unzähligen Formen, angefangen von körperlich-leiblichen bis hin zu den psychischen. Es geht auch um die Gründe, welche das Leid verursachen. Ferner geht es um ein grundsätzliches Unbehagen, das der Mensch empfindet, wenn er denkt, dass die Dinge der Welt, die Welt schlechthin, nicht so sind, wie sie sein sollten. Diesen Hiatus zwischen Sein und Sollen gilt es zu minimieren und sogar zu überwinden.[2]

---

[1] Zimmer, Heinrich: Philosophie und Religion Indiens, Frankfurt a. M. 1961, S. 19f.

[2] Das indische Denken platziert Ethik als die Vermittlungsinstanz zwischen Denken und Erkennen auf der einen und dem tatkräftigen Handeln auf der anderen Seite. Dies

Die erste edle Wahrheit in der Lehre Buddhas unterstreicht gerade die Wahrheit des Leides. Im Gegensatz oder in Ergänzung dazu ist für den griechischen Geist das Staunen einer der Ursprünge des philosophischen Denkens. Ob das Staunen selbst eine Form des Leides ist oder sein kann, mag umstritten sein. Die Frage ist, ob auch ein allwissendes Wesen wie Gott staunt. Eine bejahende Antwort fällt schwer. Für den indischen Geist ist auch die Unwissenheit (Avidya) eine Art des Leidens. Daher das Streben nach der Überwindung des Leidens. Alle indischen Schulen, sie mögen im Detail noch so unterschiedlich sein, stimmen hierin überein. Philosophie als ein Weg der Befreiung vom Leid zielt daher auf eine reflexiv-meditative Lebensform, die eine gründliche Transformation mit sich bringt. Dies deutet darauf hin, dass Erkenntnis, Wissen (Jnana) und Üben (Abhyasa) des Wissens eine tatkräftige Gemeinschaft bilden, wie der Lahme und der Blinde. Hierauf werden wir noch zurückkommen.

Unabhängig davon, ob es gesicherte, lückenlos nachweisbare Kontakte zwischen Indien und Griechenland gegeben hat oder nicht, scheint eines jedoch unbestreitbar zu sein, nämlich das es grundsätzliche Ähnlichkeiten und erhellende Differenzen zwischen diesen beiden Traditionen gibt. Für uns ist hier die Auffassung der Philosophie als einer Kombination von Denk- und Lebensweg von besonderem Interesse. Bei Herodot ist von einem Indienreisenden namens Skylax von Karyanda um 520 v.Chr. zu lesen, der im Dienste der Perser stand. Aristoteles nimmt Bezug auf ihn, wenn er in seiner *Politik* von »Kshatriya«, Anhänger der zweiten Kaste, als der obersten herrschenden Klasse spricht. Dass sich im Feldzug des Perserkönigs Xerxes gegen die Griechen um 479 v.Chr. indische Soldaten und Bogenschützen befanden, ist heute anerkannt.

Der Skeptiker Pyrrhon von Elis (um 360–270 v.Chr.), der in seiner Philosophie asketische Züge zeigt, soll als Mitreisender im Alexanderzug in Indien gewesen sein und den Wanderphilosophen, Asketen und nackten Predigern (Gymnosophisten) begegnet sein. Die frappierenden Ähnlichkeiten zwischen ihm und z.B. Sanjaya und

gilt sowohl für das Hindu-Denken als auch für das buddhistische Denken. Denn beide gehen von der Erfahrungstatsache der leidvollen Existenz des Menschen aus, verbunden mit dem Wunsch dieses Leiden (in der Welt) zu überwinden. Um dieses Ziel zu erreichen, geht das »indische« Denken sowohl rational, logisch und analytisch als auch meditativ i.S. geistiger Übungen vor.

Nagarjuna belegen dies.[3] Oft bringt man die pythagoreische Seelenwanderungslehre (Metempsychosis) mit der Wiedergeburtslehre (Puanarjanma) in Verbindung. Die Alleinheitslehre der Upanishaden weist eine verblüffende Verwandtschaft mit der Lehre des Einswerden mit dem Ur-Einen bei Plotin (um 205–270) auf. Der Grieche Megasthenes lebte als Gesandter des Diadochen Seleukos Nikator einige Jahre in Indien (um 302 v.Chr.) und soll Angehöriger aller Religionen und Denkschulen getroffen haben. Unter anderem wohl auch die asketischen Wanderlehrer (Shramans). Die Felsenedikte des buddhistischen Kaisers Ashoka (um 300–230 v.Chr.) bezeugen den frühen Kontakt beider Kulturen.

Sehr bedeutsam sind die in der Weltliteratur bekannt gewordenen Dialoge zwischen dem griechisch-baktrischen König Menandros (pli: Milinda) und dem buddhistischen Mönchphilosophen Nagasena über einige der zentralen Themen der Philosophie. Nach dem Rückzug und Zerfall des Reiches Alexanders des Großen in Indien regierte Menandros um 120 v.Chr. das heutige Afghanistan und Teile Nordindiens. Diese Gespräche nehmen auch fachphilosophisch einen hohen Rang ein. Leider waren sie dem Westen damals noch nicht bekannt.

Es ist wahr, dass auch die europäische Philosophie, hauptsächlich die griechische und die römische, Philosophie als eine Lebensform begreifen. Hadot hat dies glaubhaft nachgewiesen. Auch in der modernen Philosophie gibt es Philosophen, die Philosophie nicht nur als einen Denkweg, sondern ebenso auch als einen Lebensweg ansehen. Persönlichkeiten wie z.B. Schopenhauer, Nietzsche, Jaspers, Wittgenstein u.a. belegen dies wie wir weiter unten sehen werden. Das, was die indische Philosophie besonders auszeichnet, ist Folgendes: Selbst die veda-kritischen und ablehnenden atheistischen Schulen der indischen Philosophie wie z.B. Buddhismus und Jainismus gehen davon aus, dass Philosophie ein Lebensweg sei mit dem Ziel einer endgültigen Befreiung. Selbst die Schule des indischen Materialismus (Lokayata), die jede Transzendenz ablehnt, Bewusstsein als ein vom Körper unabhängiges Etwas ablehnt, nicht an Karma-Lehre glaubt, auch nicht an Wiedergeburt und an Gott und an eine unsterbliche Seele,

[3] Vgl. Matilal, B. K.: Logical and Ethical Issues of Religious Belief, Calcutta 1982, S. 61ff. Vgl. Schmiedl-Neuburg, H.: Graeco-Indische Begegnungen. Die Pyrrhonische Skepsis und die Indische Philosophie, in: Zeitschrift für Kulturphilosophie 8/2014.

lehrt im Sinne der Erlösung ein irdisches Leben mit so viel Freuden wie irgend möglich. Die jenseitigen Kategorien werden, soweit auf Erden anwendbar, säkularisiert.

Überträgt man die wittgensteinsche Parabel von der im Glas gefangenen Fliege, die den Ausweg aus dem Fliegenglas sucht, auf das indische philosophische Denken, so sieht das Bild wie folgt aus: Der Mensch als Fliege gefangen im Fliegenglas, d.h. in *Samsara*, d.i. gefangen im Kreislauf von Entstehen-Bestehen-Vergehen, sucht einen Ausweg im Sinne der Befreiung, der Erlösung von diesem Rad von Geburt, Tod, Wiedergeburt und Wiedertod. Fast alle indischen philosophischen Schulen bieten ihren je eigenen Ausweg im Sinne einer Kombination von Philosophie als Denk- und Lebensweg an. Darin drückt sich die transformative Kombination von Wissen als Erkenntnisgewinnung (Jnanaprapti) und Wissen als Erkenntnisverwirklichung (Phalaprapti) aus.

Aus dem reichen Reservoir der indischen Philosophie wollen wir hier einige wenige exemplarische An- und Einsichten auswählen und diese kurz darstellen, kritisch besprechen und auf ihren therapeutischen, das Leben lenkenden und leitenden Ertrag prüfen.

»The central attraction of Buddhism for psychotherapy is its long concern with mind and with suffering, its analyses of mind states and its practices designed to instantiate health. It can offer to Western psychology not merely a description of mind but also methods of transformation and a definition of health which can help both to liberate the analytical approach from the psychology of sickness, the medical model of deficiency from which it arose, and to give theoretical foundation to the idea of intrinsic health espoused by Humanistic psychology […] Another important feature of the view of a Buddhist-inspired psychotherapy is its profound belief in the ›basic sanity‹ or unconditioned core of each person, in their Buddha nature, essentially unhindered by the adventitious forms, veils and obstructions which personal life, history and experience have imposed to it. This discriminates awareness as such and the structure of mind imposed upon it […] The emphasis of mindfulness and meditation […] supports the belief that there is no ultimate undivided self apart from our experience, and that there is a distinction both between awareness itself and the structures normally imposed upon it; between the reception of experience and reaction to it. Such a foundation leads on to the further belief that healing and value lie in the present, in the ability to be as open as possible to our embodied experience […].«[4]

[4] Watson, Gay: The Resonance of Emptiness. A Buddhist Inspiration for a Contemporary Psychotherapy, Delhi 2001, S. 243 ff.

Es ist das Eine Wahre, die Weisen geben ihm verschiedene Namen (Ekam Sad Vipra Bahudha Vadanti)[5]

Dieses vedische Diktum ist ein Plädoyer für Einheit ohne Einheitlichkeit. Freilich ist es sehr aphoristisch und enigmatisch, aber es bietet eine pluralistisch orientierte Hermeneutik, die eine Vielfalt der Interpretationen zulässt mit der die Warnung einhergeht, keine einzige von ihnen in den absoluten Stand zu heben. Der damalige Kontext war die Vielfalt der Götter, ob als Naturphänomene oder Naturkräfte. Der vedische Gläubige fühlte die Notwendigkeit eines harmonischen Prinzips hinter der Vielfalt. Die vedischen Seher sprechen von dem Einen (Tadekam) jenseits aller Analogien. Diese metaphysisch-religiöse Intuition lässt sich lebensweltlich rekontextualisieren und so auf alle Lebensbereiche übertragen.

Das vedische Diktum führt so verstanden zu einer Konzeption der Interreligiosität als einer Einstellung, die besagt, dass alle Religionen an dem Einen Wahren teilhaben, aber keine das Eine Wahre für sich ausschließlich beanspruchen kann und darf. Dies ist eine neue Auslegung der *religio perennis* (Sanatan Dharma). Ferner führt dieses Diktum zur Konzeption einer pluralistischen Theologie der Religionen. Im Bereich des Philosophischen führt dies zu einer neuen Konzeption der *philosophia perennis*, die ebenso keine philosophische Tradition, keine philosophische Schule für sich allein beanspruchen darf. Unter anderen vertritt insbesondere Karl Jaspers gerade eine solche Sicht der *philosophia perennis*. Angewandt auf das Politische führt dieses Diktum zur Konzeption einer pluralistischen Demokratie.

So weist dieses Diktum auf die heutige Situation übertragen eine philosophische, eine religiöse, eine politische und eine pädagogische Dimension auf. Die philosophische Dimension unterstreicht die ›orthafte Ortlosigkeit‹ der Philosophie, des philosophischen Denkens. Denn Philosophie, wenn sie konkrete Gestalt gewinnt, hat *einen* Ort und *eine* Kultur. Da sie aber in keiner Tradition restlos aufgeht, ist sie ebenso ortlos. Ihr Geist weht, wo er will. Unter religiöser, theologischer Dimension lässt sie, wie oben erwähnt, die eine *religio perennis* in allen Religionen präsent sein. Zugleich weist sie einen jeden Absolutheitsanspruch zurück. So plädiert sie für eine ›pluralistische Theo-

[5] Rigveda, 1, 164, 46: To What is One, Sages Give Many a Title, übers. v. Griffith, R. T. H., The Hymns of Rigveda, Vol. 2, Benares 1920.

logie der Religionen‹. Unter politischer Perspektive hält sie den Geist einer pluralistischen Demokratie hoch. Denn auch die politische Weisheit ist nicht der alleinige Besitz einer bestimmten Klasse, Gruppe oder Partei. Die pädagogische Dimension ist daher unseres Erachtens die wichtigste, weil sie die tätige Anerkennung der Ein- und Ansichten der jeweils anderen Perspektiven lehrt. In Erziehung, Bildung und Ausbildung diese Fähigkeit zu Dialog und Engagement *angesichts* der Vielfalt und Differenz vorzuleben, ist nach wie vor eine zentrale Herausforderung unserer Bildung. Der Unterricht im Umgang mit Fremdheit und Verschiedenheit der Denk- und Lebensweisen kann nicht früh genug beginnen.

Wer die tieferliegende Botschaft dieses vedischen Diktums in ihren weiteren Konsequenzen thematisiert, merkt zugleich, dass es der eigentliche Urboden für jegliche Formen der Toleranz ist. Dieses Diktum leitet für den Einzelnen eine kopernikanische Wende ein, indem es die eine Wahrheit, auf welchem Gebiete auch immer, als *die eine* Sonne sein und alle An- und Einsichten um sie kreisen lässt. Die vielen Wahrhaftigkeiten kreisen fortan um das eine Wahre, dass sie alle im Lichte des Wahr-Seins erscheinen lässt. Ohne den Begriff der Toleranz zu verwässern, plädiert es für eine ›wehrhafte‹ Toleranz und bekämpft eine jede Form der Intoleranz mit geeigneten (in jedem Sinne gewaltfreien) Mitteln.[6] Eine solche Einstellung, von dem einen

---

[6] Den Widerstreit der philosophischen Standpunkte (Nayas) hat es seit Menschengedenken gegeben. Die Jaina-Philosophen ihrerseits bemängeln nicht diese Vielfalt der Standpunkte, sondern die einseitige, selbstprivilegierende Verabsolutierung irgendeines bestimmten Standpunktes. Als philosophische Theoretiker der Mannigfaltigkeit brandmarken die Jaina-Philosophen in dieser Selbstverabsolutierung die Form der theoretischen Gewalt, die es zu vermeiden gilt. Auch die Jaina-Lehre von der Nichteinseitigkeit besagt daher, dass die Realität, die Wahrheit multipel ist. Die Standpunkte haben ihre je eigenen Situierungen und können und dürfen nicht bedingungslos gelten. In Rückgriff auf die Lehre der strikten Gewaltlosigkeit (Ahimsa) hat der Jaina-Stifter Mahavira (ca. 6. Jh. v. Chr.) die Lehre der Mannigfaltigkeit der Standpunkte auf eine hohe theoretische Ebene geführt – Gewaltlosigkeit hat ihren Ursprung in der Theorie und muss auch auf der theoretischen Ebene Anwendung finden. Vgl. Haribhadra: Anekantajayapataka, hrsg. v. Kapadia, H. R., Baroda: Oriental Institute 1940 Vol. 1; 1947 Vol. 2. »Mahavira carried this concept of non-violence from the domain of practical behaviour to the domain of intellectual and philosophic discussion. Thus the Jain principle of ›respect for the life of others‹ gave rise to the principle of respect for the views of others.« Matilal, B. K.: The Central Philosophy of Jainism (Anekanta-Vada), Institute of Indology, Ahmedabad 1981, S. 6. Offenheit und Toleranz anderen Ansichten gegenüber ist sowohl eine theoretische als auch eine praktische Tugend. Hierin liegt die eigentliche therapeutische Funktion der Jaina-Phi-

Wahren mit vielen Namen, erleichtert das Zusammenleben in jedem Bereich des Lebens, ohne der Beliebigkeit anheim zu verfallen.[7]

Die dreistufige vedantische und buddhistische Methodologie von Hören (Shravan), Nachdenken (Manana) und Meditation (Nididhyasana) auf dem Weg einer transformativen Erkenntnis

Nahezu alle indischen philosophischen Schulen sind der festen Überzeugung, dass das Böse ein Ergebnis unserer falschen Ansichten über die Natur der Wahrheit ist. Dies hat zur Folge, dass eine Überwindung des Bösen nur durch eine richtige Auffassung der Natur der Wahrheit erlangt werden kann. Auf dem Wege der Erlangung einer solchen Erkenntnis ist das rein theoretische Denken nicht ausreichend. So wird in den Upanishaden und im Vedanta eine Methodologie in drei Schritten vorgeschlagen: Zuhören (Shravana), Nachdenken (Manana) und Meditieren (Nididhyasana).[8]

Das erste dieser drei Stadien, Shravana, bezieht sich in dem damaligen Kontext auf das Studium der heiligen Texte und das Anhören des Lehrers. Rekontextualisiert müsste es heute heißen, zu lesen, zu lernen, sich zu informieren und anhaltende Gespräche zu führen und dergleichen mehr. Diese erste Stufe ist zwar eine notwendige, aber nicht hinreichende. Daher muss sie ergänzt und unterstützt werden durch die zweite Stufe (Manana), die wiederholte Erwägungen und kritische Reflexionen über das Gehörte und Gelesene bedeutet. Es geht hierbei um ein ununterbrochenes (selbst)kritisches Nachdenken.

---

losophie. Diese Lehre befreit uns von einer theoretischen und praktischen Form der Gewalt und stellt die Bedingungen für eine Philosophie des Kompromisses dar.

[7] Dieser Idee verwandt ist auch der Appell des Dalai Lama an die Welt, Ethik, das Primat der Gewaltlosigkeit und des friedlichen Miteinanders durch Mitgefühl, sei das Verbindende der Religionen und ginge der Religion voraus: »[…] tolerance is areligious and an intrinsic part of every religion«. Dalai Lama, in: The Times of India, TNN, 07.12.2015. Auch die Haltungen von Papst Franziskus (Jorge Mario Bergoglio) geben Orthopraxie (rechtes Handeln) Vorzug vor Orthodoxie (Rechtgläubigkeit im Sinne der Lehre). Vgl. dazu z.B. das Synodendokument *Amoris Laetitia* (2016) und Geyer, C.: Gewalt schlummert im Herzen der Religion, in: Frankfurter Allgemeine Zeitung, 02.12.2015.

[8] Sri Sankaracarya: Das Herz des Vedanta. Zusammenfassung der Kerngedanken sämtlicher Upanishaden, Sarva-vedanta-sidhanta-sara-samgrah, übers. v. Meyer, E. und Rentsch, C., Argenbühl-Eglofstal, 2007, S. 330–333.

Der Vollzug dieses zweiten Schrittes zielt auf das Erlangen einer kritisch durchdachten intellektuellen Überzeugung. Auch dieses zweite Stadium ist zwar notwendig, reicht selbst jedoch noch immer nicht aus und bedarf des dritten Schrittes, nämlich der Meditation (Nididhyasana), d.i. das Sich-zu-Eigen-Machen der intellektuellen Überzeugung (Verinnerlichung der Einsicht).

Freilich ging es damals in der Hauptsache um die Verwirklichung der Unzweiheit von der menschlichen Seele (Atman) und der allumfassenden Weltenseele Brahman. Methodisch und pädagogisch übertragen auf die heutige Situation heißt es: Soll das philosophische Denken zum Tragen kommen und Philosophie zu einer Transformation des Philosophierenden führen, so sind diese drei Schritte notwendige und hinreichende Bedingung für eine Philosophie als Lebensform. Die indischen Schriften stellen ausführlich die unterschiedlichen meditativen Übungen vor, die zum Erfolg führen. Dieser dritte Schritt stellt eigentlich die Krönung der beiden ersten Schritte dar, die ohne diese Muster ohne Wert wären, weil hierdurch das Wissen zur Tugend wird. Der Vollzug dieser drei Schritte zusammen verwandelt, transformiert den philosophisch Denkenden. Der vedantische Philosoph Shankara beruft sich wiederholt auf die Upanishaden und das Brahma-Sutra, um seine dreigliedrige Einteilung zu untermauern. Am Ende des Vollzugs aller drei Stufen steht das unmittelbare Schauen (Darshana) der Unzweiheit zwischen Atman und Brahman. Diese Realisation ist die Antwort auf die upanishadische Frage nach dem, durch dessen Wissen alles gewusst sein wird. Die drei Schritte, die Shankara zur Übung vorschlägt, beruhen auf sehr strengen argumentativen, logischen Erwägungen. Um zur Atmanschau zu gelangen, wird daher empfohlen:

»Man soll über ihn hören, über ihn nachdenken, über ihn meditieren; damit sind die Arten der Schau genannt worden. Dabei (bedeutet) ›Man soll über ihn hören‹, dass man durch einen Meister und durch die Shruti (von ihm hören soll). Man soll über ihn nachdenken (heißt) auf der Grundlage logischer Überlegung. Und in dem Zusammenhang wird als logische Überlegung bezeichnet die Nennung des Grundes für das (was in der Shruti-Aussage), dieses alles ist nur der ›Atman‹ (Chandyogya Upanisad VII, 25.2) behauptet worden ist, nämlich, dass alles allein mit dem Atman identisch ist, dass ein Entstehen allein aus dem Atman stattfindet und dass (sich alles) allein in den Atman auflöst [...]. Die Meditation wird so durchgeführt, wie es auf der Grundlage logischer Überlegung gedanklich entworfen und mittels logischer Überlegung und Überlieferung endgültig festgestellt worden ist; auf diese Weise ist eine Meditationsanweisung für sich allein sinnlos.«[9]

Die drei oben dargestellten Schritte auf dem Weg einer Vermittlung zwischen Denken und Handeln werden nicht nur in den Upanishaden und in der Vedanta-Philosophie Shankaras dargestellt und diskutiert, sondern ebenso im Buddhismus. In der kanonischen Schrift *Dighnikaya*[10] ist von »trividha Prajna« (der dreifachen Erkenntnis/Weisheit) die Rede. So spricht Nagarjuna in der Erläuterung der Prajna auch von drei Schritten. Diese sind erstens Shruti (Hören, gehörtes Wissen), zweitens Cinta (das Nachdenken über das Gehörte) und drittens Bhavana (das Meditieren über das schon Gehörte und Nachgedachte). Der Vollzug dieser drei Schritte führt zu einer grundlegenden Einstellungsänderung, die fast einer religiösen Bekehrung gleichkommt und die gesamte Persönlichkeit verändert.[11]

In einer zeitgemäßen Rekontextualisierung (z.B. ohne den metaphysisch-ontologisch-theologischen Hintergrund übernehmen zu müssen) ist diese dreistufige Methode des Hörens, Nachdenkens und der Meditation ein großer Schritt auf dem Wege einer selbsttherapeutischen Lebensform. Auch hier stellt sich die Frage, ob Reflexion erstens zu einer meditativen Erfahrung und diese zweitens zu einem Perspektivenwandel, d.i. zu einer Persönlichkeitstransformation, führt. Es geht hier also um eine Form geistiger Übungen.[12]

---

9 Brhadaranyakopanisad Bhasya II, 5. Einleitung; zitiert nach: Brückner, H.: Zum Beweisverfahren Sankaras, Berlin 1979, S. 179ff.

10 Dighnikaya, III, S. 219, in: Lindtner, C.: Nagarjuna. Studies in the Writings and Philosophy of Nagarjuna, Buddhist Tradition Series, Delhi 1990, S. 252 u. 269.

11 Dementsprechend kontextualisiert, empfehlen sich diese drei Schritte als eine pädagogische Leitidee, die Anwendung finden kann in Lehre und Unterricht, sodass dem Schüler in jedwedem Sinne dieser Dreischritt als ganzheitlicher Vollzug von Bildung nahegebracht wird.

12 Bei Nagarjuna heißt es: »Through morality, wisdom and dhyana [Meditation, Vf.] one must achieve Nirvana […] There can be no dhyana without wisdom; There can be no wisdom without dhyana.« Nagarjuna: Nagarjuna's Letter, übers. v. Geshe Lobsang Tharchin u. Artemus B. Engle, Dharamsala 1979 (2003), S. 113 u. 117.

Buddhas vier edle Wahrheiten oder der Weg von der Erkenntnis zur Anwendung der Erkenntnis

Die Lehre Buddhas beginnt mit der Feststellung und Beschreibung des Leidens und seiner Ursachen. Sie erarbeitet eine Epistemologie und Metaphysik der wahren Erkenntnis (Prajna) und schlägt eine Tugendlehre vor mit dem Ziel der endgültigen Leidlosigkeit. Zu Beginn sind die drei grundlegenden Übel zu nennen, die die Kette des Leidens verursachen: Gier (Lobha), Verblendung (Moha) und Hass (Dosa). Die Schrift Abidharma präsentiert uns eine moralpsychologische Analyse. Die metaphysisch-epistemologische Seite spricht von drei bzw. vier Dimensionen der Weisheit: Unbeständigkeit/Vergänglichkeit (pli: Annicca, san: Anitya), Entstehen in Abhängigkeit (Kausalität, Pratityasamutpada), Nicht-Selbst (pli: Anatta, san: Anatman), Leerheit (san: Shunyata). Der vierte Aspekt der Leerheit (Shunyata) ist eine Hinzufügung durch den Mahayana-Buddhismus. Ferner wird von vier notwendigen und ganz fundamentalen Tugenden gesprochen, die zur Befreiung vom Leid führen: 1. tätiges Mitgefühl/Zuneigung (san: Karuna), 2. Güte (pli: Metta, san.: Maitri), 3. Mitfreude/Empathie (Mudita), 4. Gleichmut/Gleichgewicht (pli: Upekkha, san: Upeksa). Schließlich ist dann von drei Schritten die Rede, die alle genannten Dimensionen zusammenbringen und so zum Ziele führen: 1. Weisheit/Einsicht (Prajna), 2. Ethische Gebote/Verpflichtungen (Shila), 3. Ein Bewusstseinszustand jenseits aller üblichen Bewusstseinszuständen (san: Samadhi, d.h. jenseits von Wachen und Träumen, jenseits aller Subjekt-Objekt-Dualität), der voller Ruhe ist.

Die Lehre Buddhas hat ihrem tiefsten Wesen nach eine therapeutische Intention.[13] Hierbei gilt es zu beachten, dass es für Buddha im strengen und engeren Sinne nicht um eine medizinische Behandlung mentaler Krankheiten geht. Für Buddha geht es um die Ursachenforschung und Behandlung tiefsitzender Frustrationen, Unzufriedenheiten und Verblendungen, die ihren Ursprung in unseren falschen Ansichten (Mithya Dristis), Überzeugungen und Wünschen haben. Gier (Trishna) in ihren diversen Formen, geboren aus Unwis-

[13] »Fortunately, the transformation of the psyche required for true virtue and happiness is possible so long as the philosopher equipped with a more expansive set of instruments than argument alone, plays the role of a trainer or physician for the soul.« Nussbaum, M.: The Therapy of Desire, zit. in: Flanagan, O.: The Bodhisattva's Brain, Cambridge 2011, S. 173.

senheit (Avidya), ist die Urquelle des Kampfes der Meinungen, der nicht selten in einen gewaltsamen Kampf ausartet. Die zentrale Bedeutung des Nachdenkens (Manana) unterstreicht Buddha, aber er betont immer wieder, dass das bloße Nachdenken nicht ausreicht. Die befreiende und heilende Erkenntnis ist nur durch die Verwirklichung der buddhistischen Lehre (Dharma) zu erfahren. So erhält Buddha den Titel des Großen Arztes.[14]

In dem *Alagaddupama Sutta* tadelt Buddha die fehlgeleiteten Menschen, die sich über seine Lehre, Aussagen und Reden informieren. Aber sie reflektieren und untersuchen nicht die eigentliche Bedeutung der Lehre. Dies führt dazu, dass sie das Ziel der Lehre verfehlen. Anstatt die Lehre in die Praxis umzusetzen und somit in der Praxis zu erfahren, benutzen sie diese, um die anderen Lehren zu kritisieren und in der Debatte überlegen zu sein.[15] Es geht hier, wie Buddhaghose (5. Jh. n. Chr.) deutlich sagt, um eine ›fehlgeleitete Motivation‹ intellektuelles Wissen zu sammeln.[16]

In der Philosophie Buddhas ist Erkenntnis ein Mittel zum Zweck. Sie ist nicht selbstgenügsam, weil sie praktische Einsichten enthält und diese müssen und sollen in eine Ausübung umgesetzt werden. Daher wird immer von einer Bewusstseinsumwandlung (Vijnana-Parinama) gesprochen, die eine unbedingte Voraussetzung für eine veränderte Lebensform darstellt. Buddha lehrt nicht die Zurückweisung aller Wünsche. Nur die Wünsche, die Leid verursachen, sollen kontrolliert, zivilisiert und in die richtigen Bahnen gelenkt werden. Nach Erlangung des Nirvana formuliert Buddha in seiner ersten Predigt die vier Wahrheiten (Catvari Aryasatyani), die ihm widerfuhren:

»Das Leiden (Dukha), diese edle Wahrheit, muss erkannt werden; die Entstehung (Samudaya) des Leidens, diese edle Wahrheit, muß vermieden werden; die Aufhebung (Nirodha) des Leidens, diese edle Wahrheit, muß ver-

---

[14] Vgl.: Theragatha, übers. in: Kenneth Roy, N.: Poems of Earl Buddhist Monks: Theragatha, Oxford 1997, S. 106. Milindapanha 334–336, übers. in: Rhys Davids, T. W.: The Questions of King Milinda, Part II, Oxford 1894, S. 216–220. Birnbaum, R.: The Healing Buddha, Shambala 2003, S. 179. Ganeri, J.: The Concealed Art of the Soul: Theories of Self and Practices of Truth in Indian Ethics and Epistemology, Oxford 2007. Udana 3.9, übers. in: Ireland, J. D.: The Udana: Inspired Utterances of the Buddha and The Itivuttaka: The Buddhas Sayings, Buddhist Publication Society 2007.
[15] Majjhim Nikaya, I, 132–142, übers. v. Nanamoli and Bodhi, Bosten 1995, S. 224–236.
[16] Ibid. S. 1208.

wirklicht werden; der zur Aufhebung des Leidens führende Weg (Marga), diese edle Wahrheit, muß geübt werden: so ging mir, ihr Mönche, über diese früher nicht vernommenen Dinge der Blick auf, ging mir das Verständnis, die Einsicht, das Wissen, das Schauen auf.«[17]

Im Gegensatz zu manch anderen Religionslehrern und Religionsstiftern ist Buddha auch Philosoph. Denn die Wahrheit, die er lehrt, hat ihren Ursprung im säkularen Erleben. Es ist die Erkenntnis (Jnana) und die unmittelbare Erfahrung (Anubhava), die Buddha zu einem Philosophen, religiösen Lehrer und Stifter macht.[18] Es geht bei Buddha nicht um unwiderlegbare Glaubenssätze, sondern um kritisches Denken und Prüfen. So ist der Buddhismus vier Dinge in einem. Er ist eine Religion im Sinne der Verbalisierung eines inneren spirituellen Erlebnisses. Er ist eine Philosophie, denn er formuliert systematisch ein erkenntnistheoretisches und logisches Denkgebäude. Er ist eine Psychologie, denn er stellt ein System der Selbstbeobachtung und Analyse dar und entwickelt Modelle, wie diese strukturell angelegt sind. Und er ist eine Moralphilosophie, eine Ethik, denn der Buddhismus lehrt das tiefe Empfinden einer Verwandtschaft aller Wesen (Karuna). Moral ist dabei weniger der Ausgangspunkt, vielmehr ist sie das Ergebnis einer Einstellung, die eine ganz andere Sichtweise zur Folge hat. Das große, kosmische Mitempfinden (Mahakaruna) ist in der Lehre Buddhas nicht bloß ein romantisches Gefühl der Verbundenheit. Es ist die Verbindung zweier Faktoren im Handeln des Einzelnen: Liebe, Wohlwollen, Mitempfinden (Maitri, Karuna) und Einsicht, Erkenntnis (Jnana, Prajna).

Schon diese erste Zusammenfassung der Lehre Buddhas macht deutlich, dass Wissen (Jnana) und Üben (Abhyasa) Hand in Hand gehen. Es geht um die Verwirklichung des Wissens. Die Probleme des Wissens, so rät uns Buddha, sollen so in Teile zerlegt werden (die Methode des Vibhajya), dass diese sich in einzelne Übungsschritte verwandeln und so zur ihrem eigenen Verschwinden beitragen. Dies heißt wiederum auch, dass Erkenntnis die bloße Ebene des Wissens verlässt und sich praktisch ›zeigt‹. Nur ›Sagen‹ allein ist nicht ausreichend.

Die Entstehung des Leidens kennt zwei Verankerungen. Auf der existentiell-praktischen Seite ist unser Durst (Trishna)[19] nach Leben

---

[17] Vgl. Frauwallner, E.: Die Philosophie des Buddhismus, Berlin 2010, S. 8.

[18] Vgl. Smart, N.: World Philosophies, Routlegde 2008, S. 6f.

[19] Trishna bedeutet Gier und ist Teil der ersten edlen Wahrheit. Als der unersättliche

daran beteiligt, dass wir durch unser Wollen eine Kette des Leidens verursachen. Auf der anderen, theoretischen Seite ist es unsere Unwissenheit (Avidya), die uns den Blick auf die Wahrheit versperrt. So ist das menschliche Verhalten ursächlich verknüpft mit unserer Lust, unserer Gier nach Leben. Zum Lebensdurst gehört nicht nur Leben und immer wieder mehr Leben, sondern auch eine Lust zu Destruktion und Vernichtung (Vibhavatrishna). Im Kampf gegen den Lebensdurst möchte Buddha nicht, dass wir einen Durst nach Vernichtung entwickeln, denn den Durst als solchen gilt es zu überwinden. Freilich ist unter Unwissenheit bei Buddha die Unkenntnis der vier edlen Wahrheiten gemeint. Rekontextualisiert könnte man sich darunter heute durchaus die Unkenntnis der »wahren« Sachverhalte vorstellen. Unsere Lebenswelt hat sich in mancherlei Hinsicht zu einem undurchdringlichen Dickicht entwickelt, welches trotz eines reichhaltigen Wissens von der Welt (oder gerade deswegen) beständig mehr überforderte Subjekte hervorbringt. Das Maß an Entzogenheit und Unbeherrschbarkeit der eigenen Lebenswelt scheint aus unterschiedlichen Gründen vermehrt zu einem Gefühl der Ohnmacht des Einzelnen zu führen. Unwissenheit umfasst so heute auch falsche Information, unzureichende Information, Nicht-Information, übermäßige Komplexität, zu viel (ungefilterte) Information und den Unwillen zu echter Mitteilung (Kommunikation im jaspersschen Sinne).

Der praktische Vollzug der theoretischen Erkenntnisse geschieht durch den edlen achtfachen Pfad (Arya-Ashtangika-Marga). Das Begehen dieses Pfades schwächt und lässt Daseinsdurst und Unwissenheit verschwinden. Diese Gebote sind im Wesentlichen vergleichbar mit den Tugendlehren der Antike und anderen indischen Systemen und weiteren religiös-theologisch motivierten Richtungen. Freilich ist Buddhas Tugendlehre rein humanistisch verankert mit dem soteriologischen Ziel der Leidensüberwindung und Erreichung eines Zustandes jenseits von Geburt und Tod. Diese acht Gebote werden in drei Gruppen geteilt: In der ersten Gruppe geht es um zwei Gebote, die auf Weisheit (Prajna) zielen: rechte Ansicht (Samyak Drishti). Rechte Ansicht besteht, positiv ausgedrückt, in der Erkennung und Anerkennung der vier edlen Wahrheiten der Lehre Buddhas. Negativ ausgedrückt geht es darum, dass man vier falsche

---

Durst nach Leben und Bedürfnisbefriedigung ist er jedoch ganz ursächlich für das Leid, d.h. für die erste edle Wahrheit überhaupt.

Ansichten aufgibt: 1. die Suche nach Beständigkeit im Unbeständigen, 2. die Suche nach Glück im Leidhaften, 3. die Suche nach Selbst im Nicht-Selbsthaften, 4. die Suche nach dem Schönen im Hässlichen. Die zweite Gruppe nennt sich Gebote des rechten Entschlusses (Samyak Samkalpa): 1. das rechte Reden (Samyak Vac) gebietet uns, nicht zu lügen und nicht zu schwatzen, 2. das rechte Verhalten (Samyak Karmanta) gebietet uns, nicht zu töten, nicht zu stehlen und nicht unkeusch zu sein, 3. die rechte Lebensführung (Samyak Ajiva) gebietet uns, keinen Beruf auszuüben, in dem anderen Lebewesen Schaden zugefügt wird (z.B. Waffenhändler, -exporteure, Metzger usw.), 4. die rechte Anstrengung (Samyak Vyayama): Hier geht es um die Erzeugung und Kultivierung der heilsamen Geistesregungen verbunden mit der Abwehr der unheilsamen. Darin sind, wie bereits erwähnt, vier mögliche Wege empfohlen: 1. Wehre die schon entstandenen unheilsamen Geistesregungen ab, 2. erzeuge die noch nicht entstandenen heilsamen Geistesregungen, 3. entdecke, pflege und entwickle die schon entstandenen Geistesregungen und 4. versuche die noch nicht entstandenen unheilsamen Geistesregungen nicht entstehen zu lassen. Rechte Aufmerksamkeit (Samyak Smriti), d.h. das Üben einer Achtsamkeit in Bezug auf alle somatischen und mentalen Zustände und Ereignisse und deren anhaltenden Bewusstheit. Rechte Sammlung (Samyak Samadhi) zielt auf Konzentrationsübungen, die uns von den sinnlichen, begrifflichen and anderen Begehrungen befreit.

Die letzte Gruppe ist in einer Hinsicht die wichtigste, denn es geht darin um Meditations- und Konzentrationsübungen, die eine Transformation mit sich bringen. Dazu gehören, wie oben ausgeführt, u.a. die vier Tugenden: Liebe allen Wesen gegenüber (Matri), Mitleid (Karuna), das große Mitfühlen (Maha-Karuna), Mitfreude (Mudita) und Gleichmut (Upeksa).

Nagarjuna legt den höchsten Wert auf die Aufhebung der Unwissenheit, denn sie soll letzten Endes die Quelle aller Verblendungen sein. Dies gelingt im Akt der meditativen Versenkung und Praxis verbunden mit dem höchsten Wissen (Prajna). Immer wieder betont Nagarjuna die Unentbehrlichkeit der praktischen Vollzüge. Für Nagarjuna ist daher Wissen zweierlei: auf der einen Seite ein theoretischer, intellektueller Vollzug und auf der anderen Seite ein praktisch-meditativer. Nagarjuna schreibt: »Wenn die Unwissenheit aufgehoben ist, entstehen keine (gerichteten) Regungen (Samskaras) mehr. Die Aufhebung der Unwissenheit aber hängt ab vom Wissen im praktischen Vollzug.«[20]

In der Lehre Buddhas geschieht die eigentliche Überwindung der Unwissenheit in einem meditativen Erlebnis (Anubhava). Daher die zentrale Rolle der diversen Meditationstechniken. Denn eine Theorie ohne Praxis ist lahm und eine Praxis ohne Theorie bleibt blind. Dieser Grundsatz gilt für alle Systeme des indischen Denkens, mögen sie theistisch oder atheistisch, skeptisch oder fatalistisch orientiert sein. Aus dem unendlich reichen Reservoir der Meditationsliteratur im Buddhismus sind exemplarisch zwei Meditationsformen von zentraler Bedeutung. Erstens eine Meditation, die auf eine Beruhigung, Ordnung, Kontrolle der reichhaltigen Palette der Leidenschaften, Wahrnehmungen, Empfindungen und diversen Formen der Zerstreuungen zielt. Diese nennt sich »Samatha«-Meditation, die für Sammlung (Samadhi) steht, ein Terminus, der für fast alle Meditationstraditionen gilt. Die zweite Form der Meditation nennt sich »Vipassana« und steht für einen Einstellungs- bzw. Perspektivenwechsel. Es geht darin um die Gewinnung einer alles transformierenden Einsicht, d.i. um einen Hellblick oder ›erlebtes‹ Sehen. Dieses (Ein)Sehen durchschaut die Vergänglichkeit aller *Dharmas*, d.h. den illusionären Charakter unserer Suche nach Beständigkeit. Hier steht eine Palette von meditativen Übungen zur Verfügung, angefangen bei Atemübungen und anderen körperlichen Techniken über unterschiedliche Formen der Visualisierung (Imagination) bis hin zur gegenstandslosen Leerheitsmeditation.[21]

Ein therapeutischer Vorzug liegt in einer solchen Meditation für jeden von uns, ganz unabhängig davon, ob wir das philosophische Gebäude des Buddhismus vollständig annehmen oder nicht. Denn es geht hier um eine meditative Praxis, die uns schrittweise befähigt, der Herr im eigenen Hause zu werden und zu bleiben.[22] Gerade in einer Zeit der Informationsüberflutung wie der unseren, kann eine solche Übung uns ein Kompass sein. Buddha ist ein Realist und ein Pragma-

---

[20] Weber-Brosammer, B., Back, D. M.: Die Philosophie der Leere. Nagarjunas Mulamdhyamaka-Karika. Übersetzung des buddhistischen Basistextes mit kommentierenden Einführungen, Wiesbaden 1997, Karika XXVI, S. 11.

[21] Vgl. dazu Nyanatiloka: Die Lehrreden des Buddha aus der Angereihten Sammlung: Angutara-Nikaya, 3. Auflage in 5 Bänden, Köln 1969.

[22] Denn ist es nicht eben das Verlieren oder das Entgleiten einer Herrschaft (Beherrschung, Beherrschbarkeit) im eigenen Hause, dass einige der Phänomene des Unbehagens, der Dissonanz, der Melancholie und der Entfremdung begründet?

tist und weiß genau, dass die Menschen stets voller Begehren sind. Er lehnt nicht so sehr das Begehren ab (welches nicht zuletzt ein naturgegebenes Phänomen des Menschseins ist), sondern lehnt vielmehr ab, dem Begehren ohne jede Kontrolle zu unterliegen.

Die soteriologische Rolle der Erkenntnis (Jnana) spielt eine zentrale Rolle in der Lehre Buddhas. Diese Richtung hat der Mahayana-Philosoph Nagarjuna vertreten. Er ist Kritiker sowohl der nichtbuddhistischen Schulen als auch der innerbuddhistischen Schulen. Nagarjuna betont stets den praktischen Aspekt der theoretischen Erkenntnis. Der Argumentationsweg und die Lebensführung gehen so Hand in Hand. Meditierend sollen die argumentativen Erkenntnisformen zum Tragen kommen. So ist Nagarjuna ein Vertreter von Philosophie als Lebensform, in voller Anerkennung der logisch-philosophischen argumentativen Strenge.[23]

Nagarjuna und seine Philosophie am Zusammenfluss von Denk- und Lebensweg

Mit Recht wird manchmal auf eine philosophisch-argumentative Verwandtschaft zwischen Nagarjuna und Hume hingewiesen. Im Zentrum der humeschen Philosophie steht der Gedanke einer Seele als »Bündel« von stets im Werden begriffenen Bewusstseinszuständen. Für Hume ist das Ich in der Hauptsache und in theoretisch-philosophischer Hinsicht ein Bündel. Als Moralphilosoph und Ethiker schöpft Hume seine ›Bündeltheorie‹ jedoch nicht ganz aus, auch wenn er uns rät, nicht bei einem reinen ›Philosoph-Sein‹ stehen zu bleiben. In diesem Zusammenhang spricht Yoel Hoffmann zurecht von der Inkonsequenz, Hume habe seine Bündeltheorie moralphilosophisch nicht angewendet.[24]

Werden im Folgenden vornehmlich die ethischen Dimensionen der Philosophie Nagarjunas aufgezeigt, so tritt das Anliegen *Philosophie als Therapie* keineswegs zurück. Vielmehr liegt dem der Gedanke zugrunde: das Ethische *ist* das Therapeutische. Ethik, die das spezi-

[23] Und dies sind die zwei Flügel der Philosophie, von denen Karl Jaspers spricht. Der eine ist das mitteilbar Allgemeine in den philosophischen Texten, der andere ist die je eigene Existenz, die transformative Selbstwerdung, die den Texten erst ihren eigentlichen Sinn verleiht.

[24] Vgl. Hoffman, Y.: The Idea of Self East and West. A Comparison between Buddhist Philosophy and the Philosophy of David Hume, Calcutta 1980.

fische und bewusste Handeln untersucht, ist auf das Therapeutische, das Wohltuende, hin angelegt. Ethik ist nicht bloß analytische und formal-definitorische Arbeit, sondern eine konkrete, das menschliche Verhalten leitende und lenkende Instanz, die der Transformation harrt. *Therapeutisch* ist (oder wirkt) die angewandte Form des Ethischen. Hier findet die Transformation, die Änderung der Person statt, nämlich vom *nur ethisch denken* zu *auch ethisch handeln*. So entdeckt sich das Ethische/Therapeutische als Selbstzweck. Nagarjuna denkt diesen Gedanken in beachtenswerter Tiefe.

Nagarjuna wird zu Recht als Logiker, Philosoph, Ethiker und Pazifist bezeichnet. Außerdem ist er ein ›radikaler Dekonstruktivist‹, der in seiner Schrift *Mulamadhyamakakarika* sagt, Buddha habe nichts gepredigt und dennoch seinen Hörern aufgetragen, ein *grenzenloses* Wohlwollen (Mahakaruna) und die *vollkommene* Weisheit zu üben. Trotz seiner Lehre von der Leerheit des metaphysischen Fragens, ist er jedoch kein Nihilist. Er bleibt nicht bei seinen Dekonstruktionen stehen und überlässt das »Wie« des ethisch-moralischen Lebens nicht dem Zufall, der Beliebigkeit, kontingenten Machtfaktoren und dergleichen mehr. Seine »dreieine Lehre« – 1. Entstehen in Abhängigkeit (Pratityasamutpada), 2. Leerheit (Shunyata), 3. Nirvana – hat eine Einsicht (Prajna) zur Folge. Diese Einsicht besteht u. a. darin, dass Bedingtsein und Unbedingtsein ihre rein diskursive Dichotomie verlieren. Die Frage nach einer absoluten, unbedingten Wahrheit findet ihre Befriedigung in der Einsicht, dass das Unbedingte nicht etwas ist, was neben dem Bedingten zu suchen und zu finden wäre. Die allumfassende Bedingtheit ist selbst das Unbedingte. Daher fallen für Nagarjuna ›Samsara‹ und ›Nirvana‹ zusammen. Das Unbedingte zu realisieren bedeutet daher nicht die mundane Sphäre zu verlassen, sondern einzusehen: wer das Unbedingte hinter den Bedingtheiten sucht, läuft einer selbstverschuldeten Illusion hinterher. Hat man dies einmal eingesehen, so lebt man zwar immer noch in dieser Welt der Widersprüchlichkeit von Bedingtheit und Unbedingtheit und den daraus resultierenden Konflikten; aber man hat die Quelle dieser Konflikte erkannt und ist nicht länger ›verblendet‹, sondern auf dem Weg zu Mitgefühl, Mitleid und Wohlwollen allen Wesen gegenüber. Sehr zu Recht meint der Buddhologe Ramanan, dass vollkommene Weisheit und universelles Wohlwollen als die zwei Seiten eines ›integralen‹ Lebenslaufes anzusehen sind.[25] Die Geschick-

[25] »Perfect wisdom and universal compassion come to be emphasized as the two ina-

lichkeit des Nicht-Haften-Bleibens als der Weg der Shunyata in Denken und Leben, behält bei Nagarjuna oberste Priorität. Nagarjunas Brief mit ethisch-moralischen und friedenspolitischen Ratschlägen an seinen Freund und König Gautamiputra belegt dies.[26]

Der Buddha soll während seiner Predigten und in seinen anschließenden Diskussionen gesagt haben: Nicht ich streite mit der Welt, die Welt streitet mit mir. Möglich, dass Nagarjuna sich daran erinnert, als er seine Schrift *Vigrahvyavarrtani* schreibt. Denn in dieser Schrift handelt er ab, wie man alle Dispute abwehrt und Zeit findet für Ruhe und Frieden. Frieden für sich, für die anderen, für die Welt und für alles, was es gibt im großen Haushalt der Natur. Der Philosoph Nagarjuna wollte auch ein Friedensstifter sein, denn sein erwähnter Brief an seinen königlichen Freund ist ein Beleg hierfür. War Nagarjuna ein ethisch-moralisch motivierter politischer Philosoph? Mahatma Gandhi mag davon eine Ahnung gehabt haben, als er stets für eine Moralisierung der Politik plädierte, dafür lebte und auch starb.

Sehr oft wurde und wird immer noch die Frage gestellt: Wenn nach Nagarjuna alle *Dharma*s leer (Sarvadharmashunyata) sind, wie ist eine ethisch-moralische, sozialpolitische und spirituell-religiöse Praxis möglich? Die Frage, ob eine ethische und religiöse Katechetik überhaupt möglich ist, wird ebenfalls gestellt.[27]

Auf der anderen Seite kann man den Logiker und Philosophen Nagarjuna von dem Ethiker und Moralphilosophen nicht trennen. Denn seine logischen, erkenntnistheoretischen und intellektuell-phi-

---

lienable phases of the integral course of the life of the wise.« Ramanan, K. Venkata: Nagarjuna's Philosophy, Delhi 1978, S. 31.

[26] Vgl. Nagarjuna's Letter, Dharamsala 1979, S. 23 ff. Nagarjuna schreibt an anderer Stelle: »The Muni [der Weise, wörtl. »der der schweigt«, Vf.] declared reliance upon a spiritual teacher to be the fulfilment of a religious life, hence, rely upon the wise, as did the many who attained peace through the Jina [Sieger i. S. v. Erleuchteter, Befreiter].« Der Weise rät zum Vertrauen in einen spirituellen Lehrer, der ein erfülltes religiöses Leben anleiten kann. Und folglich ist dem Weisen derart zu vertrauen, dass in diesem Vertrauen Frieden gefunden wird, wie es schon viele getan haben. Nagarjunas Rat an die Könige erlaubt daher einen Vergleich mit Platons Philosophenstaat. Und gleichsam wie Platon nimmt Nagarjuna den Weisen in die Pflicht, seine Verantwortung wahrzunehmen. Mit dem Unterschied, dass bei Platon Philosoph und König eine Person ist, betont Nagarjuna das Dialogverhältnis zwischen den Philosophen und den Königen. Ibid. S. 84.

[27] Wäre das Primat des Ethischen so nicht auch das Gebot für im Dienste des Zusammenlebens stehende Disziplinen wie Ökonomie und Politik?

losophischen Leistungen – allen voran seine Lehren von Pratitysamutpada, Shunyata und Nirvana – tragen den Auftrag der Selbsttransformation immer schon in sich.

Stellen wir einige Fragen und versuchen also von dem Logiker und Philosophen Nagarjuna zu dem Ethiker und Moralphilosophen eine Brücke zu bauen. Kann die ›dreieine Lehre‹ – die essenzielle Vernetztheit vom abhängigen Entstehen, Leerheit und Nirvana –, die zumal die Substanzlosigkeit aller Dharmas [d.i. das Entbehren einer Substanz *aller Dinge*] predigt, uns auch dazu führen, dass wir eine ethisch-moralisch-religiöse Haltung und Praxis entwickeln? Eine Praxis, die angesichts der Leerheitserfahrung uns von unserem Anhaften an den Dharmas befreit?

Wir möchten eine bejahende Antwort versuchen, verbunden mit der Unentscheidbarkeit und Unentschlossenheit, ob diese Überzeugung *logisch* von der Theorie deduzierbar ist. Kann es Menschen geben, die angeben, die Leerheit eingesehen zu haben, aber dennoch ethisch-moralisch keine Altruisten, sondern Egoisten sind?[28] Freilich kann Nagarjuna einem solchen »egoistischen« Menschen vorhalten, dass er sich irre, wenn er die Lehre von der Leerheit aller Dharmas eingesehen zu haben glaubt und dennoch nicht zu einem ethischen Verhalten für das Wohl aller Menschen (Sarvajanasukhaya) gelangt ist. Ist diese Antwort Nagarjunas eine bloß apriorische Behauptung? Geht es bei Nagarjuna bloß um eine analytische Aussage? Verfährt Nagarjuna tautologisch, indem er das Prädikat ›ethisch-moralisch-zu-sein‹ zu einem konstitutiven Merkmal der Leerheitserfahrung macht? Debattiert man nicht bis heute, ob Wissen wirklich (ohne weiteres) Tugend ist? Die Frage der Vermittlung, sowohl i.S. des *Logischen* als auch des *Pädagogischen*, meldet sich hier zu Recht.

Nagarjuna hat in dem Sinne Recht, dass er die ethisch-moralischen Verhaltensweisen, die kritikwürdig und kritikbedürftig sind, nicht für unveränderlich hält. Und dies ist in der Tat eine Konsequenz

---

[28] Wir möchten uns Owen Flanagans Frage anschließen, abseits Nagarjunas, doch seiner Lehre folgend, ob die Realisation der Leerheitserfahrung eine notwendige und nicht hinreichende Bedingung ist für das Realisieren von Wohlwollen allen Lebewesen gegenüber. »What are the relations between wisdom, virtue, and happiness – three sides of a human life well lived, a human life with the right sort of structure? […] Philosophical reflection […] aims for truth and truthful speaking about flourishing, it aims at wisdom, not proof, deduction, or demonstration, not a set of theorem-like recipes for how to live well.« Flanagan, O.: The Bodhisattva's Brain. Buddhism Naturalized, Cambridge 2011, S. 203f.

aus der Leerheit aller Dharmas. Es gibt seit Nagarjunas Zeiten eine Debatte darüber, ob Nagarjuna ein Mönch, ein Anhänger der alten, klassischen Hinayana-Schule gewesen sei oder ob er ein Anhänger der Mahayana-Schule, der »Weisheitslehren« (Prajnaparamitasutren) sei. Seine Schriften *Shrllekha* (»Brief an einen Freund«) und *Ratnavali* (»Kostbare Girlande«), die im Original Sanskrit heute nicht mehr vorhanden und nur von den chinesischen und tibetischen Versionen her erreichbar sind, machen deutlich, dass Nagarjuna in der Tat die reine Theorie nicht so hochschätzt und immer wieder die Verbindung herstellt, zwischen dem, was philosophisch möglich ist, und dem, was aus diesem philosophisch Möglichen bzw. Unmöglichen für den Handelnden folgt.

In seinem Brief an den König geht es Nagarjuna in der Hauptsache um das Primat der tugendhaften Handlungen und Verhaltensweisen. Diese sind in einer Hinsicht sogar wichtiger als alle Errungenschaften der Weisheit, es sei denn, Weisheit bringe notwendigerweise eine Transformation des Menschen mit sich. Weisheit ist gut, aber ihre Umsetzung ist besser. Dies führt im Geiste der Philosophie Nagarjunas dazu, dass man von einer Vernetzung von Weisheit (Prajna) und Mitgefühl (Karuna) ausgehen muss. Wie die zwei Flügel eines Vogels gehören Mitgefühl und Weisheit zusammen und ermöglichen nur so den gewünschten Flug. »Compassion without wisdom is bondage, and wisdom without compassion is just another form of bondage.«[29] Es ist im Ganzen richtig, dass, während der ältere Buddhismus (Theravada) Weisheit, der Mahayana das Mitleid betont. Nagarjuna ist jedoch der festen Überzeugung, dass der Weg zu ›Bodhisattva‹ (Erleuchtungswesen, d.h. ein Wesen, das auf sein vollständiges Nirvana verzichtet angesichts des Leides in der Welt) über die positiven Handlungen führt, auch wenn es Handlungen gibt, die als meditative ›Nicht-Handlungen‹ bezeichnet werden.

Nagarjuna scheint sich wohl der Schwierigkeit bewusst gewesen zu sein, dass es keinen leichten und direkten Weg von seiner Lehre zu einem grenzenlosen Mitleid, einem allumfassenden Mitgefühl (Mahakaruna) gibt. Er empfiehlt neben den allgemeinen Regeln des richtigen ethisch-moralischen Verhaltens auch, dass Dharma, als eine positive ethisch-moralische Handlung, auch eine zu bevorzugende

[29] Wallace, A. B.: Intersubjectivity in Indo-Tibetan Buddhism, in: Thompson, E. (ed.): Between ourselves: Second-Person issues in the study of consciousness. Special edition of Journal of Consciousness Studies, 8/2001, S. 213.

Staatskunst sei. Eine Staatskunst, die Gewaltlosigkeit, Frieden, Freiheit, Gerechtigkeit, Wohlwollen im Reich walten lässt. Dabei verbindet Nagarjuna die Wirkkraft der ›Karmas‹ (Handlungen, Taten) mit ihren Wirkungen. Ein Prinz kann auf Grund seiner ›Karmas‹ ein Bettler werden.

Dieser Weg ist keine Einbahnstraße. Die Karmakausalität wirkt tatsächlich in beide Richtungen – Freundschaft kann sich in Feindschaft und Feindschaft sich in Freundschaft wandeln. Die Frage stellt sich aber, ob eine Freundschaft, die sich in Feindschaft umwandelt, wirklich je eine echte Freundschaft gewesen ist? Die Wucht dieser Frage wird hier verschoben, denn es geht um die Definition der Freundschaft, die unfehlbar bleibt. Unfehlbar i. S. einer rein analytischen und nominellen Definition. Die Macht und Kraft der lebensweltlichen Erfahrungen protestiert gegen eine solche (willkürliche) Definition.

So wie der Buddha erhebt auch Nagarjuna nicht den Anspruch auf Allwissenheit (Sarvajnata). Er ist auch kein Vertreter der These, Allwissenheit ist die Vorbedingung für die Möglichkeit der Befreiung. Dieser Gedanke war jedoch oft ein Gegenstand des Hinayana- und Mahayana-Buddhismus. Ähnlich wie Aristoteles auf *phronesis* i. S. einer Vorbildfunktion (Beispielhaftigkeit) Bezug nimmt, um den Schritt vom Wissen zur Transformation des Handelnden zu erklären, spricht Nagarjuna in seiner Schrift *Mulamadhyamakarika* (Kap. 26, Vers 10) von ›einem Weisen‹ (Vidvan), der durch die Erfahrung der wahren Natur der Wahrheit (Tattva-darsanat) den Weg zur Befreiung bahnt. Nagarjuna lehnt zwar die Mächtigkeit der Dispositionen (Samskaras) nicht ab, aber diese verwirren uns nur, wenn sie unseren Wünschen und Begierden unterliegen. Es sind solche Begierden nach dem unveränderlichen Ewigen, die uns zu der extremen Position der Ewigkeitslehre führen. Ebenso ist das andere Extrem eines völligen Nihilismus abzulehnen. Der goldene Mittelweg (Madhyamapratipat) ergibt sich, wenn der Weise das wahre Zustandekommen der Dinge eingesehen hat. M. a. W. führt diese Einsicht in das ›So-Sein der Dinge‹ (Yathabhutajnana), was auch bedeutet, dass wir von allen falschen Ansichten (Mithyadristis) befreit sind. Auch die dogmatische Position, die einer Absolutheit innewohnt, wird aufgegeben. Was sich dann ergibt, ist eine Offenheit, die uns von den Verblendungen, d. h. vom Anhaften befreit. Mit Buddha unterstreicht Nagarjuna die befreiende Rolle der einsichtigen Verzichtleistung auf alle Standpunkte (Sarvadristi-prahana). Diese, fast einer illokutionären Handlung gleichkommende Haltung, darf selbst nicht mit einem weiteren Standpunkt (Dristi) gleichgesetzt werden. Daher ist die Standpunktlosigkeit für Nagarjuna selbst eben nicht länger ein Standpunkt.

Im Gegensatz zu den Mystikern fast aller (vornehmlich theistischen) Traditionen, die oft ein ›Verborgenes‹ hinter den Dingen annehmen und so einer bestimmten Ontologie, einem Essentialismus, einer Substanzmetaphysik anhängen, ist Nagarjuna der Ansicht, dass eine Erkenntnis der Leerheit, d. h. vom relationalen Entstehen und vom *Mittleren Pfad* (, Madhyamaka), kein *hinter den Dingen*, keine Hinterwelt annimmt. Die Sprache der Leerheit und die Lehre vom abhängigen Entstehen, lassen nichts zu sagen übrig. Das Schweigen ist hier kein Mangel, denn es wäre nur dann ein Mangel, wenn eine ontologische Sucht nach dem (einen) Ewigen am Werk wäre. (Und wir die Enttäuschung dieser Sucht (Suche) mit Schweigen quittieren müssten.) Für Nagarjuna ist das Schweigen das Natürlichste, was sich aus der Einsicht in seine dreieinige Lehre ergibt.

Das moralische Leben, das eine Transformation der Person sowohl zum Ausgang als auch zur Folge hat, wird von Nagarjuna im Kapitel 17 seiner *Karika* unter der Überschrift »Untersuchung der Handlungsergebnisse« (Karma-phala-pariksa) dargestellt und erläutert. Eigentlich bedingen sich das moralische Leben und die Transformation der Person gegenseitig. Einige Interpreten Nagarjunas, die seine Leerheitslehre selbst als eine absolutistische deuten, vertreten die Ansicht, Nagarjuna sei den »Karma- und Transmigrationslehren« gegenüber skeptisch. Buddha war stets für die moralische Verantwortung, kritisierte jedoch die essentialistische (dualistische) Lehre der hinduistischen Atman-Brahman-Tradition. Karmas selbst dürfen nicht als leer angesehen werden, weil sie wirkkräftig sind.

Nagarjuna spricht schon am Anfang dieses 17. Kapitels seiner Karika von den höchsten Weisen (Paramarisi) und bestimmt das moralische Leben durch Dharma und nicht so sehr durch Karma. In diesem Zusammenhang muss jedoch der Gebrauch des Begriffs *Dharma* nicht in einem ontologischen, sondern in einem ethisch-moralischen Sinne (d. h. in einem deontologischen Sinne) verstanden werden. Zu dieser ethischen Konnotation gehören die Qualitäten wie z. B. die der Selbstbeherrschung und die des Wohlwollens, d. h. eines tätigen Mitgefühls (Karuna), der Freundlichkeit (Maitram). Es ist in diesem Zusammenhang von einem ›freundlichen Weg‹ (Maitram Dharmam) die Rede. Nagarjuna kann den ethischen Kern der Lehre Buddhas nicht außer Acht lassen. Eine jede altruistische Handlung hat eine bestimmte Form der Selbstbeherrschung zur Voraussetzung. Im Geiste der Lehre Buddhas ist Nagarjuna der Ansicht, dass ein ›aufgeklärtes Selbstinteresse‹ mit dem Altruismus kompatibel ist. Wahre Solidarität beinhaltet eine Anerkennung beider Seiten. Die edle Person nach Buddha ist eine, die Leiden vermeidet, sowohl das Selbst- als auch das Fremdleiden (Attabyabadha, Parabyabadha).[30]

Einige sympathisch-kritische Anfragen an Nagarjuna

Folgende Überlegungen, die mehr Fragen als Antworten enthalten, möchten wir zusammenfassend zur Diskussion und Disposition stellen. Es geht um Fragen, die sich in unserem heutigen interkulturellen, interreligiösen globalisierten Kontext stellen.

1. Nagarjuna buchstabiert die Welt in einer Weise, die anderen Denkkulturen im ersten Moment sehr fremd erscheinen mag. Und es ist unbestreitbar, dass er seine Denkkultur auf einer hohen philosophisch-ethischen Ebene praktiziert. Und ebenso unbestreitbar ist das Bestehen anderer ›alternativen‹ Buchstabierungen, die gleichberechtigt, aber nicht unbedingt gleichrangig im weltphilosophischen Diskurs existieren. M.a.W. ist auch für uns hier festzuhalten, dass Philosophie als Therapie immer schon pluralistisch, d.h. vielgestaltig ist. Haben wir hier eine Sympathie für Nagarjuna zum Ausdruck gebracht, so soll dies nicht verdecken, dass auch *Philosophie als Therapie* von der Pluralität der Methoden und Ansätze lebt. Denn nur so kann sie ihrem Anspruch, auf die Herausforderungen des Einzelnen reagieren zu können, gerecht werden. Die Pluralität der Lesarten (lesen lernen, rechten Dialog üben) ist zutiefst im Ethischen/Therapeutischen enthalten.[31]

2. Sollte jedoch Nagarjuna seine Buchstabierung mit einem universalistischen exklusivistischen Geltungsanspruch verbinden, so

[30] Vgl. Majjhim-Nikaya, hrsg. v. Trenckner, V. und Chalmers, R., 3 Bd., London 1887–1901, hier Bd. 1, S. 89 f.

[31] Da dies in unserer Lesart selbstredend mit der interkulturellen Attitüde einhergeht, sehen wir auch die interkulturelle Praxis hierin bestätigt. Interkulturelles Philosophieren ist ein tätiges Handeln *im* ethisch/therapeutischen, *im* ethisch-moralischen Anspruch. Wir kultivieren friedliches plurales Zusammenleben, befrieden die Konflikte zwischen den *Denk*kulturen (lesen und lesen lassen) zum Zwecke des gelingenden, wohltuenden Lebens des Einzelnen.

würde dies dem Geist seiner eigenen Philosophie zuwiderlaufen. Denn alle Ansichten (Dristis) sind, einschließlich der eigenen, leer. Nun stellt sich die Frage nach der Präferenz. Der Grund für die Präferenz dieser oder jener Ansicht scheint einer strikt philosophischen Argumentation nur bedingt zur Verfügung zu stehen. Philosophische Argumente haben zwar auch Überzeugungskraft, aber diese Kraft kennt Grenzen. Nicht ganz ohne Grund stellt man die Frage, ob Präferenzen den Argumenten vorausgehen oder ob es sich umgekehrt verhält.[32] Dass meine Argumente mich mehr überzeugen als die der anderen, mag für mich und für die meinigen gelten, aber diese Geltung ist nicht ohne weiteres übertragbar. Was auf jeden Fall auf dem Spiel steht, ist ein allgemeingültiger Geltungsanspruch. Alles, was hier noch gelten kann, ist, dass auch Geltungsansprüche ihre Kontextualitäten haben. Sie können höchstens als Vorschläge, nicht aber als Wahrheitsansprüche formuliert werden.

3. Im Geist der Noesis-Noema-Lehre Husserls kann man einem universalistischen Geltungsanspruch höchstens eine intentionale Dimension zubilligen. Diese intentionale, noematische Universalität bleibt jedoch so lange leer, d.h. unerfüllt, bis alle Menschen von ihr überzeugt sind. Wir sind aber nicht alle Buddhisten, geschweige denn Anhänger Nagarjunas.

4. Wenn großartige Denker aller Traditionen (Nagarjuna, Shankara, Ramanuja, Vaccaspati, Konfuzius, Lao Tzu, Parmenides, Heraklit, Platon, Aristoteles, Hume, Kant, Hegel, Schopenhauer, Habermas, Derrida u.a.) sich nicht gegenseitig argumentativ-philosophisch haben überzeugen können, so stellt sich die Frage: Woran könnte es wohl liegen? Kann es hier um ein sprachliches, linguistisches Missverständnis gehen? Wohl kaum, wenn man die Sprachfähigkeit dieser Denker in Betracht zieht. Hierbei lassen wir die Übersetzungsproblematik, worauf z.B. Quine hinweist, noch außer Acht. Könnte es sich dann um ein semantisches Problem handeln? Sollte es so sein, dann stellt sich die Frage, ob die Bedeutungen jemals eindeutig bestimmbar sind. Oder müssen wir mit einer gewissen Bedeutungsunschärfe leben? Ist Klarheit doch nicht alles? Auch die schöne Rede von der ›Macht der besseren Argumente‹ trägt nicht sehr weit, weil mehrere Argumentationsmuster gleichzeitig diese Macht der besseren Argu-

---

32 Vgl. Mall, R. A.: Was konstituiert philosophische Argumente?, in: Bremer Philosophica 1, Bremen 1996.

mente für sich in Anspruch nehmen.[33] Philosophie als Therapie stellt diese Fragen, denn sie überführt sich selbst der Kunst, Kompromisse schließen zu können. Therapie ist es, die Einsamkeit in der eigenen Wahrheit zu lindern und die anderen Lesarten als ebenso wahrhaftig zuzulassen. Hat nicht das, was wir mit Hume ›philosophischen Geschmack‹ nennen, eine direkte therapeutische Wirkung auf uns? Hume scheint doch Recht zu behalten, wenn er sagt:

»Nicht allein in Poesie und Musik müssen wir unserem Geschmack und unserem Gefühl folgen, sondern auch in der Philosophie [im je eigenen Denken, Vf.]. Wenn ich von irgendeinem Satz überzeugt bin, so heißt dies nur, dass eine Vorstellung stärker auf mich einwirkt. Wenn ich einer Beweisführung den Vorzug vor einer anderen gebe, so besteht, was ich tue, einzig darin, dass ich aus meinem unmittelbaren Gefühl entnehme, welche Beweisführung in ihrer Wirkung (auf meinen Geist) der anderen überlegen ist.«[34]

5. Hat man die dreieine Lehre Nagarjunas verinnerlicht, so hat man den stets in Abhängigkeit entstehenden Charakter aller Dharmas eingesehen, was zur Folge hat, dass alle Illusionen hinsichtlich einer ewigen, unveränderlichen Seele substanzlos geworden ist. Es geht dabei um eine tiefe Einsicht, Intuition (Prajna), die einer Einstellung gleichkommt, welche eine völlige Selbsttransformation einleitet und alles anders sehen lehrt. Diese neue Einsicht ist jedoch verbunden mit der Möglichkeit, ethisch-moralisch, spirituell-religiös und sozialpolitisch wirksam zu werden.[35] Der Übergang von der philosophischen Leis-

---

[33] Es sieht in der Tat so aus, dass Differenz und Einheit gleich ursprünglich sind. Dissens ist da und soll nicht sein; Konsens ist nicht immer da und aber soll sein. Der Kompromiss scheint der einzig gangbare Weg zu sein. Welcher Logik folgt dann ein Kompromiss, der nicht *faul* sein darf? Wie muss ein Kompromiss geartet sein, damit er therapeutisch wirkt? Alles deutet auf eine Logik und Philosophie der Toleranz und Anerkennung hin, deren Motto lautet: Buchstabiere die Welt, aber laß auch andere Buchstabierungen zu bis auf jene, die neben sich keine anderen zulassen und dulden. Auch Nagarjuna könnte hier zustimmen, denn alles ist leer, und das heißt, dass es stets um entstandene Buchstabierungen geht. Wir warten immer noch auf eine Antwort auf die anfangs gestellte Frage: Was ist das, was uns überzeugt, sei es in der Theorie oder in der Praxis? Kann es sein, dass es, nach Abwägen aller Argumente, um Formen der Zustimmung oder Ablehnung, um Billigung oder Missbilligung geht, die den Diskurspartnern unmittelbar widerfahren?

[34] Hume, David: Ein Traktat über die menschliche Natur, Deutsch mit Anmerkung und Register von Theodor Lipps, Philosophische Bibliothek Band 283, Hamburg 1973, S. 141.

[35] Vgl. Padhye: The Framework of Nagarjuna's Philosophy, Delhi 1988, S. 126 ff.

tung, d.h. von der Stufe des Nachdenkens (Manana) zu der Transformation der Person, d.h. zu der Stufe des Meditativen (Nididhyasana) bedarf immer noch einer Erklärung.

6. Zu den buddhistischen Bekenntnissen gehört auch das Diktum: Alle Menschen sind fähig Bodhisattva (Buddha) zu werden. Dass wir aber alle Nirvana finden werden, ist zwar logisch nicht unmöglich, aber doch eher höchst unwahrscheinlich. Also, nicht allen wird aller Wahrscheinlichkeit nach Nirvana zuteil, zumindest nicht in diesem Leben. Muss man an eine Reinkarnation glauben, um die Möglichkeit, Wirklichkeit und Realisierbarkeit des Nirvanas aufrechtzuerhalten? Von der grundsätzlichen soteriologischen Zielrichtung her geht es hier nicht um ein ›Postulat‹ im Sinne Kants. Die gesamte meditative Kunst im Buddhismus zielt auf eine unmittelbare spirituelle Erfahrung. Was aber, so kann gefragt werden, wenn es Menschen, ja sogar Buddhisten gibt, die im Geiste der Lehre Nagarjunas von der Gleichsetzung von Samsara und Nirvana ausgehen und keinen darüberhinausgehenden Zugang zu einem Leben nach diesem Leben haben? Ist Nirvana dann vielleicht doch eine Sache des graduellen Unterschiedes? M.a.W. erlebt man Nirvana in unterschiedlichen Graden entsprechend der Verinnerlichung z.B. des achtfachen Pfades? Dies mag für manche, ob Buddhisten oder Nicht-Buddhisten, beinahe ketzerisch klingen, wenn sie der Ansicht anhängen, dass Nirvana – ob es stufenweise oder augenblicklich uns widerfährt – immer etwas Unteilbares ist und dem Gesetz folgt: alles oder nichts.

7. Wie wir Nagarjuna auch auslegen und verstehen, eines scheint uns deutlich zu werden, dass nämlich eine Emanzipation, d.h. Befreiung von Verblendungen diverser Art möglich ist. Dass es neben Nagarjunas Weg, in Theorie und Praxis, auch andere für ebenso viele Menschen überzeugende Wege gab, gibt und anscheinend immer geben wird, bleibt unbestreitbar. Wer könnte und wollte dies bestreiten?

8. Nicht selten wird im Kontext von ›Nirvana‹ von einer ›Transzendenz‹ gesprochen. Wir haben darauf hingewiesen, dass weder Buddha noch Nagarjuna das Mundane, das Weltliche (Samvriti) und das Absolute (Parmartha) streng voneinander trennen. Sehr deutlich heißt es bei Nagarjuna, um das höchste Ziel ›Nirvana‹ zu erreichen, sind wir auf das Konventionelle (d.i. Zusammenleben in (sprachlichem) Konsens) angewiesen. M.a.W. geht es um eine Richtung von der Welt zum Nirvana. Aber Nirvana wird nicht ontologisiert und außerhalb der Welt postiert. Weder Buddha noch Nagarjuna ist der Ansicht: zuerst Befreiung, dann Ethik und Moral. Denn sie beide wollen keine Utopien. Der Geburtsort des Idealen ist das Reale. Das, was ist, mag nicht automatisch und rein deduktiv zum Sollen führen, aber es ist der Humusboden für das Keimen der Sollensvorstellungen. Die Lehre Buddhas macht deutlich, dass das Leiden uns zur Befreiung motiviert. Noch deutlicher gesagt: Leidenserfahrung, recht verstanden, enthält zwei Dinge in einem: die Erfahrung des Leidens und die Intention, sich vom Leiden zu befreien. Der pragmatische, therapeutische Aspekt der Lehre Buddhas wird von Nagarjuna voll anerkannt.

9. Das höchste Gut für Nagarjuna ist nicht das platonische Ideal, das alle weltlichen Vorstellungen des Guten transzendiert, auch nicht die metaphysisch-ontologische Vorstellung von der Atman-Brahman-Identität. Es ist für Nagarjuna eine Erweiterung, eine Erhöhung des Guten, so wie es in der Welt und im alltäglichen Leben (Vyavahara) erkannt und anerkannt wird. Für Nagarjuna ist die Erfahrung die eigentliche Richterin für alle Entscheidungen. Nagarjuna ist nicht so sehr gegen die universale ethische Botschaft der Lehre Buddhas. Er ist nur skeptisch und ablehnend gegenüber einem streng regelgeleiteten moralischen Gesetz, das sich ausnahmslos behaupten will und jeden pragmatischen und kontextuellen Bezug ablehnt. In diesem Sinne bemerkt William James mit Recht: »There is always a *pinch* between the ideal and the actual which can only be got through by leaving part of the ideal behind.«[36] Freilich wird im Lichte dieser Worte die Vorstellung von der Möglichkeit einer vollkommenen Befreiung, einer ›Nirvana-Erfahrung‹ in dieser Welt fraglich. Auch wenn es denkbar und logisch nicht ganz unmöglich scheint, dass alle Menschen in diesem Leben ›Nirvana‹ erleben werden, so ist dies doch sehr unwahrscheinlich. Könnte es sein, dass ›Nirvana‹, ja ›Parinirvana‹ (die vollständige Befreiung) dem Siddhartha Gautama *plötzlich* und fast *zufällig* widerfuhr, als er zum Buddha wurde? Dass Buddha eine solche Erfahrung zuteilwurde, steht außer Zweifel und seine Biografie belegt dies. Das grenzenlos tätige Mitgefühl und die Erkenntnis der Leerheit scheinen im Falle Buddhas Hand in Hand zu gehen. Doch scheint es nicht so, dass dieses Zusammengehen nicht *verursacht* und nicht *ableitbar* ist?

---

[36] James, William: Moral Philosophies and Moral Philosophers, in: Pragmatism, hrsg. v. Castell, A., New York 1948, S. 78.

Zur soteriologischen Dimension der indischen Philosophie

Einer engen Konzeption einer bestimmten streng theistisch orientierten Auslegung des Terminus »Soteriologie« folgend sind Religionen wie Buddhismus, Jainismus u.a. gar keine Religionen, denn ihnen fehlt *ein Retter* (soter). Mit Matilal stellt sich die Frage: »Is soteriology really a more comprehensive concept than religion?»[37]

Mit Matilal sind wir der Ansicht, dass eine Erweiterung des Begriffs der Soteriologie heute nottut. Denn sonst kann man die Befreiungsziele (z.B. Nirvana) nicht entsprechend platzieren. Er schreibt: »In India, soteriology must be understood in an extended sense. It depends on one's seeing the world properly and acting according to its value. This is the general characteristic shared by all the systems.«[38]

Die soteriologische Dimension der buddhistischen Lehre von der Leerheit (Shunyata) ist ein Beleg. Wie gesagt darf die Leerheit nach Nagarjuna nicht selbst als ein Standpunkt (Dristi) missverstanden werden. Sie ist die Abwesenheit aller Standpunkte. Im Gespräch mit Kashyapa sagt Buddha:

> »Emptiness, O Kashyapa, is the means of breaking away from, or getting out of (nihsarana) all views. But if someone takes emptiness to be a view, I call him incurable. Suppose, Kashyapa, someone is sick. The doctor gives some medical herb to him. And that medical herb, after removing all other ›defects‹ in the system, does not itself get out of the system. What do you think now, Kashyapa? Will that man be relieved of sickness? Certainly not, O Honourable one. If that medical herb, after removing all defects of the system, does not itself get out of the system, then that man will be even more sick.«[39]

In diesem Zusammenhang zeigt sich der ›therapeutische‹ Wert der Lehre von der Leerheit, denn sie befreit von Illusion und Verblendung. Der Gedanke in diesem Kapitel ist die Auffassung von Philosophie, die auch soteriologische Ziele wie z.B. Nirvana, Moksha, Mukti, kennt. Sie stellt ferner Erkenntnisse, Methoden und Techniken zur Verwirklichung dieser Ziele zur Verfügung, ohne dabei ihre streng analytische, logische und dialektische Seite zu vernachlässigen. Es

---

[37] Matilal, B. K.: Philosophy, Culture and Religion. Mind, Language and World, hrsg. v. Ganeri, J., New Delhi 2002, S. 272.
[38] Ibid. S. 368.
[39] Ibid. S. 211.

wäre kurzatmig und fast ›provinziell‹, wollte man eine solche Konzeption der Philosophie *ab ovo* negativ besetzen.

Pierre Hadot spricht aus diesem Grunde von Aufmerksamkeit. Jener Aufmerksamkeit, die auf die geistigen und spirituellen Übungen blickt, die auf die Vermittlung von Wissen und auf ein entsprechendes Handeln zielen. Philosophie qua Philosophie bleibt ihrem epistemologischen Anliegen verpflichtet. Dieser Prozess kennt drei Anliegen: das Subjekt der Erkenntnis, das Objekt der Erkenntnis und der Erkenntnisvorgang. Am Beispiel der vier edlen Wahrheiten des Buddhismus: Leid, Ursache, Überwindung und Überwindungsmittel, kann dies verdeutlicht werden. Die beiden ersten Dimensionen sind epistemologisch-phänomenologisch-deskriptiver Natur. Damit wesentlich verbunden sind die Übungsschritte zur Überwindung des Leidens. Nicht nur das philosophische Denken der Upanishaden, sondern ebenso das der unterschiedlichen klassischen Schulen der indischen Philosophie sind geleitet und gelenkt von der Zielvorstellung einer Überwindung des Leidens. So spielen Befreiung, Erlösung (Moksha, Mukti, Nirvana, Abvarga) eine zentrale Rolle und stellen die eigentliche soteriologische Dimension dar. Es wird in diesem Zusammenhang stets auf die Möglichkeit einer Erkenntnisform hingewiesen, die die Subjekt-Objekt-Trennung überwindet. Es geht um eine vorprädikative, reine Erfahrung, die allen späteren Unterscheidungen vorausgeht. Es bietet sich ein Vergleich mit dem Begriff der »reinen Erfahrung« bei Nishida Kitaro an.

Die epistemologisch an sich wichtige Trennung von Subjekt und Objekt der Erkenntnis (Pramana-Prameya) wird auf dem Wege dieser vorprädikativen Erfahrung nicht nur abgelehnt, sondern es wird jede Möglichkeit einer diskursiv-begrifflichen Vermittlung zurückgewiesen. Daher wird das »Brahman-Wissen« mit Brahman-Werden gleichgesetzt (Brahmavit brahmaiva bhavati). Das Besondere dabei ist, dass die Ansicht vertreten wird, dass es hierbei um eine bestimmte Form der Erkenntnis (Jnana) geht. Es geht um eine Erkenntnis, die von transformativen Charakter ist. Das Philosophieren verändert den Philosophierenden. Intuitive Denker wie z.B. Henri Bergson sind auch der Ansicht, dass es eine Erkenntnisform gibt, die höher als die intellektuelle ist. Diese wird erreicht und realisiert durch die Identifikation mit dem Gewussten. Die Upanishaden sind ferner der Ansicht, dass die Reichweite des bloß intellektuellen menschlichen Geistes nicht ausreicht, diese überintellektuelle, ja intuitive Erkenntnis zu gewinnen. In diesem Zusammenhang werden auch in den anderen philosophischen Traditionen der Welt manchmal paradoxe Formulierungen verwendet, um diese Form der Erkenntnis zu verdeutlichen. So sagt Lao Tzu im *Tao te King* sinnbildlich: Einer, der weiß, weiß nicht und einer, der nicht weiß, weiß.

Das indische Denken, vor allem das upanishadische, geht von der festen Überzeugung aus, dass das Wissen durch Überwindung des Nichtwissens erreicht wird. Daher wird Erkenntnis mit dem Licht verglichen, das die Dunkelheit des Nichtwissens vertreibt.[40] Im Mundak-Upanishad fragt der Schüler seinen Lehrer (Guru): Was ist das, durch dessen Wissen all dies gewusst wird? Die Antwort lautet: Es ist das Brahman-Wissen. Die upanishadische Tradition des Vedanta spricht von *Svāsthya,* d. h. Übereinstimmung mit sich selbst und meint das In-sich-Ruhen durch Erkenntnis (Svāsthya meint auch Zufriedenheit im Sinne der Gesundheit).

Es geht um eine Überstimmung, die es zwischen *Atman* und *Brahman* immer gibt, aber durch verschiedene Verblendungen verdunkelt wird. Wilhelm Halbfass weist auf diese soteriologische Dimension hin, wenn er schreibt:

»Final release (mukti) or ›isolation‹ (kaivalya) of the self is not to be produced or accomplished in a literal sense, but only in a figurative sense, just as the regaining of the natural health (svasthya) through medical therapy is not the accomplishment or aquisition of something new, but only a return to a ›previous‹ state, a removal of disturbances and obstacles.«[41]

Die Madhyamika-Schule des Mahayana-Buddhismus geht von einem Kausalnexus des bedingten Entstehens aller Dinge aller Dharmas aus (Pratityasamutpada). Dies bedeutet, dass nichts eine Eigennatur besitzt. M. a. W. sind alle Dinge leer, weil sie nur in einem Bedingtheitsnexus entstehen, bestehen und vergehen. Um dies rein erkenntnistheoretisch zu untermauern, wird folgendermaßen argumentiert: Alles Erkannte bedarf der Erkenntnismittel wie z. B. Wahrnehmung, Schlussfolgerung u. a., um erkannt zu werden. Diese Erkenntnismittel als Erkanntes sind keine Ausnahmen, insofern sie selbst durch weitere Erkenntnismittel erkannt werden müssen. Und dieser Prozess

---

40 Hier bietet sich ein Vergleich mit Platons Höhlengleichnis an, insbesondere in Hinblick auf die Metaphorik des Lichtes.

41 Halbfass, W.: The therapeutic paradigm and the search for identity in Indian Philosophy, in: Traditions and Reflexion: Explorations in Indian Thought, New York 1991, S. 251.

kennt kein Ende. So ist die Erkenntnis der Leerheit (Shunyata) eigentlich selbst keine Erkenntnis, sondern die Einsicht in die Abwesenheit der Eigennatur der Dinge. Wer dies auf dem Wege der Erkenntnis eingesehen hat, wird, wie schon dargestellt, sich von dem Haftenbleiben an ewigen Substanzen befreien können.

Oft hat man auf frappierende Ähnlichkeiten zwischen dem buddhistischen Philosophen Nagarjuna und dem vedantischen Philosophen Shankara hingewiesen. Denn beide Philosophen widerlegen den Subjekt-Objekt-Dualismus. In ihren metaphysisch angelegten philosophischen Überzeugungen sind sie jedoch radikal unterschiedlicher Ansicht. Der advaita-vedantische Philosoph Shankara spricht von der Realität, ja der Erfahrung eines selbstleuchtenden Bewusstseins als einer absoluten und letzten unveränderlichen Substanz. Nagarjuna dagegen stellt keine solche Behauptung auf und gibt sich zufrieden mit der Erkenntnis der Leerheit aller Dinge. Die noch sehr epistemologische, analytische und dialektische Sicht der indischen Philosophie spricht dennoch von der Möglichkeit und Erfahrbarkeit einer höheren Erkenntnisform. Diese soll nicht im Widerspruch zu dem normalen Gang der Erfahrung stehen. Eher stellt sie die Kulmination derselben dar. Hierin zeigt sich die soteriologische Dimension der indischen Philosophie mit den Zielvorstellungen wie z. B. Nirvana, Moksha, Mukti. Oft werden diese Begriffe *nur* religiös ausgelegt. Wahr ist, dass sie denkerisch-philosophisch angelegte regulative Ziele darstellen, deren Verwirklichung von den religiösen Glaubenssätzen unabhängig ist. Ein Philosoph kann religiös gläubig sein, er muss es aber nicht. Nagarjuna und Shankara gehören dieser zweiten Kategorie der Philosophen an, die nicht im religiösen Sinne gläubig sind.[42] Es wäre ein Missverständnis der indischen philosophischen Intention, deutete man sie entweder *zu* religiös oder *zu* mystisch. Sehr deutlich schreibt Mohanty:

»One would misunderstand their roles (gemeint sind die soteriologischen Konzepte wie Moksha und Nirvana, Vf.) in Hinduism and Buddhism, respectively, if one holds any of the following two extreme positions: One extreme position is to claim that all Indian thinking is geared toward this large stereological goal, thereby bolstering the claim that Indian philosophy is deeply religious. At the other extreme, there is a possible view that the

[42] Shankara wird häufig als Theologe gelesen, was nicht falsch ist. Nagarjuna betreffend ist jedoch eine eindeutig areligiöse Lesart angebracht.

ideas of moksa and nirvana are entirely outside the domain of philosophy [...]«[43]

Das indische philosophische Denken geht also ganz grundsätzlich von diesem Leidenscharakter aller Daseinsformen und von der realen Möglichkeit einer Überwindung aus. Dabei gehört Unwissen selbst zu den Leidensformen, die durch das Wissen überwunden werden. Es ist wahr, dass die soteriologischen Ziele in unterschiedlichen philosophischen Schulen unterschiedlich ausgelegt werden mit ebenso unterschiedlichen Wegen der Verwirklichung. Aber das Gemeinsame besteht darin, dass fast alle Schulen der festen Überzeugung sind, dass es solche soteriologischen Ziele gibt.

Das Besondere an den unterschiedlichen metaphysischen Vorstellungen der philosophischen Schulen Indiens ist, dass diese Metaphysiken nicht bloß großartige spekulative Denkgebäude sind. Sie sollen ganz konkret helfen, den Alltag zu bewältigen. So geht es in der indischen Philosophie um die Konzeption einer ›angewandten Metaphysik‹.

Der späte Max Scheler kommt dieser Deutung der asiatischen, indischen Metaphysik sehr nahe. »Als ich wagte«, schreibt Scheler, »Metaphysiker zu werden. Ich trug das Allerweltskleid; es passte mir nicht [...] Ich sah, dass in Asien die Metaphysik der Religion vorhergegangen war; dass Religionen auch aus Metaphysik entspringen können. Ich sah auch den Grund, dass im Abendland die Religion der Metaphysik vorherging.«[44] Ob Scheler hier westliche Metaphysiker wie z. B. Descartes, Leibniz, Hegel u. a. meint?

Die indischen metaphysischen Theorien denken die Möglichkeit und Notwendigkeit der Verwirklichung ihrer selbst immer schon mit. M. a. W. gehen die metaphysischen Theorien und die soteriologischen Ziele Hand in Hand.[45] Die klassische Yoga-Schule Patanjalis ist dafür ein Beleg. Hier werden unterschiedliche geistige, ja auch körperliche Übungen vorgeschlagen, um das Ziel von der Leidensbefreiung zu erlangen. Der Nyaya-Philosoph[46] Vatsyayana spricht von dem höchsten Ziel der Befreiung, erreichbar durch kritisches Denken und ge-

---

[43] Mohanty, J. N.: Classical Indian Philosophy, Oxford/New York 2000, S. 144.

[44] Aus dem Nachlass Max Scheler: Ana 315 CC V, 29; zit. in: W. Mader: Scheler. Hamburg 1995, S. 132.

[45] Ausführlich behandelt in Mall, R. A.: Indische Philosophie – Vom Denkweg zum Lebensweg, Freiburg/München 2012.

[46] Patanjali ist kein Nyaya-Philosoph.

schulte Erkenntnis.[47] Vatsyayana geht von einer Wissenschaft der Seele (Atmavidya) aus, vergleichbar mit der biologischen Wissenschaft des Körpers, die zu Gesundheit führt. Das Besondere hier ist die Überzeugung, dass das Studium und die Praxis des philosophischen Wissens, wie z. B. das Lesen philosophischer Schriften, das Analysieren, Debattieren, Argumentieren, uns zu der notwendigen Befreiung führt. »In these systems [gemeint sind die Schulen des Yoga und der Nyaya-Philosophie, Vf.], acquiring knowledge of a certain privileged sort is the key spiritual exercise, and so, as is perhaps most explicitly stated by Naiyayikas, the *study* and *practice* of philosophy.«[48] Unsere Art und Weise in der Welt zu sein und zu handeln gewinnt, wenn wir uns durch Lesen, Denken, Argumentieren und Philosophieren verändern lassen.[49]

Epistemische Praktiken spielen eine große Rolle in der Gestaltung des Lebens. Nyaya-Philosophen sind der festen Überzeugung, dass das Studium der Philosophie unentbehrlich ist auf dem Wege der charakterlichen Reife. Denn kognitive Irrtümer verleiten uns zu einem Leben, das sich von dem Ziel der Befreiung (Apavarga) entfernt. Verwechseln wir eine Muschelschale mit Silber, werden wir sie begehren – anders begehren als *nur* die Muschelschale. Dieses Begehren wird jedoch enttäuscht, denn wir haben sie *irrtümlicherweise* für Silber gehalten habe. »What leads to the highest good is knowledge (tattvajnana), specifically knowledge of the methods of enquiry and their objects, including the forms of debate.«[50] So führt das Zusammengehen der Gedanken, der Worte und der Taten zu einem guten Leben. »Philosophy shows us«, schreibt Ganeri, »how to see through the pretences of reason.«[51]

Das Streben nach diesen soteriologischen Zielen soll nicht heißen, dass der Mensch ein Leben ohne jede Freude führen soll. Es heißt nur, dass der Mensch sich von einem übermäßigen Haftenbleiben an

---

[47] Vgl. Nyayabhasya 2, 14–16: Gautamiyanyayadarsana with Bhasya of Vatsyayana, hrsg. v. Ananatlal Thakur, Delhi 1997.

[48] Ganeri, Jonardon: A Return to the Self: Indians and Greeks on Life as Art and Philosophical Therapy, in: Philosophy as Therapeia, Cambridge 2010, S. 125.

[49] Und dementsprechend auch verantwortungsvoll schreiben, lehren und berichten. In unseren Tagen eines (wieder) erstarkenden Populismus und um sich greifender Demagogie, ist sowohl selbstständiges kritisches Denken als auch sein gewaltfreier und verantwortungsbewusster Gebrauch in Lehren und Lernen hohes Gebot.

[50] Ibid. S. 133.

[51] Ibid. S. 134.

Dingen befreit. Es bleibt bei dem Gedanken: Philosophie findet am Zusammenfluss von Denk- und Lebensweg statt. Schon Henry David Thoreau bedauert, dass wir Professoren der Philosophie, aber leider kaum Philosophen haben:

»There are nowadays professors of philosophy, but not philosophers. Yet it is admirable to profess because it was once admirable to live. To be a philosopher is not merley to have subtle thoughts, nor even to found a school, but so to love wisdom as to live according to its dictates, a life of simplicity, independence, magnanimity, and trust. It is to solve some of the problems of life, not only theoretically, but practically.«[52]

2. Die dreifache Viererteilung im philosophischen Denken Indiens[53]

> The student, the householder, the hermit, and the ascetic, these (constitute) four seperate orders.
>
> Manusmriti[54]

Im Folgenden möchten wir schlaglichtartig sozialpolitische Ansätze aus der indischen Philosophie aufzeigen und einige Erwägungen daraus ableiten. Es geht um die dreifache Viererteilung, die als idealtypische Lebensform gedacht wird, um sowohl dem alltäglichen Zusammenleben eine Struktur zu geben (nämlich z.B. eine Art Generationenvertrag) als auch dem Einzelnen eine holistische Lebensform überhaupt zu ermöglichen. Der Einzelne soll nie *eines und nur eines* im Leben sein. Er soll seine Lebenszeit nutzen, alle Stadien der Reifung zu durchlaufen und sich mit den ihm gegeben Fähigkeiten und Möglichkeiten für das Zusammenleben einsetzen. Darin liegt ein Gedanke großer Freiheit und großer Verantwortlichkeit. Die drei-

52 Thoreau, H. D.: Walden; or, Life in the Woods, New York 2004, S. 16.

53 Dieser Text ist entsprechend dem zentralen Anliegen der vorliegenden Schrift aktualisiert, rekontextualisiert und rekonzeptualisiert worden. Für die umfassendere Lektüre siehe: Mall, R. A.: Der Hinduismus. Seine Stellung in der Vielfalt der Religionen, Darmstadt 1997.

54 »Der Student, der Hausvater, der Einsiedler und der Asket, diese vier bilden verschiedene Zustände, […]«, Manusmriti (san., मनुस्मृति, Manusmṛti, auch Mānavadharmashāstra) ist ein Text aus dem alten Indien, entstanden zwischen 200 v.Chr. und 200 n.Chr., dessen Titel als das »Gesetzbuch des Manu« gelesen wird, jedoch eine Sammlung normativer Betrachtungen ist und nicht im formalen Sinne als juristisch verstanden werden kann.

fache Viererteilung will den Reifungsprozess lenken und leiten und wird daher vornehmlich *vorgelebt.* Die aufgezählten Dimensionen des Lebens werden als sich bedingende und miteinander verbundene, ganz unverbindliche Größen verstanden. Sie stellen eine regulative Idee dar und codieren kein Regelwerk. Sie drücken die feste Überzeugung aus, dass das Leben ein Ganzes ist und nicht in unterschiedliche Existenzweisen oder Lebensräume getrennt werden könne. Die Person ist ein Ganzes und kann und soll sich zu jedem Zeitpunkt ganz dem Prozess ihres Werdens widmen können. Das ist viel weniger individualistisch-hedonistisch gemeint als holistisch-gemeinnützig. Die Grundannahmen der Sozialpsychologie sind eine ganz taugliche Analogie: Das Individuum ist nicht isoliert von seinen ihn umgebenden Beziehungen und Verflechtungen zu betrachten. Dass diese Verflechtungen durch die leibliche Struktur kaum tief genug gedacht werden können, macht die existenzielle Bedeutung deutlich.[55] Ich existiere mich nicht *in* meinem Leib – ich *bin* mein Leib. Und folglich gestaltet sich auch Mit-Sein als leibliches Koexistieren. Die Verbundenheit von Kultur und Natur taucht hier wieder auf. Wir durchleben als Menschen gemeinsam und je für sich die Lebensstadien innerhalb des großen Haushalts der Natur und das heißt, es geht um eine praktische Philosophie. Wir finden in der idealtypischen Viererteilung einen Entwurf für die Existenzbewältigung.

Das Hindu-Denken macht aus der Existenzbewältigung eine sozialpolitische Anwendung. Sie bezieht sich auf die Gesellschaft als Ganzes, auf die Lebensstadien des Menschen und auf die Lebensziele des Einzelnen und behält so die ganze Lebenswirklichkeit im Blick – behält als Ganzes das Ganze im Blick. Dabei ist das Gebot der Gewaltlosigkeit (Ahimsa) die nicht zu verlassende Grundlage.

Zunächst ist von den vier Varnas (Klassen, Kasten, Gruppen, Ständen) die Rede: 1. die Lehrer, Priester, die Gelehrten (Brahmins), 2. die Soldaten, Herrscher, Beschützer (Kshatriyas), 3. die Händler, Geschäftsleute (Vaishyas) und 4. die Arbeiter (Shudras).[56] Dann gibt es die vier Lebensstadien: 1. die Lehrjahre, Zeit des Studierens (Brah-

---

[55] In diesem Sinne wird auch das Therapeutische verständlich, welches durch verschiedene Therapieansätze thematisiert wird. Die systemische Therapie, die existentielle Psychotherapie, der biopsychosoziale Ansatz und andere mehr, gehen von dieser Ganzheit des Lebensvollzugs und seiner Beziehungshaftigkeit aus.

[56] Das Kastenwesen in damaliger und heutiger Gestalt ist damit in keiner Weise gerechtfertigt oder der Kritik enthoben. Auch wenn wir uns hier auf die Lebensstadien und -ziele konzentrieren und sie in ihrem erstrebenswerten Anteil herausstellen.

macarya), 2. die Zeit Vater und Hausherr zu sein (Grihastha), 3. die Zeit der Einsiedelei (Vanaprastha) und 4. das Stadium des Wandermönches (Sanyasa). Und die dahinterstehenden Lebensziele sind: 1. Dharma, das ethisch-moralische Ziel, 2. Artha, das weltliche Gut (Wohlstand im Sinne der Fürsorge für die Familie), 3. Kama, das Verlangen und die Sinnesfreuden und 4. Moksha, die Befreiung.

Die vier Lebensziele als holistische Lebensform

Die Verfolgung der vier Lebensziele gehört zu einer ganzheitlichen Entwicklung der menschlichen Persönlichkeit.[57] Ihre Realisierung ist geboten und soll angestrebt werden. Dies gilt aber nur, solange diese Werte sich nicht dergestalt verselbständigen, dass sie nicht von Dharma[58], dem Ethos der Rechtschaffenheit, geleitet und gelenkt werden, d. h. Verhältnismäßigkeit und Ahimsa nicht verletzt werden.

Artha steht für materiellen Besitz. Die Disziplinen, die diesem Ziel dienen, sind z. B. Politik, Produktion und Wirtschaft. Die anderen Ziele, wie z. B. Führung eines Haushalts, Gründung einer Familie und die Erfüllung von materiellen Wünschen, sind vom Besitz weltlicher Güter abhängig – Geld (Wohlstand) ist ein notwendiger Bestandteil des Lebens. Selbst die karitativen und anderen religiösen Pflichten bedürfen des materiellen Besitzes. Artha »vereinigt also in seiner Bedeutung: 1. das Objekt menschlichen Strebens, 2. die Mittel dieses Strebens und 3. die Bedürfnisse und Begierden, die dieses Streben anregen.«[59] Hier setzt unsere Erwägung an.

Mahatma Gandhi diagnostizierte so eine Verselbstständigung der Werte. Vor allen Dingen die Verselbstständigung von Artha. Gandhi spricht von sieben Todsünden der heutigen Menschheit. Eine dieser Todsünden ist: Geschäft ohne Moral.[60] Oft wird heute von

---

[57] Ganz im Sinne der Kohärenz, denn alle Ziele/Dimensionen müssen entwickelt und gelebt werden, zum Zwecke der Harmonisierung (und Reifung) aller Anteile der Person.

[58] Dharma postuliert selbstredend kein eigenständiges Subjekt, Ens oder Ähnliches.

[59] Zimmer, H.: Philosophie und Religion Indiens, Frankfurt a. M. 1976, S. 45.

[60] Vgl. Gandhi, M. K.: Young India, Ahmedabad 1925. Die sieben Todsünden sind: Politik ohne Prinzipien, Reichtum ohne Arbeit, Genuss ohne Gewissen, Wissen ohne Charakter, Geschäft ohne Moral, Wissenschaft ohne Menschlichkeit, Religion ohne Opfer. Erich Fromm setzte diese Kritik prominent fort, insbesondere mit seinem Schwerpunkt auf die sozialpsychologischen Aspekte. Artha steht für alle weltlichen Güter, deren Besitz zwar von kurzer Dauer ist, aber für das Leben und für die Gesell-

Neoliberalismus, zügellosem Kapitalismus und von einer Instrumentalisierung menschlicher Werte durch »das Geld« gesprochen. Der Wert des (karitativen) Wohlstandes hat sich zur Doktrin der Effizienzsteigerung verstiegen. Selbst die ethischen Werte und politischen Ziele scheinen implizit oder explizit vom Geld geleitet und gelenkt zu werden. Die »Global Player« sind über alle Kulturgrenzen hinweg miteinander verbunden, indem sie alle vom Primat des (»großen«) Geldes ausgehen. Heute beklagen sich Bürger aller Länder, dass das Kapital, die Wirtschaft das letzte Wort habe. Die Trickle-down-Theorie ist ihrem Scheitern überführt und die Macht und Gewalt des ungezügelten, unverhältnismäßigen Kapitalismus offenbar. Nicht die Wirtschaft folgt der Ethik, sondern häufig umgekehrt, auch wenn dies nicht expressis verbis zugegeben wird. Alle lebensweltlichen Gestaltungen unterliegen dem Diktat der sogenannten wirtschaftlichen Direktive. Man spricht in unseren Tagen nicht zu Unrecht von der Protestbewegung »Wutbürger«, weil diese in den Machenschaften der Politiker wirtschaftliche Machtinteressen am Werke sehen und Ohnmacht empfinden. Ohnmacht angesichts der undurchdringlichen Verstrickungen und Bedingtheiten. Wirtschaftliche Interessen hat jedermann und jedermann profitiert von einer »stabilen Wirtschaft«. Doch Bedingungen und Möglichkeiten dieser Lebenswelt sind (womöglich in zunehmenden Maße) durch den Einzelnen nicht mehr zu entwirren. Resignation ist oft die ungewollte Wirkung. Der Wille zu echter Kommunikation ist gebrochen.[61] Den Gegenentwurf haben wir schon weiter oben bedacht. Gandhi plädiert daher für die Verwaltung des Kapitals durch Treuhand (Trusteeship, Gandhism). In jedem Fall aber für eine gemeinnützige ökologische Ökonomie. Der inhärente Wert im Vermögen liege so nicht im persönlichen Reichtum, sondern im Einsatz für das Gemeinwohl.[62]

---

schaft notwendig ist. Hierzu gehören auch Reichtümer, weltlicher Erfolg, Macht und Geld. In der völligen Abwesenheit von Artha kann der Mensch schwerlich dem Dharma folgen. Armut ist die Quelle vieler Übel, und Gandhi ging sogar so weit zu sagen, dass daher Armut die schlimmste Form der Gewalt sei. Dem Reichen obliegt, den Armen und Bedürftigen zu helfen. Diese Hilfe ist gottgefällig, sie vermehrt die Verdienste der Menschen hier auf Erden und sorgt für eine bessere Belohnung nach dem Tod. Hier wird der karitative Charakter des Hinduismus deutlich.

[61] Sehr zu Recht spricht Hartmut Rosa in diesem Zusammenhang von »Resonanzverlust«. Vgl. Rosa, H.: Fremd im eigenen Land, in: Frankfurter Allgemeine Zeitung, 24. April 2015.

[62] Grundgesetz für die Bundesrepublik Deutschland, Artikel 14(2): »Eigentum verpflichtet. Sein Gebrauch soll zugleich dem Wohle der Allgemeinheit dienen.«

Im Sinne des therapeutischen Denkens halten wir hier nur die Mahnung der Verhältnismäßigkeit fest. Artha ist nicht per se gut oder schlecht. Recht verstanden ist Artha notwendiges und berechtigtes Lebensziel und harrt seiner rechtschaffenden und rechtzeitigen Realisierung.

Ebenso verhält es sich mit *Kama*. Die klassische Schrift mit dem Titel *Kama-Sutra* (Leitfaden der Erotik) von Vatsyayana ist eine wissenschaftliche Einleitung in die Kunst sinnlicher Freuden bis hin zu den ästhetischen Freuden durch Tanz, Spiel, Musik, Literatur usw. Es ist eine theoretische Darstellung verbunden mit praktischer Anleitung. Die Mehrheit der Übersetzungen verfehlt die Zielsetzung, weil sie *Kama-Sutra* mit einer Schule des (*nur* körperlichen) Liebens verwechseln. Dabei bleiben die asketischen, moralischen und auf Enthaltsamkeit bedachten Schritte unberücksichtigt. Schon das erste Sutra der Schrift *Kama-Sutra* beginnt mit der Begrüßung der drei Lebensziele – Dharma, Artha und Kama – und mit der Betonung, dass ein harmonisches Zusammenwirken der drei Ziele zu einem gelingenden Zusammenleben führt.[63] Das Lebensziel Kama steht für all die Wünsche nach Genuss und Befriedigung durch die Sinne. Dieses Ziel zieht das drang- und instinkthafte Leben des Menschen in Betracht. Darüber hinaus können zu Kama auch die geistigen Genüsse gehören, die der Mensch durch das Betrachten schöner Dinge erlebt. Der Hinduismus legt jedoch Wert darauf, dass der sinnliche und weltliche Genuss nicht übermächtig wird, denn dann kann er seine Funktion im integralen Plan der vier Lebensziele nicht erfüllen. Der Hinduismus ist eine Religion, die den Menschen nicht spaltet in ein geistiges und sinnliches Wesen. Seine ganzheitliche Leiblichkeit ist in den religiösen Plan eingebettet und macht sehr deutlich, dass Geistigkeit und Sinnlichkeit einander bedürfen.

Das höchste Ideal, *Moksha,* ist ebenso kein Mittel zum Zweck, sondern das höchste Ziel an sich – reiner Selbstzweck. Alles dient diesem Zweck der Gottesrealisation Es gibt für die Menschen nichts, was sie über dieses Ziel hinaus noch wünschen könnten. Hat der Mensch dieses Ziel erreicht, so verliert er alle seine Sehnsüchte und Wünsche, und er fühlt sich in dem Zustand der Gottesnähe geborgen. Wir erwähnten die Frage, die in einem Upanishad gestellt wird, nach dem Wissen dessen, das alles wissen lässt. Moksha ist dieses eigentli-

[63] Vgl. Vatsyayana: Kama Sutra. The Hindu Art of Love, übers. v. Upadhyaya, S. C., Bombay 1965, S. 67.

che Wissen – das Verstummen allen Fragens und Irrens. Moksha zeigt den beruhigenden Charakter eines spirituellen Lebens an.

Um dieses Ziel zu erreichen, empfiehlt der Hinduismus den Pfad der Tugenden, der Rechtschaffenheit (Verbundenheit im *Dharma*). Gottes Nähe ist den Rechtschaffenen verheißen. Die materiellen Güter (Artha) dienen dem Individuum, der Familie und der Gesellschaft. Darüber hinaus sollen sie dazu verwendet werden, tugendhafte Handlungen zu vollbringen. Die Wünsche nach Sinnesfreude und Familiengründung (Kama) bereiten dabei den Keim für die Gesellschaft, für das friedvolle (nämlich ästhetische) Mit-Sein.

Die Befreiung ist das Ziel, und die Rechtschaffenheit ist dazu da, unsere Wünsche und unseren Reichtum in der Weise zu leiten, dass das Ziel erreicht werden kann. Schon in den Veden ist vom kosmischen Prinzip (Rita) die Rede, d.h. von einer Ordnung, die von kosmischer und von moralischer Art ist. Diese Konzeption der kosmischen Harmonie mag später durch Dharma ersetzt worden sein. Im Mahabharata wird Dharma als das beschrieben, was Ordnung schafft und sie erhält. Als die harmonisch bindende Kraft wirkt Dharma auf allen Ebenen, auf der individuellen, sozialen, kulturellen, religiösen und spirituellen. Im Hinduismus wird auch von *Manavadharma*, d.h. vom Dharma des Menschen schlechthin gesprochen. Diese menschheitliche Rechtschaffenheit besteht im Kultivieren von Tugenden wie Zufriedenheit, Vergebung, Selbstbeherrschung, Reinheit, Wahrhaftigkeit und im Vermeiden der vielen Verblendungen wie Gier, Angst, Zorn, Furcht und dergleichen. Durch das Kultivieren solcher Tugenden kann der Mensch nach hinduistischer Lehre göttliche Eigenschaften, ja sogar Gottähnlichkeit erlangen. Diese Tugenden helfen nicht nur dem Individuum, sein letztes Ziel zu erreichen, sondern sie sind auch für die Gesellschaft von unschätzbarem Wert.

Die Rechtschaffenheit, von der hier die Rede ist, moralisiert die Werte von Artha und Kama und veredelt den Charakter des Menschen in der Gesellschaft.[64] Nach hinduistischer Lehre besteht Dharma auch im Studium der heiligen Schriften – im weiteren Sinne verweist Dharma auf Belesenheit und Kenntnis der Riten hin.

---

[64] »According to Hindu philosophers, dharma ought to regulate human activities and orient them towards moksa. As a regulative value, dharma has the function of guiding man's pursuit of artha and kama and preventing him from running into extravagance. When artha and kama – the indispensable and basic human aspirations – are regulated by dharma, they are held in check and kept within proper limits.« Gopalan, S.: Hindu Social Philosophy, New Delhi 1979, S. 51.

Üblicherweise wird das Sanskritwort *Dharma* mit Religion übersetzt. Diese Übersetzung gibt nicht genau den Inhalt dieses Begriffs wieder. Dharma kann auch ohne die Gnade Gottes praktiziert werden. Dharma bezeichnet nicht nur ein Verhältnis des Menschen zu einem Transzendenten, sondern auch das Verhältnis der Individuen untereinander. So kann Dharma sich in mehreren Glaubensformen, auf verschiedenen Wegen und in unterschiedlichen religiösen Gemeinschaften manifestieren. Was aber alle diese möglichen Manifestationen miteinander verbindet, ist Folgendes: Dharma zielt erstens auf die Realisation der einen religiösen Wahrheit mit vielen Namen. Dadurch vereitelt Dharma per definitonem den Konflikt zwischen verschiedenen Formen des Glaubens und Wissens. M.a.W. definiert Dharma die Religion als vielgestaltigen Weg zu dem einen Ziel. Hierin wurzelt die Überzeugung des Hinduismus, dass das eine Wahre von den Weisen verschieden benannt wird. Dharma bezeichnet das, was alles trägt und zusammenhält, die Lehre von den Pflichten und Rechten des Einzelnen in einer idealen Gesellschaft.

Die vier Lebensstadien

Der christliche Theologe Romano Guardini verbindet die Lebensalter mit Rechten und Pflichten. Das dient dem Verständnis, dass die je eigenen Lebensabschnitte gemäß ihren Möglichkeiten und Bedingungen gleichermaßen Achtung und Anerkennung erfahren. Aus der Einsicht in diese Lebensalter erwächst die Verpflichtung, das eigene Tun gemäß dem Lebensabschnitt vor sich und der Gesellschaft zu rechtfertigen: »In ihnen allen ist es immer ein und derselbe Mensch, der da lebt. Und nicht nur das gleiche biologische Individuum, wie bei einem Tier, sondern die nämliche Person, die um sich weiß und die betreffende Lebensphase verantwortet.«[65]

Die vier Lebensstadien in der indischen Philosophie und bei Guardini haben einige Gemeinsamkeiten. Sie zielen auf einen sich beständig erneuernden Generationenvertrag, betonen Verhältnis-

[65] Guardini, Romano: Die Lebensalter: ihre ethische und pädagogische Bedeutung, Mainz 1992. Die Lebensalter bilden nach Guardini eigene Wertfiguren in dem Sinne, als das mit ihnen bestimmte Gebote und Verbote, Rechte und Pflichten aufkommen, die die Möglichkeiten und Aufgaben einer jeden Lebensphase als achtenswert und erstrebenswert erkennen lassen.

mäßigkeit und Mäßigung, fordern Anerkennung und Achtung für alle Lebensstadien, bieten eine ethisch-moralische Plastizität, da mit den verschiedenen Lebensaltern verschiedene Gebote und Verbote einhergehen, und sie zielen auf die Ermöglichung einer holistischen Lebensform für den Einzelnen. Die vier Lebensstadien haben ein großes therapeutisches Potential, denn in der Anerkennung unseres je eigenen Lebensalters liegt auch die Zusage: »Ich achte und schätze mich, so wie ich bin.« Selbstachtung, Respekt und Achtung der eigenen Person gegenüber sind Bedinung für einen sorgsamen Umgang mit sich selbst (Selbstwirksamkeit) und also auch für jede Form der Selbstkultivierung.

In dieser autogenen Zurede liegt sowohl die so notwendige Anerkennung unserer selbst als auch die Ermahnung: »Ich achte und schätze die Gebote und Verbote, die sich mit meiner Lebensphase verbinden.« Es ist offenkundig, dass sowohl selbsttherapeutische als auch gesellschaftliche Pflichten in dieser Verantwortung für mich *und* den Anderen liegen. Den Lebensstadien gemäß zu reifen und in reflexiver Übung zu verbleiben, stellt eine Strategie der Lebensbewältigung dar.

Das Wort Ashrama bedeutet eine Stufe des Lebens, ein Stadium des Lebens. Ansonsten bezeichnet das Wort einen Ort für religiöse und meditative Übungen. Der Ort ist vergleichbar mit einer Einsiedelei oder einem Kloster. Das Wort bezeichnet auch einen Ort, an dem man haltmacht. Das Leben wird in vielen Erzähltraditionen zutreffenderweise mit einer Reise verglichen. Und wer reist, hält zuweilen an. Auf dem Wege der Lebensreise kennt der Hinduismus vier Haltestationen, an denen der Reisende sich ausruht, um sich dann mit neuer Kraft wieder auf den Weg zu begeben.

Im ersten Stadium sind wir alle Novizen und sollen in die heiligen Schriften eingewiesen werden. Die Schüler werden über die Pflichten und die Moral belehrt. Sie lernen Dharma und andere Tugenden kennen. Nach dem Studium der heiligen Schriften und in Kenntnis der Tugenden, tritt der Mensch ins zweite Stadium des Vaters und Hausherren ein.[66] Der Mensch gründet eine Familie und praktiziert sein Dharma hinsichtlich der sinnlichen Genüsse und der weltlichen Reichtümer. Seinem Ziele folgend, begibt sich der Mensch

[66] Damit ist keine Engführung oder Stigmatisierung der Geschlechter gemeint. Die Etymologie muss historisch-kritisch betrachtet und dementsprechend rekontextualisiert werden.

danach in die Einsiedelei. Dies meint den Rückzug aus der Welt und die Vorbereitung auf das meditative Stadium. Schließlich erreicht der Mensch in seiner Zeit als Wandermönch das Ziel der Befreiung.

Diese vier Stadien werden mit einer Leiter verglichen, die uns näher an das Göttlichen heranführt. Hierbei handelt es sich um eine vertikale Einteilung des Lebensweges. Die verschiedenen Stadien haben jeweils ihre eigenen Rechte und Pflichten, Gebote und Verbote. Es ist die Pflicht des Schülers, sich körperlich und geistig zu trainieren, Selbstbeherrschung zu erlernen und zu üben und sich vor allem die Lehre von der Nichtgewalt (Ahimsa) zu eigen zu machen. Dies ist die Vorbereitung für das ganze Leben.

Im Stadium des Hausvaters hat der Mensch doppelte Pflichten: der eigenen Familie gegenüber und der Gesellschaft gegenüber. Freigebigkeit und Hilfsbereitschaft sind dabei die wichtigsten Tugenden. Das Gewähren von Almosen hat ohne jede Erwartung zu geschehen, was gewiss sehr schwer zu erreichen ist. Der Mensch soll all diese Gaben als Opfergaben begreifen. Alles dient dem Zweck, Tugenden anzuhäufen (Dharmasangraha). Dies gilt im weitesten Sinne dem Wohlergehen der Gesellschaft (Lokasangraha). Das Stadium des Hausvaters ist die Grundlage für die weiteren Stadien und Lebensziele.

Der Schritt vom Hausvater in die Einsiedelei ist nicht als Verzicht zu begreifen, sondern dient vielmehr der geistigen Entwicklung. Es ist der Rückzug aus dem aktiven Leben, um ohne Groll das Sterben zu erlernen. Das letzte Stadium, das Mönch-Sein, besteht in der völligen Entsagung. Dabei übt sich der Mensch im Verzicht auf alle Dinge, meditiert über den Tod und praktiziert die eigene Todeszeremonie. Die Gesetze des Kastenwesens gelten dann nicht mehr. Der Mensch lebt in diesem Stadium von Almosen. Die einzige soziale Bindung, die er noch kennt, ist das Eintreten für das Wohl der Menschheit. Die spirituelle Vereinigung mit dem Transzendenten ist nun sein ganzes Ziel.

Das Verhältnis von Kama und Dharma im Sinne einer Sexualpädagogik

Nachdem wir über verschiedene Aspekte von Philosophie als Therapie unter besonderer Berücksichtigung von Lebenszielen und Lebensweisen nachgedacht haben, möchten wir einen Akzent auf eine konkrete Lebensform legen, an der sich das Wechselspiel von je eigener Lebensform und Zusammenleben zeigt. Die indischen Philosophien, insbesondere die Schulen des Yoga und Tantra, eröffnen ein Verständnis von Sexualität nicht nur als Weg der Erkenntnis und Selbstkultivierung, sondern auch als Weg zu gelingendem Zusammenleben. Nicht zuletzt lässt sich ein wesentlicher therapeutischer Aspekt in der Beziehung von Kama (Begehren; Genuss, Liebe, sinnliche Freude) und Dharma (Pflicht und Recht) entdecken.

Sexualität, die leibliche Nähe und Zuwendung, ist ein wichtiges seelisches Bedürfnis. Als Menschen, die wir ganz denkende und fühlende Person sind, bedürfen wir der zwischenleiblichen Begegnung. Dabei stellt Sex im engeren Sinne nur eine Dimension von leiblicher Zuwendung und Verbundenheit dar und auch nur eine Dimension von Begehren überhaupt. Die Spiritualisierung, die Aufmerksamkeit und Kultivierung des Geistigen im Sex öffnet auch den Blick für die unauflösliche Einheit von Körper und Geist. Obwohl tendenziell platonisch, behält ein Sprichwort (wohl des großen Genießers Winston Churchills) in diesem Sinne doch recht: Man muss dem Körper Gutes tun, damit die Seele Lust hat, darin zu wohnen.[67]

Der Gedanke einer Sexualpädagogik, die die Spiritualisierung und Kultivierung des Sex unter der Leitung und Lenkung des Dharma vorschlägt, zielt also einerseits auf den (selbst)therapeutischen Aspekt, im Begehren (Kama) etwas Wohltuendes und unbedingt Menschliches, d.h. in Jaspers' Sinne der Selbstwerdung zugehörig, zu entdecken.[68] Andererseits ist der Erkenntnisweg Kama ein Entwurf für Zusammenleben in dem Sinne, da Kultivierung des Kama die Kultivierung einer Beziehungsethik bereits beinhaltet. Kaum etwas macht die Intensität und das Glückbringende des *Zwischen* deutlicher als die leibliche Verschmelzung von Personen. In der zwischenleiblichen Begegnung treffen Personen aufeinander, begegnen sich *mit* und *in* und *durch* den Leib.[69] Der Philosoph Jean-Luc Nancy denkt über den lustvollen Körper und sein vernünftiges Denken:

---

[67] Wohlgemerkt ohne damit einem Leib-Seele-Dualismus Vorschub zu gewähren.

[68] Eine zeitgenössische Psychoanalyse weiß unter Vermeidung einer (freudschen) Hypostasierung des Sexuellen und der oft beklagten Poetisierung (z.B. Fromm), viele Aspekte des Begehrens für die Therapie aufzuzeigen. Vgl. dazu z.B. Kühn, Rolf: Begehren und Sinn. Grundlagen für eine phänomenologisch-tiefenpsychologisch fundierte Psychotherapie und Supervision, München 2015.

[69] Man mag an dieser Stelle der Überzeugung sein, Sex sei etwas ganz und gar Körperliches. Wie bereits deutlich geworden ist, erscheint uns dies aus vielen Gründen

»Übereinander, ineinander, nebeneinander exponieren sich so all die Ästhetiken, deren diskrete, vielfache, wuchernde Zusammenführung der Körper ist. […] Daher ergibt es keinen Sinn, von Körper und von Denken als voneinander losgelöst zu sprechen, als ob sie jeder für sich irgendeinen Bestand haben könnten: […] Berührung ist der Zwischenraum der Existenz. […] *Einander dich* (und nicht ›sich‹) *berühren* – oder aber gleichermaßen, *einander Haut* (und nicht ›sich‹) *berühren:* dies ist das Denken […], *den Körpern ihr Recht zuzugestehen.*«[70]

Der seit langem sehr kontrovers geführte Diskurs über den Sexualkundeunterricht an Schulen neigt zu einer Abnabelung der Sexualerziehung von ethisch-moralischen Wertvorstellungen. Begehren (Kama) macht sich so unabhängig von einer praktischen Vernunft (Dharma), die zu Mäßigung und Harmonisierung führt. Dies erscheint nicht erstrebenswert, da einer ethisch-moralischen Wertvorstellung eine leitende und lenkende Funktion zukommt.[71] Damit ist noch nicht gesagt, von welcher Lesart diese *ethisch-moralische Wertvorstellung* sei, solange sie dem Prinzip der Gewaltlosigkeit und anerkennenden Toleranz verpflichtet bleibt. Wiederum einem Wort Jaspers' gemäß – Erziehung sei die Hilfe zum Selbstwerden in Freiheit – bleiben wir dem Anspruch verbunden, dass sie eine (Beziehungs-) Ethik ermöglicht, die das Selbst *und* den Anderen im konkreten diesseitigen Lebensvollzug im Blick behält. In diesem Sinne stellt sich auch die Frage des Sexualkundeunterrichts an Schulen:

---

nicht einleuchtend und gefährlich einseitig. Als beseelter Körper, als leiblich verfasste Person, ist meine Seele, mein Ich, die Gesamtheit meiner Person, in allen Geschehnissen meines Körpers anwesend – so wie auch meine Körperlichkeit in allen Regungen meiner Seele anwesend ist. Diese Wechselwirkung endet nie – ich bin immer schon Leib. Weder der Leib noch die Existenz, wie es Maurice Merleau-Ponty in seiner Philosophie tief durchdacht hat, können als Original des Menschseins angesehen werden, da sie einander unauflöslich wechselseitig bedingen. Dieses gedankliche Vorzeichen zeigt auch die Notwendigkeit der Moralisierung und der Spiritualisierung des Sexuellen an.

[70] Nancy, Jean-Luc: Corpus, Berlin 2007, S. 34 ff. (Hervorhebungen im Original)

[71] Als lesenswerte Versuche, sich diesem Thema unter Rücksicht auf die ethisch-moralischen Wertvorstellungen des Christentums zu nähern, erscheinen uns: Hilpert, Konrad: Ehe, Partnerschaft, Sexualität – Von der Sexualmoral zur Beziehungsethik, Darmstadt 2015. Farley, Margaret: Verdammter Sex – Für eine neue christliche Sexualmoral, Darmstadt 2014. Die Versuche zeigen die Bemühung um einen Perspektivenwechsel, der den Anderen und die Beziehung zu ihm in den Blick bekommt – ihn in den Blick bekommt um meiner und seiner selbst willen, nicht aufgrund eines hypostasierten Über-Ich. Wie der Dalai Lama richtigerweise betont hat, ist Ethik wichtiger als Religion.

Wie viel *Wissen* wird dem Heranwachsenden an welcher *Stelle*, in welchem *Alter*, durch *wen* und auf welche *Weise* vermittelt? Die Frage nach der Entwicklung und Kultivierung, d.h. nach der Theorie und Praxis einer Sexualpädagogik, beschränkt sich dabei nicht auf den Heranwachsenden.

Eine Sexualaufklärung ohne das Ethisch-Moralische stellt das Begehren ins Zentrum und zielt auf seine Befriedigung. Wenn das, was ich tun soll, davon bestimmt wird, was ich begehre und unbedingt besitzen will, so ist das Pferd von hinten aufgezäumt. Das Objekt meines Begehrens ist dann kein Selbstzweck mehr, sondern nur noch das Mittel zur Befriedigung meines Begehrens.[72] Kants ethisches Prinzip wird hier eklatant verletzt.[73]

---

[72] Viktor Frankl gibt anhand eines Patientenberichts ein lehrreiches Beispiel für die Verzerrungen des Begehrens. Hier sei ausführlich Frankl zitiert, da seine Intervention prophylaktische Selbsttherapie für jedermann aufzeigt: »Der 32jährige Offizier wendet sich wegen Potenzstörungen an den Arzt. – Dem ganzen Verhalten liegt ein tiefgehender menschlicher Kontaktmangel zugrunde – Er [der Patient] ist schlechthin menschlich kontaktunfähig – und seine ganze Potenzgestörtheit ist eben nur Ausdruck dieser Kontaktunfähigkeit; sexuell ist er deshalb ›unfähig‹, weil er überhaupt der Liebe nicht fähig ist. Kein Wunder – ist es ihm doch, in all seinem ›Liebesleben‹, gar nicht um Liebe zu tun, sondern nur um Lust, und zwar Lust im Sinne von egoistischem Luststreben. ›Gefühl‹ investiert er nur höchst wenig und selten in seine Beziehungen – Spontan erklärte er in diesem Zusammenhang, daß er sich vor Verantwortung ungemein fürchte – Verantwortung sei ihm in jedem Falle eine Last. – weil er ja neben seiner ohnehin schon tiefen Verantwortungsscheu auch im Sinne seines abgründigen Egoismus gehandikapt ist – jenes Egoismus, der dem Partner nichts ›geben‹, der nichts leisten will, der nur Lust sucht, und die nur für sich – Worin hatte nun die Therapie im vorliegenden Fall zu bestehen? Wir mussten den Kranken dazu anleiten, vor allem die Kontaktunfähigkeit durch Selbsterkenntnis und Selbsterziehung mit der Zeit zu überwinden. Wir mussten ihn darauf hinweisen, daß nur ein wahres Liebesleben seiner würdig sei. Und wir mußten ihm schließlich klarmachen – der Arzt sei schließlich nicht dazu da, sozusagen ihm das Koitieren beizubringen; unsere Aufgabe ist vielmehr, ihm den Weg zu weisen und zu ebnen zu einem ihm gemäßen Liebesleben – und damit und erst damit, ganz von selbst, auch zu einem normalen Sexualleben! – was ihm not täte, sei vielmehr: Erkenntnis; Erkenntnis des großen Zusammenhangs, in dem seine Potenzstörung lediglich als Teilerscheinung eingebettet sei; Erkenntnis ihres Zusammenhangs mit seiner allgemeinen Lebenseinstellung. – Und so dürfe er denn nicht damit rechnen, seine Potenzstörung früher loszuwerden, bevor er nicht erst einmal imstande sei, eine Partnerin wirklich zu lieben.« Frankl, V.: Die Psychotherapie in der Praxis, München ^{5}1986, S. 121f.

[73] Es war besonders Erich Fromm, der in seiner Schrift *Die Kunst zu lieben* diese Verletzung ausführte: Der Andere dürfe in der mündigen und tätigen Liebe niemals Mittel und immer nur Zweck sein. Fromm konnte in seinen weiteren Schriften insbesondere zeigen, dass sich dieses Prinzip, wie wir miteinander umgehen, wie wir einander

Die Persönlichkeitsentwicklung im Rahmen der Viererteilung der Lebensziele berücksichtigt in besonderem Maße die psychologischen Aspekte von Kama – vielmehr wird die besondere Bedeutung von Kama für die Entwicklung einer reifen und mündigen Persönlichkeit berücksichtigt. Es geht dabei um eine Psychologie der Wünsche, des Begehrens und der Wege ihrer Befriedigung. Eine empirische Psychologie der menschlichen Natur kann auf eine Analyse der Wünsche nicht verzichten. Wünsche und Begehren sind sowohl natur- als auch kulturbedingt. Kama ist der Oberbegriff für Wünschen und Begehren in Natur und Kultur. »Kama is a comprehensive term which includes all desires – desires ranging from the cravings of the flesh to the yearnings for the spirit.«[74]

Selbst die Suche nach Geld und anderen Besitztümern bis hin zur Erlösung werden im indischen Denken unter Kama subsumiert. Biologie, Physiologie, Psychologie und Spiritualität gehen hier Hand in Hand unter der Oberleitung des Ethos der Rechtmäßigkeit *(Dharma)*. So fasst Gopalan diese verschiedenen Aspekte zusammen:

»The physical-physiological aspect of kama offers us an insight into the sensuous side of sex itself, while the psychological-mental introduces us to the Hindu psychology of love and the mutual attitude of the sexes. The moral-spiritual aspects are discernible by a further consideration of the complementary relationship between the sexes and also by analysing the other non-sexual aspects of kama-concepts which are meaningful in the realms of art and aesthetics.«[75]

Daher werden nicht ganz zu Unrecht dem indischen Geist zwei Haltungen gleichermaßen zugeschrieben: Askese (Yoga) und (erotischer) Genuss (Bhoga). »In India«, schreibt Havelock Ellis, »[...] sexual love has been santifies and divinized to a greater extent than in any other part of the world.«[76] Das klassische Werk *Kama-Sutra* legt jedoch ebenso großen Wert auf Mäßigung und Kontrolle. Genuss und Askese sind gleichermaßen Bestandteil und harren der Harmonisierung und Gleichberechtigung.[77]

---

lieben, bis tief in das gesellschaftliche Zusammenleben fortsetzt. Fromms Gesellschaftskritik, z. B. die Auswüchse des westlich-abendländischen Kapitalismus, bezog sich auch stets auf den Verlust der Fähigkeit, sich und den Anderen achtsam und mündig zu lieben.

[74] Gopalan, S.: a. a. O., S. 98.

[75] Ibid. S. 102.

[76] Ellis, H.: Studies in the Psychology of Sex, Philadelphia 1922, S. 129.

[77] Es sei an dieser Stelle noch einmal deutlich formuliert, dass es eine unzulässige

Kama sowie auch Artha besitzen einen ›instrumentellen Wert‹ und keinen ›finalen‹. Daher bedürfen sie der ethisch-moralischen Leitung und Lenkung. Die Werteorientierung spielt eine zentrale Rolle. So gibt es eine zweifache Orientierung: eine axiologische und eine institutionelle. Eine jede Sexualpädagogik in ihrer institutionalisierten Gestalt wie z. B. in der Schule und anderen Institutionen ist verpflichtet, beide Aspekte im Unterricht zum Tragen zu bringen. Die sexuellen Wünsche sollen weder gewaltsam unterdrückt werden noch muss ihnen ein völliger Freilauf gewährt werden.[78] Die goldene Mitte scheint irgendwo zwischen den beiden Extremen einer übertriebenen Askese und einer zügellosen Erotik zu liegen. Auch wenn man das genaue Maß der *goldenen Mitte* nicht so genau kennt, besteht der Weg doch im stetigen Vermeiden der Extreme. Denn auch diesem Sprichwort muss man beipflichten: Man kann auch des Guten zu viel tun.

Es geht nicht darum, das Bedürfen und Begehren von Liebe, Sexualität und Körperlichkeit zu verdrängen. Es geht um die Bejahung der eigenen Verletzlichkeit, die Stärkung von Autonomie und Selbst*bewusst*sein sowie die Anerkennung von Bedürftigkeit – der eigenen und der des Anderen. Und diese Bejahung und Anerkennung errei-

---

Reduktion ist, begreife man Yoga *nur* als körperliche Übung oder auch nur als *körperliche* Übung mit »Anteilen« von Meditation, Konzentration und Spiritualisierung. Der Begriff Yoga steht für einen ganzheitlichen Denk- und Lebensweg, gleich welcher Schul- oder Lesart man sich verschreibt. Ebenso verhält es sich mit Tantra und Buddhismus. Auch mit der Sexualität verhält es sich in diesem Zusammenhang ähnlich. Die genuss- und konsumorientierten Gesellschaften haben ein Verständnis von Sex als leistungsorientierter akrobatisch-sportlicher Tätigkeit hervorgebracht, in der Personen in Wettstreit miteinander treten. Die tendenziell masochistisch-selbstzerstörerische Frage an sich selbst, ob und wie gut die eigenen sexuellen Leistungen sind, ergibt erst daher ihren Sinn. Denn Sex wird als Dienstleistung des Vergnügens und Befriedigen verstanden. In dieser Weise wurde zumeist auch das Kama-Sutra als Katalog akrobatischer Verrenkungen missinterpretiert.

[78] Freilich leben viele westlich-abendländische Gesellschaften eine Freizügigkeit der sexuellen Entfaltung und Verwirklichung. Für den Einzelnen in diesen Gesellschaften stellt sich daher tendenziell die Frage nach dem Zuviel. An mancher Stelle wird eine Körperfixierung der *weirdest* (western, educated, industrialized, rich, democratic) Gesellschaften diskutiert. Eine übermäßig körperzentrierte Sexualität gehört zu den Kurzschlüssen dieser Körperfixierung. Kurzschlüsse wie Schlankheit/Schönheit und Attraktivität/Intelligenz sind weitere Beispiele. Und stellt sich für andere Gesellschaften noch immer die Frage nach der Befreiung des Einzelnen (insbesondere der Frauen und der Nicht-heterosexuellen) hin zur freien und emanzipierten Sexualität, so stellt sich für die vermeintlich freizügigen Gesellschaften vielmehr die Frage nach Sinn und *Be*sinnung.

chen wir, *indem* wir lieben, uns einander ganz zuwenden, um uns sorgen und ja, auch einander genießen. Es geht um die Verhältnismäßigkeit von *Dharma* und *Artha*. Es geht darum, Versinnlichung und Spiritualisierung Hand in Hand gehen zu lassen.

Die Leser um Nachsicht bittend möchten wir in aller Bescheidenheit einen tentativen Imperativ formulieren im Hinblick auf das Verhältnis von Artha und Kama auf der einen und Dharma auf der anderen Seite: Versuche die Lebensziele Artha und Kama zu realisieren; aber achte stets darauf, dass die Dharma-Pflichten ihre motivierende und leitende Funktion nicht einbüßen. Die Quintessenz dieser Überlegung ist nun: Begehren qua Begehren ist nicht schlecht, aber schlecht ist es, dem Begehren zu unterliegen. Herr über das eigene Verlangen zu sein und unmäßiges, unmündiges und gewaltsames Verhalten unbedingt zu vermeiden, ist das Ziel dieser Übung.

III. Psychologie, Psychoanalyse und Philosophie: Zwischen Prophylaxe und Therapie

1. Zum Für und Wider medizinischer Analogien

> A consistent theme of the book […] is that biology and culture form the boundaries of psychology, and that understanding people means attending simultaneously to biological processes, psychological experience, and the cultural and historical context. […] Cross-cultural material is not tacked onto this book; it is integral to it.
>
> Drew Westen[1]

Die Essayistin Susan Sontag möchte in ihrem Essay *Krankheit als Metapher* zeigen, dass Krankheit bzw. Kranksein keine Metapher ist und dass die ehrlichste Weise, sich mit ihr auseinanderzusetzen – und dazu die *gesündeste* Weise *krank zu sein* – darin besteht, sich so weit wie möglich vom metaphorischen Denken zu lösen und dem eigenen Kranksein den größtmöglichen Widerstand entgegenzusetzen.[2] Sontag zitiert die jung verstorbene neuseeländische Schriftstellerin Katherine Mansfield, die ihren mutigen Kampf gegen die Tuberkulose dokumentierte, um ihr Verständnis eines tätigen Krankseins (*am* Selbst) zu verdeutlichen:

»Ein schlechter Tag […] ich habe nichts tun können. Die Schwäche war nicht nur physischer Natur. Ich muß erst mein Selbst heilen, ehe es mir gut gehen kann. Dies muß ich allein tun und zwar sofort. Es ist die Wurzel

[1] Westen, Drew: Psychology. Mind, Brain, Culture, New York 1996, S. 5. Verbunden mit der interkulturellen Einstellung, bedeutet dies, sich der Herausforderung zu stellen, kulturelle Variabilität als ein notwendiges Produkt menschlicher Psyche zu begreifen. Therapeutisches Handeln und ihre Wege und Methoden kann nicht ohne ihren kulturellen Kontext, ja ihre kulturelle Imprägnierung betrachtet werden. Vgl. dazu die Arbeiten zu *Transcultural Psychiatry* des Psychiaters Laurence J. Kirmayer.

[2] Weiter oben haben wir bereits über das tätige Teilnehmen am Zustandekommen des eigenen Krankseins bei Viktor von Weizsäcker gelesen, vgl. Weizsäcker: Der kranke Mensch, Stuttgart 1951.

meines unverändert schlechten Zustandes. Mein Bewußtsein ist nicht unter Kontrolle.«[3]

Sontag macht in ihrem Essay jedoch deutlich, wie schädlich die Verschleierung von jeglichem Kranksein durch Analogien und Metaphern ist, denn sie führen zu einer Verstellung des eigenen Krankseins. Es kommt dagegen darauf an, der Krankheit mutig ins Gesicht zu sehen und alle transformative Kraft gegen sie aufzubringen.

Nicht Kranksein selbst ist die Analogie oder Metapher, sondern das Behandeln des *philosophischen* (sprich existentiellen) Problems als Krankheit ist die Analogie. Sontag macht deutlich, dass Kranksein sich nie in den privaten Raum zurückziehen sollte. Und in diesem Sinne zeigte die medizinische Analogie auch seit Menschengedenken eine große Anziehungskraft, insofern sie dem Leiden und seinen Ursprüngen ein verständliches, lebensnahes Bild vermittelt. Eine Analogie, die zu Klarheit führt und nicht zur Verschleierung und deutlich macht, »that biology and culture form[s] the boundaries of psychology, and that understanding people means attending simultaneously to biological processes, psychological experience, and the cultural and historical context«.[4]

Die Anziehungskraft der medizinischen Analogie im buddhistischen und hellenistischen Denken basiert auf der Auffassung von Krankheit als eines Zustandes des Unwohlseins, des Unbehagens und seines existentiellen Charakters *in* der Welt.[5] Dieses Unwohlsein ist das gemeinsame Merkmal aller Krankheiten, seien sie körperlich und/oder seelisch. Auch wenn die physische Gesundheit für *die* Medizin das zentrale Anliegen ist, darf darüber nicht aus dem Blick geraten, dass es neben der physischen Gesundheit auch ein Wohlsein psychischer, mentaler, emotionaler und spiritueller Natur gibt und dass sich beide in unauflöslicher Wechselwirkung zueinander befinden. Daher wird heute häufig der Ruf laut, die Schulmedizin solle sich der biopsychosozialen Genese von Kranksein selbstbewusster gewahr

---

[3] Sontag, S.: Krankheit als Metapher, München 1980, S. 1 u. S. 51.

[4] Vgl. Burton, David: Curing Diseases of Belief and Desire: Buddhist Philosophical Therapy, in: Philosophy as Therapeia, hrsg. v. Ganeri, J., Carlisle, C., Cambridge University Press 2010, 187–217. Kandel, Eric R.: Psychiatrie, Psychoanalyse und die neue Biologie des Geistes, Frankfurt a. M. 2006.

[5] Vgl. Cari, Havel: The Philosophical Role of Illness, in: Metaphilosophy, Vol. 45, Issue 1, 2014, S. 20–40. Die Philosophin Havel Cari untersucht die Phänomenologie der Krankheit und unterrichtet darin auch Studenten der Medizin. Sie sagt sehr deutlich: »illness is a unique form of philosophizing.«

werden. Da sich Epikureer, Stoiker, Skeptiker und Buddhisten mit dieser ›psychologischen, seelischen Krankheit‹ beschäftigen, nutzen sie auch alle die medizinische Analogie. Die buddhistischen und hellenistischen Schulen verstanden unter psychischer Gesundheit das Erreichen eines Zustandes der Leidenslosigkeit, der Ruhe, der Zufriedenheit und Gelassenheit. Solcherlei Gelassenheit stehen jedoch Emotionen und diverse Verblendungsformen, wie z. B. Gier, Hass, Ärger, Angst, Kummer, Begehren und andere Leidenschaften, im Wege. Das Überwinden dieser Verblendungen ist das allenthalben formulierte Ziel. Das medizinische Motiv, die medizinische Analogie ist hier sehr hilfreich, da sie sich leicht auf den explizit psychischen Charakter dieser Verblendung übertragen lässt.

Die Schwäche dieser Analogie besteht jedoch in erster Linie darin, dass es keine allgemein anerkannte Übereinstimmung hinsichtlich Art und Beschaffenheit von Kranksein im Allgemeinen und psychischer Krankheit im Besonderen gibt.[6] Dass Krebs eine gefährliche physische Krankheit ist, leuchtet jedem ein. Eindeutige Merkmale der psychischen Krankheit sind jedoch nicht so leicht festzustellen. Die philosophische Melancholie und die existentielle Beängstigung entbehren nahezu ganz der gesellschaftlichen Anerkennung. Die Annahme einer Seele und ihrer Verletzbarkeit ist umstrittener und mehrdeutiger als die vermeintlich offensichtliche Verletzbarkeit unserer körperlichen Existenz. Hinzu kommt, dass einige Vertreter der buddhistischen und hellenistischen Schulen das Erreichen der Gelassenheit und Ruhe mit einer völligen oder teilweisen Eliminierung der diversen Formen der Emotionen gleichsetzen. Hier wird eine anthropologische Konzeption vertreten, die die positive Rolle der Emotionen wie z. B. Freude, Aufregung vernachlässigt. Auch Aristoteles würde eine völlige Eliminierung der Emotionen nicht gutheißen. Es gibt Formen der inneren Empfindungen, die Teil der menschlichen Natur sind. Alle Emotionen abschaffen zu wollen käme demnach einer Abschaffung der menschlichen Natur gleich. Die Auffassung von psychischer Gesundheit als ein Weg zu Befreiung, ja Erlösung von aller Begrenztheit, scheint die Chancen einer biologischen Anthropologie

[6] Vgl. Heinz, A.: Der Begriff der psychischen Krankheit, Berlin 2014. Zwar gibt es eine Vereinheitlichung der Diagnostik in Form von DSM (Diagnostic and Statistical Manual of Mental Disorders) und ICD (International Statistical Classification of Diseases and Related Health Problems), doch ihre Geschichte der Revisionen und Neubearbeitung spiegelt die Wandelbarkeit und Streitbarkeit vom »allgemein anerkannten« Charakter der psychischen Krankheit.

zu unterschätzen. In Bezug auf die Heilung der physischen Krankheiten spielten die persönliche Überzeugung und der Veränderungswille lange eine angezweifelte und hinterfragte Rolle. Im Falle der Therapien der psychischen Krankheiten verhält es sich ganz anders, denn dort ist der Veränderungswille augenscheinlich und muss folgerichtig für den Patienten im Zentrum stehen. In der Schulmedizin wird heute noch häufig ein strenger, d. h. letztbegründender Naturalismus vertreten, der sogenannte psychische Krankheiten als Epiphänomene ansieht und ihnen keine eigenständige Existenz und Genese zubilligt. An dieser Stelle bildet die phänomenologische Anthropologie und Psychiatrie einen wegweisenden Kontrapunkt.

Die hellenistische Philosophie, wie wir weiter oben in der Lesart Pierre Hadots schon gesehen haben, ist Wegbereiterin zu Befreiung und Gelassenheit (Ataraxia). Für das asiatische philosophische Denken gilt dies in gleichem Maße. Epikur wird zugeschrieben, dass er die medizinische Analogie für die Philosophie mit besonderem Nachdruck vertreten hat. Demnach sind die Worte eines Philosophen sogar »leer«, bieten sie keine Therapie für das menschliche Leiden. Denn so, wie es keinen Sinn macht, wenn die medizinische Expertise kein medizinisches Therapeutikum für körperliche Krankheiten bereithält, so macht es auch keinen Sinn, wenn Philosophie uns nicht von den Leiden der Seele befreit.[7]

Neben den körperlichen Leidensformen bestehen die geistigen und seelischen Leidensformen. Cicero steht stellvertretend für die antike Philosophie, indem er sagt, dass Philosophie eine medizinische Wissenschaft für den Geist (Seele) sei. Der Philosophie schreibt er eine *heilende* Funktion zu. So lange seelische Leidensformen da sind, so versichert er, werden wir weder Glück noch Zufriedenheit erleben.[8] Der Mahayana-Philosoph Shantideva ist der Ansicht, dass Philosophie, eben die Lehre Buddhas, die alleinige Medizin gegen das Elend der Welt sei. Diese Lehre sei auch die Quelle für Zufriedenheit und Freude.[9] Freilich darf man diese medizinische Analogie nicht

---

[7] Vgl. Long, A. A. and Sedley, D. N.: The Hellenistic Philosophers, Vol. 1, Translations of the Principal Sources with Philosophical Commentary, Cambridge 1987, S. 155 (12 C). Werle, J.: Klassiker der philosophischen Lebenskunst, München 2000; ders.: Epikur für Zeitgenossen, München 2002.

[8] Vgl. Cicero: Cicero and the Emotions, Tusculan Disputations 3 and 4, übers. v. Graver, M., Chicago 2002, S. 5 und 70.

[9] Shantideva: The Bodhicaryavatatra, übers. v. Crosby, K. und Skilton, A., Oxford 1995, S. 143.

überstrapazieren. Aber die medizinische Analogie unterstreicht die Tatsache, dass das gemeinsame Merkmal der körperlichen und seelischen Krankheiten eine Unordnung, ein Ungleichgewicht, ein irgendwie geartetes Unbehagen ist. In beiden Fällen geht es dann um die Ergründung der Ursachen. Der buddhistischen Lehre der vier edlen Wahrheiten geht es darum: Es gibt Leiden und es gibt Ursachen des Leidens. In allen Traditionen werden körperliche Leidensformen hervorgehoben. Es ist wahr, die Philosophen beider Traditionen waren keine Mediziner im engeren Sinne, auch wenn einige wenige sich um die Linderung auch der körperlichen Leidensformen kümmerten. Aber das Hauptgewicht lag in der Entwicklung und Kultivierung einer Lebenseinstellung, die die Menschen in die Lage versetzen sollte, auch mit diesen Leidensformen besser umgehen zu können. Auch wenn der Buddha keine vollständige Heilung der körperlichen Leidensformen garantieren konnte, versprach er doch das Erreichen des Nirvana, eines Stadiums der Leidenslosigkeit. Das Erreichen dieses Stadiums machte es möglich, dass der Mensch nicht mehr ein Teil der Kette des Geborenwerdens, Krankwerdens, Altwerdens und Sterbens war. In diesem Sinne lassen sich teilweise die Vorstellung von Nirvana und Eudaimonia in der hellenistischen Philosophie vergleichen.

Die psychologische, seelische Gesundheit, die angestrebt wurde, ist das Erreichen eines Gleichmuts, einer Ruhe, einer Gelassenheit durch die Kontrolle der diversen uns verleitenden Formen der Leidenschaften. Freilich werden in der Hauptsache die negativen Formen ins Feld geführt. Im Mahayana-Buddhismus wird jedoch die höchste Tugend des Mitleids und Mitempfindens, eben jener *Compassion* (Karuna) angestrebt. Und dies allen Wesen gegenüber. Das Bodhisattva-Ideal ist ein Beleg dafür. In der wichtigsten Mahayana-Schrift, dem »Lotus-Sutra« (Saddharmapundarika-sutra, Sutra der Lotusblume des wahren Gesetzes), wird Buddha dann auch mit einem Arzt verglichen. Er selbst betätigt sich als ein Arzt. Dabei wendet er stets die Methode der gebotenen Geschicklichkeit (Upaya) an, um das Ziel der Ruhe und Leerheit des Nirvana zu erlangen.[10]

Im Kapitel III des Lotus-Sutra wird von Upaya erzählt: Buddha rettet Kinder aus einem brennenden Haus durch das Versprechen, die

---

[10] Vgl. Lotus-Sutra. Sutra von der Lotusblume des wunderbaren Gesetzes. Nach dem chinesischen Text von Kumarajiva ins Deutsche übersetzt und eingeleitet von Margareta von Borsig, Freiburg 2013, Kap. II.

Kinder würden ein Tiergespann als Belohnung erhalten, wenn sie doch nur schnell aus dem Hause herauskommen. Im Kapitel XVI rettet er Söhne, die unter Depression und Ausschweifung leiden. Sie lieben ihren Vater sehr, aber kommen nicht auf einen rechtschaffenden Weg. Buddha lässt nun aus einem fernen Land den Söhnen die Nachricht zukommen, der Vater sei gestorben. Die Söhne sind zutiefst traurig und hören auf, ›Gift‹ (das meint Alkohol) zu trinken. Dies sind didaktische Mittel, die Buddha als *geschickte* Mittel verwendet mit dem Ziel der Heilung. Nicht jedem kann die Lehre in gleicher Weise vorgetragen werden. Und nicht immer ist Lehre geboten. Buddha, dem Arzt und Lehrer, wird an mancher Stelle der Vergleich zugeschrieben, manche Verblendungen seien wie ein vergifteter Pfeil zu behandeln. Bevor wir darüber nachdenken, woher er gekommen sein mag, wer ihn geschossen hätte und wie er wohl beschaffen sei, müsse er umgehend entfernt werden.[11]

In diesem Sinne kommen wir noch einmal zusammenfassend auf die antike Philosophie zu sprechen. Über die Stoa hörten wir weiter oben. Epikur ist für seinen Hedonismus bekannt geworden, doch nutzt auch er immer wieder die medizinische Analogie. Freude ist ihm zwar das höchste Ziel des Lebens, doch vornehmlich in der *Heilung* des Leidens in der Welt. Epikur war kein blinder Hedonist. Er betont oft, dass Freude eigentlich die Abwesenheit der körperlichen und seelischen Leidensformen sei. Das Studium der Philosophie empfahl er als den besten Weg zu Glückseligkeit und Wohlbefinden. In diesem Sinne sprach er von der Gesundheit der Seele. Nach Epikur ist das höchste Gut und Quelle aller Tugenden die Einsicht, welche uns lehrt, dass und wie es möglich ist, tugendhaft und lustvoll zu leben, »daher steht die Einsicht an Wert auch noch über der Philosophie. Aus ihr entspringen alle Tugenden. Sie lehrt, dass ein lustvolles Leben nicht möglich ist ohne ein einsichtsvolles und sittliches und gerechtes Leben, und ein einsichtsvolles, sittliches und gerechtes Leben nicht ohne ein lustvolles. Denn die Tugenden sind mit dem lustvollen Leben auf das engste verwachsen, und das lustvolle Leben ist von ihnen untrennbar.«[12] Dharma und Kama gehen Hand in Hand. Epikur wird also ganz zu Unrecht als bloßer Hedonist abgestempelt:

---

11 Vgl. Burton, David: Curing Diseases of Belief and Desire: Buddhist Philosophical Therapy, in: Philosophy as Therapeia, hrsg. v. Ganeri, J., Carlisle, C., Cambridge University Press 2010, 187–217.

12 Epikur: In: Leben und Meinungen berühmter Philosophen von Diogenes Laertius, Hamburg 1967, S. 284.

»Wenn wir also die Lust als das Endziel hinstellen, so meinen wir damit nicht die Lüste der Schlemmer und solche, die in nichts als dem Genuss selbst bestehen, wie manche Unkundige und manche Gegner oder auch absichtlich Missverstehende meinen, sondern das Freisein von körperlichem Schmerz und von Störung der Seelenruhe.«[13]

Auch hier ist der philosophische Ratschlag: Vermeide bereits die Ursachen des Unglücks, um *gesund* zu leben. Ein Vergleich mit der indischen materialistischen Schule der Charvakas bietet sich an. Die Anhänger dieser Schule sind tatsächlich Hedonisten. Sie werden jedoch von den anderen indischen Schulen als zu einseitig und als *hemmungslose* Hedonisten angesehen. Einige Anhänger dieser Schule haben einen moderaten Hedonismus gepredigt und Leid in Kauf genommen, um dadurch einen höheren Lustgewinn zu haben.[14] Diese werden dann auch die ›kultivierten Charvakas‹ (Sushiksita) genannt.

Dass Epikur der Einsicht einen Vorrang vor Philosophie einräumt, verbindet ihn in mancher Hinsicht mit der buddhistischen Lehre von Geschicklichkeit (Upaya). Bei Buddha werden unterschiedliche, sehr geschickt und voller Einsicht und Klugheit vorbereitete Wege zur Heilung vorgeschlagen und angewandt. Aryadeva empfiehlt, dass die Lehre ähnlich wie Medizin sehr umsichtig angewandt werden müsse.[15] Chandrakirti lobt Buddhas Geschicklichkeit, unterschiedliche Medizin den unterschiedlichen Menschen zu verschreiben. Und dies tut der Buddha, auch wenn er in manchen Fällen z.B. seine Lehre von der Substanzlosigkeit aller Dharmas substantialistisch vortragen muss.[16]

Nagarjuna, der auch der zweite Buddha und *Arzt* genannt wird, versteht unter Substanzlosigkeit die Leerheit (Shunyata), d.h. die Abwesenheit einer Eigennatur der Dinge, und sagt, dass Leerheit keine Lehre, sondern eine *heilsame Einsicht* sei. Und einer, der diese Lehre als eine Ansicht begreift, sei wie gesagt *unheilbar*.[17] Denn die

---

[13] Ibid. S. 284.

[14] Vgl. Shastri, D.: A Short History of Indian Materialism, Sensationalism and Hedonism, Calcutta 1930. Chattopadhyaya, D.: Lokayata. A Study in Indian Materialism, New Delhi 1959.

[15] Aryadeva: Aryadeva's Catuhsataka: On the Bodhisattva's Cultivation of Merit and Knowledge, übers. v. Lang, K. C., Copenhagen 1986, S. 85.

[16] Chandrakirti: Four Illusions: Chandrakirti's Advice for Travelers on the Bodhisattva Path, übers. v. Lang, K. C., New York 2003, S. 160.

[17] Vgl. Nagarjuna: The fundamental Wisdom of the Middle Way: Nagarjuna's Mulamadhyamakakarika, XIII 8, übers. v. Garfield, J. L., New York 1995, S. 36.

These von der Leerheit ist wie Medizin, die nicht nur die Krankheit beseitigt, sondern auch selbst den Körper wieder verlässt, nachdem sie ihre Wirkung gezeigt hat. Denn eine Medizin, die nach der Heilung noch im Körper bleibt, macht den Menschen immer noch krank. Im Pali-Kanon wird diese Lehre daher oft mit einem Abführmittel verglichen, das im übertragenen Sinne läuternd wirkt.

Chandrakirti, ein Kommentator Nagarjunas, verteidigt diese Auslegung der Lehre von der Leerheit. Hat man die Lehre von der Leerheit realisiert, hat man zugleich realisiert, dass diese Lehre keine Ausnahme macht, wenn es um die Leerheit selbst geht.[18] Daher muss man die Leerheit der Leerheit einüben. Der reflexiv-meditative Ertrag dieser Auffassung für die Praxis ist, dass man alle Ansichten, Standpunkte als bedingt ansieht und tolerant und offen bleibt in Bezug auf die anderen Standpunkte. Nicht ist jenseits der Bedingtheiten. Mahatma Gandhi hat aus diesem Grunde als *Heilmittel* stets eine ›Minimierung‹ der Wünsche gepredigt, verbunden mit dem Ziel eines einfachen Lebens in Tugendhaftigkeit. Denn die Maximierung und die stete Befriedigung des Wünschens und Begehrens, und darunter fallen auch Ansichten und Standpunkte, *vergiftet* unsere Seele. Epikur definiert die *seelische Gesundheit* als Glückseligkeit und rät sowohl den Jungen als auch den Alten zu philosophieren. Sehr deutlich und hier stellvertretend stellt er fest:

»Weder der Jüngling schiebe das Philosophieren auf, noch wer alt geworden, ermüde in demselben, denn keiner ist zu jung oder zu alt dazu, sich Gesundheit der Seele zu verschaffen […] Also muss sich beides, der Greis und der Jüngling, mit Philosophie beschäftigen […] Er muss also auf das denken, was Glückseligkeit verschafft. Denn wir haben alles, wenn diese da ist, und wenn sie nicht da ist, müssen wir alles tun, um sie zu erlagen.«[19]

[18] Vgl. Chandrakirti: Lucid Explanation of the Middle Way: The Essential Chapters from the Prasannapada of Chandrakirti, übers. v. Sprung, M., Prajna Press 1979, S. 150–151.

[19] Epikur: Leben und Meinungen berühmter Philosophen von Diogenes Laertius, Hamburg 1967, S. 474f.

2. Buddhismus und Psychologie

> Don't neglect the Buddhist observations and don't dismiss what we know from science. Instead of trying to seek a resolution or an answer, contemplate the question and let it sit there. Have the patience and forbearance to stay with the open question.
>
> Evan Thompson[20]

Auch wenn Psychoanalyse und Buddhismus unterschiedliche Geburtsorte und kulturelle Sedimentierungen kennen, sind sie heute verpflichtetet einander ernst zu nehmen. Die psychoanalytische Perspektive, die vom Buddhismus berücksichtigt werden soll und muss, lautet vereinfacht: Das Unbewusste, als das Speicherbewusstsein psychischer Formationen, verdrängter Wünsche und Gefühle, ist der einfachen Introspektion nicht zugänglich.[21] Es bedarf erst des Psychoanalytikers, der durch die Analyse der Träume, der verdrängten Wünsche und Triebregungen das Unbewusste erschließt. Freud war der Überzeugung, dass keine spirituellen, meditativen Techniken uns einen Zugang zum Unbewussten ermöglichen können. Die Lehre Buddhas anerkennt das Vorhandensein solcher Regionen unter dem Terminus »Speicherbewusstsein« (Alayavijnana). Diese Speicherkammer ist für die Buddhisten nicht nur ein Ort der Ereignisse der Kindheit, sondern auch früherer Existenzen (Wiedergeburtslehre). Es gibt fünf Aspekte des Bewusstseins, die drei Dimensionen zusammenbringen: die leiblichen Sinnesorgane, deren Gegenstände und das Bewusstsein davon (z. B. Sehbewusstsein, Hörbewusstsein, etc.). Daneben gibt es positive und negative, angenehme und unangenehme Gefühlsregungen, die im Bewusstseinsstrom auftauchen. Sowohl Freud als auch Buddha sind an der ›Entleerung‹, an der ›Trockenlegung‹ dieses Stromes interessiert. Nur in der Methode der Entleerung gehen ihre Ansichten auseinander. Die buddhistische Erforschung des Geistes (des ›inneren Sinnesorgans‹) ist ›empirisch‹,

---

[20] Thompson, E.: Waking, Dreaming, Being, New York 2015, S. XXV.

[21] Was in der Kritik der Philosophie an der Psychoanalyse häufig und wohl nicht gänzlich zu Unrecht als contradictio in adjecto angesehen wurde: was nicht bewusst (unbewusst) ist, kann nicht vom Bewusstsein her betreten werden. Vgl. Freud, S.: Die Widerstände gegen die Psychoanalyse, in: Selbstdarstellung, Schriften zur Geschichte der Psychoanalyse, Frankfurt a. M. 1971, S. 227.

denn es geht hier um eine ›Autopsychoanalyse‹ der eigenen Erfahrungen.[22]

In der Zielsetzung der Analyse, Therapie und Heilung sind die beiden Lehren sehr unterschiedlich, gehen jedoch von sehr ähnlichen Grundannahmen aus. Freuds Libido beherbergt alle unsere triebhaften Energien und Begierden. Nach der Theorie der Psychoanalyse wollen diese Begierden den direkten Weg ihrer Befriedigung einschlagen. Dies kann uns nicht immer gelingen. Gelingt es nicht, so werden diese Formen des Begehrens unterdrückt und bleiben im Unterbewussten aktiv und wirken oft krankmachend. Psychoanalyse möchte das Begehren und das Objekt des Begehrens zusammenbringen und so die Heilung herbeiführen. Dass dies uns Menschen als Kulturwesen nicht immer gelingt und gelingen kann, weiß die Psychoanalyse sehr genau. Die Rede Freuds vom *Unbehagen in der Kultur* belegt dies. Die reflexiven und kontemplativen Methoden des Buddhismus wollen die Begierden schon im Vorfeld unter die Lupe nehmen, denn sie thematisieren nicht nur das Bestehen von Krankmachendem, sondern auch das Entstehen. Daher sind Prophylaxe und ein »gesunder«, sprich wohlüberlegter Lebenswandel für den Buddhismus so zentral. Die Lehre Buddhas möchte das (leidvolle) Begehren weder ganz unterdrücken noch ihm freien Lauf gewähren. Denn beide Wege bringen den psychischen Haushalt nicht ins Reine.

Der Buddhismus schlägt zwei Wege vor: Erstens die vollkommene Befreiung von allen Leid verursachenden Leidenschaften, eben von den unheilsamen (Akushala) Geistesregungen und Handlungen, und zweitens die schrittweise Abschwächung, Minimierung, Überwindung, Beherrschung, Kontrolle der unterschiedlichen Formen des Begehrens.[23] Die Frage stellt sich, ob es dem Normalsterblichen je gelingen wird, alle unheilsamen Geistesregungen restlos zu beseitigen, denn Leiden scheint eine Art *conditio humana* zu sein, die man zwar abschwächen, aber nicht vollkommen überwinden kann. Unabhängig davon, ob wir alle an das soteriologische Ziel einer vollkommenen Befreiung, eben Nirvana glauben oder nicht, das Ziel einer

[22] Vgl. weiterführend zum Verhältnis von Psychoanalyse und Buddhismus Watson, G.: The Resonance of Emptiness. A Buddhist Inspiration for a Contemporary Psychotherapy, Delhi 2001.

[23] Die klassische Yoga-Philosophie (Patanjalis Yogasutra) spricht von fünf solchen Plagen d.h. Hindernissen auf dem Wege einer endgültigen Erlösung, angefangen von der Unwissenheit als der Wurzel allen Übels.

schrittweisen Abschwächung der Hindernisse ist, da selbsttherapeutisch wirksam, jedem zu empfehlen und auch von jedem anwendbar.

Als Beispiel könnte dienen: Person A begehrt Person B. B erwidert das Begehren jedoch nicht. Nun ist A enttäuscht, fühlt sich gekränkt und beharrt auf der Erfüllung seines Begehrens. A beginnt nun sich zwischen dem Gefühl des Begehrens und der eigenen Verletzung zu verlieren.

Die buddhistische Lehre einer reflexiv-meditativen Bewältigung schlägt folgende prophylaktische Selbsttherapie vor. A muss sich fragen, wer für das Entstehen des Begehrens verantwortlich ist. Diese Frage stellt sich auch dann, wenn A der Ansicht sein sollte, dass B der (verführende) »Verursacher« sei. Ferner soll A nicht sein Begehren verdammen, wohl aber seine Gier (Zwang), diesem Begehren in dem Maße zu unterliegen, dass er auf dem Wege der Erfüllung bereit und willens ist, B als Mittel seiner Wunscherfüllung zu missbrauchen. Die Lehre Buddhas rät uns, die Verantwortung für das Entstehen des Begehrens zu übernehmen und es dementsprechend zu kontrollieren.

In unserem unaufhörlich fließenden Bewusstseinsstrom schwimmen unzählige Gedanken, Vorstellungen, Wünsche umher. Sie sind selbst nicht handlungsfähig, d. h. sie sind selbst weder eigenständiger Akteur noch unmittelbarer Handlungsimpuls. Gedanken, Wünsche und Gefühle stellen vielmehr nur Verlockungen, vielleicht sogar Motivationen dar. Doch es ist die Person, die diesen Gedanken zur Realisation verhilft oder diese ihnen verweigert. Das Ich steht nicht kraft- und willenlos zwischen seiner Anlage und seiner Umwelt, zwischen seinen Gefühlen und Gedanken. Solche reflexiv-meditativen Schritte helfen uns, das Ich zu gestalten und es Herr im eigenen Hause sein zu lassen. In Bezug auf das Verhältnis von Buddhismus und Psychoanalyse schreibt der Naturwissenschaftler und buddhistische Mönch Matthieu Ricard:

»Die Identifizierung der störenden Gedanken – und ihrer zerstörerischen oder hemmenden Auswirkungen – reicht also nicht aus, um sie aufzulösen […]. Sämtliche Techniken der Meditation über das Wesen des Geistes versuchen zu enthüllen, dass Haß, Begierde, Eifersucht, Unzufriedenheit, Hochmut etc. nur über die Kraft verfügen, die man ihnen zubilligt. Betrachtet man die Gedanken unmittelbar, in ihrer ›Nacktheit‹, zunächst, indem sie analysiert, dann mit dem Blick der Kontemplation, bis man ihr ursprüngliches Wesen sieht, dann erkennt man, dass sie nicht die Beständigkeit und die beengende Macht besitzen, die sie auf den ersten Blick zu haben scheinen. Diese Untersuchung des Wesens der Gedanken muss man mehrfach wiederholen [...]. Mit der Zeit beherrscht man den Prozess der Befreiung der Gedanken immer mehr. Zu Anfang ist das Erkennen der Gedanken im Augenblick ihres Aufkommens so, als ob man einen Bekannten in einer Menschenmenge ausfindig mache. Sobald ein Gedanke des Begehrens oder der Ablehnung auftaucht, muss man ihn, bevor er eine Gedankenkette auslöst, erkennen. Trotz seines äußeren Anscheines weiß man, dass er keine Beständigkeit und keine eigene Existenz hat.«[24]

Das Unbewusste ist voller Sedimentierungen, angefangen bei den Erfahrungen der Kindheit und sogar pränatalen Formationen. Schon Sokrates und Platon gingen in ihrer Lehre von der Anamnesis (ἀνάμνησις, anámnēsis, (Wieder-)Erinnerung) von der Notwendigkeit aus, die menschliche Seele müsse in ihren früheren Phasen mit den reinen und ewigen Ideen Kontakt gehabt haben. Auch der Buddhismus nimmt an, dass das Unbewusste Sedimentierungen und Tendenzen (Sanskaras) aus unzähligen früheren Leben enthält. Da der Buddhismus der Ansicht ist, dass die Instinkte keine unüberwindbaren Größen sind, sondern vom Willen kontrollierbar und veränderbar sind, sucht er die Dunkelheit des Unbewussten durch das Licht der Reflexion und Meditation zu erhellen. »Die Ablagerungen des Unbewussten sind nicht aus Stein. Sie sind vielmehr aus Eis und können in der Sonne der Erkenntnis schmelzen.«[25]

Yoga-Psychologie oder Psychoanalyse? Wir wollen diese beiden Ansätze nicht als sich gegenseitig ausschließend betrachten, denn beide Richtungen haben ihre je eigenen Stärken, doch auch prädestinierte Anwendungsfelder. Dementsprechend ist keine besser oder schlechter als die andere. Im nächsten Kapitel wird dies noch deutlicher werden. Beide Ansätze bieten eine holistische (insbesondere auch leibliche) Auffassung der menschlichen Psyche. Beide sind davon überzeugt, dass das menschliche Bewusstsein das prädestinierte Instrument für Erkenntnisgewinnung *und* Erkenntnisverwirklichung ist. Freilich weist der therapeutische Aspekt des Yoga große Gemeinsamkeiten mit der Tiefenpsychologie auf. Dies hat manchmal zu der Meinung geführt, dass Yoga eine Vorwegnahme der Psychoanalyse sei.[26] Dieses Urteil scheint jedoch ein wenig überzogen, denn metaphysische, kulturelle und religiöse Hintergründe der beiden Diszipli-

---

[24] Revel, J.-F., Ricard, M.: Der Mönch und der Philosoph. Buddhismus und Abendland, Köln 1999, S. 332.

[25] Ibid. S. 333.

[26] Vgl. Coster, G.: Yoga and Western Psychology, Oxford 1949.

nen zeigen erhellende Unterschiede. Yoga als Methode und Therapie ist nicht an eine bestimmte Metaphysik, Religion oder Kultur gebunden. Dies zeigt sich darin, dass das Hindu-Denken und das buddhistische Denken ihre je eigene Yoga-Tradition aufweisen. Yoga-Meditation ist ein Erkenntnisprozess, basierend auf psychologischen und logischen Grundlagen von körperlich-leiblichen Phänomenen. Es ist ein schwerwiegendes Missverständnis, Yoga-Erfahrungen mit psychedelischen Phänomenen zu verwechseln.

Heute wird mit großer Berechtigung das Verhältnis von Gehirn und Meditation untersucht, um Art und Beschaffenheit der gegenseitigen Entsprechung aufzuklären. Es geht darum, ob und wie Formen des Bewusstseinstraining Hirnzustände beeinflussen. In seinem Dialog mit dem Frankfurter Hirnforscher Wolf Singer, betont Matthieu Ricard die Notwendigkeit, das falsche Bild von Meditation zu korrigieren:

»Noch einmal, wir sollten das naive Bild von der Meditation korrigieren, das im Westen immer noch vorherrscht, nämlich, dass da jemand sitzt, seinen Geist leer macht und entspannt. Natürlich gibt es ein entspannendes Element, in dem Sinne, dass man innere Konflikte loswird und inneren Frieden pflegt, indem man sich selbst von Spannungen befreit. Das Leeren des Geistes ist ebenfalls ein Element, in dem Sinne, dass man seinen mentalen Konstrukten oder dem linearen Denken nicht weiter nachgeht und in der klaren Frische des gegenwärtigen Augenblicks verweilt.«[27]

In bestimmten Kulturkreisen werden Meditationsprozesse mit Hirnzuständen in Verbindung gebracht. M. a. W. gibt es nicht nur körperlich-physische Fähigkeiten und Fertigkeiten, die das Gehirn beeinflussen, sondern ebenso die Formationen des Geistes. In diesem Sinne über die Verbindung von Geistigkeit und Körperlichkeit nachzudenken bedeutet, das Bewusstsein als leiblich, das Gehirn als relational eingebettet und Leib-Seele als non-dualistisch zu begreifen.[28]

---

[27] Singer, W. und Ricard, M.: Hirnforschung und Meditation. Ein Dialog, Frankfurt a. M. 2008, S. 117 f.

[28] Das heißt, sprechen wir hier von Leiblichkeit, so meinen wir: Der Leib ist situiert, er ist stets in actu in die raumzeitliche Situierung von Wahrnehmung und Handlung eingebettet und kann diese nicht verlassen. Daraus folgt, der Leib ist räumlich, sowohl in seiner Ausdehnung als auch in seiner Positionalität. Die Vollzüge des Leibes sind verbunden mit seiner Räumlichkeit und folgerichtig nicht zu trennen von ihrer Zeitlichkeit. Es gibt immer eine Instantaneität von Leiblichkeit und ihrem Entstehen und Vergehen. So ist die Umwelt untrennbarer Bestandteil von Leiblichkeit, nämlich sowohl *konstituierend für* als auch *konstituiert durch* den Leib. Dieser ist eingebettet

Und dies vor den beiden philosophischen Hintergründen, dem buddhistischen und dem kognitionswissenschaftlichen.[29] Wolf Singer sagt bezüglich der Einflussnahme des Geistes auf seine Biologie:

»Ein besonders faszinierender Aspekt ist für mich dabei die Tatsache, dass Meditation offenbar zu Veränderungen in der Funktionsweise des Gehirns führt, die den Meditationsprozess selbst überdauern. Kollegen von der Harvard-Universität ist es kürzlich gelungen nachzuweisen, dass das Volumen der Hirnrinde in bestimmten Arealen der Großhirnrinde bei Menschen mit sehr großer Meditationserfahrung zunimmt. Vergleichbare Volumenänderungen wurden auch nach dem Erlernen motorischer Fertigkeiten oder intensiver sensorischer Reizung gefunden […]. Dies weist darauf hin, dass intensive Meditation offenbar in der Lage ist, die Zahl und die Größe der Synapsen zu vermehren, und somit ähnliche strukturelle Veränderungen bewirken kann wie andere Formen des Trainings und Lernens.«[30]

Dass unterschiedliche Kulturen unterschiedliche mentale Praktiken und Strategien entwickelt haben, um das gesellschaftliche Leben ethisch-moralisch zu regeln und zu stabilisieren, ist eine kulturgeschichtlich gut nachzuvollziehende Tatsache. Auch in sich haben die Gesellschaften zu unterschiedlichen Zeiten unterschiedliche Praktiken entwickelt. Dies bedeutet, dass es neben den meditativ-therapeutischen Yoga-Praktiken auch andere Wege gibt und geben kann mit dem Ziel, Gesellschaften (menschliches Zusammenleben) zu stabilisieren und zu harmonisieren.[31] Was als Gemeinsamkeit auffällt

---

und *verwoben* mit seiner Umwelt und ist darin ein handelnder Leib. Leiblichkeit ist geprägt durch das Aufkommen und Vollziehen seiner Entwürfe und bettet sich ein in einen Handlungszusammenhang, der sich auftut vor dem Hintergrund der erfahrenen Umwelt. »Leibliche Subjektivität geht fließend in den Umraum über, so wie es auch im System von Organismus und Umwelt nur offene Grenzen gibt.« Fuchs, T.: Leib, Raum, Person, Stuttgart 2000, S. 139. Vgl. dazu weiter Fuchs, T.: Das Gehirn – Ein Beziehungsorgan, Stuttgart 2010; ders.: Ökologie des Gehirns, in: Der Nervenarzt, Vol. 76, Issue 1, 2005, S. 1–10; ders.: Das Gehirn – Ein Beziehungsorgan, in: Information Philosophie, 5/2010.

[29] Vgl. dazu Thompson, E.: Mind in Life, Harvard University Press 2010; ders.: Waking, Dreaming, Being, New York 2015; Thompson, E., Varela, F., Rosch, E.: Der Mittlere Weg der Erkenntnis. München 1995.

[30] Singer, W. und Ricard, M.: Hirnforschung und Meditation. Ein Dialog, S. 64 f.

[31] Dies folgt der Überzeugung, die Verkettung mündigen und guten Handelns führe zu friedvollem Zusammenleben. Die Heilung des Täters, nämlich des Einzelnen, führt folgerichtig zur Befriedung des Zusammenlebens. Der Psychologe Paul Watzlawick griff dieses Motiv gerne auf und sprach von der Folgerichtigkeit guten Handelns, denn der, dem Gutes widerfährt, kann kaum anders als auch anderen Gutes widerfahren zu lassen.

ist, dass es immer einzelne Menschen gegeben haben muss, die sich durch die eigene Praxis transformierten, um dann transformierend in die Gesellschaft zu treten. Ob die individuelle Änderung der gesellschaftlichen, der institutionellen Veränderung vorausgeht oder ob es sich umgekehrt verhält, ist eine heute noch kontrovers zu diskutierende Frage. Die Geschichte der Menschheit bezeugt jedoch zur Genüge, dass bloße institutionelle Veränderungen oft wenig oder gar nicht eine Stabilisierung der Gesellschaft zur Folge gehabt haben. Auch wenn beide Faktoren zusammengehen müssen, so kommt der Selbstkultivierung ein Primat zu. So schreibt Ricard:

»Meine Botschaft ist, dass wir die Möglichkeit zur Veränderung unserer geistigen Verfasstheit nicht unterschätzen dürfen. Wir tragen alle das Potential zur Veränderung in uns, und es wäre zu schade, wenn wir diese Option vernachlässigten […] Dies bedarf der Anstrengung, aber was geht schon von allein? Lass uns also dieses Gespräch mit einem Satz der Hoffnung und der Ermutigung beenden: ›Ändere dich selbst, um die Welt zu verändern.‹«[32]

Sehr früh hat sich das indische Denken auch mit den tiefen Schichten des menschlichen Geistes und der Seele (Atman, Manas) beschäftigt. Die Unterscheidung zwischen Körper und Leib, die in der heutigen Phänomenologie immer wieder betont wird, hat das indische Denken am Beispiel von vier Traumzuständen dargestellt. Neben dem Grobkörperlichen gibt es den subtilen, feinstofflichen (Sukshma, Sarira) Körper, der die tiefen Seelenzustände und Ereignisse betrifft. Nach den Vedanta-Philosophen gibt es vier Zustände im Verhältnis des Körperlichen, Leiblichen und Seelischen: 1. Der Wachzustand, hier ist der grobe Leib aktiv, 2. der Traumzustand, hier ist der feine, subtile

[32] Ibid. S. 134. Ein Blick auf die aktuellen Entwicklungen im Europa unserer Tage, zeigt dieses Primat an: die EU und andere übernationale Verbindungen führen zu Stabilisierung und Befriedung der einzelnen Gesellschaften und auch zu erheblichem Wohlstand. Doch bleibt die Möglichkeit der Identifikation aus, bleibt die Institution demokratischen Zusammenlebens, wie Europaparlament und »Bundesregierung«, ein entferntes und endfremdetes Abstraktum, so gelingt der Identitätsprozess nicht und bricht das Rückgrat der Demokratie: die Initiative des Einzelnen. Demokratie per se stiftet keine Identität. *Lebe* und *praktiziere* ich das Europäer-Sein, das Bürger-Sein nicht, so ziehe ich mich auf innere Kreise der sich konzentrisch aufbauenden Identität zurück. Jede Form des sich erneuernden Rechtspopulismus, Nationalismus und auch Links-Radikalismus, arbeitet mit diesem identitätsstiftenden Merkmal, der Konstruierung einer vermeintlich universalen Identität. Nur ein mündiges und (in philosophischer Besinnung) kultiviertes Wissen und *Erleben* dessen, wer und was ich bin, schützt vor Demagogie und Populismus.

Leib am Werk, 3. der traumlose Zustand des Tiefschlafs, hier ist der kausale Leib tätig und realisiert unbewusst die Einheit zwischen Atman und Brahman. 4. Jenseits dieser drei Zustände, die kommen und gehen, liegt der vierte Zustand (Turiya). Hier wird in meditativer Versenkung (Samadhi), jenseits aller Vielheit, die Wonne (Ananda) der Unzweiheit (Advaitva) mit Brahman erlebt.[33]

Auf dem Wege des irdischen und himmlischen Glücks werden stets die schädlichen Folgen der Wünsche und Begierden betont. Zugleich werden meditative Wege empfohlen, um diese Hindernisse zu überwinden. Es werden Übungen empfohlen, um die gedanklichen Unruhen zu beseitigen oder zu minimieren. Die Beherrschung der oft unbewussten Tendenzen (Samskaras), lag dem indischen Denken am Herzen.

»Die Inder sind aber nicht bei einer praktischen Psychologie, die das äußere Verhalten eines Menschen zum Gegenstand ihrer Untersuchung macht, stehen geblieben, sondern sie haben es schon frühzeitig versucht, wenn auch in unsystematischer und vielleicht in unkritischer Weise, in tiefere Seelengründe vorzustoßen. Sie sind damit zu Vorläufern der modernen Psychotherapie und Tiefenpsychologie geworden. Der ›Guru‹, dessen Autorität als Seelenführer sich der Hindu in selbstgewählter Bindung unterordnet, befreit als Psychagoge den Schüler durch seine Anweisungen von Minderwertigkeitskomplexen und lehrt ihn durch den Umgang mit Leitbildern aus dem Unbewussten, wie z. B. mythischen Diagrammen (Mandal, Yantra) sich in geistigen Konfliktsituationen auf sich selbst zu besinnen und von der niederziehenden Gewalt von Verdrängungen zu lösen.«[34]

Die unbewussten Tendenzen, Wünsche und Verblendungen (Samskaras, Vasanas) haben ihren Wohnsitz im menschlichen Geist, im menschlichen Bewusstsein. Sie sind keimhaft. Yoga-Therapie versucht, diese Keime (Bija) nicht aufkeimen zu lassen und sie durch selbstprophylaktische meditative Techniken zur Ruhe zu bringen.

3. Yoga-Psychologie und Yoga-Psychoanalyse

Bimal Krishna Matilal erzählt die folgende Begebenheit, die in der philosophischen Fakultät der Harvard Universität stattgefunden ha-

---

[33] Vgl. dazu in Sri Sankaracharya: Das Herz des Vedanta, Argenbühl 2003, die Kapitel 2, 6 und 7.

[34] Glasenapp, H.: Indische Geisteswelt. Glaube, Dichtung und Wissenschaft der Hindus, Baden-Baden 1958/59, S. 243 f.

ben soll. Ein Oxforder Philosoph wurde einmal von einem jüngeren Kollegen gefragt: »Was denken Sie über die östliche Philosophie, über die indische Philosophie?« Darauf kam prompt die Antwort: »Nichts Gutes ist je aus dem Osten gekommen bis auf die Sonne.« Dieser Witz hatte seine Wirkung. Alle Anwesenden brachen in Gelächter aus. Der junge Kollege war erstaunt und auch verlegen. Einige Jahre später wurde diese witzige Bemerkung einem anderen amerikanischen Professor erzählt, der gerade mit der Organisation einer Lehrveranstaltungsreihe über östliches Denken beschäftigt war. Er beantwortete die Frage mit einer Gegenfrage: »Ist das nicht genug? Was hätten wir ohne die Sonne getan?»[35]

Solche und ähnliche Tafelwitze können und sollen nicht eine ernsthafte und kritische Thematisierung und Diskussion des außereuropäischen Denkens ersetzen. In den Köpfen vieler westlicher Denker spukt noch immer ein Bild des nahen du fernen Ostens als etwas bloß Mystisches, Exotisches und *Un*philosophisches. Ein wenig plakativ gesprochen, sitzt das Bild Indiens als das Land der Yogis, der Wundertäter, der Schlangenbeschwörer und der Bettler noch immer sehr tief. Ändert sich dieses Bild auch langsam zum Guten, so ist es doch hohe Zeit, das östliche und westliche Denken auf Augenhöhe miteinander ins Gespräch zu bringen. Denn existentielle Probleme sind interkulturell verankert und nur ihre Lösungen bzw. Lösungsvorschläge sind von Kultur zu Kultur, von Denksystem zu Denksystem (intrakulturell) verschieden. Auch hier ist eine ›Dekonstruktion‹ geboten. Darüber hinaus ist man erstaunt, wenn man grundsätzliche Ähnlichkeiten trotz erhellender Differenzen zwischen dem griechischen und indischen Denken feststellt. Matilal schreibt:

»However, one can be struck by the similarities that do exist between the later Greek sceptics (Pyrrho, Sextus Empiricus) and some Buddhists and sceptic of India (Nagarjuna and Sanjaya) as well as between Neo-platonism and early Vedantic thought as reported in the Upanisads and so on. Again, there does exist an opinion which depicts Pyrrho travelling to India and having discussions with some Indian monks ›sramanas‹.«[36]

In unserer Zeit der leicht zugänglichen Psychotropika und dem Verlust einer naiven Spiritualität werden oft übereilt Religion und Yoga

[35] Matilal, B. K.: The Collected Essays of Bimal Krishna Matilal. Ethics and Epics, hrsg. v. Ganeri, J., New Delhi 2002, S. 265.
[36] Ibid. S. 273.

u. ä. mit Änderungen des Bewusstseinszustands in Verbindung gebracht. In den Veden ist zwar von einer *Soma*-pflanze die Rede, deren Saft psychedelische Wirkungen hat, aber ihre Anwendung wird nicht als Therapeutikum empfohlen. Nicht wenige Denker in der Geistesgeschichte (z. B. Freud, Nietzsche und James) haben reichlich Erfahrungen mit Opiaten gemacht und dies nicht nur zur temporären Befreiung von der Last des Denkens. Doch dabei werden zwei Wege der Leidensüberwindung verwechselt, nämlich Betäubung und Überwindung.

Philosophie hat oft die Frage gestellt, ob Leiden eine eigene Existenz außerhalb der leiblichen Empfindung besitze. Die indischen Realisten, z. B. die Nyaya-Philosophen, sind der Ansicht, dass Leiden und Leidenswahrnehmung sich zumindest theoretisch auseinanderhalten lassen. Demgegenüber sind die Buddhisten und viele westliche Philosophen der Ansicht, Leiden lasse sich von der Empfindung, vom Gefühl des Leidens nicht trennen. Sie seien daher identisch. Mit Recht wird die Wissenschaft der Medizin hier kritisch anmerken, dass Symptombekämpfung nicht zu verwechseln ist mit Ursachenbekämpfung. Buddha, wie schon erwähnt, legte als Arzt großen Wert auf die Bekämpfung der Ursachen.

In letzter Zeit hat Yoga im Westen eine nie gekannte Popularität erreicht. Es gibt zwei Gesichter der Yoga-Rezeption im Westen. Auf der einen Seite wird Yoga als ein Allheilmittel der Entspannung und als große Rückenschule gepriesen. Auf der anderen Seite wird Yoga mit einem selbsthypnotischen ozeanischen Gefühl und Weg der Glückssuche gleichgesetzt. Beide Lesarten sind einseitig und unzutreffend.

> »In sum, nobody can dispute the fact that the practice of meditation can do us a lot of good – a restful sleep by releasing tensions, among other things as well as the spiritual regeneration of the spirit of mankind, for that only can save us from the storm. But that can be done must remain an open question.«[37]

Yoga als ein Weg der Spiritualität, wie wir weiter oben schon ausgeführt haben, ist auch ein Weg zu achtsamer Sexualität. (Yoga gerät hierzulande in manch einer »Produktbeschreibung« zum Aphrodisiakum. Dies belegt die Popularität der klassischen Schrift *Kama-Sutra* und die Vielgestaltigkeit der illustrierten Ratgeberliteratur.) Yoga-

---

[37] Matilal, B. K.: The Collected Essays, S. 323.

Übungen und Praktiken werden empfohlen, um den sinnlichen Genuss durch Schulung der Aufmerksamkeit zu intensivieren. Hier setzt auch die Tantra-Tradition ein. Tantra bedeutet wörtlich »Gewebe« oder »Kontinuum« und steht für eine Meditationspraxis, die auf eine Vereinigung mit dem Höchsten in seiner irdischen Form zielt. Daher wird sowohl im Hindu-Denken als auch in dem tibetischen Vajrayana-Buddhismus diese Meditationsform empfohlen. Die Wonne (Ananada) kennt eine göttliche und eine körperlich-leibliche Form. So wird der irdische Orgasmus als eine vorübergehende Wonne mit der ewigen himmlischen Wonne, mit der absoluten Freude verglichen. Kundalini-Yoga, auch Tantra-Yoga genannt, geht von einer spirituellen Kraft (Kundalini-Shakti) aus, die in der Wirbelsäule ruht und auf ihre Erweckung wartet, um dann durch die verschiedenen Zentren (Chakras) aufzusteigen bis hin zum Zentrum über dem Scheitel. Die metaphysisch-religiöse Vorstellung dahinter ist, dass es die im Menschen schlummernden göttlichen Kräfte sind, die sich so entfalten und zur ewigen Wonne führen.

Es ist ein gutes Zeichen, dass seit einiger Zeit angesehene Wissenschaftler, Hirnforscher und Psychologen, sich ernsthaft bemühen, die Glaubwürdigkeit der Yoga-Erfahrungen jenseits einer totalen Ablehnung oder Romantisierung zu untersuchen.[38] Trotz der manchmal unverantwortlichen Popularisierung des Yoga[39] ist und bleibt Yoga

---

[38] Vgl. Rhine, J. B.: New Frontiers of the Mind, London 1938; Tart, C.: Altered States of Consciousness. A Book of Readings, New York 1969; Wallace, R. K., Benson, H.: The Physiology of Meditation. Scientific American, Vol. 226, No. 2, S. 84–90; Thompson, E: Self and Consciousness in Neuroscience, Meditation and Philosophy, Columbia 2015.

[39] Lama Anagarika Govinda merkt hierzu kritisch: »Es ist die Tragödie unserer Zeit, dass gerade jetzt, wo der Westen seine Vorurteile gegen das Vajrayana und seine Methoden einigermaßen überwunden hat, sich eine Anzahl selbsternannter ›Gurus‹ östlicher und westlicher Herkunft daranmachen, mit pseudowissenschaftlicher Begründung eine Parodie der alten tantrischen Tradition zu fabrizieren. So machen einige von ihnen Mantras zu mechanischen Hilfsmitteln einer missverstandenen psychiatrischen Therapie, die jedes vernünftigen Inhalts und irgendwelcher religiöser Werte entleert ist. Andere naive Verfechter östlicher Lehren versuchen ohne Kenntnis der wesentlichen Mentalität ihre Doktrinen ins Abendland zu importieren […] Das Schlimmste aber ist, dass die mit allen Mitteln der Reklame geschäftsmäßig betriebene Invasion von Pseudo-Gurus in die Länder des Westens zu einer derartigen Herabsetzung aller religiösen und geistigen Werte geführt hat, dass die gute Arbeit, die von ernsthaften Exponenten östlicher Kultur geleistet wird, in Gefahr ist, missverstanden und von recht denkenden Menschen abgelehnt zu werden.« Govinda, L. A.: Lebendiger Buddhismus im Abendland, München/Wien 1986, S. 172.

eine ernstzunehmende Theorie und Praxis einer holistischen Entwicklung der menschlichen Persönlichkeit. Denn Hatha-Yoga, das sich hauptsächlich mit den körperlichen Übungen beschäftigt, kann ohne weiteres ergänzend und bereichernd in die moderne westliche Physio- und Psychotherapie übernommen werden. Dass dies auch geschieht, ist ein gutes Zeichen.[40] Darüber hinaus enthält die Meditationspraxis, die das klassische Yoga-System Indiens darstellt, eine in Einzelheiten ausgearbeitet Lehre vom menschlichen Geist, von der menschlichen Psyche. Diese Übungen können zu einer geistigen, seelischen Ruhe führen, indem sie schon im Vorfeld die unheilsamen Geistesregungen und anderen Formen der Spannungen minimieren, kontrollieren und überwinden.

Yoga-Disziplin zielt also, wie schon gesagt, in erster Linie darauf, bereits das Entstehen von Leid zu vermeiden. Dazu empfiehlt sie innerhalb der eigenen Lebensform eine selbsttherapeutische Prophyla-

[40] In einer Metaanalyse und systematischen Literaturanalyse konnten Psychologen der Universität Jena die therapeutische Wirksamkeit von körperzentrierten Yogaübungen belegen. Dies belegt vornehmlich die Dimension der Leiblichkeit, die in vielen Therapieverfahren noch unterbestimmt ist. Besonderes Augenmerk verdient jedoch, dass damit nur die therapeutische Wirkung der Körperübungen (Hatha-Yoga ist hierzulande die bekannteste und verbreiteste Form der Yogapraxis) beleuchtet ist. Entscheidend ist die Überlegung, welches therapeutische Potential sich entfaltet, begreift man das Zusammengehen von körperlichen und kognitiven Übungen im Yoga. In unserem Sinne bedeutet dies auch, eine reflexiv-meditativ-transformative Übung als eine Übung des Leibes zu begreifen. Vgl. Klatte, R., Pabst, S., Beelmann, A., Rosendahl, J.: Wirksamkeit von körperorientiertem Yoga bei psychischen Störungen. The efficacy of body-oriented yoga in mental disorders—a systematic review and meta-analysis, Deutsches Ärzteblatt 113(12): 195–202, 2016. Vgl. auch Gard, T. et al.: Fluid intelligence and brain functional organization in aging yoga and meditation practitioners, Frontiers in Aging Neuroscience 6: 76, 2014. Vgl. zur Weiterentwicklung von Yogapraktiken in der Therapie Mitzinger, D.: Yoga in Prävention und Therapie. Ein Manual für Yogalehrer, Therapeuten und Trainer, Deutscher Ärzteverlag, 2013. Pradhan, B.: Yoga and Mindfulness Based Cognitive Therapy. A Clinical Guide, Springer International 2015. Die kognitiven Dimensionen von Yoga und anderen Meditationspraxen betreffend, ist insbesondere das Forschungsprojekt *ReSource* um die Neuropsychologin Tania Singer am Leipziger Max-Planck-Institut für Kognitions- und Neurowissenschaften zu beachten. Erste Ergebnisse wurden veröffentlicht in: Bernhardt, B. C., Klimecki, O. M., Leiberg, S., Singer, T.: Structural Covariance Networks of the Dorsal Anterior Insula Predict Females' Individual Differences in Empathic Responding, in: Cerebral Cortex 24, 8: 2189–2198, 2013. Klimecki, O. M., Leiberg, S., Lamm, C., Singer, T.: Functional Neural Plasticity and Associated Changes in Positive Affect after Compassion Training, in: Cerebral Cortex 23, 7: 1552–1561, 2012. Vgl. dazu auch die Arbeiten und Publikationen des *Mind in Life* Instituts (Charlottesville, Virginia).

xe zu betreiben und die Leid und psychische Störungen verursachenden Gründe, wie z. B. Leidenschaften, Verblendungen, Ängste usw. zu kontrollieren, zu minimieren und zu beseitigen. Erst in zweiter Linie beschäftigt sie sich mit der Hilfe des Lehrers (Guru), sprich des Therapeuten damit, die psychischen Störungen zu heilen. In der Psychoanalyse, wie noch zu zeigen sein wird, steht deutlich mehr die fremdtherapeutische Behandlung im Zentrum. Freilich ist auch der Psychoanalytiker letzten Endes eine Hilfe zur Selbsthilfe. Diese Selbsthilfe steht in den unterschiedlichen Yoga-Praktiken von vornherein im Mittelpunkt.

Der Terminus ›Yoga‹, etymologisch von der Sanskrit Wurzel »Yuj« stammend, bedeutet Verbinden (›einjochen‹) und steht für eine geistige und körperlich-leibliche ganzheitliche Lebensform. Die Disziplin des Yoga entwickelt eine Theorie und Praxis der Meditation, mit dem Ziel der Befreiung von allem Leiden an der Welt durch Erreichen einer Gelassenheit (Kaivalyam). Eine Gelassenheit, die in der Realisation der Einheit mit dem Einen Wahren und mit sich selbst mündet. Die Yoga-Philosophie umfasst eine Methode, eine Theorie und eine Praxis, enthält eine Metaphysik, Psychologie und Ethik. Man spricht von acht Gliedern des Yoga. Schon Patanjalis zweites Sutra des Yoga liefert eine knappe, aber prägnante Definition: »Yoga ist jener innere Zustand, in dem die seelisch-geistigen Vorgänge zur Ruhe kommen« (Yogas citta-vritti nirodhah).[41]

Dieses Ziel des Zur-Ruhe-Kommens der mentalen Beunruhigungen bedarf beständiger Übung (Abhyasa), die eine Transformation einleiten. Erkenntnis und Wissen ist zwar notwendig und sehr hilfreich, aber einer Erkenntnis, die (nur) durch Worte, Logik u. ä. erreicht wird, fehlt es an Substanz und sie wird keine Früchte tragen.

Der klassische Text der Patanjali-Sutren ist in vier Teile gegliedert. Im ersten Teil geht es um die Darstellung von *Samadhi*, d. h. um eine Darstellung und Beschreibung eines Zustandes des Ich (des Egos) auf seinem Weg der Versenkung. Im zweiten Teil geht es um den Weg, der zu einer solchen Realisation führt. Der achtgliedrige Pfad (Astanga-yoga) steht hier für die spirituell-meditative Methode der geistigen Übung mit dem Ziele der Vollendung. Der dritte Teil erörtert die Fähigkeiten und Vollkommenheiten, die darin erreicht werden. Der vierte Teil beschäftigt sich mit den philosophisch wichtigen Termini wie Psyche (Citta), Intellekt/Vernunft (Buddhi), Ego/Ich

---

[41] Patanjali: Die Wurzeln des Yoga, München 1979, S. 21.

(Aham-kara) und die latenten Tendenzen (Vasanas) der Psyche. Ferner wird dort das endgültige Ziel der Befreiung von allem Leiden (Moksha) näher beschrieben.

Wir haben schon erwähnt, dass das pan-indische Merkmal die anfängliche Feststellung von einem ursprünglichen Leidenscharakter ist. Buddha beginnt mit der Feststellung ›alles ist Leiden‹ (Sarvam duhkham) und schlägt fortan Wege zur Überwindung vor. Der Eindruck ist nicht fehl am Platze, das indische Denken sehe im Leiden eine *conditio humana*. Und auch wenn dieser Eindruck nicht täuscht, so ist das indische Denken doch ebenso davon überzeugt, dass es eine endgültige Befreiung vom Leiden gibt.

Die klassische Schule der Sankhya-Philosophie, die mit Yoga einhergeht und Ontologie und Metaphysik teilt, beginnt mit der Feststellung des fundamental existentiellen Leidens: Leiden, das körperliche und mentale Ursachen hat (Adhyatmika) und Leiden, das alle Geschöpfe begleitet (Adhibhautika). Es geht um Leidensarten, die von Menschen und anderen Lebewesen wie Tieren (z. B. Moskitos) und Pflanzen (z. B. das Stechen der Distel) verursacht werden. Und darüber hinaus sind da noch die Leidensarten, die von Göttern und and anderen Geistern verursacht werden (Adhidaivika).[42]

Im normalen Verlauf der Dinge sind diese Leidensformen immer wiederkehrend und scheinen kein Ende zu nehmen. Aber die indische Philosophie, wie schon erwähnt, hält eine endgültige Überwindung für real möglich. Freilich ist es nicht ohne weiteres einleuchtend, wie alle diese natürlichen Leidensformen restlos überwunden werden können. Yoga-Philosophie hält dies für möglich, vorausgesetzt, dass die verursachenden Faktoren beseitigt oder beherrscht werden können. Es ist in diesem Zusammenhang von neun Zerstreuungen die Rede:

»Krankheit, Starrheit, Zweifel, Nachlässigkeit, Faulheit, Gier. Falsche Anschauung, das Nicht-Erreichen des Grundes [des Yoga], das Nicht-Ausharren, wenn man ihn einmal berührt hat – diese neun sind die Zerstreuungen des Geistes, die Hindernisse auf dem Yogaweg sind.«[43]

Unsere psychischen Verrückungen sind nicht leicht zu überwinden. Denn Hindernisse verschiedener Art sind stets am Werke. Um diese Hindernisse und Zerstreuungen zu beseitigen, rät die Yoga-Philoso-

---

[42] Vgl. Shastri, S. S.: The Sankhyakarika of Isvara Krisna, Madras 1965.
[43] Patanjali: Die Wurzeln des Yoga, München 1979, 1, 32, S. 54.

phie zur beständigen Konzentration auf eine Sache (Ekagrata). D.h. sowohl sich immer nur *auf eine Sache* zu konzentrieren als auch sich in der Konzentration *nur* und ganz auf dieses zu konzentrieren.[44] Dennoch bleibt die Frage noch unklar, wie genau eine wirksame Klarheit der Psyche zu erreichen ist. Hierauf antwortet die Yoga-Philosophie mit der unbedingten Notwendigkeit *compassion* zu kultivieren, d.i. eine tiefe ethisch-moralische, alle Wesen mit Wohlwollen betrachtenden Einstellung (Karuna): »Die Verwirklichung von Liebe, Mitleid, Heiterkeit und Gleichmut in bezug auf Freud und Leid, Gutes und Böses führt zur Abgeklärtheit des Geistes.«[45]

Neben all den Hindernissen wie z.B. Krankheit, Faulheit, Zweifel, Hass, Gier, Unsicherheit und dergleichen gibt es zwei Hindernisse, die die Menschen am meisten plagen, nämlich das Nichtwissen und die Ichverhaftung, d.i. die Verblendung des Egos und ein übertriebener Selbsterhaltungstrieb.[46] Hier ist die Theorie und Praxis der Übungen des achtgliedrigen Yoga-Pfades die größte Hilfe auf dem Wege zur Befreiung:

1. Die Zucht (Yama), die in der Beachtung der fünf moralischen Gebote besteht: Nichtschädigen (Ahimsa), Wahrhaftigkeit, Nichtstehlen, Selbstzucht und das Freisein von Gier.
2. Das Befolgen von fünf Regeln zur ethischen Vorbereitung (Niyama): Reinheit, Genügsamkeit, Enthaltsamkeit, Studium und Ergebenheit.
3. Das Üben der Körperbeherrschung (Asana) zwecks Konzentration.
4. Das Regulieren des Atems, um geistige Ruhe zu erlangen (Pranayama).
5. Das Zurückziehen der Sinnesorgane (Pratyahara), was dem Prozess der Introversion der modernen Psychologie entspricht.
6. Das Hinlenken des Denkens auf einen bestimmten Gegenstand (Dharana).
7. Die Meditation als ausschließliche Konzentration auf das zu Meditierende (Dhyana).

---

[44] Auch das deutet auf Lesen-lernen und das Üben des rechten Dialoges hin, wie wir weiter oben gesehen haben. Konzentration, Bedürfnisbefriedigung, Nachhaltigkeit, Zeit und der Umgang mit Information (Informationsdiät) scheinen doch die großen Herausforderungen unserer *weirdest* Gesellschaften zu sein.

[45] Ibid. 1, 33, S. 54.

[46] Ibid. 2, 3, S. 89.

8. Die Versenkung als Kulmination der Meditation (Samadhi). Dieses höchste Ziel der Meditation steht für Versenkung, Vereinigung, Erfüllung, Vollendung. Ein Vergleich mit der griechischen Ataraxia bietet sich an.

Für den Weg der Versenkung (Samadhi) werden zwei Formen intensiver Meditation aufgeführt: 1. ein Zur-Ruhe-Kommen durch Denken, ein genaues Überlegen des Objekts der Meditation und mit dem Objekt eins werden (Samprajnata-Samadhi) und 2. ein Zur-Ruhe-Kommen durch den Verzicht auf einen Gegenstand der Meditation (Asamprajnata-Samadhi). In den Sutren 1,17 und 1,18 heißt es:

»Wenn (das Zur-Ruhe-Kommen [*vriti-nirodha*]) mit Hilfe von logischem Denken, prüfender Überlegung, Seligkeit oder Ichbewusstsein erlangt wird, führt es zu (verschiedenen Arten) der Versenkung *(samadhi)*, die mit Erkenntnis verbunden ist *(samprajnata)*. Eine andere Art (von Versenkung [*samadhi*]) entsteht als Ergebnis der Übung, die zur Erfahrung des Stillstandes führt, wobei nur ein Rest der vergangenen psychischen Eindrücke bleibt.«[47]

Die Meditation, die noch mit intensiver Reflexion einhergeht, ist die eigentliche Vermittlungsstelle der Transformation von Erkenntnisgewinnung zur Erkenntnisverwirklichung. »The ›deliberative‹«, schreibt der Philosoph und Indologe Jayandra Soni in seinem sehr lesenswerten Artikel *Patanjali's Yoga as Therapeia*, »is a kind of logical thinking as an aid for meditation. This exercise involves an intensive internal argumentation and presupposes a preparation for it, so as to enable the psyche to experience the object in ›its essential or intrinsic whole.‹«[48]

Das Ziel aller Yoga-Übungen ist das Erreichen eines ausgeglichenen Zustandes der Psyche, des menschlichen Geistes (Samapatti). Im Stadium der intensivsten Meditation bedarf der Meditierende keinerlei Hilfe irgendwelcher Gegenständlichkeit. Die menschliche Psyche zeigt sich selbst. Oft wird in den indischen Schriften die Frage gestellt: Kann man den Seher des Sehens sehen? In einer bloßen gegenständlichen iterativen Reflexion wird dies nicht möglich sein, weil zumindest theoretisch der infinite Regress droht. So heißt es in

---

[47] Ibid. S. 41.

[48] Soni, J.: Patanjali's Yoga as Therapeia, in: Philosophy as Therapeia, hrsg. v. Ganeri, J. und Carlisle, C., Cambridge 2010, S. 229.

Sutra 1,3: »Dann ruht der Sehende in seiner Wesensidentität«.[49] Der Mensch ist daher nach der Überzeugung des Yoga mehr als »bloß sehendes« Wesen.

Die unterschiedlichen Meditationsstufen mit den sie begleitenden Übungen, bieten den Yogaübenden praktische Hilfe auf dem Weg zu Selbstkontrolle und Selbstbeherrschung mit dem klaren Ziel des völligen In-sich-Ruhens. Das Denken soll sich selbst korrigieren lernen durch das Denken der Gegengedanken. Dies wird mit Beispielen belegt:

»Störende Gedanken sind Gewaltsamkeit usw. (d.h. Lüge, Stehlen, Zügellosigkeit und Besitzgier). Sie entstehen aus getanen, veranlassten oder gebilligten Handlungen, die von Gier, Zorn oder Verwirrung motiviert sind und die in schwachem, mittlerem oder hohem Grad auftreten. Ihr Ergebnis ist endloses Leid und Nichtwissen. Das Bewußtsein von diesem Vorgang ist Meditation über das Gegenteil.«[50]

Oft wird Yoga mit Unterdrückung, gewaltsamer Askese und anderen autoaggressiven Praktiken verwechselt. Das Wort *Nirodha* bedeutet nicht Unterdrückung oder Verdrängung der Geschehnisse im Bewusstseinsstrom. Eine solche Handlung wird notwendigerweise zu Störungen unterschiedlicher Art führen. Yoga geht es um ein wohlüberlegtes, durchdachtes Anhalten und Zur-Ruhe-Kommen. Es geht darum, dass das denkende, wollende und handelnde Ich nicht dem Diktat des Bewusstseinsstroms und seinen Leidenschaften unterliegt, sondern darum, dass das Ich die lenkende und leitende Oberhand behält.

»In the minds of many people in the West, Yoga is associated primarily with strange contortions of the body, but the major force of Yoga is actually on the alteration of one's self awareness and his relationship to the world. It is a complete system of therapy which includes work on developing awareness and control of the physical body, emotions, mind and interpersonal relations.«[51]

Über das Alter des Yoga gibt es keine sicheren Erkenntnisse. Neue archäologische Ausgrabungen beweisen zweifelsfrei einen vor-arischen Ursprung der Yoga-Technik. Über eine Zeitspanne von ca. 5000 Jahren begleitet Yoga das indische Denken. Im Yoga liegt stets eine

---

[49] Patanjali: Die Wurzeln des Yoga, München 1979, 1, 3, S. 21.
[50] Ibid. 2, 34, S. 120.
[51] Swami, R., Ballentine, R. and Swami, A.: Yoga and Psychotherapy. The Evolution of Consciousness, Illinois 1976, S. 2.

Unterscheidung zwischen dem Ewigen, dem individuellen Selbst und dem psychophysischen Organismus zugrunde. M.a.W. ist der Bewohner des Hauses grundsätzlich vom Haus, in dem er wohnt, zu unterscheiden. Das Ziel aller Yoga-Praktiken ist das Erlangen einer höchsten Bewusstseinsstufe, auf der die normalen mentalen Aktivitäten suspendiert sind. Die meditativen Übungen sollen uns helfen, die unbewussten Triebkräfte und Willensregungen zu Bewusstsein zu bringen. Neuere naturwissenschaftlich orientierte Untersuchungen haben einen Teil der Yogalehre bestätigt. Der Adept vermag eine Art Winterschlaf zu erreichen und dabei in einem erstaunlichen Grad das vegetative Nervensystem zu kontrollieren, z.B. die Lunge, den Herzschlag und den Blutdruck.

Psychologisch und therapeutisch stellen die körperlich-geistigen Übungen aktive Selbsterforschungen dar. Ein bloßes Intellektualisieren verfehlt das Wesen des Yoga. Es handelt sich nicht um eine selbst herbeigeführte hypnotische Ekstase. Yoga ist asketisch im Sinne einer Selbstbeherrschung und nicht Selbstkasteiung. Das Sich-zurück-Ziehen verleiht Ruhe und Kraft. Es ist daher von hohem pädagogischem Wert. Die Yoga-Philosophie rät dem Adepten, die unablässig aufkommenden Unruhen und Verstimmungen des Lebens durch die Entwicklung und Kultivierung einer geistigen Ruhe zu überwinden. Dabei geht es um die Realisierung einer Haltung des losgelösten Handelns (wie im taoistischen *Wu wei*, d.i. das Nichthandeln, oder das Enthalten der Handlung im Widerstreit mit dem kosmischen Haushalt). Man schlüpft in die Rolle des unbeteiligten Beobachters, der das Weltdrama aus einer anderen Perspektive sieht. Die Yoga-Übungen sollen eine stufenweise Befreiung des Ich von falschen Identifizierungen herbeiführen.

Wir haben auf das Leiden als die Urquelle des Denkens, des Nachdenkens im indischen Denken hingewiesen. Auch Freud, der Vater der Psychoanalyse, betont in einem persönlichen Bekenntnis den Leidenscharakter. In einem Brief an Maria Bonaparte schreibt er: »[…] und meine Welt ist wieder, was sie früher war, eine kleine Insel Schmerzen, schwimmend auf einem Ozean voller Leiden.«[52] Diese Worte schrieb Freud kurz vor seinem Tod. Er litt lange unter einem Krebsgeschwür im rechten Oberkiefer. Dass er den Leidenscharakter nicht erst unter dem Druck seiner tödlichen Krankheit feststellt, belegen seine Worte: »Meine Welt ist wieder, was sie vorher

[52] Zit. in: Brückner, P.: Sigmund Freuds Privatlektüre, in: Psyche, 16(12) 1963, S. 887.

war, eine kleine Insel Schmerzen.«[53] Es ist der gleiche Freud, der zum Programm seiner Psychoanalyse anhebt: »Wo Es war, soll Ich werden.« Die Instinkte und die großen und kleinen traumatischen Erfahrungen, die unser Leben beherrschen und zu Verzerrungen, Verletzungen und Verblendungen und demzufolge zu psychischen Störungen führen, sollen kontrolliert und zivilisiert werden. Eine deutliche Verwandtschaft mit den Anliegen des Yoga scheint auf. Ferner spricht Freud in seinen Vorlesungen zur Psychoanalyse von der ›Trockenlegung des Zuyderzee‹ und weist darin eine deutliche Ähnlichkeit zum Yogaprogramm der Erhellung und Beherrschung des Bewusstseins auf.

Im Vergleich zur Yogatherapie entwickelt Freud keine geistige und seelische Technik, die prophylaktische Wirkung besitzt. Seine Psychoanalyse ist immer nur Reagieren, wirkt immer schon nachträglich und eröffnet keine Möglichkeit, die Neurosen u.ä. in ihrem Entstehen anzugehen.[54] Um den Menschen zu helfen, die bereits unter psychischen Störungen leiden, bietet Freund eine Entspannungstechnik[55] mit Hilfe unterschiedlichster Methoden wie z.B. Freie Assoziation, Traumdeutung und der Analyse diverser Fehlleistungen. Auch wenn Freud in seinem *Unbehagen in der Kultur* von einer humanistischen Einstellung ausgeht, spielt das Ethisch-Moralische wie in der Yogatherapie keine große Rolle. Und auch in der letzten Zielsetzung gibt es ganz grundsätzliche Differenzen. Denn von einer endgültigen Erlösung, Befreiung von allen Leiden kann bei Freud keine Rede sein.

Im Gegensatz zu Freud, der Indien und der Yogalehre gegenüber skeptisch bis ablehnend ist und von einem diffusen ›ozeanischen Gefühl‹ spricht, wenn es um die Beurteilung der yogischen Erfahrungen ging, ist sein Schüler und späterer Kritiker C. G. Jung, der Yogalehre gegenüber positiver eingestellt. Denn ein Großteil unserer Psyche

---

53 Ibid.

54 Die jüngere Psychoanalyse bietet natürlich Techniken des nachhaltigen Therapierens und der Prophylaxe an und entfaltet insbesondere in der langfristigen und ganzheitlichen therapeutischen Wirkung ihr Potential.

55 Und dies ist anerkennend gemeint. Denn sind auch viele psychoanalytische Methoden und Ansätze in ihrer Wirksamkeit vermeintlich wissenschaftlich nicht belegbar, so handelt es sich in jedem Falle um therapeutische *Wirkungen*. Anspannungen, Druck und Ängste von der Seele zu nehmen (Entspannung), durch Verbalisierung (Erzählen) und Bewusstwerdung (Analyse und Reflexion), muss unbedingt als therapeutisches Wirken angesehen werden.

befindet sich jenseits unseres Wach- oder Klarbewusstseins. In diesem Punkt sind Freud (das persönliche Unbewusste), C. G. Jung (das kollektive Unbewusste) und die Yoga-Psychologie einer Meinung. Trotz dieser Gemeinsamkeit sind die Unterschiede erhellend.

»When psychoanalytic therapy succeeds in expanding the underdeveloped ego enough for it to be able to operate more effectively in the world, more often than not the patient considers himself ›well‹ and is ready to end treatment. There is often little interest in the evolution of states of consciousness or levels of growth and maturity that lie beyond what is comfortable and adaptive. For this reason, psychoanalysis and most modern psychotherapy might be called ›deficit‹ or ›illness-oriented‹, when compared to yoga psychology which is more ›growth-oriented‹.«[56]

Auch wenn es nicht zutrifft, dass Psychoanalyse und andere westliche Psychotherapien die Entwicklung der Persönlichkeit vernachlässigen, so ist Yoga-Psychologie und Therapie doch in deutlich höherem Maße an der Prophylaxe interessiert, d.h. sorgt sich um die Psychohygiene lange bevor eine Intervention durch den Anderen notwendig wird. »Yoga macht den Patienten«, schreibt Yogi Vithaldas, »zu seinem eigenen Psychoanalytiker [...] Der Yoga-Therapeut glaubt nicht ohne Grund, dass er als sein eigener Psychoanalytiker eher imstande ist, die wirksamste Methode zu seiner eigenen Besserung anzuwenden.«[57]

4. Die Lotusblüte des wahren Gesetzes: Die sechs Tugenden (Prajnaparamitas) der Vollkommenheit als Tor zum Handeln

Dieses Sutra soll Buddha auf dem Geierberg (Gridhrakuta) vor einer großen Zahl seiner Anhänger und Zuhörer gegen Ende seines Lebens vorgetragen haben. Die neueren Textforschungen weisen jedoch nach, dass es erst gegen Ende des 2. Jh. n. Chr. niedergeschrieben wurde. Dieses Sutra gilt als das Höchste aller Sutren und stellt vornehmlich für den japanischen und chinesischen Buddhismus das Buch der Bücher dar.

---

[56] Swami, R., Ballentine, R. and Swami, A.: Yoga and Psychotherapy. The Evolution of Consciousness, Illinois 1976, S. 112.

[57] Vithaldas, Yogi: Das Yoga-System der Gesundheit, Stuttgart 1967, S. 21 f. In diesem Sinne ist unsere Rede von der Yoga-Psychoanalyse zu verstehen.

In diesem Sutra macht Buddha deutlich, dass es viele Methoden und Übungen gibt, die zur Vervollkommnung der Tugenden führen und somit zur Überwindung des Leids. Das Lotos-Sutra erzählt weniger über den historischen Buddha und sein ereignisreiches Leben. Im Zentrum steht vielmehr das soteriologische Ziel der Erreichung des Nirvana. Buddha wird als die ewige Buddha-Natur (Dharmakaya) dargestellt. Jeder Mensch trägt in sich diese Buddha-Natur, die er zur Entfaltung bringen kann. M. a. W. ist jeder Mensch ein potentieller Buddha. Um diese Potentialitäten aktuell werden zu lassen, bedarf der Mensch einiger geistiger, spiritueller und meditativer Übungen. Der Vollzug dieser Schritte bringt eine Transformation des Übenden mit sich. Diese Übungen werden *Übungen zur Vervollkommnung der Tugenden* (Paramitas) genannt. Es geht darin um die höchsten geistigen und spirituellen Ideale der Vervollkommnung.

Wir wollen diese sechs Tugenden kurz darstellen und so ihre zeitlos therapeutische Relevanz aufzeigen. Diese sechs sind: 1. Dana-Paramita (Geben, Großzügigkeit), 2. Shila-Paramita (Sittlichkeit, ethisch-moralische Gesinnung, grenzenlose Verbundenheit), 3. Kshanti-Paramita (Geduld, Herzensweite), 4. Virya-Paramita (Handlungsethos, Tatkraft), 5. Dhyana-Paramita (Konzentration, Sammlung) und 6. Prajna-Paramita (Einsicht, Weisheit). Neben diesen ursprünglich sechs Paramitas gibt es eine Vielzahl von Paramita-Übungen, die später dazu gekommen sind.

Dana-Paramita

Dana bedeutet in Pali und Sanskrit freiwilliges Geben. Ebenso bedeutet es das Gewähren von Spenden, Gaben und Almosen. Dieses Geben ist nicht bloß materieller Natur. Es meint auch das Weitergeben der Dharma-Lehre und bedeutet daher die Tugend der Freizügigkeit und Offenheit sowie die Freiheit (Losgelöstheit) vom Eigeninteresse. Auch wenn Buddha die heutige Praxis der humanitären Entwicklungshilfe nicht ganz ablehnen würde, würde er mit Sicherheit die oftmals dahintersteckende Motivation des Eigeninteresses zurückweisen. Thich Nhat Hanh schreibt in *Die Weisheit des Lotos-Sutra:*

»Die Praxis des Dana ist wunderbar, aber es muss im Geist des Prajna, des Verstehens, geschehen. Die USA haben anderen Ländern immer viel gegeben – humanitäre Hilfe, finanzielle Unterstützung, technische Ressourcen und so fort. Diese Dinge wurden aber in der Absicht gegeben, andere für sich zu gewinnen, die Empfänger der Hilfe zu zwingen, sich auf die Seite amerikanischer Ziele und Ideologien zu stellen. Dieses Geben entspringt nationalem Eigeninteresse und dient politischen und wirtschaftlichen Zwecken. Daher ist selbst humanitäre Hilfe kein wirkliches Dana – wahres Schenken […]«[58]

Es mögen Stimmen laut werden, die hier der Lehre Buddhas eine Art Naivität, Weltfremdheit und Unkenntnis der »eigentlichen« menschlichen Natur vorwerfen. Aber gerade solche Vorwürfe beklagen immer wieder, dass Dana, Helfen, Geben, Schenken nicht die gewünschten Erfolge in der Lebenswelt zeigen. Die Lehren der Bhagavatgita oder die Ethik Kants gehen davon aus, dass es um eine Pflicht geht, für deren Erfüllung die äußeren Beweggründe und Motivationen eine untergeordnete Rolle spielen.

Ursprünglich wollte diese Lehre von Dana ein Mittel sein, um Habgier, Egoismus und andere Verblendungen zu überwinden. Dies wiederum sollte dem Dana-Praktizierenden helfen, eine bessere Geburt oder eine Wiedergeburt überhaupt zu vermeiden. Davon geht auch die Karma-Doktrin der Hindus und der Buddhisten aus. Auch wenn wir den metaphysischen Ballast der Karma-Lehre hier außer Acht lassen und Dana-Paramita als eine säkulare ethische Handlungsmaxime ansehen, die Intention der Lehre behält dennoch seine volle Berechtigung, weil ein wahres Geben (Schenken) im Akt des Gebens aufgeht, ohne einen Unterschied zwischen Geber, Empfänger und Gabe zu machen. Es geht bei der Dana-Paramita um eine Selbsttransformation dergestalt, dass der Mensch nicht anders kann als zu geben ohne irgendeinen Hintergedanken.

Shila-Paramita

Shila-Paramita steht für das zentrale ethische Gebot im Korpus des Buddhismus. Shila bedeutet Verpflichtung und meint das Gebot zu rechtem Verhalten von Mönchen, Nonnen und Laien. Auf dem Wege zur Erleuchtung ist der Umgang der Menschen mit anderen Menschen und Lebewesen im Geiste eines grenzenlosen Mitgefühls und Wohlwollens von zentraler Bedeutung. Es mag umstritten sein und

[58] Hanh, T. N.: Die Weisheit des Lotos-Sutra, Freiburg 2014, S. 236.

bleiben, ob Buddhismus eine Religion ist. Eine Ethik par excellence ist sie auf jeden Fall. Der Dalai Lama schreibt dazu:

»Nach meiner Überzeugung können Menschen zwar ohne Religion auskommen, aber nicht ohne innere Werte, nicht ohne Ethik. Der Unterschied zwischen Ethik und Religion ähnelt dem Unterschied zwischen Wasser und Tee. Der Tee, den wir trinken, besteht zum größten Teil aus Wasser, aber er enthält noch weitere Zutaten – Teeblätter, Gewürze, vielleicht ein wenig Zucker und – in Tibet jedenfalls auch eine Prise Salz […] Aber unabhängig davon, wie der Tee zubereitet wird: Sein Hauptbestandteil ist immer Wasser. Wir können ohne Tee leben, aber nicht ohne Wasser.«[59]

Die Lehre Buddhas kennt zehn Shila-Gebote. Diese sind: 1. Nicht töten (Im Mindesten jedenfalls das Töten soweit wie nur möglich vermeiden.), 2. nicht nehmen, was nicht gegeben, 3. von unerlaubten (maßgeblich ungewollten und ungebührlichen) sexuellen Handlungen absehen, 4. unrechte, unwahrhaftige Rede vermeiden, 5. sich vom Genuss berauschender Getränke fernhalten, 6. nach der Mittagsmahlzeit eine weitere Mahlzeit vermeiden, 7. (übermäßige) Vergnügungen wie z.B. Musik, Tanz, Schauspielerei u.a. vermeiden, 8. Abstand nehmen vom Gebrauch von zu viel Parfümen und Schmuckstücken, 9. vermeiden in hohen und weichen Betten zu schlafen und 10. den Umgang mit Geld vermeiden. Freilich sind nicht alle dieser Zehn Gebote heute durchführbar oder überhaupt ratsam. Die ersten vier Gebote behalten jedoch ein gebotenes Primat.

Die Übung der Shila-Paramitas zielt auf den Einklang von Denken, Reden und Handeln. Unterschiedliche Achtsamkeitsübungen helfen uns dabei, dass die Shila-Praxis ermöglicht wird. Achtsamkeit ist ein Nachdenken, das das bloße Denken mit Leben füllt und eine Transformation bewirkt. Dadurch entsteht eine von Shila-Paramita geleitete und gelenkte Lebensform.

Kshanti-Paramita

Darin geht es um die Tugend der Geduld, Weite und Ausdauer. Diese Geduld gilt es auszuüben nicht nur in Bezug auf die anderen Menschen, sondern ebenso in Bezug auf sich selbst. Es geht darum, sich von diversen Widrigkeiten, die uns oft begegnen, nicht hinreißen zu

---

[59] Dalai Lama: Der Appell des Dalai Lama an die Welt. Ethik ist wichtiger als Religion, Salzburg 2015, S. 9f.

lassen. Buddha selbst ist ein Beispiel dafür. Denn er hat auf seinem Weg zur Erleuchtung unter einigen Lehrern oft keinen Erfolg gehabt. Er hat auf die Frage, ob er schon das Ziel erreicht habe, sehr redlich die Antwort gegeben: nein. Die Redlichkeit seiner Suche verbunden mit Ausdauer und Geduld hat ihn schließlich zum Ziel geführt. An einem schönen Beispiel, illustriert Buddha die Wirkungsweise dieser Paramita:

»Nehmen wir an, Sie haben eine Handvoll Salz, das Sie in eine Schüssel mit Wasser schütten und umrühren. Jetzt ist das Wasser zum Trinken zu salzig. Werfen Sie jedoch eine solche Handvoll Salz in einen Fluss, so wird der davon nicht salzig und die Menschen können weiterhin das Wasser trinken. Wer nur der Wasserschlüssel gleicht, leidet, aber wer zum Fluss wird, leidet nicht mehr.«[60]

Die Moral der Erzählung ist: Ist unser Herz zu klein, zu eng, leiden wir mehr, weil wir keine Geduld, keine Herzensweite und Ausdauer aufweisen. Ist dagegen unser Herz weit, haben wir mehr Geduld, Ausdauer und die Kraft, um mit den vielen Widrigkeiten des Lebens zurechtzukommen. Es ist die gleiche Herzensweite, die uns erlaubt, ohne Abneigung und mit Wohlwollen dem Gesprächspartner, dem »Gegner« das gleiche Recht zuzugestehen, das wir für uns in Anspruch nehmen. Dies hat zur Folge, dass wir in Frieden leben und andere in Frieden leben lassen. Hierin kommt eine Anwendung der zentralen buddhistischen Lehre von der wechselseitigen Abhängigkeit aller Dinge (*Dharmas*) zum Tragen. Dies führt zu Inklusion und nicht zu Exklusion.

Virya-Paramita

Es geht hierbei um Eigenschaften wie z. B. Stärke, Kraft, Ausdauer, Stabilität, Willenskraft. Diese Eigenschaften sind Quellen für unsere unermüdlichen Anstrengungen auf dem Weg der Befreiung vom Leiden. Als Tatkraft darf man Virya nicht missverstehen, als müsse man sich unter Druck setzen und einem Zwang zum Tun unterstellen. Der Weg, um Leiden zu überwinden, braucht selbst nicht ein Leidensweg zu sein. In diesem Sinn gibt es viele Yoga-Praktizierende, die meinen, man muss bei Sitzmeditationen und Stellungen bis zur Schmerzgren-

60 Hanh, T. N.: Die Weisheit des Lotos-Sutra, S. 247 f.

ze gehen, um das Ziel zu erreichen. Diesen Weg hält Hanh für verkehrt: »Mit der Praxis von Virya hat das nichts zu tun. Um Fortschritte auf dem Übungsweg zu machen, braucht man nicht zu leiden [...] Sinn der Praxis ist nicht, mehr Leid, sondern Wohlbefinden, Wandlung und Heilung zu schaffen [...] Wenn Sie mit der richtigen Haltung praktizieren, spüren Sie die Erleichterung unmittelbar.«[61] Wer mit Achtsamkeit konzentriert etwas Schönes und Gutes denkt, findet Freude und Ruhe. Ist dagegen der Gegenstand der Achtsamkeitsübung etwas Schmerzhaftes, etwas Unangenehmes, so bringt die achtsame Konzentration eine Linderung des Schmerzes.

Wir haben in einem anderen Zusammenhang auf die wichtige Rolle der Anstrengungen auf dem Wege der Befreiung vom Leiden gesprochen. Die buddhistische Psychologie geht nicht von einem dem wachen Bewusstsein völlig unzugänglichen Unbewussten aus. Nach buddhistischer Psychologie besteht das menschliche Bewusstseinsleben aus zwei miteinander vernetzten Schichten: dem Speicherbewusstsein (Alyavijnana) und dem Geistbewusstsein. Unser Speicherbewusstsein besteht aus den Tendenzen, Hinterlassenschaften, verdrängten oder unerwünschten Willensregungen und Vorstellungen. Diese sind wie Samen (Bija) unseres vergangenen Lassens und Tuns. Diese Samen können sogar von früheren Geburten herrühren. Das gegenwärtige Bewusstsein hat die Möglichkeit, Kraft und die Fähigkeit, das Speicherbewusstsein zu entleeren. Das menschliche Bewusstsein ist so selbsttherapeutisch. Hier kommen die vier Anstrengungsübungen ins Spiel. Die Samen tragen den Charakter entweder negativ oder positiv konnotiert zu sein. Manche von ihnen sind schon gekeimt, manche befinden sich im Prozess des Keimens. Die erste Anstrengung zielt darauf, das Entstehen neuer negativer Keime zu verhindern. So wird der Haushalt des Bewusstseins sauber gehalten. Es geht darum, unheilsame Neigungen nicht zum Tragen kommen zu lassen. Wer z.B. eine Neigung zum Rauchen hegt, soll durch Anstrengung versuchen, dass dieser Samen (der potentiellen Neigung) keine Früchte trägt. Hier ist das Denken noch am Werke, aber bereits in Symbiose mit dem Ziel der tatsächlichen Veränderung.

Die zweite Anstrengungsübung bezieht sich auf die negativen Samen, die schon angefangen haben zu keimen. Das Ziel ist, diese Keime nicht weiter gedeihen zu lassen. Es geht darum, unseren Begierden, Verzweiflung, Frustrationen keine neue Nahrung zu geben.

---

[61] Ibid. S. 251.

Hier sind Freundschaften, Verbundenheit und andere Formen der Kommunikation richtige und wichtige Wege. Die Saat der negativen Samen, und dies heute mehr denn je, sprießt ununterbrochen weiter und bedroht das leibliche, geistige und seelische Wohlbefinden. »Zur zweiten Übung gehört«, schreibt Hanh, »nicht zuzulassen, dass die negativen Samen in uns genährt werden und sich in unserem Geistbewusstsein niederschlagen. Ein Same, der nur in unserem Speicherbewusstsein vegetiert, verliert allmählich an Kraft.«[62] Es gibt eine Form dieser Übung, die ganz einfach darin besteht, dass wir die negativen Samen weder zurückweisen noch uns ihnen zuwenden. Diese Samen im Bewusstseinsfluss sind verloren, wenn sie nicht von der Aufmerksamkeit registriert und unterstützt werden. Das Motto könnte »seliges Vergessen« heißen.

Die dritte Anstrengungsübung betrifft gute Samen, die im Speicherbewusstsein als Potentialitäten zwar vorhanden sind, aber noch nicht im Geistbewusstsein aktiv sind. Diese Samen sollen wir stets versuchen aus dem Speicherbewusstsein herauszulocken und sie ins Geistbewusstsein zu verpflanzen. Freilich ist der Mensch ganz allein oft sehr machtlos. Daher sind Lehrer, Freunde und andere wohlwollende, hilfsbereite Menschen sehr wichtig für das Gelingen dieser Übung. Praxisnah erläutert Hanh diesen Punkt so:

»Nehmen wir an, Sie fühlen Ärger in sich aufsteigen. Statt sich von diesem Gefühl überwältigen lassen, hören Sie einen *Dharma*-Vortrag oder Sie sprechen mit einem Ihrer *Dharma*brüder oder *Dharma*schwestern. Das kann den Samen der Wut daran hindern, sich voll zu entfalten und Sie können ihn durch die Entfaltung liebevoller Zuwendung ersetzen. Es ist so, als schalteten Sie Ihren Fernseher auf einen anderen Kanal. Wenn Sie auf den richtigen Kanal schalten, erhalten Sie ein gutes Bild und jedes Mal, wenn Sie ein negatives Bild auf dem Bildschirm sehen, wechseln Sie den Kanal. Auch unser Bewusstsein arbeitet so. Es gibt in unserem Bewusstsein Tausende von Kanälen und es liegt an uns, den richtigen zu wählen, den Kanal des Buddha und der Bodhisattvas und nicht den Kanal der Hungergeister.«[63]

Die vierte Anstrengung zielt auf die Pflege und Weiterentwicklung der positiven Samen, die sich in unserem Geist bemerkbar machen. Sie warten auf einen guten Boden, einen geeigneten Humus zum Gedeihen. Und dieser Boden ist das Geistbewusstsein, welches stets

---

[62] Ibid. S. 253.
[63] Ibid. S. 254.

in Verbindung mit den Samen im Speicherbewusstsein verbleibt. Die Samen im Speicherbewusstsein – ob zum Guten oder zum Schlechten – bedürfen der Bühne des Bewusstseins, um sich zu zeigen und sich zu befriedigen. Der selbsttherapeutische Charakter der buddhistischen Yoga-Psychologie besteht gerade darin, dass das Geistbewusstsein stets bemüht ist, die guten Samen zum Gedeihen zu bringen und die schlechten auszutrocknen, den Keim zum Schlechten verdorren zu lassen. Jede rechte Anstrengung setzt jedoch stets die Einsicht (Prajna) voraus, dass alles bedingt entsteht, besteht und vergeht (Pratityasamutpada). Dies gilt für alle Paramitas, die sich allesamt gegenseitig bedingen und befördern.

Dhyana-Paramita

Dhyāna (Sanskrit, ध्यान), Jhāna (Pali), Áskēsis (Griechisch, ἄσκησις), Ch'an (Chinesisch, 禅) und Zen (Japanisch, 禅, ぜん), sind Ausdrücke für Übung im Allgemeinen, genauer für Formen der Konzentrationsübung und Versenkung. Es geht darum, dass man den Bewusstseinsstrom mit seinen diversen Leidenschaften dahingehend kontrollieren lernt, dass jene auf dem Wege zum Erwachen keine Hindernisse mehr darstellen. Es geht eigentlich um ein Ruhigwerden, darum tief in sich hineinzuschauen. Die drei zentralen Einsichten dienen dabei vor allen Dingen als Wegweiser: Nicht-Ich, Nicht-Dauer und Erwachen. Die meditativen Übungen lassen diese drei Gedanken, Vorstellungen, Ideen zur gelebten Erfahrung werden. M. a. W. findet genau hier der Übergang vom Denkweg zum Lebensweg statt.

Nicht-Dauer besagt, dass wir einsehen, dass sich alle Dinge in einem Bedingtheitsnexus befinden. Und das heißt, nichts ist unveränderlich ewig. Es ist eine Sache, diesen Sachverhalt intellektuell verstanden zu haben. Es ist aber eine andere Sache, ihn zu erfahren und sich zu eigen gemacht zu haben. Es geht nicht nur um ein intellektuelles Verstehen, sondern um ein Verstehen, das verändert. Selbst die Neigung, dass wir »doch immer dieselbe Person« seien, ist so eine falsche Sicht (Mithya Dristi). Auch unser Selbst befindet sich in beständigem Wandel, ist beständig im Werden begriffen. Wer Nicht-Dauer zu seiner Lebensform gemacht hat, leidet weniger an den Verlusten der Zeit z. B. der eines lieben Menschen. Denn er hat immer daran gedacht und danach gelebt. Er lebt dankbar *mit* dem Anderen *im* Augenblick. Dies führt auch dazu, dass wir unsere Mitmenschen zu Lebzeiten mehr schätzen lernen. Ferner nimmt unser Mitgefühl zu, wenn wir diese Einsicht entwickeln. »Die Einsicht in die Nicht-Dauer«, schreibt Hanh, »kann jeden Augenblick Ihres Lebens erhellen. Wenn ich ein Streichholz anzünde, entsteht eine Flamme. Die Flamme wird von dem Streichholz verursacht, aber sobald sie erscheint, beginnt sie das Streichholz zu verzehren. Der Begriff der Nicht-Dauer entspricht dem Streichholz und die Einsicht der Flamme.«[64]

Meditation ist nicht ohne Begriffe, sie überschreitet nur das bloß begriffliche Verstehen. Denn begrifflich und gedanklich verstehen wir so mancherlei Dinge. Aber es hapert bei der Übersetzung, bei der Überführung der Gedanken in die Lebenswirklichkeit durch das entsprechende Handeln, was zur Folge hat, dass alles beim Alten bleibt.

Prajna-Paramita

Die Krönung und auch Voraussetzung aller Paramitas ist Prajna-Paramita. Dieser zentrale Begriff des Mahayana-Buddhismus zielt nicht auf ein intellektuell vermitteltes Begreifen, sondern auf eine unmittelbar erfahrene und erfahrbare intuitive Einsicht und Weisheit. Diese Einsicht ist die Einsicht in die Bedingtheit aller Dinge (Dharmas). Es geht darin um die Einsicht in die Leerheit (Shunyata) der Dinge. Denn wem diese Einsicht zuteilgeworden ist, befindet sich in der Gemeinschaft der Bodhisattvas.

Das Prajna-Paramita-Sutra nennt diese Paramita Flügel, die uns weitertragen. Alle anderen Paramitas, mögen sie auch unersetzbar sein, bedürfen dieser sechsten Paramita, um richtig zum Tragen zu kommen. Sie bedürfen der Flügel dieser Paramita.

In jedem Tun bedürfen wir dieser Einsicht in die Leerheit aller Dinge, denn sie befreit uns von der fehlgeleiteten Suche nach einer unveränderlichen Seele, Substanz und Identität. Dies ist eine Befreiung und von therapeutischer Wirkung.

---

[64] Ibid. S. 258f.

IV. Philosophie als Therapie: Streifzüge

1. Sextus Empiricus, Sanjaya, Nagarjuna: Skeptizismus und Mystik als Lebensformen

Unter Skeptizismus als einer Lebensform wird in erster Linie hier nicht eine Methodologie verstanden, sondern eine ernsthafte Beschäftigung mit philosophischen Fragen und Themen. Auf der Suche nach Lösungen melden sich Zweifel an, die ein Skeptiker ernst nimmt und nicht voreilig eine dogmatische Position vertritt. So wird Zweifel zur Grundhaltung für das Philosophieren eines Skeptikers. Er scheut sich, sichere Aussagen zu machen und neigt eher zur Urteilsenthaltung (Epoché). Ein Skeptiker ist bemüht, eine kritische philosophische Haltung bis zum Schluss aufrechtzuerhalten. Daher ist es ungerecht, Skeptizismus von vornherein negativ zu besetzen.

Hier sei nur ein kurzes Schlaglicht auf die drei Skeptiker Sanjaya, Nagarjuna und Sextus Empiricus geworfen. Sanjaya ist ein Zeitgenosse Buddhas. Er ist nicht nur der Hindu-Tradition kritisch gegenüber, sondern ebenso gegenüber der Lehre Buddhas, da diese, in seinen Augen unbegründet, die Existenz einer Seele, der Karma-Kausalität und einer Existenz nach dem Tode annehmen. Geistesverwandt mit Sextus neigt Sanjaya dazu, von spekulativen Behauptungen Abstand zu nehmen. Nicht-Urteilen ist besser als falsche Urteile zu fällen. Der Skeptiker Sanjaya entwickelt daher eine Argumentationstechnik, die sowohl eine Bejahung als auch eine Verneinung vermeidet und die *fünfgliedrige Negationskette* genannt wird. In der Beantwortung der Frage nach dem Wesen einer Sache lautet die Antwort stets nein: Ist das Wesen so? Nein. Ist es anders? Nein. Ist es verschieden von den beiden? Nein. Ist es dann überhaupt nicht? Nein. Ist es dann so, dass es gar nicht ist? Nein.

Sanjaya ist ein Freidenker und ein Wanderprediger. Mag sein, dass er eine mystische Sicht der Dinge hat, die in keiner Urteilsform wiedergegeben werden kann. Sein Skeptizismus scheint mystische Züge zu tragen.

Nagarjuna scheint die fünffache Negationstechnik Sanjayas weitergeführt zu haben in seiner Lehre von der vierfachen Negation (Tetralemma): A ist, A ist nicht, A ist und ist nicht und A hat weder Sein noch Nicht-Sein. Nagarjuna ist skeptisch in Bezug auf die Richtigkeit der Erkenntnismittel. Ein Erkenntnismittel, das die Richtigkeit einer Erkenntnis begründet, bedarf einer Begründung ihrer eigenen Richtigkeit. Und dieser Prozess deutet auf einen infiniten Regress hin. Nagarjuna, im Gegensatz zu Sanjaya, ist aber Buddhist. Er plädiert für eine destruktive Methode, um alle Positionen als unbegründet (bzw. gleichermaßen begründet) zurückzuweisen. Dies gilt auch für die eigene Position. Daher beinhaltet dies die Forderung, dass die Ansicht der Leerheit auch sich selbst entleert.

Auch bei Sextus ist davon die Rede, dass die skeptischen Argumente auch auf sich selbst angewandt werden müssen. Denn nur so kann eine Urteilsenthaltung zustande kommen. Der indische Skeptizismus ist dem griechischen näher als dem cartesianischen, denn es geht letzten Endes um eine Haltung, die das praktische Leben leiten und lenken soll, und nicht in erster Linie um eine epistemologische Methodologie. Auf die Kritik seitens der Hindu-Philosophen, dass die Lehre von der Leerheit auf sich selbst gewendet selbst leer ist, antwortet Nagarjuna, dass die Leerheitslehre selbst keine Position bezieht, sondern eine Einsicht im Sinne einer illokutionären Aussage darstellt. Die indischen Skeptiker wie Sanjaya unterscheiden sich jedoch von den Sophisten, weil sie nicht wegen des Geldverdienens lehren, sondern aus einer moralischen Verpflichtung heraus. Sie sind der Ansicht, dass es einer moralischen Verfehlung gleichkommt, wenn man eine Lösung anbietet, wo es keine gibt. Die indischen Skeptiker haben ihre eigenen soteriologischen Vorstellungen.

Sextus, Sanjaya und Nagarjuna mit ihren skeptischen Haltungen zielen auf einen friedlichen inneren Zustand. Schlussendlich ist darin eine Familienähnlichkeit mit Ataraxia zu erkennen. Und dies gilt, auch wenn keine notwendige Beziehung zwischen Epoché und Ataraxia behauptet wird. Sextus soll seine Position als eine nicht-dogmatische von den dogmatischen Positionen der Epikureer und Stoikern unterschieden haben, weil die Letzteren den Anspruch erheben, eine Wahrheit gefunden zu haben. Daher merkt Sextus kritisch an, dass diese Dogmatiker zwar Seelenruhe versprochen, aber nicht erreicht haben. Seine Lehre sei die beste Leitung zur Seelenruhe.[1] Mit den indischen Skeptikern ist Sextus dadurch verbunden, dass auch er dazu neigt, Ruhe und Gelassenheit als eine »Freiheit von Störungen« zu definieren.

2. David Hume: Be a philosopher, but amidst all your philosophy, be still a man

> Reason is, and ought only to be the slave of the passions, and can never pretend to any other office than to serve and obey them.
>
> David Hume[2]

David Humes skeptische Einstellung setzt sich eindeutig von der skeptischen Methode Descartes' ab. Hume versucht zwischen den Extremen eines Dogmatismus und Skeptizismus einen mittleren Weg einzuschlagen. Schon im ersten Abschnitt seiner *Untersuchung über den menschlichen Verstand* unterscheidet Hume zwischen zwei Arten von Philosophen: Die eine Gruppe ist bestrebt, den Verstand zu schärfen und zu bilden, die andere will die Sitten veredeln. Es geht um eine ›abstruse‹ und eine ›praktische‹ Philosophie.

Hume geht von einer Misch-Anthropologie aus und lehnt eine jede einseitige Übertreibung ab. »Die Natur«, schreibt er, »scheint also dem Menschengeschlechte eine gemischte Lebensweise als die geeignetste angewiesen und es insgeheim gewarnt zu haben, sich keiner dieser Neigung zu sehr *hinzugeben* und dadurch unfähig für andere Beschäftigungen und Vergnügungen zu werden.«[3] Und so ist nach Hume auch ein Philosoph ein »reiner Philosoph«, der nach reinen und letzten Prinzipien sucht. Da er diese im Humus der Erfahrung aller Wahrscheinlichkeit nach nicht findet, erfindet er diese und errichtet spekulativ-metaphysische Systeme. Auf der anderen Seite gibt es jedoch Philosophen, die aufgrund von Einseitigkeit und Engstirnigkeit gänzlich unwissenschaftlich und unwissend bleiben. Hume ist der Meinung, dass die beste Philosophie zwischen den Ex-

[1] Vgl. Sextus Empiricus: Outlines of Scepticism, übers. v. Annas, J., Barnes, J., Cambridge 1994, S. 9ff.

[2] Hume, David: Enquiries, hrsg. v. Selby-Bigge, L. A., Oxford 1966, S. 415.

[3] Hume, D.: Eine Untersuchung über den menschlichen Verstand, Stuttgart 1982, S. 21.

tremen liegt. Es ist eben diese seine Mischnatur, so meint Hume, die den Menschen zum Handeln anhält.

»Folge deinem Hang zur Wissenschaft – so spricht sie – aber deine Wissenschaft sei menschlich, d. h. so, dass sie einen unmittelbaren Bezug zur *Lebenspraxis* und zur menschlichen Gesellschaft hat. Unzugängliche Gedanken und tiefgründige Untersuchungen verbiete ich dir und werde sie streng bestrafen durch die grüblerische *Schwermut*, die sie erzeugen, die endlose Ungewissheit, in die sie dich verstricken, und die kühle Aufnahme, mit der man deinen angeblichen Entdeckungen bei deren Veröffentlichung begegnen wird. *Sei ein Philosoph, doch bleibe, bei all deiner Philosophie, stets Mensch.*«[4]

Hume schwebt eine Kultur des Philosophierens vor, die der skeptischen Philosophie der Antike sehr nahekommt. Hume spricht sogar auch von skeptischen Lösungen, ohne sich jedoch ganz ins Lager des antiken Skeptizismus zu schlagen. Die Erfahrung ist und bleibt für ihn der Urboden für das Denken, ja für alle Arten von Vernunfttätigkeit.[5] Auch wo Erfahrung sich selbst überschreitet, kehrt sie doch zu sich selbst zurück. »Die Wahrheit ist«, schreibt Hume, »dass ein unerfahrener Denker überhaupt kein Denker sein könnte, wenn er absolut unerfahren wäre […]«[6] Es ist die Erfahrung, die mit der Vernunft schwanger geht und nicht umgekehrt.

Mit einer solchen Konzeption der Philosophie, die ihren empirischen Boden nicht verlässt und stets eine transformative Lebensnähe anstrebt, attackiert Hume den abstrusen Charakter der skeptischen Vorgehensweise von Descartes. Descartes praktiziert eine Form der Skepsis, die allem Philosophieren vorausgeht in der Suche nach einem allen Zweifel enthobenen, felsenfesten Boden. Einem solchen Unternehmen gegenüber ist Hume skeptisch bis ablehnend:

---

[4] Ibid. Hervorhebungen Vf. »Indulge your passion for science, says she, but let your science be human, and such as may have a direct reference to action and society. Abstruse thought and profound researches I prohibit, and will severely punish, by the pensive melancholy which they introduce, by the endless uncertainty in which they involve you, and by the cold reception which your pretended discoveries shall meet with, when communicated. Be a philosopher; but, amidst all your philosophy, be still a man.« Hume, D.: An Enquiry Concerning Human Understanding, Section I, Of The Different Species of Philosophy, in: Enquiries, hrsg. v. Selby-Bigge, L. A., Oxford 1966, S. 9.

[5] Hume ist in dem Sinne kein Skeptiker. Er steht nur durchweg allen rationalistischen und metaphysisch-spekulativen Begründungsstrategien sehr *skeptisch* gegenüber.

[6] Hume, D.: Eine Untersuchung über den menschlichen Verstand, S. 65.

»Es gibt eine aller Forschung und Philosophie *vorhergehende* Art des Skeptizismus, die von Descartes und anderen als überlegener Schutz gegen Irrtum und Vorurteil sehr empfohlen wird. Sie empfiehlt den allgemeinen Zweifel, nicht nur an allen unseren früheren Meinungen und Prinzipien, sondern auch an unseren Fähigkeiten selbst, von deren Glaubwürdigkeit, wie sie sagen, wir uns durch eine Kette von Denkakten überzeugen müssen, die aus einem ursprünglichen Prinzip abgeleitet sind, das unmöglich trügerisch oder falsch sein kann.«[7]

Ein solch ursprüngliches Prinzip gibt es nicht und kann es nicht geben, sagt Hume. Sollte es dennoch ein solches Prinzip geben, könnten wir keinen Schritt darüber hinaus tun, weil wir eben die Hilfe derjenigen Fähigkeiten brauchen, an denen wir ja gezweifelt haben. In nahezu medizinischer Terminologie kommentiert Hume die Cartesianische Methode: »Der cartesianische Zweifel wäre also, wenn überhaupt von einem Menschen erreichbar (was einfach nicht der Fall ist), völlig *unheilbar*, und kein Denken könnte uns jemals in einen Zustand der Gewissheit und Überzeugung von irgendeiner Sache bringen.«[8] Hume unterwirft die cartesianische Denkmethode, die dem menschlichen Denken eine übermenschliche Fähigkeit zuschreibt, einer reflexiv-meditativen Übung. Denn er ist der festen Überzeugung, dass »nur Philosoph-Sein«, z. B. im cartesianischen Sinne, das Mensch-Sein außer Acht lässt. Daher sein Vor- und Ratschlag, ›sei ein Philosoph, aber bleibe Mensch‹.

Hume ist der festen Überzeugung, dass ein hartnäckiger Skeptizismus philosophisch-argumentativ unwiderlegbar ist. Er schlägt eine Lebensform vor, die aus dieser seiner Ablehnung von Dogmatik und Skepsis resultiert. Hume, ähnlich wie Buddha, plädiert für einen »Mittelweg«. Seine Ablehnung eines radikalen pyrrhonischen Skeptizismus erfolgt daher nicht aus erkenntnistheoretischen Gründen, sondern vielmehr aus praktisch-pragmatischen und dem Lebensvollzug dienlichen Gründen. In seinem Essay *The Sceptic*[9] ist ein glückliches Leben für Hume ein Leben, das weder von zu heftigen noch von zu nachlässigen Gefühlen beherrscht wird.

»To be happy, the *passion* must neither be too violent, nor too remiss. In the first case, the mind is in a perpetual hurry and tumult; in the second, it sinks

[7] Ibid. S. 188f.
[8] Ibid. S. 189. Hervorhebung Vf.
[9] Hume, D.: Essay Moral, Political and Literary, Oxford 1966, S. 161ff.

into a disagreeable indolence and lethargy […] To be happy, the passion must be benign and social, not rough or fierce.«[10]

In diesem Zusammenhang spricht Hume von einer »*philosophical devotion*« und »*medicine of the mind*«. Er zieht ein der Gelehrsamkeit verpflichtetes Leben, ein dem Reichtum verpflichteten vor. »A passion for learning is preferable, with regard to happiness, to one for riches […] Nothing contributes more to happiness than such a turn of mind.«[11] Philosophie als Therapie setzt die Kultivierung einer solchen Einstellung voraus. Denn Hume schlägt das Nutzbarmachen von unterschiedlichen Prinzipien der menschlichen Natur, wie z. B. Gewohnheit und Imagination, als zu kultivierende Wege vor. Dabei spricht Hume von der Plastizität der menschlichen Natur, d. h. von seiner Anpassungsfähigkeit und Lernbegabung, die die edleren Dispositionen zur Veränderung der sozialen und moralischen Charaktereigenschaften bereits einschließen. Es ist der Glaube an die unbedingte Möglichkeit des Menschen, durch das beständige Folgen einer Vorstellung (Imagination) und das unablässige Lernen (u. a. von Gewohnheiten im Sinne von Habitus) sich selbst hin zu den höheren Idealen eines moralisch integeren Charakters zu entwickeln.[12]

Hume wäre nicht Hume, wenn er uns nicht zugleich warnen würde, dass wir vom Leben nicht zu viel erwarten dürfen. Hume mag hier ein wenig pessimistisch klingen, aber er rät zur Handlung und ist in diesem Sinne ein »aktiver Pessimist«. Das Leben vergleicht Hume mit einem Spiel und rät uns, dass man sich durch eine behutsame Entwicklung und Kultivierung der moralischen Eigenschaften dem Ziel eines glücklichen Lebens annähern kann. Sein Essay *The Sceptic* beschließt Hume mit den Worten:

---

10 Ibid. S. 169.

11 Ibid. S. 170.

12 Hume beschreibt sich 1776 in seiner Autobiografie *Mein Leben* wie folgt: »Ich schließe, wie in der Geschichtsschreibung üblich, mit der Schilderung meines eigenen Charakters. Ich bin, oder vielmehr: ich war, denn das ist der Stil, in dem ich fortan über mich selbst.zu sprechen habe, doch gibt mir dieser Umstand um so mehr Mut, zu sagen, wie ich mich sehe. Ich sage also: Ich war ein Mann sanften Gemüts, war selbstbeherrscht, offen, gesellig und heiter, war leicht andern zugetan und nur schwer jemandem feindlich gesonnen und war maßvoll in allen meinen Leidenschaften. Selbst vom Streben nach literarischem Ruhm, meiner herrschenden Leidenschaft, ließ ich mir, häufigen Fehlschlägen zum Trotz [,] meine heitere Laune nicht vergällen. Der unbekümmerten Jugend war meine Gesellschaft ebenso unwillkommen wie dem Gelehrten und dem Literaten.« Vier Monate nach diesen Zeilen stirbt Hume, wie sein Freund Adam Smith schreibt, »in völliger Ruhe des Geistes«.

»These reflections are so obvious, that it is a wonder they occur not to every man. So convincing, that it is a wonder they persuade not every man. But, perhaps, they do occur to, and persuade most men, when they consider human life by a general and calm survey: but where any real, affecting incident happens; when passion is awakened, fancy agitated, example draws, and counsel urges; *the philosopher is lost in the man* and he seeks in vain for that persuation which before seemed so firm and unshaken. What remedy for this inconvenience? Assist yourself by a frequent persual of the entertaining moralists: have recourse to the learning of Plutarch, the imagination of Lucian, the eloquence of Cicero, the wit of Seneca, the gaiety of Montaigne, the sublimity of Shatesbury [...] But trust not altogether to external aid: by habit and study acquire that philosophical temper which both gives force to reflection, and by rendering a great part of your happiness independent, takes off the edge from all disorderly passions, and *tranquillizes the mind.*«[13]

Auch David Hume könnte Hadot bei der Konzeption der Philosophie als Lebensform Pate gestanden haben.

Hume schlägt zwei Wege vor, die uns helfen, von der Philosophie als Denkweg zur Philosophie als Lebensweg voranzuschreiten. Dies sind: die Lektüre der gelehrten Bücher sowie die Entwicklung und Kultivierung einer auf Transformation angelegten Lebensform.[14] Vergleichbar mit dem indischen Denken (z. B. Shantideva) sieht auch Hume eine gegenseitige Einflussnahme von Reflexion und Transformation am Werke. Wie wir weiter unten sehen werden, wird uns auch William James vor einer fast ›sträflichen‹ Überschätzung der Vernunft warnen. Hume warnt vor einer Überbewertung der Vernunft mit den Worten:

»While we are reasoning concerning life, life is gone; and death, though *perhaps* they receive him differently, yet treats alike the fool and the phi-

---

[13] Ibid. S. 181 f. Hervorhebungen Vf.

[14] Hume wandte sich früh im Leben der Philosophie zu. Der sechzehnjährige Hume notiert, er wolle »wie ein Philosoph reden«. Die ganze Hinwendung zur Philosophie ist für den jungen Hume mit einer wohl mindestens vierjährigen Krankheit mit anhaltenden depressiven Verstimmungen verbunden. Es ist strenge Selbstdisziplinierung und Askese, durch die er sein Wohlbefinden an Leib und Seele wiederherstellt. Wesentlich für seine Therapie sind die tägliche Lektüre und die philosophische Besinnung für mehrere Stunden am Tag. »Da ich jetzt Zeit und Muße hatte, meine erhitzte Phantasie abzukühlen, fing ich an, ernstlich darüber nachzudenken, wie ich in meinen philosophischen Untersuchungen vorwärts kommen könnte.« Hume gab von sich selbst maßgeblich zwei autobiografische Skizzen, den *Brief an einen Arzt* (1734) und die genannte Autobiografie *Mein Leben* (1776). Vgl. dazu Streminger, G.: David Hume: Der Philosoph und sein Zeitalter, München 2011.

losopher. To reduce life to exact rule and method is commonly a painful, often a fruitless occupation: and is it not also a proof, that we overvalue the prize for which we contend?»[15]

In seiner Schrift *Essays Moral, Political and Literary* bespricht Hume vier philosophische Lebensformen: Epikureismus, Stoa, Platonismus und Skeptizismus. Humes entwickelt hier einen moderaten Skeptizismus, der philosophischen Gewissheiten als auch Ungewissheiten gegenüber zurückhaltend ist. Nicht nur Wittgenstein, sondern auch schon Hume sind der Überzeugung, dass philosophische Fragen, grammatikalisch und sprachlich richtig analysiert und gedeutet, nicht so sehr einer Lösung, sondern eher einer Auflösung bedürfen. Ein begründetes und nicht leicht zum Schweigen zu bringendes philosophisches Unbehagen kommt dabei auf: Kann es nicht doch sein, dass es Fragen und Probleme gibt, die jenseits ihrer Lösung bzw. Auflösung auf ihre legitime Existenzberechtigung pochen?[16] Könnte es vielleicht doch sein, dass in der Definition des Menschen als eines »fragenden Wesens« diese Existenzberechtigung verankert liegt? Denn an Fragen kann ich apriori nicht ablesen, ob sie beantwortbar und unbeantwortbar sind. Hier sollte sich Philosophie, jenseits aller denk-akrobatischen und rein definitorischen Konstruktionen, in Bescheidenheit üben. M. a. W. sollte sie das Tor zu einem Unfassbaren, zu einem »So-Sein«, zu einer »So-heit« (buddhistisch: Tathata) offenlassen.[17] Und dies auch auf die Gefahr hin, dass sich allerlei Phantasiegebilde von den Religionen über die spekulativen Metaphysiken bis hin zu den diversen Ideologien breitmachen. Doch es ist diese Offenheit, diese Gelassenheit, die Nähe und Verbundenheit dem alltäglichen Zusammenleben gegenüber, die Hume zum Vorbild für eine Philosophie als Therapie macht.

---

[15] Hume, D.: Essays Moral, Political and Literary, S. 183 f.

[16] »Wenn ich den Blick nach außen wende, sehe ich auf allen Seiten Streit, Widerspruch, Zorn, Verleumdung und Herabsetzung. Wenn ich mein Auge nach innen richte, finde ich nichts als Zweifel und Unwissenheit.« Hume zitiert in Streminger, G.: David Hume: Der Philosoph und sein Zeitalter, S. 158.

[17] Hume betont, dass wir den trügerischen Deduktionen der Vernunft nicht trauen können: »Das Ganze der Welt ist ein Rätsel, ein unerklärliches Mysterium. Zweifel, Ungewißheit, Enthaltung des Urteils sind das einzige Ergebnis, zu dem die schärfste und sorgsamste Untersuchung uns führen kann.« Denn »unsere Vernunft kann niemals ohne den Beistand der Erfahrung irgendwelche Ableitungen in bezug auf wirkliches Dasein und Tatsachen vollziehen.« Zitiert in Weischedel, Wilhelm: Die philosophische Hintertreppe, David Hume oder der skeptische Schiffbruch, München 1996, S. 212.

»Glücklicherweise geschieht es, dass, da die Vernunft unfähig ist, diese Wolken zu vertreiben, die Natur selbst diesem Zweck genügt und mich von dieser *philosophischen Melancholie* durch eine Wirkungsweise und durch lebhaften Einfluss meiner Sinne heilt, die all diese Schimären auslöschen. Ich esse zu Abend, ich spiele eine Partie Backgammon, ich unterhalte mich, ich bin ausgelassen mit meinen Freunden; und wenn ich nach drei oder vier Stunden der Kurzweil zu diesen Spekulationen zurückzukehren pflege, erscheinen sie mir so kalt und gezwungen und lächerlich, dass ich keinen Mut finden kann, mich weiter auf sie einzulassen.«[18]

3. Arthur Schopenhauer: Der aktive Pessimist

> Ihn kann nichts mehr ängstigen, nichts mehr bewegen: denn alle tausend Fäden des Wollens, welche uns an die Welt gebunden halten und als Begierde, Furcht, Neid, Zorn uns hin und her reißen, unter beständigem Schmerz, hat er abgeschnitten. Er blickt nun ruhig und lächelnd zurück auf die Gaukelbilder dieser Welt, die […] jetzt so gleichgültig vor ihm stehen wie die Schachfiguren nach geendigtem Spiel.
>
> Arthur Schopenhauer[19]

Gesellt sich hier das Adjektiv ›aktiv‹ zu dem Substantiv ›Pessimist‹ und wird zu dem Kompositum ›aktiver Pessimist‹, so darf dies nicht dahingehend missverstanden werden, als dass wir Arthur Schopenhauer eine lähmende Inaktivität im Sinne von Passivität oder Depressivität unterstellen. Denn Schopenhauer ist auf vielen Ebenen des Lebens sehr aktiv gewesen – hat stets philosophiert, produziert, publiziert – und hat eine Lebenstüchtigkeit an den Tag gelegt, die sogar viel optimistischere Gemüter in den Schatten stellen würde.[20] Es geht uns hier um einen Pessimismus, der besagt, dass es uns Menschen aller Wahrscheinlichkeit nach nicht gegönnt sein wird, das Leid *restlos* zu tilgen, auch wenn das Streben nach einem leidlosen Zustand uns stets begleitet. Dieser Pessimismus, der aus dieser Erkenntnis resultiert, ist eher befreiend gemeint. Befreiend von der illusionären

[18] Hume, D., zit. in: Yalom, Irvin D.: Existentielle Psychotherapie, Bergisch Gladbach 2010, S. 556.

[19] Schopenhauer, A.: Die Welt als Wille und Vorstellung, Frankfurt a. M. 1986, Bd. 1, S. 531 f.

[20] Vergleiche dazu auch die literarische Meditation *Pessimismus als Lebensweise* in: Yalom, I. D.: Die Schopenhauer-Kur, München 2006, S. 291 f.

Suche nach einem »Himmel auf Erden«, einem Zustand der seligen Zufriedenheit. Denn wer diese Illusion durchschaut hat, hat sich von einem Leid befreit, das ja gerade *durch* diese illusionäre Suche bedingt ist.[21]

»Arbeit, Plage, Mühe und Not ist allerdings ihr ganzes Leben hindurch das Los fast aller Menschen. Aber wenn alle Wünsche, kaum entstanden, auch schon erfüllt wären; womit sollte dann das menschliche Leben ausgefüllt, womit die Zeit zugebracht werden? Man versetze dies Geschlecht in ein Schlaraffenland, wo alles von selbst wüchse und die Tauben gebraten herumflögen, auch jeder seine Heißgeliebte bald fände und ohne Schwierigkeiten erhielte. – Da werden die Menschen zum Teil vor Langeweile sterben oder sich aufhängen, zum Teil aber einander bekriegen, würgen und morden und so sich mehr Leid verursachen, als jetzt die Natur ihnen auferlegt.«[22]

Schopenhauer ist, obwohl er anderes über sich sagt, doch recht tiefgreifend vom Buddhismus[23] inspiriert und angetrieben von seiner Opposition zum Geist seiner Zeit. Die Erfahrung von Leid und Mitgefühl und ihre Überführung in ein praktisches, der Welt zugewandtes Handeln beschäftigen ihn ebenso wie die Momente der Weltüberwindung und des religiösen Atheismus.

»Wollte ich die Resultate meiner Philosophie zum Maaßstabe der Wahrheit nehmen, so müßte ich dem Buddhaismus den Vorzug vor den anderen zu-

---

[21] Für einige buddhistische Strömungen ist diese Einsicht in die Leerheit (Shunyata) eben eine solche Befreiung, wie bereits deutlich wurde.

[22] Schopenhauer, A.: Parerga und Paralipomena, Frankfurt a.M. 1986, Bd. 2, S. 345. Dieses Buch, die *Parerga und Paralipomena* von 1851, machte Schopenhauer noch sehr berühmt. In diesem seinem letzten Werk mildert er seinen Pessimismus und wendet sich, der große Misanthrop, wohlwollend und Rat gebend dem Mitmenschen zu. Es ist besonders dieses Werk, das uns Philosophie als Therapie entdecken lässt. Fernab einer »Ratgeberliteratur« scheint hier die Frucht eines lebenslangen Kämpfens und Ringens mit sich und der Welt auf. »Wenn auch ›jeder im großen Marionettenspiel des Lebens doch mitagieren muß und fast immer den Draht fühlt, durch welchen auch er damit zusammenhängt und in Bewegung gesetzt wird‹, liegt doch ein gewisser Trost in der erhabenen Perspektive des Philosophen, dass unter dem Aspekt der Ewigkeit eigentlich nichts zählt – alles geht vorbei. […] Mit *Parerga und Paralipomena* führt [Schopenhauer] die Dimension der Verbundenheit hinzu – das heißt, durch unser gemeinsames Leiden sind wir alle unerbittlich miteinander verbunden.« Yalom, I. D.: Die Schopenhauer-Kur, München 2006, S. 403 f.

[23] Aufgrund der Quellenlage seiner Zeit bezieht sich Schopenhauer vornehmlich auf den älteren Buddhismus. Bedeutend für seine Hinwendung zum Buddhismus und zur indischen Philosophie war der Jenaer Orientalist Friedrich Majer (1772–1818).

gestehen. Jeden Falls muß es mich freuen, meine Lehre in so großer Uebereinstimmung mit einer Religion zu sehen […]. Diese Uebereinstimmung muß mir aber um so erfreulicher seyn, als ich, bei meinem Philosophieren, gewiß nicht unter ihrem Einfluß gestanden habe. Denn bis 1818, da mein Werk erschien, waren über den Buddhaismus nur sehr wenige, höchst unvollkommene und dürftige Berichte in Europa zu finden, welche sich fast gänzlich auf einige Aufsätze in den früheren Bänden der Asiatic researches beschränkten und hauptsächlich den Buddhaismus der Birmanen betrafen.«[24]

Man kann Schopenhauer zwischen den Lehren Buddhas und Nietzsches verorten. Mit Nietzsche vereint ihn ein tendenziell pessimistischer Wesenszug, der sich bei beiden jedoch in Aktivität und Produktivität rettet. Auch teilen sie einige gemeinsame Motive des Philosophierens, obwohl sich darin zumeist eher Differenz ausdrückt. Ist Schopenhauer ein ›atheistischer Moralist‹, vertritt Nietzsche einen ›atheistischen Immoralismus‹. Vertritt Nietzsche den Willen zur Wiederkehr, so will Schopenhauer lieber die Gegenwart ausgelebt wissen. Und spricht Schopenhauer von Mitgefühl angesichts der Leiderfahrung, so will Nietzsche darin doch die Notwendigkeit zum Übermenschen sehen.[25] Mit Buddha stimmt Schopenhauer überein, dass alles Leiden ist. Es ist die erste der vier edlen Wahrheiten, wie sie Buddha in seiner ersten Predigt verkündet:

»Dies ist ferner, ihr Mönche, die edle Wahrheit vom Leiden. Geburt ist Leiden, Alter ist Leiden, Krankheit ist Leiden, Tod ist Leiden, mit Unliebem vereint sein ist Leiden, von Liebem getrennt sein ist Leiden, wenn man etwas wünscht und es nicht erlangt, auch das ist Leiden […]«[26]

Schopenhauer folgt der Lehre Buddhas auch hinsichtlich des Ethischen und Moralischen. Nämlich dass sich die ethische Haltung auf die reale Gegenwart des Anderen richtet und nicht nach einer meta-

---

[24] Schopenhauer, A.: Die Welt als Wille und Vorstellung, in: Züricher Ausgabe in zehn Bänden, Bd. 2, Kap. 17, S. 197.

[25] »Aber das Schopenhauerische ›Mitleiden‹ hat immer in meinem Leben bisher den Haupt-Unfug angestiftet […]. Dies nämlich ist nicht nur eine Weichlichkeit […], sondern eine ernste praktische Gefahr. Man soll sein Ideal vom Menschen durchsetzen, man soll mit seinem Ideale seine Mitmenschen wie sich selbst zwingen und überwältigen: und also schöpferisch wirken! Dazu gehört aber, daß man sein Mitleiden hübsch im Zaume hält […]« Safranski, R.: Nietzsche. Biografie seines Denkens, München/Wien 2000, S. 168.

[26] Zit. in: Frauwallner, E.: Die Philosophie des Buddhismus, Berlin 2010, S. 7.

physischen, sondern nach einer säkularen Begründung im Mitgefühl sucht.[27]

»[Die] eigentlich passende Anrede zwischen Mensch und Mensch, [möchte] statt Monsieur, Sir u. s. w. Leidensgefährte [sein], Soci malorum, compagnon de miséres, my fellow-sufferer u. s. w. So seltsam dies klingen mag; so entspricht es doch der Sache, wirft auf den Andern das richtigste Licht und erinnert an das Nötigste, an die Toleranz, Geduld, Schonung und Nächstenliebe, deren jeder bedarf und daher auch jeder schuldig ist.«[28]

Schopenhauer ist in seiner Metaphysik des Willens jedoch nicht der Ansicht, dass der Wille (maßgeblicher Ursprung des Leids) sich ganz zähmen lässt. Dies ist ihm auch Anlass für den aktiven Pessimismus: ganz Herr des Willens werden wir nicht, doch unablässig müssen wir seine Zähmung versuchen. Für Buddha ist genau dies jedoch die vierte edle Wahrheit: die endgültige Überwindung des Leidens, ja des ewigen Entstehen-Bestehen-Vergehens, u. a. durch die Überwindung des Wollens und Begehrens.

Ferner wünscht Schopenhauer auch nicht wiedergeboren zu werden, weil er das leidvolle Leben nicht noch einmal leben möchte. Er schreibt: »Vielleicht wird nie ein Mensch am Ende seines Lebens,

---

[27] Schopenhauer sieht als höchstes Gesetz einer Ethik die moralische Maxime: *Neminem laede; imo omnes, quantum potes, juva* – Verletze niemanden; vielmehr hilf allen, soweit du kannst. Und diese Maxime richtet sich, wie bei Buddha, an den Einzelnen, da sie sich im Umgang des Einzelnen realisieren muss. Für ihn sind daher Gerechtigkeit und Menschenliebe die Kardinaltugenden, welche sich aus einem natürlichen Mitleid *ableiten*. In gewohnt offensiver Art wendet sich Schopenhauer dann auch an andere ethische Entwürfe. An Hegels ›sittliche Idee‹ richtet er die Worte: »Einige deutsche Philosophaster dieses feilen Zeitalters möchten ihn [den Staat] verdrehn zu einer Moralitäts-Erziehungs- und Erbauungs-Anstalt: wobei im Hintergrunde der Jesuitische Zweck lauert, die persönliche Freiheit und individuelle Entwickelung des Einzelnen aufzuheben, um ihn zum bloßen Rade einer Chinesischen Staats- und Religions-Maschine zu machen. Dies aber ist der Weg, auf welchem man weiland zu Inquisitionen, Autos de Fé [Ketzerverbrennungen] und Religionskriegen gelangt ist.« Schopenhauer, A.: Über die Grundlage der Moral, Zürich 1977, Bd. VI, S. 257. Und wohl an Kant gewandt schreibt Schopenhauer: »Denn die Moral hat es mit dem *wirklichen* Handeln des Menschen und nicht mit apriorischem Kartenhäuserbau zu thun. […] daß reine, abstrakte Begriffe *a priori*, ohne realen Gehalt und ohne alle irgendwie empirische Grundlage, wenigstens *Menschen* nie in Bewegung setzen können.« Ibid. S. 183. Vgl. auch Grün, K.-J.: Arthur Schopenhauer interkulturell gelesen, Nordhausen 2005.

[28] Schopenhauer, A.: Parerga und Paralipomena, Frankfurt a. M. 1986, Bd. 2, §156, S. 359 f.

wenn er besonnen und zugleich aufrichtig ist, wünschen, es nochmals durchzumachen, sondern, eher als das, viel lieber gänzliches Nichtsein erwählen.«[29]

Auch Buddha begehrt das Leidvolle nicht. Aber für ihn ist das Nichtgeborenwerden das Endziel, weil dies die Befreiung (Nirvana) vom ewigen Kommen und Gehen ist. Während für Schopenhauer Leiden den unersättlichen Lebenswillen zur Voraussetzung hat und ein Ergebnis des nie zu erreichenden Ziels der völligen Überwindung des Willens darstellt, ist für Buddha der Wille (Begehren) letzten Endes doch besiegbar.[30] Während Schopenhauer von der *Verneinung* des Willens spricht und diese Verneinung sogar mit Nirvana gleichsetzt, ist für Buddha stets von der *Überwindung* des Willens die Rede. Der achtfache Pfad, wie schon dargestellt, gehört hier dazu. Nietzsche wiederum ist, wie wir im nächsten Kapitel ausführen werden, sehr weit entfernt von der schicksalsgläubigen Resignation Schopenhauers. Zwar neigt auch er zum Pessimismus, betont aber heroisch, dass er die ewige Wiederkehr gutheiße und bereit sei immer wieder zurückzukehren. Dabei ist Nietzsche angetrieben durch einen unbedingten Willen zur Veränderung.[31] Für Schopenhauer jedoch bleibt die Vorstellung eines immer wieder Geboren-werdens tatsächlich ein Gräuel.

So eröffnen Buddha, Schopenhauer und Nietzsche einer Philosophie als Therapie drei unterschiedliche therapeutische Modelle. Und es sind nicht, zumindest nicht ausschließlich, ihre Argumente,

---

[29] Schopenhauer, A.: Die Welt als Wille und Vorstellung, Frankfurt a. M. 1986, Bd. I, S. 445.

[30] »Obgleich Schopenhauer subjektiv der Art der Erlösung im Buddhismus zustimmt, kann eine objektiv vollkommene Übereinstimmung beider Erlösungslehren nicht aufgezeigt werden. Schopenhauers Weg zur Erlösung ist nämlich [schlussendlich, Vf.] ein theoretischer, der in erster Linie über das Denken erfolgt, während der buddhistische zusätzlich die praktische Seite mit einbezieht.« Tran, T.: Asiatische Philosophie. Schopenhauer und Buddhismus, Nordhausen 2007, S. 99. Vgl. auch Lütkehaus, Ludger: Die Ausfahrt des Buddha? Die Reisetagebücher Schopenhauers, Zürich 1988.

[31] »[…] was für eine wohltuende Beruhigung und Erhebung des Menschen in einer fortgesetzten eindringlichen Arbeit liegt […] Drücken wir der Ewigkeit auf unser Leben! Dieser Gedanke enthält mehr als alle Religionen, welche dies Leben als ein flüchtiges verachten und nach einem unbestimmten anderen Leben hinblicken lehrten […] auch der Gedanke einer Möglichkeit [der Wiederkunft] kann uns erschüttern und umgestalten, nicht nur Empfindungen oder bestimmte Erwartungen! Wie hat die Möglichkeit der ewigen Verdamniß gewirkt!« Nietzsche, F. zitiert in Safranski, R.: Nietzsche. Biografie seines Denkens, München/Wien 2000, S. 35 u. S. 236 f.

die einige von uns überzeugen und andere nicht. Ob wir hier Buddha, Schopenhauer oder Nietzsche folgen, hängt von den unterschiedlichen Charaktereigenschaften, Dispositionen, psychologischen und soziologischen Faktoren ab, die wir stets mitbringen, wenn wir einen Text lesen, darüber nachdenken und ihn zu eigen machen oder ablehnen. Der Seitenblick auf Schopenhauer im Vergleich mit Buddha und Nietzsche zeigt in Hinblick auf die therapeutische Wirkung der Philosophie, was uns in ihrem Denken begegnet: es sind Lebensbewältigungsstrategien, Therapien gegen das unweigerlich aufkommende Unbehagen im Leben. Alle drei halten ihr je eigenes Therapierezept für allgemeingültig, wenn nicht gar für das eigentlich wahre und beste. Hierin liegt eine Verkennung der Rechtmäßigkeit der Perspektivenvielfalt. Perspektiven, Lesarten, Einsichten, Standpunkte und Meinungen sind immer begrenzt. Schopenhauer und Nietzsche scheinen freilich mehr der Versuchung einer Selbstverabsolutierung zu unterliegen als Buddha. Doch die Annahme oder Ablehnung der therapeutischen Vorschläge hängt, wie gesagt, nicht nur von dem jeweiligen Vorschlag ab, sondern auch von den jeweiligen Rezipienten. Bei Schopenhauer ist es eher der Blick auf seine Lebensweise und die Entwicklung seines Denkweges, der überzeugt. Aus ihm ziehen wir die lehrreiche und befreiende Haltung des *aktiven Pessimismus*. Angesichts großer Enttäuschungen und anhaltenden seelischen Leidens das Vertrauen in die eigene Aktivität und Selbstwirksamkeit zu bewahren, gerät zum großen Vorbild. Der Blick auf die Biografien der Denker bietet uns Vorbilder und Kulturen des Philosophierens an, die ihr therapeutisches Potential in unserer eigenen Realisierung dieser Kulturen entfalten. Auf das Beispiel Schopenhauers bezogen, ist die literarische Verarbeitung von Irvin D. Yalom in *Die Schopenhauer-Kur* eine lesenswerte Anwendung:

»Da die Psychotherapie keine Lösung bot, beschloss ich, mich selbst zu heilen – mit einer Bibliotherapie, bei der ich die Gedanken der klügsten Männer absorbieren wollte, die je gelebt haben. Ich begann systematisch alle relevanten Werke der Philosophie zu lesen, angefangen bei den griechischen Vorsokratikern bis hin zu Popper, Rawls und Quine. Nach einem Jahr des Studierens war ich immer noch nicht von meinem Zwang befreit, aber ich kam zu einem wichtigen Schluss: dass ich nämlich auf dem richtigen Weg und die Philosophie meine Heimat war. […] ich erinnere mich, wie oft wir darüber sprachen, dass ich nirgendwo auf der Welt zu Hause sei. […] nach der Hälfte meines Studiums [entwickelte ich] eine Beziehung zu einem Therapeuten, dem perfekten Therapeuten, der mir das bot, was mir vorher keiner hatte geben können. Er war genau der richtige Therapeut für mich. Ich übertreibe nicht, wenn ich sage, dass ich mein Leben dem Genie von Arthur Schopenhauer zu verdanken habe.«[32]

4. Friedrich Nietzsche: Die Ethik und Lebensform der ewigen Wiederkehr

> Ich erachte jedes Wort für unnütze geschrieben, hinter dem nicht eine […] Aufforderung zur Tat steht.
>
> Friedrich Nietzsche[33]

Friedrich Nietzsche erachtet, dem Charakter seiner *unzeitgemäßen Betrachtungen* entsprechend, ein jedes Wort für unnütz geschrieben, hinter welchem sich nicht eine Aufforderung zum Tun verbirgt, d.h. zur Transformation des Geschriebenen. Hinter dieser Haltung verbirgt sich auch die Antwort Nietzsches, auf seine an sich selbst gerichtete Frage, was Philosophie sei. Dass Philosophie nicht nur, und schon gar nicht hauptsächlich, eine rein intellektuelle Denkübung im Geiste des Rationalismus, der Metaphysik oder der Spekulation sei, verbindet Nietzsche mit Philosophen wie Buddha, Hume, James, Jaspers, Wittgenstein und verweist eben auf das *Unzeitgemäße* seines Denkens.[34]

Nietzsche scheint davon überzeugt zu sein, dass die Welt sowohl eine veränderliche als auch eine unveränderliche Seite besitzt. Die Aufgabe der Philosophie bestehe nun darin, sich mit Mut der veränderlichen Seite zu widmen, dem die Bejahung zur unveränderlichen Seite vorausgeht. Auch wenn es keine eindeutige Demarkationslinie zwischen diesen beiden Seiten der Welt gibt, behält Nietzsche Recht, wenn er diese beiden Seiten voneinander unterscheidet. Seine Lehre von der ewigen Wiederkehr gehört zur unver-

---

32 Yalom, I. D.: Die Schopenhauer-Kur, München 2006, S. 43 f.

33 Nietzsche, F.: Schopenhauer als Erzieher (KSA 1, 413), in: Licht wird alles, was ich fasse, Lexikon der Nietzsche Zitate, hrsg. v. Prossliner, J., München 1999, S. 11.

34 »Selbstbeobachtung. Sie betrügt. Erkenne dich selbst. Durch Handeln, nicht durch Betrachten. Die sich an einem Ideale messen, lernen sich nicht kennen außer in ihren Schwächen. Aber auch deren Grade sind ihnen unbekannt. […] Die Selbstbeobachtung. Eine Waffe gegen fremde Einflüsse. Die Selbstbeobachtung als Entwicklungskrankheit. Unsere Thaten müssen unbewusst geschehen.« Nietzsche, Friedrich: Jugendschriften in fünf Bänden, hrsg. v. Mette, H. J., Schlechta, K., Bd. 4, Schriften der letzten Leipziger Zeit 1868, München 1994, S. 126.

änderlichen Seite der Welt. »Mir scheint«, schreibt Nietzsche, »die wichtigste Frage aller Philosophie zu sein, wie weit die Dinge eine unabänderliche Artung und Gestalt haben: um dann, wenn diese Frage beantwortet ist, mit der rücksichtslosen Tapferkeit auf die *Verbesserung der als veränderlich erkannten Seite der Welt* loszugehen.«[35]

Nietzsche lehnt zwar die akademische, die universitäre Philosophie nicht restlos ab, auch wenn er seine Abneigung und Ablehnung stellenweise doch ein wenig übertrieben zum Ausdruck bringt. Er geht ja sogar so weit, dass er in der Vorrede von *Jenseits von Gut und Böse* von Platon als dem »Erfinder vom reinen Geist und vom Guten an sich« und von einem »Kampf gegen Platon« spricht. In einem Atemzug nennt er hier auch die Lehre der indischen Vedanta und spricht von den »Fratzen« solch dogmatischer Philosophien. Freilich würde hier ein Vedanta-Philosoph protestieren und behaupten, dass die Vedanta-Lehre nicht bloß eine spekulative Metaphysik sei, sondern in der Hauptsache auf ihre Anwendung zielt. Wie wir schon gesehen haben, geht es der Vedanta-Philosophie um eine angewandte Metaphysik. Auch Vedanta-Philosophie vereint Denk- und Lebensweg. Es sind zwei soteriologische Erwartungen, die hier aufeinanderprallen: Während die Vedanta-Philosophie ein unbedingtes Nein zum ewigen Rad des Entstehen-Bestehen-Vergehens ausspricht, unterstreicht Nietzsche in nimmermüder Vitalität seine heroische Bejahung der ewigen Wiederkehr.

In diesem Kapitel wollen wir ein wenig ausführlicher die Philosophie Nietzsches meditieren. Vergleichend betrachten wir sie als originäre Lebensbewältigungsstrategie mit Familienähnlichkeit zu den Lehren Buddhas und Sri Aurobindos. In Nietzsche begegnet uns eine derartige Radikalität des Denkens und in seinem unbedingten Veränderungswillen ein Vorbild für Philosophie als Therapie, dass wir uns ausführlicher mit seinem Denkweg beschäftigen müssen. Ähnlich wie bei Schopenhauer, finden wir in Nietzsches Leben und Werk eine lehrreiche Biografie, die uns in außergewöhnlichem Maße Philosophie *als Möglichkeit* erfahren lässt. Da es in der Hauptsache Schopenhauer war, durch den Nietzsche Indien kennen und schätzen lernte, ist natürlich auch diese Nähe bedeutsam. Doch seine Begeisterung Indien gegenüber ist ebenso groß wie seine Ablehnung. Und Sri Aurobindo schließlich, hat seinerseits viel Nietzsche gelesen. Wir

---

[35] Nietzsche, Friedrich: Sämtliche Werke. Studienausgabe Bd. 1, München 1980, S. 445.

können im Folgenden daher einen Versuch eines Querschnittes der bereits aufgezeigten Entwürfe versuchen.

Wir wollen die Rolle des Menschen, die Frage nach Anthropozentrismus und anthropischem Prinzip, ausführlicher bedenken. Denn in der Meditation des eigenen Menschenbildes und unserem Umgang mit Natur und der eigenen Natürlichkeit, erschließt sich etwas zutiefst Therapeutisches, nämlich Spiritualität, Beziehungshaftigkeit und das Überdenken des eigenen Lebenswandels. Nietzsche ist in seinem radikalen Denken ein Korrektiv und eine Inspiration für jedermanns Philosophieren. Im Folgenden geht es also vielmehr darum, sich Nietzsches Denken und seine Einwände auf der Zunge zergehen zu lassen. In Nietzsches Philosophie begegnet uns eine Ethik, die aufgrund ihrer Spitzzüngigkeit und Unbequemlichkeit dazu einlädt, die eigenen Einstellungen zu überprüfen und Position zu beziehen. Denn schlußendlich begegnet uns hier unablässig die Frage, was es bedeutet, hinter jedem Wort die Aufforderung zur Tat zu vermuten.

Der Mensch hat keinen *unbegrenzten* Anspruch auf eine Sonderstellung im Dreiklang des großen Haushalts der kosmischen Natur: Entstehen-Bestehen-Vergehen. Denn alles unterliegt ohne Ausnahme diesem großen Gang der Dinge. Soll man mit Nietzsche hier von *amor fati* sprechen? Bekanntlich soll Nietzsche seine Haltung dem Unausweichlichen gegenüber mit einer heroischen Bejahung kundgetan haben. Es fragt sich jedoch, ob Nietzsche hier aus einer menschlichen Neigung heraus mit ohnmächtigem Protest reagiert oder ob er es als einen Wert empfindet, sich dem Gang des Kosmischen ohne Groll unterzuordnen? Es ist der Nietzsche gefragt, der ein ›Buddha-Antipode‹ sein will, eben ein ›europäischer Buddha‹, der wenig oder gar nichts von einer buddhistischen Erlösung vom ewigen Kreislauf hält (Nirvana). Und gerade ein solches Nicht-geboren-werden ist doch das *»summum bonum«* in der Lehre Buddhas. In der Diagnose scheinen Buddha und Nietzsche zusammenzugehen, in der Therapie scheiden sich die Wege.

Nietzsche ist und bleibt letzten Endes unentschieden über dem spannungsvollen Verhältnis zwischen den drei Säulen seiner Philosophie: dem Willen zur Macht, der ewigen Wiederkunft und dem Übermenschen. Es fragt sich, ob in Nietzsches Ja-Sagen etwas Heldenhaftes liegt. Wir möchten zwar für ein Ja-Sagen plädieren, aber im Sinne einer Selbstbescheidung im Geiste kosmischer Solidarität. Von Konfuzius wird die Sentenz berichtet: Es hat keinen Sinn, aber höre nicht auf, zu handeln. Kann es vielleicht doch einen aktiven tatkräftigen Pessimismus geben? Ist Pessimismus, so fragt Nietzsche in *Die Geburt der Tragödie*, notwendig das Zeichen des Niedergangs? Oder gibt es einen Pessimismus der Stärke?

Die jüngere naturwissenschaftliche Forschung zeigt immer deutlicher, dass die menschliche Gattung nicht das Zentrum ist. Dass der Mensch jedoch nur noch eine Randerscheinung sei, ist wohl nur das andere Extrem. Die oft zitierten und kontrovers diskutierten Zeilen Jacques Monods lauten: »Er (der Mensch) weiß nun, dass er seinen Platz wie ein Zigeuner am Rande des Universums hat, das für seine Musik taub ist und gleichgültig gegen seine Hoffnung, Leiden oder Verbrechen.«[36]

Schon vor Monod hatte Nietzsche einen verwandten Gedanken und sprach von ›Kläglichkeit, Schattenhaftigkeit, Flüchtigkeit, Zwecklosigkeit und Beliebigkeit‹ des eingebildeten menschlichen Intellekts. Es gab den kosmischen Haushalt vor dem Erscheinen des Menschen und es wird ihn aller Wahrscheinlichkeit nach auch nach ihm geben. So schreibt Nietzsche:

»Es gab Ewigkeiten, in denen er (der Mensch) nicht war; wenn es wieder mit ihm vorbei ist, wird sich nichts begeben haben. Denn es gibt für jenen Intellekt keine weitere Mission, die über das Menschenleben hinausführte. Sondern menschlich ist er, und nur sein Besitzer und Erzeuger nimmt ihn so pathetisch, als ob die Angeln der Welt sich in ihm drehten. Könnten wir uns aber mit der Mücke verständigen, so würden wir vernehmen, dass auch sie mit diesem Pathos durch die Luft schwimmt und in sich das fliegende Zentrum dieser Welt fühlt.«[37]

Von den drei Säulen der Philosophie Nietzsches, ist am ehesten zu einer unparteiischen ewigen Wiederkehr zu neigen. Denn der unbegrenzte *Wille zur Macht* in Kombination mit der Idee des *Übermenschen* führt allzu leicht in blinden Aktionismus und zu bodenloser Veränderungswut. Jenseits einer Sonderstellung des Menschen in der Natur, sollte der Mensch eine Solidarität mit dieser (seiner) Natur

---

[36] Monod, J.: Zufall und Notwendigkeit. Philosophische Fragen der modernen Biologie, München 1971, S. 211. Michel Foucault, Gegner des anthropischen Prinzips, schreibt noch provokativer: »Der Mensch wird verschwinden wie am Meeresufer ein Gesicht im Sand.« Foucault, M.: Die Ordnung der Dinge. Eine Archäologie der Humanwissenschaften, Frankfurt a. M. 1971, S. 460.

[37] Nietzsche, F.: Über Wahrheit und Lüge im außermoralischen Sinne, in: Sämtliche Werke. Studienausgabe in 15 Bänden, hrsg. v. Colli, G. und Montinari, M., KSA 1, München 1980, S. 875.

entwickeln. Gerade auf eine solche Versöhnung zielte z. B. Karl Löwiths Lesart von der Botschaft Nietzsches, dass der Mensch sich bescheiden lerne und sich ohne viel Groll in das Gleichbleibende der großen Natur einordne. Zu dieser Einsicht kommt Löwith auch durch seine Lehrtätigkeit in Japan, wo er eine Naturverehrung kennen lernte, die uns verstehen hilft, wie die unbefriedigende Polarität von Geschichte und Natur zu überwinden ist. Unser Plädoyer für die Vorrangstellung des Kosmischen darf nicht missverstanden werden als Zurückweisung der Geschichtlichkeit des Menschen und seiner Kultur. Es geht lediglich um eine ihm zukommende, bescheidene, aber deswegen nicht minder zentrale Stellung im großen Haushalt einer kosmischen Natur.

»Insofern der Mensch an die Begriffe und Namen der Dinge als an aeternae veritates durch lange Zeitstrecken hindurch geglaubt hat, hat er sich jenen Stolz angeeignet, mit dem er sich über das Thier erhob: er meinte wirklich in der Sprache die Erkenntnis der Welt zu haben. Der Sprachbildner war nicht so bescheiden, zu glauben, dass er den Dingen eben nur Bezeichnungen gebe, er drückte vielmehr, wie er wähnte, das höchste Wissen über die Dinge mit den Worten aus […]«[38]

Das ›*Anthropische Prinzip*‹, das diese Ordnung durch das Kosmische nicht gutheißen kann, möchte den Menschen wieder ins Zentrum stellen und ihn als die Krönung einer Schöpfung ansehen. Hier sind eine theologische Anthropologie und Kosmologie gefragt, die darum bemüht sind, dem Menschen eine unvergleichliche Sonderstellung zu verleihen. Zwischen diesen beiden miteinander streitenden Ansichten scheint Lao Tzu die Ansicht zu vertreten, dass die große Unparteilichkeit des Himmels, des Tao, lobens- und nachahmenswert sei. Denn der Himmel weint nicht, der Himmel lacht nicht, ganz unabhängig davon, was geschieht. Für Lao Tzu ist das große Tao wie eine ethisch-moralische Instanz. Er begründet damit eine nahezu ontologische Ethik und rät, dem Tao zu folgen und nicht in Widerstreit mit ihm zu treten. Das buddhistische ethische Modell vom großen Wohlwollen Mitgefühl (Mahakaruna) allen Wesen und Dingen gegenüber (Pflanzen-, Tier- und Menschwelt) ist eher in der Lage die anthropozentrische Enge zu überwinden, ohne in Widerspruch zu geraten mit den Entdeckungen der Wissenschaften wie z. B. Neurologie, Biologie, Tiefenpsychologie usw.

---

[38] Nietzsche, F.: Menschliches, Allzumenschliches. Ein Buch für freie Geister, KSA 2, I, 11.

»De facto« aber hat der Mensch doch eine Sonderstellung, denn die Art und Weise, *wie* er den großen Gang der Dinge geht, unterscheidet sich wesentlich von der Art und Weise anderer Gattungen. Es gibt unterschiedliche Begründungen seiner Sonderstellung: die Gottebenbildlichkeit, sein vernunftbegabtes Wesen, sein Wissensvorsprung u.a. Die Janusköpfigkeit seines Wissensvorsprungs manifestiert sich an seiner Freiheit, Selbstbestimmung, Machtausübung, ja der Machbarkeit seiner Verantwortung der Natur und Menschen gegenüber, die Solidarität mit allen Wesen meint. Wissen kann zweischneidig sein. Es kann in heilsamer Weise angewandt oder in zerstörerischer Weise missbraucht werden. Wissen kann in Verbindung gebracht werden mit Tugend (Wissen ist Tugend) und ebenso mit Macht (Wissen ist Macht). Nietzsche spricht von ›klugen hochmütigen Tieren‹ und meint den Menschen. Wissen kann aber auch Ohnmacht bedeuten. Max Scheler hat auf ein solches Verhältnis zwischen der Ohnmacht des Geistes und der Macht des Drangs hingewiesen. Die Vorstellung ist uralt und scheint eine anthropologische Konstante zu sein: Der Weise möge mächtig und der Mächtige möge weise sein. Platons Idee von einem Philosophenkönig ist nur ein prominentes Beispiel. Ferner kann Wissen in seiner spirituellen Dimension als eine Befreiung, Erlösung angesehen werden. Die gnostischen Richtungen (des Stoizismus im westlichen und der Jnanamarga im indischen Denken) können als Belege angeführt werden. Die buddhistische Lehre von *Prajna* als vollkommene Weisheit, als intuitive höchste Erkenntnis gehört hierher und ist angesiedelt zwischen philosophischer, analytischer Erkenntnis (Jnana) und intuitiver, mystischer Einsicht (Prajna). Weisheit, sagt Nietzsche, grenzt an die Erkenntnis.

Von Nietzsche kann man nun lernen, dass das Verhalten des Menschen durch die Jahrtausende hindurch hinsichtlich seines Anspruchs auf eine Sonderstellung kein Ruhmesblatt gewesen ist. Der Mensch hat seine Ideale vielmehr verraten und sich blamiert. Er hat sein Subjekt-Sein stets zur Schau getragen und hat sich darüber selbst vergessen. Das Verhältnis von Mensch und Natur ist jedoch keine Einbahnstraße, auch wenn die Natur nicht als Handlungssubjekt auftreten kann. Sie kann uns aber »belohnen«, »bestrafen« und »in die Schranken weisen«, denn sie hat sich bisher der vollständigen Beherrschbarkeit entzogen. Die menschliche Natur ist eine Gestalt der großen Natur, so wie das Bewusst-Sein eine Form des Natur-Seins ist.

Ist Nietzsche ein »*Anthropist*«, orientiert er sich am kosmischen Gang der Dinge oder ist er einer, der sich einer eindeutigen Stellungnahme gänzlich entzieht? Für alle diese drei Optionen steht eine Nietzsche-Lektüre offen. Das ›*anthropische Prinzip*‹ besagt u.a., der Mensch sei sowohl Anfangs- als auch Endpunkt aller Betrachtungsweisen. Der eigentliche Vater dieses Prinzips ist der griechische Philosoph Protagoras mit seinem berühmten Satz: Der Mensch ist das Maß aller Dinge. Auch Nietzsche scheint dieser Ansicht zu sein, wenn er schreibt: »Wir sehen alle Dinge durch den Menschenkopf und können diesen Kopf nicht abschneiden.«[39]

In Zurückweisung der Enge eines anthropischen Prinzips geht es hier eher um ein kosmozentrisches Prinzip mit seinem Dreiklang von Entstehen-Bestehen-Vergehen. Diesem großen Gang aller Dinge, wie schon ausgeführt, gehorchen alle Dinge, selbst die sogenannten kompensatorischen Großentwürfe wie z.B. Religionen, Utopien, Geschichtsphilosophien und andere große Erzählungen. Für Nietzsche ist Wahrheit durch und durch anthropomorph. Und diese Überlegung können wir mit Nietzsche kaum tief genug meditieren. Selbst der Schritt vom Menschen zum Übermenschen bleibt menschenbezogen. Auf der anderen Seite scheint Nietzsche diese anthropische Enge dadurch überwinden zu wollen und zu können, dass er von einer respektvollen Anerkennung des Prinzips der ›ewigen Wiederkunft‹ ausgeht. Auch hier scheint Nietzsche unentschieden zu sein, auch wenn er mit einem heroischen Ja die ewige Wiederkehr willkommen heißt. Man kann jedoch vermuten, dass Nietzsche letzten Endes doch seinen Frieden schließen möchte mit der Anerkennung des Primats der ewigen Wiederkehr vor dem Übermenschen und dem Willen zur Macht. Sollte diese Lesart Nietzsches zutreffen, so müssten Konzepte wie Menschenwürde, Menschenrechte, Tierrechte u.a. neu besetzt werden. Nämlich jenseits einer Sonderstellung des Menschen.

In diesem Sinne könnte Nietzsches unbedingte Bejahung der ›ewigen Wiederkehr‹ zwei Arten des Nihilismus überwinden – erstens den Nihilismus aus dem Tode Gottes und zweitens den des Nichts. Karl Löwith meint, und dies zu Recht, dass der einzige Gott, den Nietzsches Denken anerkennt, der der ewigen Wiederkehr ist. Er schreibt:

---

[39] Nietzsche, F.: Menschliches, Allzumenschliches. Ein Buch für freie Geister, in: Sämtliche Werke, KSA 2, S. 29.

»An die Stelle, die zwei Jahrtausende hindurch Gott als das höchste Seiende und als *summum bonum* einnahm, tritt bei Nietzsche der alles umfassende ›Ring‹ der amoralischen Welt: die ewige Wiederkehr des Entstehens und Vergehens, in der auch der Mensch, als ein Ring im großen Ring der Welt, mit hineingehört, wenn er nicht ein Ebenbild Gottes ist, sondern eine Hervorbringung der natürlichen Welt.«[40]

Der Philosoph Sri Aurobindo (1872–1950) setzt sich sympathisch-kritisch mit der Philosophie Nietzsches auseinander und zeigt einen Ausweg aus der schicksalhaften Ergebenheit unter der ewigen Wiederkehr durch die Anwendung seiner Methode des integralen Yoga. In diesem Zusammenhang wird die Frage nach einer anthropologischen Verankerung aufgeworfen: Geht es um das anthropische Prinzip einer unvergleichbaren Sonderstellung des Menschen im Kosmos oder um die kosmozentrische Verankerung? M. a. W. geht es um einen anthropozentrischen Universalismus oder um einen »Universismus«?[41] Im Letzteren wird der Mensch als gleichberechtigt eingebettet in den großen Haushalt der kosmischen Natur begriffen. Alle Wesen im großen Haushalt besitzen Gleichrangigkeit, weil sie alle dem großen Gang der Dinge, dem Entstehen-Bestehen-Vergehen unterliegen. Das Besondere an den jeweiligen Gattungen besteht darin, dass sie alle ihre je spezifische Art und Weise haben, diesen Gang zu gehen. So gibt es hier drei Modelle: das theozentrische, das anthropozentrische und das kosmozentrische.[42]

Man spricht oft von den zwei Gesichtern Nietzsches: Von dem kränkelnden, leidenden und schwachen Nietzsche und von dem Frei-

---

[40] Löwith, K.: Nietzsches Vollendung des Atheismus, in: Nietzsche. Werke und Wirkungen, hrsg. v. Steffen, H., Göttingen 1974, S. 7.

[41] Vgl. De Groot, J. J. M.: Universismus. Die Grundlagen der Religion und Ethik, des Staatswesens und der Wissenschaften Chinas, Berlin 1918.

[42] In unserer Formulierung der *Einbettung in den großen Haushalt der kosmischen Natur* und in unserer den unterschiedlichen Erzähltraditionen folgende Interpretation der anthropologischen Frage, drückt sich kein übermäßiges Harmoniebedürfnis aus oder die Konstruktion einer idealisierten Einheit des Menschlichen. Einer utopischen, metaphysischen oder idealistischen Mensch-Kosmos Beziehung leisten wir keinen Vorschub. Uns geht es um die Herausstellung einer regulativen Idee der *gleichberechtigten* Einbettung als eines noematischen Korrelats, welches helfen kann unsere Konflikte mit der Natur und der eigenen Natürlichkeit zu befrieden. Die Befriedung des menschlichen Konflikts mit der Natur ist unbedingt notwendig. Die Einkehr des Menschen in die selige Unbewusstheit einer vollkommenen Einheit ist damit nicht gemeint. Vielmehr die befriedende, da demütige Einsicht, dass Natur und Kultur die zwei Seiten derselben Münze sind und so nicht als widerstreitender Dualismus verstanden werden muss.

denker, Übermenschen und Zarathustra.[43] Lässt man auch das Autobiographische beiseite, lassen sich in seiner Philosophie diese zwei Gesichter doch finden. Es ist zwar richtig, dass wir eines Subjektbegriffes bedürfen, die Frage ist nur, wann übernimmt sich ein solches Subjekt aus Protest und Machtgier und erfindet sich selbst anstatt sich einzufinden in den großen Haushalt der kosmischen Natur. Ergibt sich dann das tragische Schicksal des allzumenschlichen Protest des Menschen, sich dem natürlichen Gang der Dinge widersetzen zu wollen? Ist dem Übermenschen Nietzsche ein ähnliches Schicksal beschieden, wenn er keinen Frieden findet im freiwilligen Einfügen in die ewige Wiederkehr? Worin ist die Anthropologie des Übermenschen verankert?

Nietzsches Vision der ewigen Wiederkehr des Gleichen, soll sie nicht nur eine Erkenntnis, sondern auch eine Weisheit darstellen, welche Ruhe und Einklang mit dem bedeutet, was der großen kosmischen Natur zugrunde liegt, ist mehr mit den asiatischen Philosophien der gleichrangigen Einbettung des Menschen verwandt als mit Lehren, die von einer qualitativen Sonderstellung des Menschen ausgehen. Das Gedicht *Sils-Maria*, welches Nietzsche 1887 (nach einer ersten Fassung von 1882) der zweiten Auflage der *Fröhlichen Wissenschaft* anhängte, legt eine solche Deutung der Lehre von der ewigen Wiederkehr des Gleichen nahe:

»Hier saß ich, wartend, wartend – doch auf Nichts,/ Jenseits von Gut und Böse, bald des Lichts/ Genießend, bald des Schattens, ganz nur Spiel,/ Ganz See, ganz Mittag, ganz Zeit ohne Ziel./ Da, plötzlich, Freundin! Wurde Eins zu Zwei -/ – Und Zarathustra ging an mir vorbei […]«

In seiner Auseinandersetzung mit Nietzsches Übermenschen und von der ewigen Wiederkehr ist der moderne indische Philosoph und Lehrer einer supra-rationalen, supra-mentalen Stufe der Menschen, Sri Aurobindo, voller Lob und Tadel.[44] Aurobindo lobt, dass Nietz-

---

[43] Nietzsche selbst betont, im Zentrum seiner Schriften stehe für ihn sein Zarathustra.

[44] Vgl. Sri Aurobindo: Sri Aurobindo Birth Centenary Library, Sri Aurobindo Ashram, Englische Gesamtausgabe, Pondicherry 1972. In deutscher Sprache: Zyklus der menschlichen Entwicklung, München/Wien 1974; Das Ideal einer geeinten Menschheit, Gladenbach 1982; Essays über die Gita, Gladenbach 1977; Die Grundlagen der indischen Kultur und die Renaissance in Indien, Gladenbach 1984; Huckzermeyer, W.: Der Übermensch bei Friedrich Nietzsche und Sri Aurobindo, Gladenbach 1986.

sche die großartigen Ideen des Übermenschen und der ewigen Wiederkehr entwirft, diese jedoch – und hierin wirft er Nietzsche Halbheiten und einseitige vitalistische, titanische Züge vor – durch seine Lehre vom Willen zur Macht von der eigentlichen geistigen und spirituellen Entwicklung des Übermenschen trennt. Auch wirft er Nietzsche vor, die Lehre von der ewigen Wiederkehr als etwas Beunruhigendes, Furchterregendes zu empfinden. Aurobindo sieht in Nietzsches Übermenschen eine Vergötterung des Menschen. Da aber Nietzsche seinen Übermenschen eher als eine mögliche Erhöhung des Menschen sieht, kann von einer Vergötterung kaum die Rede sein. Für Aurobindo ist aber die Idee der Übermenschen eine spirituelle Kategorie.

Nietzsches Haltung dem indischen Denken gegenüber ist schillernd, und er findet zwei sich im Widerstreit befindliche Perspektiven im indischen Denken: das große Bejahen und das überlegene Verneinen dieser Welt. Bedauerlicherweise ehrt er das heute umstrittene Gesetzbuch des Manu, indem er die Kasten der Philosophen und der Krieger als die eigentliche Elite ansieht. Für ihn ist diese bejahende Religion die »arische Religion«, die sich grundsätzlich unterscheidet von der »Herdenreligion«. Im Buddhismus dagegen findet er das Urbild der negierenden Religionen. Auch wenn nach Nietzsche Christentum und Buddhismus die Welt negierende Religionen sind, schätzt er dennoch den größeren Realismus des Buddhismus, denn bei Buddha findet er den Begriff Gott schon längst abgetan. Der Buddhismus als Religion der Selbsterlösung sagt ihm zwar zu und er prophezeit sogar die Unentbehrlichkeit eines »europäischen Buddhismus«. Er kann sich aber mit dem Buddhismus dennoch nicht einverstanden erklären – und hierin bricht er mit seinem Mentor Schopenhauer ab, weil er die Weltverneinung des Buddhismus nicht akzeptieren kann. Freilich begreift ein Buddhist seine Religion eher als eine Weltüberwindungsreligion. Nietzsche bejaht die ewige Wiederkehr und meint, der Buddha tue dies nicht. Hier irrt Nietzsche, wenn er Buddha so versteht, denn Nirvana ist nicht so sehr eine Transzendenz, sondern eine Transformation, die Samsara (Welt) und Nirvana als zwei Seiten derselben Medaille begreift. Die Weltgewandtheit und Weltabgewandtheit des indischen Geistes gehen angesichts des Entstehen-Bestehen-Vergehen Hand in Hand. Nietzsches Wille zur Macht als eine grundsätzliche Förderung nach Kreativität, Schöpfertum und Lebensbejahung nimmt diesen großen kosmischen Kreislauf leider allzumenschlich und selektiv wahr.

Aurobindo, in seiner tiefen Auseinandersetzung mit Nietzsches Denkweg, sieht in dessen Denken eine Kurzatmigkeit. Der »Übermensch« Aurobindos ist nicht ein Gegenbild Gottes, sondern eher die Vollendung des Menschen i. S. einer grundlegenden geistig-spirituellen Veränderung. Die Methode hierzu ist die Methode des integralen Yoga. Eine solche Transformation wandelt die menschliche Natur dergestalt, dass diese zur Geburt des neuen Menschen führt. Aurobindo kommt an dieser Stelle Max Scheler näher als Nietzsche. Schelers Konzeption des »Allmenschen«, in dem »Übermensch« und »Untermensch« zum Menschen werden, kommt der integralen Anthropologie Aurobindos nahe, denn »der Mensch ist kein Ding – er ist eine Richtung der Bewegung des Universums«.[45]

Der Zarathustra Nietzsches ist eigentlich der kosmische Mensch mit seiner Weisheit, die in seinem Willen zur ewigen Wiederkehr besteht. Für Aurobindo ist ferner die ewige Wiederkehr im Gegensatz zu der Ansicht Nietzsches nicht bloß das gleiche kosmische Spiel, sondern es geht um eine Wiederholung mit anderen Spielarten, trotz des gleichen Musters. Aurobindo vermisst ferner die Idee einer moralisch-spirituellen Entwicklung in der Konzeption des Übermenschen. Ebenso fehlt eine geeignete Methode bei Nietzsche. Der Übermensch als ein Übergeist ist für Aurobindo nicht bloß ein höherer Grad menschlicher Größe, Macht usw., sondern das höhere, das höchste Bewusstsein, das der menschlichen Natur evolutiv zu eigen ist. Zwischen den Konzepten von Aurobindos »supramentalen Übermenschen« und Nietzsches »Übermenschen« scheint eine geheime Verwandtschaft zu bestehen. Vorausgesetzt die mehr oder minder theologisch-metaphysischen Elemente können außer Acht gelassen werden.

Den Begriff ›Wiederkehr‹ gewinnt man vor allem aus der wiederholten Beobachtung der unterschiedlichen Muster der Periodizität im Naturgeschehen. Das indische Denken erweitert diese Periodizität per Analogieschluss auf fast alle Gebiete. Auf dem Gebiet des Ethischen ist die ›Karma-Lehre‹, die die Reinkarnationslehre zur Folge hat, eine Anwendung dieses zirkulierenden Musters.

Es schälen sich aus dem Gesagten im Ganzen drei Modelle der Wiederkehr: Erstens das von Nietzsche, zweitens das im indischen Denken und drittens jener ›Universismus‹. Nietzsche spricht von sich als dem ›ersten vollkommenen Nihilisten‹, der den Nihilismus ›hinter

---

[45] Scheler, M.: Philosophische Weltanschauung, Bern 1968, S. 96.

sich, unter sich und außer sich‹ hat, und weist den weltverneinenden und mit Moral beladenen Ausweg des Hinduismus und Buddhismus ebenso zurück wie den Schopenhauers und des Christentums. So schreibt Nietzsche:

»Wer, gleich mir, mit irgend einer rätselhaften Begierde sich lange darum bemüht hat, den Pessimismus [...] aus der halb christlichen, halb deutschen Enge und Einfalt zu erlösen; [...] wer wirklich einmal mit einem asiatischen und überasiatischen Auge in die weltverneinendste aller möglichen Denkweisen hinein- und hinuntergeblickt hat – jenseits von Gut und Böse, und nicht mehr, wie Buddha und Schopenhauer, in Bann und Wahne der Moral – der hat vielleicht eben damit, ohne dass er es eigentlich wollte, sich die Augen für das umgekehrte Ideal aufgemacht: für das Ideal des übermächtigsten, lebendigsten und weltbejahendsten Menschen, der sich nicht nur mit dem, was war und ist, abgefunden und vertragen gelernt hat, sondern es, *so wie es war und ist*, wiederholen will, in alle Ewigkeit hinaus, unersättlich *de capo* rufend nicht nur zu sich, sondern zum ganzen Stücke und Schauspiele, und nicht nur zu einem Schauspiele, sondern im Grunde zu dem, der gerade dies Schauspiel nötig hat – und nötig macht: weil er immer wieder sich nötig hat – und nötig macht – Wie? Und dies wäre nicht – *circulus vitiosus deus?*«[46]

Nietzsche ist und bleibt unentschieden und macht aus der Notwendigkeit und Unüberwindlichkeit der ewigen Wiederkehr eine Tugend und bejaht diese. Zur Herkunft seiner Lehre von der ewigen Wiederkehr gibt es unterschiedliche Ansichten. Nietzsche selbst jedoch bestätigt, dass seine Begegnung mit der extremen und tiefen Form des buddhistischen Pessimismus ihn zu seiner Perspektive der ewigen Wiederkehr führte.[47] In seiner Schrift *Jenseits von Gut und Böse* nennt er jedoch auch westliche, europäische Quellen beim Namen, z.B. Heraklit und die Stoa. Als ein europäischer Buddha jedoch lehnt Nietzsche eine jede fatalistische Deutung der ewigen Wiederkehr strikt ab. Und just um eine solche Überwindung geht es in der Lehre Buddhas. Während Buddha mit seiner Karma-Doktrin die Wiederkehr moralisch buchstabiert, betont Nietzsche die Wiederkehr in der ewig gleichen Form. Eine Kausalitätslehre moralischer Provenienz lehnt Nietzsche im Gegensatz zu Buddha ab. Während Buddha vom

---

[46] Nietzsche, F.: Jenseits von Gut und Böse, in: Sämtliche Werke. Studienausgabe in 15 Bänden, hrsg. v. Colli, G. und Montinari M., München 1980, KAS 5, § 56.

[47] Vgl. Bannerjee, D.: The Indian Origin of Nietzsche's Theory of Eternal Return, in: German Life and Letters VII, 1954, S. 161–169. Stambaugh, J.: Nietzsche's Thought of Eternal Return, The John Hopkins University Press 1972.

Unwissen (Avidya) als der eigentlichen Ursache des immer weiterdrehenden Lebensrades ausgeht, spricht Nietzsche von Zufall, Unfall ja sogar von Unschuld.

In Kapitel 5 des *Tao Te King* von Lao Tzu ist von einer Unparteilichkeit die Rede, die keine bloß menschlichen, anthropozentrischen, theologischen Vorurteile kennt. Es geht um die Unparteilichkeit der Natur. Ob im ›Abfinden‹ Nietzsches die gleiche Ruhe, Gelassenheit, Verzicht und Entsagung herrscht, die wir bei Lao Tzu, Buddha, Nagarjuna, Aurobindo finden, ist fraglich. Nietzsches Aburteilung der ›asketischen Ideale der Heiligen‹ ist zu kurzatmig, uninformiert und anmaßend. Nietzsche fragt:

»Was bedeuten asketische Ideale? […] bei Heiligen endlich einen Vorwand zum Winterschlaf, ihre *novissima gloriae cupido* (letzte Ruhmsucht), ihre Ruhe im Nichts (›Gott‹), ihre Form des Irrsinns. Das aber überhaupt das asketische Ideal dem Menschen so viel bedeutet hat, darin drückt sich die Grundtatsache des menschlichen Willens aus, ein *horror vacui:* er braucht ein Ziel,- und eher will er das *Nichts* wollen, als nicht wollen.«[48]

Aus unterschiedlichen Gründen und Motiven scheint sich Nietzsche hier zu irren. Denn das so genannte ›Nichts‹, die Leerheit (Shunyata) der Buddhisten ist nicht Gott, auch nicht eine Ontologie. Es geht um eine Einsicht, um eine spirituelle Erfahrung, eine Einstellung, die einem widerfährt, gelebte Erfahrung wird und alles transformiert. Auch die Suche nach ›Leerheit‹ muss so aufgegeben werden und die Leerheit der Leerheit (Shunyatashunyata) erkannt werden. Was für eine Ironie, dass Nietzsches Übermensch oft nicht von seinem unstillbaren Willen zur Macht loskommt. Auf der anderen Seite muss man Nietzsche eine Form der Gelassenheit und Einsicht zugestehen, denn er möchte sich jenseits aller Überzeugungen positionieren und andere Menschen und ihre Überzeugungen nicht beurteilen.

Bei Aurobindo geht es um eine kosmische Evolution, die der spirituellen bedarf. Unter spiritueller Evolution versteht er die stetig steigende Zahl spiritueller Individuen, die in kosmischer Solidarität leben und Vorbildfunktion haben. Die spirituelle Evolution ist die Transformation des moralischen Lebens. Ein bloß moralisches Leben besteht (Kant) in einem bedingungslosen Gesetzesgehorsam (kategorischer Imperativ), ein spirituelles Leben dagegen in der Realisation,

---

[48] Nietzsche, Friedrich: Sämtliche Werke, Studienausgabe in 15 Bänden, hrsg. v. Colli, G. und Montinari, M., Bd. 5, München 1980, S. 21–27. Zur Genealogie der Moral. Dritte Abhandlung § 1.

dass das moralische Leben nicht Gehorsam, sondern eine transformierte menschliche Natur bedeutet. Philosophie, so würde Aurobindo sagen, lehrt nicht nur, sie verändert den Menschen.

Trotz einiger Missverständnisse Nietzsches mit dem Buddhismus, die durch seine Lektüre der Schriften von Schopenhauer u.a. zustande gekommen sein können, ist Nietzsches Botschaft von einer weltlichen Überwindung des Leidens eng verwandt mit der Konzeption einer Befreiung (Nirvana) hier auf Erden. Nagarjuna geht sogar so weit, dass er Samsara (Welt) und Nirvana gleichsetzt. Nirvana hat in der Lehre Buddhas zwei Dimensionen: eine diesseitige und eine jenseitige. Es ist die erste Dimension, die dem Denken Nietzsches nahekommt. In diesem Zusammenhang ist darauf hinzuweisen, dass Zarathustra als die Stimme Nietzsches eine ähnliche Ethik der Selbstvervollkommnung, der Selbstreinigung, der Selbsttransformation vertritt wie Buddha. In Nietzsches Fall geht es um eine Transfiguration zum Übermenschen und im Falle Buddhas um das irdische Ideal eines ›Arhats‹, eines hier auf Erden Befreiten. Auch wenn Nietzsche irrtümlicherweise der Lehre Buddhas eine Metaphysik zuschreibt, besitzt seine Feindlichkeit der Metaphysik gegenüber, eine Ähnlichkeit mit dem Buddhismus.

Der Nietzsche-Exeget Max Vogel scheint der Wahrheit näher zu sein, wenn er von einem möglichen spirituellen Weg Nietzsches spricht. Nietzsche, so Vogel, möchte seinen Frieden finden »mit der ewigen Wiederkehr durch einen Einklang mit dem kosmischen Willen«.[49] Eine freiwillige, einsichtige, aber nicht nihilistisch-pessimistische, sondern die Menschen und die Welt verändernde und verbessernde Bejahung der ewigen Wiederkehr befreit den Menschen von seinem selbstverschuldeten und anmaßenden Wahn einer unvergleichlichen und göttlichen Sonderstellung. Eine im Wesentlichen spirituell-moralisch konnotierte Auffassung des Willens zur Macht befreit den Willen zur Macht vom Beherrschenwollen. Dies hat eine spirituell-evolutive Geburt des neuen Menschen zur Folge, des ›Übermenschen‹. Nietzsches heroisches ›Ja‹ zur ewigen Wiederkehr enthält Momente einer solchen Selbstvervollkommnung des Menschen.

Nietzsches Rezeption der Lehre Buddhas bleibt jedoch ambivalent. Er nennt sich selbst den ›europäischen Buddha‹, wenn auch als

---

[49] Vogel, M.: Nietzsches Hinterkopf. Meditationen über Nietzsche, Essen 1995, S. 103.

einen Antipoden zum indischen Buddha.[50] Buddhas und Nietzsches Lehren der Selbsterlösung erscheinen als zwei komplementäre Wege. Und dies trotz aller kontextuellen Differenzen. »Buddha and Nietzsche«, schreibt Freny Mistry, »spoke differently, but their message is recognizably affiliated and attests to the proximity of their ethical philosophy.«[51]

Nietzsche spricht von der Freude in diesem Leben aus der freiwilligen Bejahung der ewigen Wiederkehr. Dies ist ein Pendant zu Nirvana erreichbar in diesem Leben hier auf Erden. Freilich ist die zweite Bedeutung des Nirvana als etwas, was jenseits der ewigen Wiederkehr liegt, nicht gleichzusetzen mit der ewigen Wiederkehr Nietzsches. Buddha hat stets betont, dass Nirvana jenseits aller Beschreibungen und Versprachlichungen liegt. Trotz aller negativen Terminologien wie z.B. ›Leerheit‹ (Shunyata), Erlöschen u.a. ist Nirvana kein destruktiver Nihilismus, sondern steht für eine alles transformierenden Einsicht, Intuition, Weisheit, die Nirvana und diese Welt (Nirvana und Samsara) zwei Seiten der gleichen Medaille sein lässt. Leerheit, wie weiter oben gesagt, als eine psychologische Erlebnisart, steht für eine Entleerung des Geistes von allen Verblendungen wie Gier, Hass u.a. Dies ist erreichbar durch meditative Schritte.

Im Falle Nietzsches stellt die Bildstürmerei Zarathustras eine große ethische Kraft dar. Man kann sich aber des Eindrucks nicht erwehren, dass Nietzsche, im Gegensatz zu Buddhas Meditationslehre und Ethik des achtfachen Pfades, uns keinen transformativen Weg vorschreibt, wie das leidvolle Leben in Freude umgewandelt werden könne. Ein heroisches Ja zum Leiden scheint für Nietzsche das fundamental Ethische zu sein. Und die ewige Wiederkehr unterstreicht sozusagen die Notwendigkeit einer solchen Bejahung. Während Buddha im Kampf um Leidensüberwindung auf eine Befreiung aus ist, scheint für Nietzsche der Kampf selbst den Sinn des Lebens auszumachen. Leid gilt es zu tragen und zu ertragen. Und es gibt keine endgültige Auslöschung. Auch der Übermensch Nietzsches ist keine Ausnahme. Ein wenig plakativ, aber nicht ganz unbegründet könnte man Buddha in die Nähe Apollos und Nietzsche in die Nähe von Dionysos bringen.

---

[50] Vgl. Nietzsche, Friedrich: Sämtliche Werke, Studienausgabe in 15 Bänden, hrsg. v. Colli, G. und Montinari, M., Bd. 10, München 1980.

[51] Mistry, F.: Nietzsche und Buddhism. Prolegomenon to a Comparative Study, New York 1981, S. 9.

Nietzsche lesen ist leicht, ihn verstehen ist schwer, sagte Jaspers. Ferner wird oft geklagt, Nietzsche widerspräche sich selbst. Dies mag ein wenig übertrieben sein, aber wahr ist, dass Nietzsche mit der Spannung zwischen den drei Säulen der Philosophie nicht ganz fertig wird. Der Grund für die Selbstwidersprüche im Falle Nietzsches liegt nicht so sehr daran, dass er nicht systematisch denkt, sondern eher daran, dass er sich als ein getreuer Beobachter und authentischer Denker mit einer Widersetzlichkeit der Dinge konfrontiert sieht. Diese verhindert, dass Dinge sich widerspruchsfrei auf den Begriff bringen lassen. Es war Wittgenstein, der meinte, es gehe nicht darum, wie Widersprüche aus der Welt zu schaffen sind, sondern wie mit ihnen umzugehen sei. Nietzsche blieb bis zum Ende seines Lebens ein unruhiger Geist. Buddha beendete sein Leben mit dem Nirvana hier auf Erden und ging darüber hinaus ins endgültige Nirvana (Parinirvana) ein. Hume starb in völliger Seelenruhe. Nietzsche jedoch »lebte in tiefstem Unfrieden mit allen Selbstverständlichkeiten«, er glaubte nicht, »daß jemals jemand mit einem gleich tiefen Verdacht in die Welt gesehen hat.«[52]

Auf die Frage, ob Buddhas oder Nietzsches Denk- und Lebensweg uns mehr überzeugt und wer uns eine »bessere« Therapie anbietet, ist keine allgemein gehaltene Antwort möglich. Unterschiedliche Argumentationsmuster und Lebensentwürfe sind notwendige, nicht jedoch hinreichende Bedingungen für das Zustandekommen von evidenten Lebensbewältigungen und selbsttherapeutischen Interventionen. Nietzsche ist eine tiefe und umfangreiche Lektüre wert und bietet sich für ganz verschiedene Lesarten und philosophische »Geschmäcker« an. Das Primat der Pluralität behält sein Recht. Bertrand Russell lässt in einem fingierten Gespräch Buddha und Nietzsche gegeneinander auftreten und kommt zu dem Schluss:

»I agree with Buddha as I have imagined him. But I do not know how to prove that he is right by any arguments such as can be used in a mathematical or a scientific question. I dislike Nietzsche because he likes the contemplation of pain, because he erects conceit into a duty, because the men he most admires are conquerers, whose glory is cleverness in causing men to die. But I think the ultimate argument against his philosophy, as against any unpleasant but internally self-consistent ethic, lies not in an appeal to

[52] Nietzsche, F.: Licht wird alles, was ich fasse, Lexikon der Nietzsche Zitate, hrsg. v. Prossliner, J., München 1999, S. 395.

facts, but in an appeal to emotions. Nietzsche despises universal love; I feel it the motive power to all that I desire as regards the world […]«[53]

5. William James: Die philosophische Melancholie

> Was bedeuten schon in Gottes Augen die sozialen Differenzen, die geistigen und kulturellen Unterschiede? All die anderen Kuriositäten und Extravaganzen, aus denen die Menschen so wunderbarerweise ihren Stolz beziehen, wurden so unbedeutend, dass sie praktisch jede Relevanz verloren; und alles, was blieb, war die Tatsache, dass wir alle hier sind, eine Vielzahl von Schiffen auf dem Meer des Lebens, die mit ihren je eigenen Gefahren kämpfen, die jedes für sich all seinen Mut und seine Güte aufbieten.
>
> William James[54]

William James hat eine tiefe Gemeinsamkeit mit David Hume. Beide sind sie der Überzeugung, dass das zu sehr spekulative und abstruse Fragen zu grüblerischer Schwermut, Rumination und Melancholie führt. Sind philosophische Fragen Probleme, die nicht nur ein geistig-seelisches Unwohlsein zur Folge haben, dann ist Philosophie nicht nur Krankheit, sondern zugleich Heilung. Es scheint darin eine philosophische Disposition zu liegen: Es gibt Menschen, die auf der Suche nach einer absoluten Gewissheit, lieber nicht mehr leben wollen als mit der Ungewissheit zu leben. James fragt, was man tun könnte, um einem solchen Menschen zu helfen, dass er trotz allem Leid die Bürde des Lebens und seiner Ungewissheiten auf sich nimmt. Philosophen scheinen der Vernunft stets zu viel zuzutrauen. James (1842–1910) erlebte als Mittzwanziger eine lebensbedrohliche Krise, die ihn selbst zu Selbstmordgedanken führte. In einem Brief an Thomas Ward in Januar 1868 gesteht er, dass er einen ganzen Winter lang kontinuierlich am Rande des Suizids gestanden habe.[55]

---

[53] Russell, B.: History of Western Philosophy, London 1946, S. 737 ff. Ob Russell wusste, dass Nietzsche in der Tat ein ›europäischer Buddha‹, ja ein ›Antipode Buddhas‹ sein wollte?

[54] James, W.: Der Sinn des Lebens, Ausgewählte Texte, hrsg. v. Krämer, F. und Pape, H., Darmstadt 2010, S. 68.

[55] Vgl. Logi Gunnarsson: The Philosopher as Pathogenic Agent, Patient, and Therapist: The Case of William James, in: Philosophy as Therapeia, hrsg. v. Ganeri, J. und Carlisle, C., Cambridge 2010, S. 170. Hier scheint eine weitere Gemeinsamkeit mit einem unserer Protagonisten auf. So wie Karl Jaspers litt James zeitlebens an einer

In seinem Essay *Ist das Leben lebenswert?* (1895) spricht James von Melancholie als einem Symptom mentaler Zustände. Es geht hier um melancholische und manische Phasen, die sich immer wieder einstellen. James sagt sehr deutlich, dass die Krankheit namens philosophische Melancholie keine psychiatrische Krankheit sei.[56] »Wo der Selbstmord aus einer Geisteskrankheit oder einem psychotischen Schub heraus folgt, bleibt die Reflexion machtlos und kann die Ausführung der Tat nicht verhindern.«[57]

James spricht von philosophisch-metaphysisch gesinnten Menschen, die durch ihr Studium der Philosophie nur die Unruhe von Skeptizismus und Relativismus und damit den Verlust aller Gewissheiten erwerben. Diese Menschen haben von der philosophischen Reflexion die endgültige Lösung erwartet.

»Zu intensives Fragen, gepaart mit zu wenig praktischer Verantwortungsübernahme führen mindestens genauso häufig an den Rand des Abgrundes, in dem Pessimismus, Albträume und die Haltung des Selbstmörders lauern. Gegen die Krankheiten der Reflexion können allerdings andere Reflexionen als wirksame Heilmittel dienen.«[58]

---

schwachen körperlichen Konstitution. Hinzu kamen zeitlebens leichte bis schwere depressive Phasen. Die Depression, und die philosophische Melancholie darf als ein enger Verwandter betrachtet werden, beschäftigte ihn sein Leben und Arbeiten lang. Und es war, so wie bei Jaspers, eine Heirat aus Liebe und geistiger Verbundenheit, die große Heilung brachte. James heiratete 1878 mit bereits 36 Jahren Alice Howe Gibbens. Über die Intimität und geistige Tiefe dieser Verbindung berichten viele Briefe und Tagebucheinträge beider. James erinnert uns durch seine berühmt gewordene charakterliche Integrität an das Wichtigere: die Verbundenheit auf der Ebene der »Software«, d.i. die geistige Verbundenheit. An Alice schreibt James 1876: »My dear Miss Gibbens, It seems almost a crime to startle your unconsciousness in the manner in which I am about to do; but seven weeks of insomnia outweigh many scruples, and reflecting on the matter as conscientiously as I can, it seems as if this premature declaration were fraught with less evil than any of the other courses possible to me now. To state abruptly the whole matter: I am in love, und zwar [it's true] (– forgive me –) with Yourself. My duty in my own mind is clear. It is to win your hand, if I can. What I beg of you now is that you should let me know categorically whether any absolute irrevocable obstacle already exists to that consummation. I mean literally absolute, and shall strictly so interpret your reply.« James, W.: Letter to Alice Howe Gibbens, September 1876, Keene Valley (Schreibweise im Original). Vgl. Gunter, Susan E.: Alice in Jamesland: The Story of Alice Howe Gibbens, University of Nebraska Press 2009.

[56] James, W.: The Will to believe and other Essays in Popular Philosophy, Cambridge 1979, S. 36.

[57] James, W.: Der Sinn des Lebens, S. 47.

[58] Ibid.

James thematisiert vor allem die ihm naheliegende und selbst erlittene *philosophische Melancholie* (auch spekulative Melancholie genannt), die geboren wird aus reiner Reflexion, aus einem Denken, das sich selbst überschätzt.[59]

Die philosophische Melancholie zeichnet sich nach James durch drei Komponenten aus: Urteil, Gefühl und Handlung. Das Urteil bedeutet hier, dass wir das Leben nicht als lebenswert empfinden und es als solches zu beurteilen können glauben. Die melancholische Person mit diesem Urteil sieht keinen Sinn im Leben und neigt demzufolge zum argumentierten Selbstmord.[60] Das Gefühl steht für die Melancholie als Weltschmerz, ein Gefühl der Traurigkeit, des *tedium vitae.* James spricht hier von einer »Unheimlichkeit«. Diese Unheimlichkeit ergibt sich aus zwei Dingen, die nicht zusammengehen wollen: Hinter allem waltet ein gütiger Geist und der tragisch-traurige Gang der

---

[59] In seinem Aufsatz *Trauer und Melancholie* (1917) entwickelt Sigmund Freud die Vermutung, das ganze Leben sei geprägt durch Verlusterfahrungen. Das Leben sei nicht nur durch den beständigen Verlust von etwas geprägt, sondern auch und insbesondere durch die Trauer über diesen Verlust. Eine Trauer und ein Leiden am Verlust, dass auch Freuds Leben sehr bestimmt hat. Und so findet sich an genannter Stelle auch ein prägnanter Begriff von Melancholie: »Die Melancholie ist seelisch ausgezeichnet durch eine tief schmerzliche Verstimmung, eine Aufhebung des Interesses für die Außenwelt, durch den Verlust der Liebesfähigkeit, durch die Hemmung jeder Leistung und die Herabsetzung des Selbstgefühls, die sich in Selbstvorwürfen und Selbstbeschimpfungen äußert und bis zur wahnhaften Erwartung von Strafe steigert. Dies Bild wird unserem Verständnis nähergerückt, wenn wir erwägen, daß die Trauer dieselben Züge aufweist, bis auf einen einzigen; die Störung des Selbstgefühls fällt bei ihr weg. Sonst aber ist es dasselbe. Die schwere Trauer, die Reaktion auf den Verlust einer geliebten Person, enthält die nämliche schmerzliche Stimmung, den Verlust des Interesses für die Außenwelt – soweit sie nicht an den Verstorbenen mahnt –, den Verlust der Fähigkeit, irgendein neues Liebesobjekt zu wählen – was den Betrauerten ersetzen hieße –, die Abwendung von jeder Leistung, die nicht mit dem Andenken des Verstorbenen in Beziehung steht. Wir fassen es leicht, daß diese Hemmung und Einschränkung des Ichs der Ausdruck der ausschließlichen Hingabe an die Trauer ist, wobei für andere Absichten und Interessen nichts übrigbleibt. Eigentlich erscheint uns dieses Verhalten nur darum nicht pathologisch, weil wir es so gut zu erklären wissen.« Freud, S.: *Trauer und Melancholie,* in: Kleine Schriften II, Kapitel 4, 1917.

[60] »Um ohne Umschweife zum Kern meines Themas zu kommen, sollten wir uns einmal vorstellen, einen Mitmenschen zu überzeugen, der so zum Leben steht, dass sein einziger Trost in der Gewissheit liegt, ›Du kannst Schluss machen, wann immer Du willst.‹ Welche Argumente können wir aufbieten, um einen solchen Bruder (oder eine solche Schwester) dahin zu bringen, die Bürde des Lebens weiter auf sich zu nehmen? Herkömmliche Christen […] haben wenig mehr zu bieten als das negative ›Du sollst nicht!‹« James, W.: Der Sinn des Lebens, S. 47.

Dinge in der Natur.[61] Das Handeln ist nun, worauf es James ankommt. In der Melancholie versiegt das tatkräftige Handeln, wird kraftlos und verliert Sinn und Ziel. Doch im Tun liegt das selbsttherapeutische Moment, denn Aktivität und Produktivität bringen Rumination und Trübsinnigkeit zum Schweigen. In eben jenen Briefen an Thomas Ward schreibt James 1869 dann auch, »we can only choose a business in which the evil of feeling restless shall be at minimum, and then go ahead and make the best of it«. Durch tatkräftigen Entschluss, praktische Tätigkeiten und Hinwendung zu Wille und Tatkraft, arbeitet sich James 1970 aus seiner Melancholie heraus.

William James (ähnlich wie David Hume) ist sein Leben lang an Religion und Gott zutiefst interessiert und arbeitet sich daran ab. Dass Gott ihnen, James wie auch Hume, abhandenkam, mögen sie bedauert haben, jedoch sich zum Gottglauben zu zwingen vermochten sie nicht. Dass James trotz aller Versuche nicht zu Gott findet, macht ihn zeitlebens traurig und melancholisch.[62] Er wundert sich über Philosophen, die von der Präsenz Gottes in der Natur sprechen, ja sogar von dieser Welt als der besten aller möglichen Welten[63]:

»Es gab Zeiten, in denen Philosophen wie Leibniz unter ihren riesigen Perücken Theodizeen entwerfen konnten [...] Die sichtbare Natur ist vollkommen wandelbar und indifferent; man könnte sie eher als ein moralisches Multiversum bezeichnen denn als ein moralisches Universum. Einer solchen Hure sind wir keine Treue schuldig, mit ihr in ihrer Gesamtheit können wir keine moralische Verbindung eingehen [...] Wenn ich meine persönliche Meinung hierzu vorbehaltlos zum Besten geben darf, dann

[61] Sehr deutlich schreibt James: »Das tödliche Paradox, das große, die Melancholie gebärende Rätsel beruht auf dem Widerspruch zwischen der unterstellten *Existenz* dieses Geistes, der uns umgibt und besitzt, mit dem wir teilweise eins sind, und dem *Charakter* dieses Geistes, wie er sich im Gang der Dinge innerhalb der sinnlich erfahrbaren Welt offenbart.« Ibid. S. 49.

[62] In seinem Essay *Was gibt einem Leben Sinn?* zitiert James in diesem Zusammenhang ausführlich aus Lew N. Tolstois *Krieg und Frieden*, für James der ›sicherlich bedeutendste Roman aller Zeiten‹: »Je klüger wir sind, desto weniger begreifen wir den Sinn des Lebens. In Leiden und Tod sehen wir nur eine hässliche Ironie, während [andere] Menschen ruhig leben, leben leiden und sich dem Tod nähern können, ja, leiden mit Ruhe, sehr häufig sogar mit Freudigkeit. [...] Solche Menschen, die den Sinn des Lebens begriffen hatten, die zu leben und zu sterben wussten, [...] verrichteten still ihr Tagewerk, trugen Entbehrungen und Leiden, lebten und starben, und sahen darin nicht ein eitles Nichts, sondern ein Gut.« James, W.: Der Sinn des Lebens, S. 69.

[63] Obwohl auch Leibniz als Pessimist angesehen werden darf, wenn er zu keinem anderen Schluss kommt, als dass dies die beste aller *möglichen* Welten sei.

würde ich sagen (auch wenn das für gewisse Ohren blasphemisch klingen mag), dass der erste Schritt zu einer gesunden Einstellung gegenüber dem Universum darin besteht, gegen den Glauben an die Existenz eines solchen Gottes zu rebellieren.«[64]

James' Atheismus scheint authentisch zu sein. Er ist existentiell konfrontiert mit der Frage: Wie sollen wir in einer Welt leben und handeln, die nicht die Präsenz eines wohlwollenden Geistes und Gottes zeigt. In Verbindung mit philosophischer Melancholie spricht James auch von einer ›philosophischen Hypochondrie‹, die überwunden wird, nachdem wir uns aller Metaphysik entledigt haben. James sieht letzten Endes keinen rein theoretischen Ausweg aus jener Unheimlichkeit, die das menschliche Denken begleitet. Der Ausweg kann nur praktischer Natur sein. James war davon überzeugt, dass er der Unheimlichkeit einer philosophischen Reflexion zum Opfer gefallen ist. So sucht er den Ausweg aus dem Dilemma Determinismus oder Indeterminismus durch den freien Willensakt. Die feste Überzeugung von der Freiheit des Willens und die unbedingte Notwendigkeit des lebensweltlichen Tuns für die philosophische Reflexion versprechen James Trost. In einem Tagebucheintrag von 1868 notiert James sein Primat der Praxis: »Jede gute Erfahrung sollte in der Praxis interpretiert werden. Vielleicht können wir nicht immer eine Wirkung aufspüren, aber wir verlieren nicht, wenn wir es *versuchen*.«[65]

Zusammenfassend lässt sich sagen: 1. Es gibt eine philosophische Melancholie. 2. Sie ist verursacht durch die selbstverschuldete Überzeugung der Reflexion, dass die menschliche Vernunft, die reine philosophische Reflexion, alle philosophischen Probleme lösen kann. 3. Sobald aber der Philosophierende entdeckt und erlebt, dass die Reflexion allein keine sicheren Antworten geben kann, entwickelt er ein melancholisches Verhältnis zu allem, was es gibt. 4. Die Therapie besteht darin, dass man die Überzeugung von der Allmächtigkeit der Reflexion aufgibt.

James ist jedoch kein Pessimist, der das Kind mit dem Bade ausschüttet. Er schlägt vor, durch den festen Willensentschluss, die Welt vielmehr von Seiten der Gefühle, der Emotionen, der Handlungen zu gestalten. Er schreibt: »Dieses Leben ist, so können wir festhalten, lebenswert, *weil es das ist, was wir moralisch gesehen aus ihm machen*. Und wir sind entschlossen, es, sofern es an uns liegt, in dieser

---

[64] Ibid. S. 50f.
[65] Ibid. S. 17.

Hinsicht erfolgreich zu gestalten.«[66] James ermutigt sich selbst und erhofft die Lösung durch den freiwilligen Entschluss, an die Freiheit des Willens zu glauben. »Ich glaube, gestern hatte ich die Krise meines Lebens [...] Meine erste freie Willenshandlung soll es sein, an den freien Willen zu glauben.«[67]

Die noch nicht zur Ruhe gekommene Frage bleibt jedoch: Kann die Reflexion, kann die Vernunft, Vernunft bleibend, sich beruhigen durch die Hilfeleistung seitens des Willens, der Gefühle? Oder ist und bleibt das Schicksal der Vernunft, im Fragenstellen viel weiser zu sein als im Antwortgeben? Schon Kant hatte auf einen ähnlichen Kampf im Reich der Vernunft hingewiesen. Kann es nicht sein, dass die philosophische Melancholie in einer moderaten Form das Schicksal der Vernunft bleiben wird? Auch wenn David Hume die Vernunft die Dienerin der Emotionen nennt, verstummt die Stimme der Vernunft nicht, auch wenn sie der letzten Antworten schuldig bleibt. Die menschliche Vernunft scheint sich immer schon an ihren eigenen Grenzen aufzuhalten. So zerbrechlich sie ist, bleibt sie an ihren Grenzen sowohl ihrer Möglichkeiten als auch ihrer Unmöglichkeiten. Es ist ja durchaus wahrscheinlich, dass es eine Asymmetrie der Fragen vor den Antworten gibt, und dies immerzu zugunsten der Fragen. Und in dieser Unmöglichkeit, Differenz und Ambiguität ganz aus der Welt zu schaffen, empfiehlt James, sich stets zum Wesentlichen und Gemeinsamen zurückzuziehen:

»Mut, Geduld und Freundlichkeit zu praktizieren, ist der entscheidende Punkt bei der ganzen Sache; die Unterschiede der Positionen können letztlich nur als Angelegenheit der Diversifizierung einer Oberfläche begriffen werden, auf die sich die Effekte tieferliegender Tugenden auswirken. In dieser Hinsicht findet sich das tiefste menschliche Leben überall und währt ewig. Und wenn irgendwelche Eigenschaften von Menschen nur in einigen besonderen Individuen existieren, dann gehören sie zur bloßen Farbe und Dekoration der Oberfläche.«[68]

---

[66] Ibid. S. 61.

[67] Perry, R. B.: The Thought and Character of William James, Boston 1935, Bd. 1, S. 323, übers. u. zit. in: James, W.: Der Sinn des Lebens, S. 25. »Die Schwierigkeit liegt nur darin, die Herrschaft im Bewusstsein zu gewinnen. [...] Diese Anspannung der Aufmerksamkeit ist der fundamentale Willensakt. Und die Arbeit des Willens ist in den meisten Fällen praktisch zu Ende, wenn die bloße Gegenwart der von Natur aus unwillkommenen Sache in unserem Bewusstsein gesichtet ist.« James über den Willen in seinen *The Principles of Psychology*, übers. u. zit. in: James, W.: Der Sinn des Lebens, S. 23.

[68] Ibid., S. 68.

6. Ludwig Wittgenstein: Die Fliege und das Fliegenglas

> Es gibt nicht *eine* Methode der Philosophie, wohl aber gibt es Methoden, gleichsam verschiedene Therapien. [...] Der Philosoph behandelt eine Frage; wie eine Krankheit.
>
> Ludwig Wittgenstein[69]

Die pragmatische Wende der Philosophie des späten Wittgenstein geht auf seine Lektüre und Begeisterung für die Philosophie William James' zurück. Das Interesse des jungen Wittgenstein für das rein Theoretische, Analytische macht Platz für das Praktisch-Pragmatische des späten Wittgenstein. Nach Wittgenstein fühlt sich Philosophie verpflichtet, das Gedachte in die Praxis umzusetzen. Dabei nutzte er James' Schriften *Principles of Psychology* und *The Varieties of Religious Experience* nahezu wie Lehrbücher. Sehr deutlich diagnostiziert James darin die eigentlichen Wurzeln von unterschiedlichen Formen der Verabsolutierung und des Dogmatismus. Nach ihm ist unser zu theoretisches Denken Schuld daran, denn es neigt zu einer unzulässigen Vereinfachung der komplexen Verhältnisse, die sich, wenn überhaupt, nicht leicht auf den Begriff bringen lassen.[70] Vorwiegend rationalistische Philosophen neigen dazu, alle Probleme systematisch auf der Ebene der Theorie und frei von Widersprüchen lösen zu wollen. Nicht so Wittgenstein. Seine Bewunderung für William James mag auch ein Grund dafür gewesen sein, dass er der Philosophie eine ethische Verpflichtung und einen transformativen Charakter zuschrieb. Ebenso ist für Wittgenstein Philosophie eng verwandt mit der Psychoanalyse. Daher spricht er von einer ›philosophischen Therapie‹.

Der frühe Wittgenstein ist davon überzeugt, dass das Wesen von Philosophie und Sprache herauszufinden sei. Später lehnt er die Fragestellung nach dem Wesen der Dinge ab. Die eigentliche Frage ist nicht, was eine Sprache ist, sondern was wir tun, wenn wir eine Sprache benutzen. Denn sich eine Sprache vorstellen heißt, sich eine Lebensform vorstellen. (PU § 19 u. 23) So besteht Philosophie nicht in einer fast apriori festgelegten Definition, sondern in der Beschreibung der Tätigkeit des Philosophierens. Dies heißt nicht, dass Witt-

---

[69] Wittgenstein, L.: Philosophische Untersuchungen (PU), Oxford 1958. §133 u. §255, S. 51 u. S. 91.

[70] Vgl. Fann, K. T.: Die Philosophie Ludwig Wittgensteins, München 1971, S. 52 f.

genstein eine jede Metaphysik ablehnt. Er ist kein radikaler Antimetaphysiker, sondern möchte nur verstehen, was man macht, wenn man Metaphysik betreibt. So wie David Hume und William James, trotz ihrer metaphysik-skeptischen Haltungen eine tiefe metaphysische Ader besaßen, ist Wittgenstein von der Wichtigkeit der metaphysischen Fragen zutiefst überzeugt, auch wenn er die Mehrheit der Antworten zurückweist. Einem Studenten gegenüber sagte er sehr deutlich: »Meinen Sie nicht, ich verachte die Metaphysik oder mache mich über sie lustig. Im Gegenteil, für mich gehören die großen metaphysischen Schriften der Vergangenheit zu den erhabensten Erzeugnissen des menschlichen Geistes.«[71]

Die eigentliche Geburt der Philosophie sieht Wittgenstein in einem ›geistigen Unbehagen‹, das uns widerfährt, wenn wir wissen wollen, wer wir sind und was für einen Sinn das alles hat. Dazu wählt er oft medizinisch-diagnostische Ausdrücke. Philosophische Fragen sind ›quälende Fragen‹ und stellen ›Beunruhigungen‹ dar. Sie kommen einer geistigen Krankheit nahe und bedürfen der therapeutischen Behandlung. Es gibt Fragen, die wir stellen, ohne dass wir sie zu stellen brauchten. Für Wittgenstein sind philosophische Fragen ein Widerfahrnis. Nicht wir suchen die Fragen, sondern sie suchen uns. Hierin liegt das eigentlich Verbindende zwischen den Philosophen aller *Kulturen*. Fragen stellen sie alle, nur in den Antworten sind die Differenzen gewaltig. Als Beispiele seien genannt: Metaphysiker-Antimetaphysiker, Empiristen-Rationalisten, Dogmatiker-Antidogmatiker u.a. Selbst unser Thema, ob Philosophie *nur* ein Denkweg oder und auch ein *Lebensweg* sei, erfährt unterschiedliche Antworten.

Im Geiste des Diktums ›Erkenne Dich selbst‹ – ein Diktum, das in vielen philosophischen Traditionen eine wichtige Rolle spielt – gibt Wittgenstein dem philosophischen Problem die Form: »Ich kenne mich nicht aus.« (PU §123) Ob dieser Satz »Ich kenne mich nicht aus« agnostisch, ignostisch (»ohne Bedeutung/Sinn«), skeptisch oder mystisch zu deuten ist, bleibt offen. Aber dass es hier um ein echtes philosophisches Problem geht, steht außer Zweifel. An anderen Stellen spricht Wittgenstein vom philosophischen Problem als einem »geistigen Krampf«[72], als einem »Knoten in unserem Denken«.[73] Es ist

[71] Ibid. S. 85.
[72] Wittgenstein, L.: Das Blaue Buch, Frankfurt a.M. 1980, S. 15.
[73] Wittgenstein in Manuskripten, MS 106, 1929.

auch von einer »geistigen Qual« die Rede.[74] Es sind philosophische Diagnosen, die angesichts der reichen Palette der Therapien nach selbsttherapeutischen Reflexionen schreien, die in allen weltphilosophischen Traditionen angeboten werden.[75] Philosophische Probleme stellen Verwirrungen dar, vergleichbar mit einem Menschen, der sich in einem Zimmer hin und her bewegt in der Suche nach der Tür. Das Beispiel von der Fliege in einem Fliegenglas gehört hierher. Man ist erinnert an die Samsara-Lehre (die Welt des Entstehen-Bestehen-Vergehens) im indischen Denken. Diese Welt ist eine verschleierte Welt (Maya), in der wir gefangen sind und so das Schicksal der Fliege im Fliegenglas teilen. Das Ziel der geistigen Übung, d. h. von Philosophie als Therapie, ist, sich selbst anzureden mit: »Was ist dein Ziel in der Philosophie? – Der Fliege den Ausweg aus dem Fliegenglas zeigen.« (PU §309) Der Mensch als Fliege, gefangen im Fliegenglas Samsara (Kreislauf von Geburt-Tod-Wiedergeburt, Frage-Antwort-Frage … usw.), sucht seit Menschengedenken den Ausweg aus diesem beständigen Umherirren im Fliegenglas. Philosophie als Denk- und Lebensweg zu begreifen, stellt einen Ausweg dar.

»Der Philosoph«, schreibt Wittgenstein, »behandelt eine Frage; wie eine Krankheit«. (PU §255) Die medizinischen, psychologischen Terminologien, die Wittgenstein oft gebraucht, deuten auf einen tiefen, persönlich-existentiellen Erlebnisaspekt hin.[76] So ist Philosophie für Wittgenstein in einem sehr intimen Sinne ›Lebensphilosophie‹, denn die philosophischen Probleme und Fragen haben ihn menschlich mitgenommen und Schmerzen verursacht, denn die befriedigenden

[74] »Ich war jeden Tag abwechselnd von schrecklicher Angst und Depression gequält […] Die Möglichkeiten der geistigen Qual sind unsagbar entsetzlich! Erst seit zwei Tagen kann ich wieder die Stimme der Vernunft durch den Lärm der Gespenster hören […]« Wittgenstein 1914 in einem Brief an Russell, Briefe 48.

[75] Und wir beginnen eben erst die therapeutischen Wirkungen dieser Welt und Mensch erklärenden Ansätze (wieder) zu entdecken und zu übersetzen. Bzw. beginnen wir wieder besonders darauf zu achten, die überlieferten Erzähltraditionen und Lebensformen zu bewahren und zu kultivieren. Die Entfremdung unserer Zeit (aus welchen Gründen auch immer sie gekommen sein mag) von Spiritualität, Kontemplation, Tradition und Narration scheint mehr therapeutische Bedürfnisse zu erzeugen als zu befriedigen.

[76] Vgl. Adler, L.: Ludwig Wittgenstein. Eine existentielle Deutung, München 1976. »Von daher wird auch Wittgenstein leidenschaftliches, bis zur physischen Erschöpfung geführtes und in seine letzten Lebensstunden reichendes philosophisches Engagement verständlicher. […] Der rücksichtslose und Schmerzen in Kauf nehmende Einsatz aller körperlichen wir geistigen Kräfte bedeutete für Wittgenstein geradezu das Kriterium menschlicher Grösse.« Ibid. S. 9.

Antworten sind häufig teilweise oder ganz ausgeblieben.[77] Aber vorletzte Antworten sind immer noch Antworten.

Nicht alle Fragen sind beantwortbar, noch weniger sind sie beantwortbar zur Zufriedenheit aller. Nicht anders verhält es sich mit Krankheiten diverser Natur. Einige Krankheiten sind mit Erfolg behandelbar, auch wenn sie wiederkehren können. Andere sind zum Teil behandelbar. Einige sind unbehandelbar. Mit den philosophischen Fragen scheint es nicht anders zu sein. Auf dem Wege der Ursachenforschung (vergleichbar mit der zweiten edlen Wahrheit Buddhas, nämlich: Es gibt eine Ursache des Leidens) verfährt Wittgenstein ähnlich einem Therapeuten und sucht nach den Gründen der philosophischen Verwirrungen. Dabei werden nicht nur Gründe dieser Verwirrungen unterschiedlich diagnostiziert, sondern ebenso die Therapien, die zur Beseitigung der Probleme von den Philosophen vorgeschlagen werden. An konkreten Beispielen macht Wittgenstein dies deutlich:

»Wenn nun der Solipsist sagt, dass nur seine eigenen Erfahrungen wirklich sind, dann ist es nutzlos, ihm zu antworten: ›Warum sagst du uns das, wenn du nicht glaubst, dass wir es wirklich hören können?‹ Oder zumindest dürfen wir nicht glauben, dass wir auf seine Schwierigkeit geantwortet haben, wenn wir ihm diese Antwort geben. Es gibt keine Common-sense-Antwort auf ein philosophisches Problem. Man kann den Commonsense gegen die Angriffe von Philosophen nur verteidigen, indem man ihre Probleme löst, d.h., indem man sie von der Versuchung heilt, den Common-sense anzugreifen, und nicht, indem man die Common-sense-Ansichten wiederholt.«[78]

Wenn philosophische Fragen auf Kommando nicht zum Schweigen gebracht werden können und es stimmt, dass sie ohne unser Zutun uns widerfahren, dann stellt sich die Frage, ob philosophische Denkautonomie so janusköpfig ist, dass sie uns befreit und auch gefangen

---

[77] Davon berichten in besonderer Weise die *Geheimen Tagebücher* (1914–1916) des jungen Wittgenstein. Sie berichten von den inneren Kämpfen eines radikalen und sehr sensiblen Denkers, der die philosophischen Probleme leibhaftig zu seinen eigenen macht und dabei die Transformation fest im Blick hat. »Tu du dein Bestes! Mehr kannst du nicht tun: Und sei heiter. Laß dir andre selbst genügen. […] Hilf dir selbst und hilf anderen mit deiner ganzen Kraft. Und dabei sei heiter! […] Schwer ist es, gut zu leben!! Aber das gute Leben ist schön. Aber nicht mein, sondern dein Wille geschehe!« Wittgenstein, L.: Die Geheimen Tagebücher (1914–1916), Wien 1991, 30.03.1916, S. 64.

[78] Fann, K. T.: Die Philosophie Ludwig Wittgensteins, München 1971, S. 86.

hält in einem. Man ist geneigt zu sagen: Philosophie ist eine »befreiende Tragik« und eine »tragische Befreiung«. Befreiend, weil das Denken, die Vernunft, die Reflexion nicht bereit ist, etwas anzunehmen, was es von sich aus nicht einsieht. Tragisch, weil das gleiche Denken es nicht schafft, die von ihm gestellten Fragen zu seiner eigenen Zufriedenheit beantworten zu können. Wir sind anscheinend zum Denken, zum Philosophieren verurteilt. Schon Kierkegaard soll gesagt haben, dass das Denken wehtut. Auf diesen Punkt brachte uns George Steiner schon weiter oben in *Warum Denken traurig macht:* es ist das Gefangensein in unseren Denkgewohnheiten. Wir können Nicht-Denken nicht denken. Ein wenig blauäugig möchte Wittgenstein aus sich heraus die Kraft haben wollen, den philosophischen Fragen zu verbieten, dass sie einem widerfahren. »Die eigentliche Entdeckung ist die, die mich fähig macht, das Philosophieren abzubrechen, wenn ich will. Die die Philosophie zur Ruhe bringt, so dass sie nicht mehr von Fragen gepeitscht wird, die *sie selbst* in Frage stellt.« (PU §133)[79]

Humes Ratschlag in diesem Zusammenhang scheint praktikabler und stoischer zu sein. Denn Vernunft scheint durch Vernunft nicht besiegbar zu sein. Hume schlägt vor, dass man bei allem Philosophieren doch ein Mensch bleiben soll. Und er meint damit ein Zurück zum Leben mit seinen alltäglichen Dringlichkeiten und dem konkreten Handeln darinnen.

> »Die Vernunft scheint hier in eine Art Ratlosigkeit und Ungewissheit geworfen, die sie, […] an sich selbst und dem Boden, auf dem sie sich bewegt, irrewerden lässt. Sie sieht ein helles Licht, das bestimmte Stellen beleuchtet; aber dieses Licht grenzt an die tiefste Finsternis. Und zwischen beiden steht sie so geblendet und verwirrt, dass sie sich kaum noch mit Gewissheit und Sicherheit über einen Gegenstand äußern kann.«[80]

Vor der Reflexion scheint die Welt in Ordnung zu sein. Während der Reflexion begegnen wir fast unüberwindlichen Problemen. Nach der

---

[79] In diesem Sinne begreifen wir auch Philosophie als tragische Befreiung *und* befreiende Tragik. Die uns quälenden Fragen können wir nicht zu einem letztgültigen Schweigen bringen, denn Fragen stellen müssen wir; doch das Fragen und das (tentative, approximative) Antworten aufgeben, können wir erst recht nicht. Und so lindert Philosophie immer wieder neu das quälende Jucken der Fragen. Doch wir blicken auch immer wieder in das Antlitz dieser Tragik: mit der versuchten Antwort taucht die nächste Frage bereits auf.

[80] Hume, D.: Eine Untersuchung über den menschlichen Verstand, Stuttgart 1982, S. 197 f.

Reflexion ist die Welt wieder so, wie sie vor der Reflexion war. Im Zen-Buddhismus sind vor der Reflexion die Dinge, wie sie sind, während der Reflexion sind sie es nicht. Aber nach der Reflexion sind die Dinge wieder, wie sie sind, d.h. stehen uns unverstellt und klar vor Augen: »Bevor man Zen studiert hat, sind Berge Berge und Flüsse Flüsse; während man ihn studiert, sind Berge nicht mehr Berge und Flüsse Flüsse.«[81] Auch Nagarjuna ist der Ansicht, dass Nirvana alles so sein lässt, wie es ist. Geistesverwandt spricht ja auch William James von der Krankheit der »philosophischen Melancholie« als Krankheit der Reflexion. Auch Wittgenstein meint, Philosophie »lässt alles wie es ist«. (PU §124) Dennoch ist aber Wittgenstein der Ansicht, dass Philosophie keine unnütze Tätigkeit ist.

Wittgenstein wirft den traditionellen Philosophen einschließlich sich selbst, dem Verfasser des *Tractatus,* vor, dass zwischen der »Oberflächengrammatik« und »Tiefengrammatik« der Sprache nicht unterschieden wird. Wenn wir die Sätze hören (ein Beispiel von Wittgenstein): »Ich habe einen schönen Hut« und »Ich habe grässliche Zahnschmerzen«, bringen wir die zwei grammatikalischen Formen des Gebrauchs des Wortes »haben« durcheinander. Oft hat man, und dies nicht zu Unrecht, auf die substantialistisch orientierten indogermanischen Sprachen hingewiesen. Tiefengrammatik legt im Gegensatz zu der Oberflächengrammatik den Hauptwert auf den Gebrauch (sozusagen das Verstehen im alltäglichen Sprachgebrauch) der Wörter und Sätze und nicht bloß auf die syntaktische Form. Das Verb »verlassen« in den beiden Sätzen weist auf eine ähnliche Verwirrung hin: »Ich verlasse meine Wohnung« und »Ich verlasse die Welt«. Das eigentlich Verwirrende, das Metaphysische, beginnt erst bei der Suche nach dem Sinn (des Verlassens) in diesem zweiten Satz. Erst die Frage, was *dieses* Verlassen bedeutet, stiftet Verwirrung. Denn »die Verwirrungen, die uns beschäftigen, entstehen gleichsam, wenn die Sprache leerläuft, nicht wenn sie arbeitet.« (PU §132) Weiter heißt es:

---

[81] Suzuki, D. T.: Zen Buddhism: Selected Writings of Suzuki, hrsg. v. Barrett, W., New York 1956, S. XVIf. Von einem ähnlichen Gleichnis spricht Wittgenstein in seinem *Blauen Buch:* »Wir scheinen eine Entdeckung gemacht zu haben, die wir beschreiben können, indem wir sagen, dass der Boden, auf dem wir standen und der fest und zuverlässig schien, sich als sumpfig und unsicher herausstellte. – Das heißt, das geschieht, wenn wir philosophieren; denn sobald wir zum Standpunkt des gesunden Menschenverstandes zurückkehren, verschwindet diese allgemeine Unsicherheit.« Wittgenstein, L.: Das Blaue Buch, S. 76. Hume hatte wiederholt darauf hingewiesen, dass Praxis das eigentliche Gegenmittel gegen Skepsis sei.

»Denn die philosophischen Probleme entstehen, wenn die Sprache *feiert.*« (PU §38) Wittgensteins sprachkritische Metaphysikkritik begründet dann wohl auch seine spätere pragmatische Wende.[82]

Wittgenstein ist also sehr kritisch bis ablehnend hinsichtlich der metaphysischen Verwirrungen und hausgemachten Probleme, die in rein spekulativer Analytik und formal-analytischen Definitionsversuchen entstehen. Er schätzt die eigentlichen tiefer liegenden metaphysischen Intentionen aufgrund ihres existentiellen Charakters. Die Metaphysiker, meint Wittgenstein, zielen auf etwas Neuartiges und versuchen es mit Hilfe gewöhnlicher Sprache auszudrücken. Und in diesem Unternehmen scheitern sie oft. In diesem Zusammenhang sagt Wittgenstein, dass die Metaphysiker eine neue »Malweise«, ein »neues Metrum«, eine »neue Art von Gesängen« entdecken, erfinden wollen. Seine berühmte Aussage im letzten Abschnitt seines *Tractatus logico-philosophicus,* »Worüber man nicht sprechen kann, darüber muss man schweigen«, ist ein Schauplatz der unterschiedlichsten Auslegungen geworden. Sollte aber Wittgenstein das Wort »worüber« positiv besetzen, so ist er kein Anti-Metaphysiker, ohne dass er deswegen als ein Metaphysiker im traditionellen Sinne gelten muss.[83]

---

[82] Obwohl er der Überzeugung und dem festen Willen zu Klarheit und Wirklichkeitsbeschreibung stets verbunden bleibt. Im *Tractatus* heißt es: »Alles, was überhaupt gedacht werden kann, kann klar gedacht werden. Alles, was sich aussprechen läßt, läßt sich klar aussprechen.« (*Tractatus* 4.116) Man kann daher vielmehr Wittgenstein als Phänomenologen und Hermeneutiker betrachten. Vgl. dazu die Arbeiten von Pacyna, Tony: The hen and egg principle of religion and theology, in: The Origin of Religion: Perspektives from Philosophy, Theology, and Religious Studies, hrsg. v. Appelqvist, H. und Pihlström, S., Helsinki 2016; ders.: Die Fremdheit des Eigenen. Wittgensteins Kultur der Einstellung, in: Das Fremde: Chance oder Bedrohung, hrsg. v. Fuchs, B. und Farokhifar, K., nachdenken 6, Rheinbach 2016.

[83] Denn im Vorwort des *Tractatus* schreibt er, dass das Buch dem Denken eine Grenze ziehen will. Um dem Denken selbst die Grenze ziehen zu können, müßten wir jedoch beide Seiten der Grenze kennen können. Und dies gelingt nicht, da wir nie *hinter* das Denken schauen können. Dieses Denken, das in Sprache geschieht, so Wittgenstein, ist ja die Grenze selbst. Wovon man nicht sprechen kann, darüber muss man schweigen, meint dann vermutlich nicht, dass Wahrheiten oder Sachverhalte unausgesprochen bleiben, sondern dass das, was Sprechen/Denken *ist,* nicht sein eigener Gegenstand sein kann. So stellt Wittgenstein die philosophische Rede selbst in Frage, obwohl er lediglich reklamiert, dass sie sich auf die »wirklichen« Dinge beziehe. Er meint *Sprache* selbst bleibt *leer:* »Meine Sätze erläutern dadurch, daß sie der, welcher mich versteht, am Ende als unsinnig erkennt, wenn er durch sie – auf ihnen – über sie hinausgestiegen ist.« (*Tractatus* 6.54) Nicht nur in der Lehre Platons gibt es also eine »ungeschriebene Lehre«. Auch Wittgenstein sagt, dass der Teil des *Tractatus,* der ungeschrieben blieb, der eigentlich bedeutsame Teil gewesen ist. Und so kämpft Hoff-

Ob Wittgenstein von einer »philosophischen Religion« träumte, die fast alle Sehnsüchte der traditionellen Religionen befriedigt, ohne jedoch ihren großen Ballast zu übernehmen, scheint uns eine legitime Frage zu sein. Er scheint auf eine ›angewandte Metaphysik‹ hinzuweisen, etwas, worüber man zwar nicht reden kann, aber was man sich (in der Reflexion) zu eigen machen kann, zur Einstellung werden kann. Man möchte Wittgenstein einen *philosophisch kognitiven Mystiker* nennen, ein Ausdruck, den Matilal für Nagarjuna verwendet. Die Zuversicht, dass es so etwas geben könnte oder gibt, müsste ausreichen, um das Ungreifbare nicht nur durch seine Greifbarkeit verstehen und realisieren zu wollen. »Warum«, fragt Wittgenstein fast rhetorisch, »soll das Ungreifbare rätselhafter sein als das Greifbare? Außer, weil wir es greifen *wollen.*«[84] Eigentlich ist es die Nicht-Erfüllung der Intention des Begreifen-Wollens, die dann auf das Begreifen-Wollen *selbst* zurückschlägt und es so aufgibt. Wittgenstein war der festen Überzeugung, dass seine Philosophie eine revolutionäre sei und einen Bruch mit der Vergangenheit darstelle. Mit dieser Vergangenheit scheint er die Vergangenheit der westlichen Philosophie zu meinen. Für diese Revolution sucht er adäquate Adressaten. So schreibt er über seine *Philosophischen Bemerkungen:*

»Dieses Buch ist für solche geschrieben, die seinem Geist freundlich gegenüberstehen. Dieser Geist ist ein anderer als der des großen Stromes der europäischen und amerikanischen Zivilisation, in der wir alle stehen. Dieser äußert sich in einem Fortschritt, in einem Bauen immer größerer und komplizierterer Strukturen, jener andere in einem Streben nach Klarheit und Durchsichtigkeit welcher Strukturen immer. Dieser will die Welt durch ihre Peripherie – in ihrer Mannigfaltigkeit – erfassen, jener, in ihrem Zentrum – ihrem Wesen. Daher reiht dieser ein Gebilde an das andere, steigt quasi von Stufe zu Stufe immer weiter, während jener dortbleibt, wo er ist, und immer dasselbe erfassen will.«[85]

Es ist freilich richtig, Wittgenstein sagt nicht *expressis verbis,* wo »jener andere« Geist beheimatet ist. Dass er aber eine plumpe Fortschrittsgläubigkeit ablehnt und geneigt zu sein scheint, eher zirkulär

---

nung wider die Hoffnung, wie Steiner dazu schreibt: »Ein Virus der Unerfüllbarkeit nistet in der Hoffnung [...] Die Ergebnisse bleiben hinter unseren Erwartungen.« Steiner, G.: Warum Denken traurig macht, Frankfurt a. M. 2013, S. 67 f.

[84] Wittgenstein, L.: Zettel, hrsg. v. Anscombe, G. E. M. und Wright, G. H., in: Werkausgaben Bd. 8, Frankfurt a. M. 1984, S. 297.

[85] Wittgenstein, L.: Philosophische Bemerkungen, Werkausgaben Bd. 2, Frankfurt a. M. 1964, Vorwort.

als linear zu denken, kann man zwischen den Zeilen lesen. Ob Wittgenstein mit diesen nicht sehr deutlichen Andeutungen das asiatische Denken meint, ist zumindest als Frage zulässig.

Es ist richtig, dass man heute auf einige Parallelen zwischen den kurzen und manchmal rätselhaften Bemerkungen Wittgensteins und den Aussagen Buddhas hinweist. So z. B. der Ratschlag Wittgensteins, darüber zu schweigen, worüber man nicht reden kann. Die unleugbare Differenz zwischen Wittgenstein und Buddha bleibt jedoch bestehen, weil Buddha eine soteriologisch orientierte und auf das Ziel der Befreiung vom Leiden (Nirvana) gerichtete Methode und Übung vorstellt. Demgegenüber kann von einer vergleichbaren Soteriologie in der Lehre Wittgensteins kaum die Rede sein. Freilich versucht Wittgenstein, Philosophie als Therapie zu begreifen, indem er auf die intellektuellen und metaphysischen Verwirrungen hinweist und diese in einem Missbrauch der Sprache und Grammatik sieht. Darin sieht er nicht so sehr eine ›Lösung‹ der Probleme, sondern eher eine ›Auflösung‹.

Schlussendlich laden viele Worte Wittgensteins einfach zu reflexiv-meditativen Übungen ein, die er als Antwort auf die Frage gibt, ob und warum Philosophie keinen Fortschritt mache. »Die Philosophie hat keinen Fortschritt gemacht? – Wenn Einer kratzt, wo es ihn juckt, muss ein Fortschritt zu sehen sein? Ist es sonst kein echtes Kratzen, oder kein echtes Jucken? Und kann nicht diese Reaktion auf die Reizung lange Zeit so weitergehen, ehe ein Mittel gegen das Jucken gefunden wird?«[86] Es kann durchaus sein, und aller Wahrscheinlichkeit nach ist es auch so, dass es eine schicksalhafte Asymmetrie zwischen Jucken und Kratzen, Fragen und Antworten gibt, und dies mit einer größeren Ausdauer der juckenden Fragen.

---

[86] Wittgenstein, L.: Über Gewissheit, Werkausgaben Bd. 8, Frankfurt a. M. 1984, S. 573.

7. Karl Jaspers: Philosophie verändert den Menschen

> Das Ziel der philosophischen Lebensführung ist nicht zu formulieren als ein Zustand, der erreichbar und dann vollendet wäre. Unsere Zustände sind nur die Erscheinung des ständigen Bemühens unserer Existenz oder ihres Versagens. Unser Wesen ist Auf-dem-Wege-sein.
>
> Karl Jaspers[87]

Das Denken Karl Jaspers hat unser Nachdenken über Philosophie als Therapie von Anfang an begleitet und inspiriert. Die eingangs ausgeführte interkulturelle Einstellung und ihr therapeutisches Potential beziehen sich wesentlich auf sein Verständnis der *philosophia perennis* und auf den *philosophischen Glauben*. Die Vielgestaltigkeit und Lebensnähe seines Philosophierens bietet viele Akzente der therapeutischen Wirkung von Philosophie. Jaspers, Philosoph und Arzt, zeigt die Horizonte eines sich selbst verpflichtenden Denkens auf, die auch bei ihm in besonderem Maße aus der Biografie entspringen.

In der Zeit innerer Emigration im Dritten Reich[88] beschäftigte er sich zunehmend mit der asiatischen Philosophie, vornehmlich mit China und Indien. Dabei kam er zu der festen Überzeugung, dass nicht nur in Griechenland, sondern auch in Indien und China ganz ursprünglich philosophiert wurde. So entwickelte er den Gedanken einer Weltphilosophie, die aufzeigt, dass jeder einzelne Mensch in seinem Denk- und Lebensweg zum Philosophieren angehalten ist:

»Ich [Jaspers] darf, mich beschränkend, auf zwei Aufgaben hinweisen. *Erstens:* Die einfachsten Formen der Einsicht finden, die für jedermann zugänglich und überzeugend werden. *Zweitens:* Die Gedanken vollziehen,

[87] Jaspers, K.: Die Unabhängigkeit des philosophierenden Menschen, München 1997, S. 114.

[88] Eine Zeit der besonderen Lebensbedrohung (neben Jaspers schwächlicher Gesundheit), da das Ehepaar Jaspers aufgrund der jüdischen Abstammung von Gertrud Mayer in ständiger Bereitschaft lebte sich zu vergiften, sollte es zur Verhaftung kommen. Zwischen 1933 und 1945 ist Jaspers von der Universität ausgeschlossen. In dieser Zeit vollzieht er die Wende hin zum politischen Denken und stellt nach 1945 den Einzelnen und sein moralisches Handeln in den Mittelpunkt seines Philosophierens. Er spricht nun von der Ethik des öffentlichen Verhaltens und der Verpflichtung des Einzelnen zum politischen Bewusstsein. »Menschen haben zum Beispiel ihr Leben eingesetzt im solidarischen Kampf für ein gemeinsames Dasein in der Welt. Die Solidarität stand unbedingt vor dem durch sie bedingten Leben.« Jaspers, K.: Einführung in die Philosophie, München 1971, S. 51.

die zum inneren Handeln werden, so daß sich eine Wendung des Menschen vollzieht zu dem hin was menschenwürdig ist. Und diese Umkehr ein Leben lang wiederholt wird. Denn die Philosophie ist für die Gegenwärtigkeit jedes einzelnen da, sie erzeugt die Helligkeit seines existentiellen Bewusstseins, die Klarheit dessen, wofür er leben und sterben will, sie steigert den Willen, zu tun was möglich ist, sie macht bereit für alles was kommen mag […]«[89]

Jaspers betrat die Philosophie von der Psychologie und Psychiatrie her und verstand sie von Grund auf als ein Projekt der persönlichen Reifung und Transformation. Philosophie entspringt der Geschichte und zwar sowohl der Menschheitsgeschichte als auch der je eigenen Biografie. Wer philosophiert, vollzieht Philosophie (und gleichsam sich selbst) immer schon im Zusammenhang der Geschichte. Alles Wirkliche im Menschen ist geschichtlich:

»Kein Mensch kann denkend von vorn anfangen, obgleich jeder echte Gedanke, von neuem gedacht, zugleich ursprünglich ist. Unmerklich erweckt der überlieferte Gedanke den eigenen Gedanken, gelingt das Denken in Entschiedenheit nur in bezug auf den anderen Gedanken, den es aneignet oder verwirft.«[90]

Für Jaspers waren die entscheidenden Wege zur Philosophie die Medizin und die eigene Krankheit, die, wie er in der *Allgemeinen Psychopathologie* ausführt, selbst Bedingung besonderer Leistung sein kann. Zeitlebens durch eine Schwächung der Atemwege zu viel Ruhe und wenig körperlicher Belastung verurteilt, widmet sich der praktizierende Psychiater Jaspers nahezu ganz dem Philosophieren. Und dies obwohl er nie ein akademisches Studium der Philosophie absolviert hat. Viele seiner Biografen betonen dabei die Rolle seiner Frau Gertrud Mayer, die ihm nicht nur durch ihre Fürsorge und unerschütterliche Geduld eine unentbehrliche Wegbegleiterin war, sondern ihn auch durch ihren scharfen Geist und ihre philosophische Neigung ermutigte und inspirierte. Ohne Gertrud Mayer wäre der uns bekannte Jaspers wohl nicht denkbar. »Der Anstoß zur Philosophie kam, nachdem sie geheiratet hatten (1920), vermutlich nicht so sehr durch ihr vorwiegendes Interesse, sondern mehr aus ihrem ganzen Wesen.«[91] Aus der eigenen Krankheit eine Tugend machend, wird Jaspers bekannt für seine grimmige Disziplin und unumstößlichen

---

89 Karl Jaspers im Gespräch mit Francois Bondy, in: DIE ZEIT, Nr. 9, 1963.

90 Jaspers, K.: Weltgeschichte der Philosophie, München 1982, S. 42.

91 Saner, H.: Karl Jaspers – Von der Weite der Vernunft und der Verlässlichkeit des

Routinen, die kontinuierliches Arbeiten und hohe Produktivität ermöglichen. Wesentlicher Gegenstand seiner Arbeit ist dabei stets die eigene Anschauung – geübt und kultiviert in Form meditativ-reflexiver Übungen:

»Alle Entschlüsse meines Lebens waren mitbedingt durch eine Grundtatsache meines Daseins. Die Krankheit durfte durch Sorge um sie nicht zum Lebensinhalt werden. Die Aufgabe war, sie fast ohne Bewusstsein richtig zu behandeln und zu arbeiten, als ob sie nicht da sei. Alles musste nach ihr gerichtet werden, ohne an sie zu verfallen [...] Will ich arbeiten, muß ich das Schädliche wagen, will ich am Leben bleiben, muß ich für strengste Ordnung unter Vermeidung des Schädlichen sorgen. Zwischen diesen beiden Polen verlief mein Dasein.«[92]

Seit seiner Jugend verspürt Jaspers einen Drang zum Existentiellen und war wohl von ganz introvertierter Art, doch seine Neigung zur strengen Wissenschaftlichkeit erwarb er im Studium der Medizin. Seine immerwährende Orientierung an der wissenschaftlichen und ärztlichen Praxis ließ ihn Philosophie als am tätigen Leben und unbedingter Wahrhaftigkeit orientiert begreifen. Der Weg zur Philosophie führt für Jaspers nicht zu abstraktem Denken, sondern zu einem klaren und unverstellten Blick auf die Realität im Dienste am Menschen und das (An)Erkennen seiner Natur. »Ich wollte besser philosophieren, für mich allein. Voraussetzung schien mir, etwas Reales zu lernen. Die Jurisprudenz interessierte mich damals nicht. Ich wollte den Menschen und die Natur, die Realität selber kennenlernen. Wegen der Aussicht auf einen normalen Beruf wählte ich die Medizin.«[93]

Dieses Verständnis des tätigen Philosophierens reift bereits in Jaspers' Jugend und insbesondere in seiner Gymnasialzeit. Gerne berichtet er von seinen Auflehnungen gegen die streng autoritären Direktoren. Der zu Einsamkeit, Vereinzelung und unbedingter Autonomie drängende Jaspers sucht den Weg in die Philosophie, in das klare und aktive Denken und die Erhellung von Existenz darin. »Mein körperlicher Gesundheitszustand erlaubte mir keinen praktischen Beruf. Das wurde mir erst langsam klar. Mein Wesen drängte zur Praxis.«[94] In beständiger Konfrontation mit seiner körperlichen Schwä-

Handelns, in: Philosophen des zwanzigsten Jahrhunderts im Porträt, hrsg. v. Nordhofen, E., Frankfurt a.M. 1986, S. 127.

92 Jaspers, K.: Philosophische Autobiografie, München 1984, S. 12f.

93 Karl Jaspers im Gespräch mit Francois Bondy, in: DIE ZEIT, Nr. 9, 1963.

94 Ibid.

che und der ständigen Möglichkeit des Sterben-müssens, ist auch für Jaspers das Leben ein Sterben-lernen. Darin ist es jedoch stets die Bejahung des Daseins selbst, das Existieren an der Grenzerfahrung, was ihn beschäftigt:

»*Aus unbekanntem Dunkel steigt der einzelne Mensch Stufe für Stufe zum Bewußtsein seiner Existenz. Er fühlt, daß er in abgeschlossener Existenz keine Bedeutung hat.* Seine Existenz müßte, ohne die Einsamkeit preiszugeben, offen sein auf andere Menschen und auf Gott hin. Man *müßte die Kraft haben, diese Bezeichnung trotz der Verhunzung ihrer Bedeutung durch die Pastoren beizubehalten.* Die größten Probleme aber, *an denen alles zu hängen scheint,* sind die Fragen, *was denn der Tod und was eine Individualität bedeute.* Das Bewußtsein des Sterbenmüssens zeichnet den Menschen aus und verleiht seinem Handeln Einmaligkeit. Man soll daher ständig auf das *memento mori* hören. Erst in der Allgegenwart des Todes lernt man verstehen: *wir sind eben immer an der Grenze* und erst im Verstehen der Endlichkeit wird bewußt: *wir müssen kämpfen.* Erwägt man so die *Gesamtsituation* des Menschen in der Welt, *so kann man berechtigt finden eigentlich nur den Ernst.* So lag der *Raum, den die Philosophie zu erleuchten hatte* – Dasein, Existenz, Transzendenz, Bewußtsein, Grenzsituation, Kommunikation, Scheitern, Ernst […]«[95]

Welcher Sinn kann schon in solch leidvollem und kontingenten Dasein liegen, wie der Mensch es führen muss? Welchen Sinn hat jedes Tätig-Sein, wenn das Sterben-müssen dem Einzelnen kaum eine Spur im Sand der Geschichte zubilligt? Auf solche Fragen bietet die Wissenschaft keine Antworten. »Wissenschaftliche Erkenntnis vermag das Leben nicht zu tragen, sie kann nicht einmal begründen, warum sie selber sein soll. Sie fordert die Zerstreutheit. Aus meinem Enthusiasmus für wissenschaftliche Gewißheit, meiner Erfahrung der Grenzen der Wissenschaft führte der Weg zur lebentragenden Philosophie. Deren Denken zum Beruf zu machen, war nicht bloß ein Ausweg.«[96] Die Aufgabe der Philosophie ist es, im Gewahren von Wissenschaft *und* Kontingenz, den Sinn und das Ziel unseres Lebens aufzudecken und mitzuteilen:

»So gilt: der Ursprung der Philosophie liegt zwar im Sichverwundern, im Zweifel, in der Erfahrung der Grenzsituationen, aber zuletzt, dieses alles in sich schließend, in dem Willen zur eigentlichen Kommunikation. […] Erst in der Kommunikation verwirklicht sich alle Wahrheit, in ihr allein bin ich ich selbst, lebe ich nicht bloß, sondern erfülle das Leben. […] Erst in der

---

[95] Saner, Hans: Jaspers, Reinbek 1970, S. 32 (Hervorhebungen: Jaspers im Original).
[96] Karl Jaspers im Gespräch mit Francois Bondy, in: DIE ZEIT, Nr. 9, 1963.

Kommunikation wird der Zweck der Philosophie erreicht, in dem Sinn aller Zwecke zuletzt gegründet ist: das Innewerden des Seins, die Erhellung der Liebe, die Vollendung der Ruhe.«[97]

Markieren Philosophie und Psychiatrie zwar zwei unterscheidbare Schaffensperioden Jaspers, sind sie in seinem Denken jedoch schon früh kaum voneinander zu trennen und machen ihn zum »philosophierenden Arzt«.[98] Das Projekt dieser am Menschen orientierten Philosophie, die sich dem Selbst-Sein des Menschen und seiner Selbstvergewisserung widmet, und die therapeutische Wirkung von Philosophie verstehen wir durch Jaspers' Philosophieren angesichts der Psychopathologie: Die Praxis des Arztes ist konkrete Philosophie.[99] Jaspers' Philosophie ist getragen von einem Geist der Transformation *aufgrund* der untrennbaren Verschwisterung von Theorie und Praxis. Er widmete sein Leben dem Dienst am Denken und machte die Arbeit, die Sorge um den Menschen, um das Problem Mensch, zum Gegenstand seiner unablässigen Bemühungen: »Mein Gebiet ist der Mensch, zu nichts anderem hätte ich dauernd Fähigkeit und Lust.«[100]

Für Jaspers gilt: Es gibt keine Gegenstände des Philosophierens, die nicht vom Menschen her zu betrachten ist. Der philosophierende Mensch, seine Widerfahrnis, sein tätiges Wissen und wissendes Tun, sein alltägliches Verhalten und die aus ihm hervortretenden Erfahrungen, können nicht vernachlässigt werden. Philosophieren entspringt der Menschenwelt und muss sich auf diese beziehen. Auf dieser Grundhaltung beruht sein Philosophieren, das vom ursprünglichen Existieren ausgeht und den Menschen in seiner ganzen Erfahrungswirklichkeit im Blick behält. Auf dieser Grundhaltung beruht die Verschwisterung von Psychiatrie und Philosophie. Diese Verschwisterung verfolgt Jaspers maßgeblich in seiner *Allgemeinen Psychopathologie:* den Menschen ganzheitlich zu erfassen und die Er-

---

[97] Jaspers, K.: Die Unabhängigkeit des philosophierenden Menschen, München 1997, S. 22.

[98] Blankenburg, W.: Karl Jaspers, in: Klassiker der Medizin, hrsg. v. Engelhardt, D., Hartmann, T., Bd. 2, München 1991, S. 355. Vergleiche auch Schipperges, H.: Medizin als konkrete Philosophie, in: Karl Jaspers. Philosoph, Arzt, politischer Denker, hrsg. v. Hersch, L., Lochman, J. M., Wiehl, R., München 1986.

[99] Jaspers, K.: Der Arzt im technischen Zeitalter, München 1986, S. 56. Vgl. dazu auch seine Aufsätze *Die Idee des Arztes, Arzt und Patient* sowie seine *Philosophische Autobiografie.*

[100] Jaspers in einem Brief von 1905, zit. in: Saner, H.: Jaspers, Reinbek 1970, S. 22.

gründung der Notwendigkeit, ihn nur in seiner Gesamtheit beschreiben zu können. Denn »[wir] kennen keinen Grundbegriff, mit dem der Mensch schlechthin begriffen, keine Theorie, durch die seine Wirklichkeit als ein objektives Geschehen im Ganzen erkannt würde. Unsere wissenschaftliche Grundhaltung ist daher: Offenheit für alle Möglichkeiten empirischer Untersuchung, Abwehr der Verführung, das Menschsein gleichsam auf einen Nenner zu bringen.« [101]

Lässt man sich wie Jaspers von der Sorge um den Menschen bewegen, wird Philosophie ein Kümmern und Sorgen um sich selbst. Das ist das Therapeutische in der Jaspers'schen Philosophie: Das Interesse an einer teilnehmenden Beobachtung der gelebten Erfahrung, also das Sich-selbst-Beobachten des Philosophierenden im doppelten Sinne – der sich selbst thematisierende Beobachter und die beobachtete Widerfahrnis der Existenz des Menschen.[102] Beobachtung angesichts der Frage, was dem philosophierenden Menschen in und mit und durch seine Gegenwart widerfährt:

»Der Gegenstand […] ist das wirkliche bewußte psychische Geschehen. Wir wollen wissen, was und wie Menschen erleben, wir wollen die Spannweite der seelischen Wirklichkeiten kennenlernen. Und nicht nur das Erleben der Menschen, sondern auch die Bedingungen und Ursachen, von denen es abhängt, die Beziehungen, in denen es steht, und die Weisen, wie es sich irgendwie objektiv äußert […]«[103]

Der Psychopathologe Jaspers will, den zwei Flügeln der Philosophie gemäß, das Allgemeine, das in Begriffen Ausdrückbare, das Mitteilbare, das, was sich in Regeln bringen und in (regelgeleiteten, kausalen) Beziehungen erkennen lässt, herausarbeiten, jedoch ohne dabei den einzelnen Menschen ganz in psychologische Begriffe aufzulösen.[104] Und das ist ein Denken, das sich selbst verpflichtet, denn »die in philosophischer Schulung zu erwerbende methodologische Besinnung« ist wesentlich für »die Art der menschlichen Haltung […] im

---

[101] Jaspers, K.: Allgemeine Psychopathologie, S. 6. »Existenzphilosophie würde sogleich verloren sein, wenn sie wieder zu wissen glaubt, was der Mensch ist.« Jaspers, K.: Die geistige Situation der Zeit, Berlin 1965, S. 146.

[102] »[…] Wirklichkeit ergreifen durch die Weise, wie ich denkend mit mir selbst umgehe, im inneren Handeln […] Philosophie ist das Konzentrierende, wodurch der Mensch er selbst wird, indem er der Wirklichkeit teilhaftig wird« Jaspers, K.: Einführung in die Philosophie, München 1971, S. 15. Darin liegt eine große Quelle für Mitgefühl (Compassion).

[103] Jaspers, K.: Allgemeine Psychopathologie, Heidelberg [4]1946, S. 2.

[104] Ibid. S. 1.

Erkennen.«[105] Durch diese Haltung, die eine jede natürliche Einstellung einer vormals fraglosen und unproblematischen Existenz von Welt derogiert, entdeckt der Philosophierende die eigene Unfertigkeit, denn »dem Menschsein ist seine Unfertigkeit, seine Offenheit, seine Freiheit und seine unabschließbare Möglichkeit selber Grund eines Krankseins […] er ist nicht bloß geraten, sondern sich aufgegeben […]«[106]

Der philosophische Glaube

Zu den wesentlichen Merkmalen von Jaspers' philosophischem Glauben gehören die Verzichtleistung auf den Absolutheitsanspruch, Zurückweisung aller Dogmatik (in der Philosophie) und vor allem die Erarbeitung des Kommunikationswillens und der Kommunikationsbereitschaft. Für Jaspers ist der Wille zur Vernunft der Wille zur Vervollkommnung unser selbst in Freiheit und zur unbedingten Kommunikation mit dem Anderen. »Der philosophische Glaube aber ist der Glaube des Menschen an seine Möglichkeit. In ihm atmet seine Freiheit.«[107] Das voluntaristische Element in Jaspers' Lehre von der Vernunft ist nicht zu übersehen. Diese ein wenig idealistisch-spekulativ anmutende Konzeption der Vernunft steht für einen unumstößlichen Willen zur Einheit, die jedoch als eine regulative Idee keine Einheitlichkeit oder Einförmigkeit darstellt, weil sie jede Form der Ausschließlichkeit ablehnt. Auch hier scheint seine Lehre von den Chiffren durch, denn die Idee der Einheit ist symbolischen Charakters. »Einheitsvorstellungen täuschen«, heißt es bei Jaspers, »wenn sie mehr sein sollen als Symbole«.[108] Jaspers definiert die Wahrheit als das, was verbindet und demzufolge Kommunikation ermöglicht. In der Debatte um Konsensualismus plädiert Jaspers für den Vorrang der Kommunikation vor dem Konsens. Denn er sieht Wahrheit in erster Linie der Kommunikation selbst verpflichtet und nur sekundär der Erreichung eines Konsenses. Eine Wahrheit, die verbindet, gilt auch dann, wenn das, was verbindet, in nichts Anderem besteht als in der reziproken Verzichtleistung auf den Absolutheitsanspruch – in

105 Ibid. S. 5 f.
106 Ibid. S. 6 ff.
107 Jaspers, K.: Der philosophische Glaube, München 1974, S. 59.
108 Vgl. Jaspers, K.: Vom Ursprung und Ziel der Geschichte, München 1983, S. 326.

der anhaltenden Bemühung des Miteinander-Redens. Denn schon eine solche Verzichtleistung bringt die Kommunikation in Gang, auch wenn die Differenzen unüberwindlich sein sollen. So beantwortet Jaspers auch die Frage: Wie ist Kommunikation ohne Konsens möglich?[109]

Der tolerante Zug des philosophischen Glaubens weist die Verbindung zwischen Geschichtlichkeit und Endgültigkeit zurück und lehnt die Ansicht als negativ fundamentalistisch ab, die da sagt: Man nehme die Wahrheit nicht ernst genug, wenn man von ihrer uneingeschränkten, absolutistischen und allgemeinverbindlichen Eigenschaft nicht überzeugt sei. Wer so denkt, verwechselt die Ernsthaftigkeit mit Kampfbereitschaft.[110] Philosophischer Glaube verneint nicht die Transzendenz, wohl aber eine restlose Immanenz, d.h. eine ausschließliche und ausschließende Inanspruchnahme. Der philosophische Glaube stellt eine Sichtweise dar, die ein der intra- und interkulturellen Verständigung dienliches Verbot aller Verabsolutierungen impliziert. »Die Menschen sind nicht, was sie sind, sondern sich selber immer noch Frage und Aufgabe: alle Totalurteile über sie sagen mehr, als man wissen kann.«[111] Wenn der Begriff Glaube auch irreführend sein mag, der philosophische Glaube ist der Vollzugsort der Transformation der selbsttherapeutischen interkulturellen Einstellung.

> »Es ist für jeden die Frage, ob er dahin drängt und ob er daran glaubt, nicht wie an ein Jenseitiges, sondern an ein ganz Gegenwärtiges: an die Möglichkeit in uns Menschen, wirklich miteinander zu leben, miteinander zu reden, durch dieses Miteinander in die Wahrheit zu finden und erst auf diesem Wege eigentlich selbst zu werden. [...] Die Kommunikation aber in allen ihren Möglichkeiten der Verwirklichung näher zu bringen, ist eine tägliche Aufgabe des philosophischen Lebens.«[112]

Der philosophische Glauben ist vergleichbar mit der Ansicht des buddhistischen Philosophen Nagarjuna, dessen Zurückweisung aller

---

[109] Vgl. zur ausführlichen Diskussion: Wiehl, R. und Kaegi, D. (Hrsg.): Karl Jaspers – Philosophie und Politik, Heidelberg 1999; Yousefi, H. R., Schüßler, W., Schulz, R. und Diehl, U.: Karl Jaspers – Grundbegriffe seines Denkens, Reinbek 2011.

[110] »Bekenntnis ja, aber für sich selber; aber für sich selber, nicht für den andern, nicht zur Konstituierung einer organisierten Gemeinschaft, die sich dadurch von andern abgrenzt und sie abwehrt, nicht als Anspruch andern gegenüber.« Jaspers, K.: Provokationen. Gespräche und Interviews, hrsg. v. Saner, H., München 1969, S. 92.

[111] Jaspers, K.: Der philosophische Glaube, S. 135.

[112] Ibid. S. 135 f.

Standpunkte selbst keinen Standpunkt darstellt (Standpunktlosigkeit). Was grundsätzlich zurückgewiesen wird, ist nicht die Standpunkthaftigkeit, sondern ihre Verabsolutierung. Was der philosophische Glaube zurückweist, ist nicht so sehr die Ursprünglichkeit der eigenen Anschauung, sondern ihre Ausschließlichkeit. »Nur Glaubende«, so Jaspers, »können Kommunikation verwirklichen […] Mit den Glaubenskämpfern lässt sich nicht reden.«[113] Immer, wenn von der Absolutheit der Wahrheit die Rede ist, ist damit in erster Linie die Absolutheit des menschlichen Anspruchs auf die Wahrheit gemeint. Nicht die Absolutheit der Wahrheit produziert Konflikte, sondern nur der menschliche Anspruch. »Der Ausschließlichkeitsanspruch ist Menschenwerk.«[114] Die Sachlage wird schwieriger und macht eine jede Kommunikation fast unmöglich, wenn es mehrere solcher Absolutheitsansprüche gibt, die im Raume stehen, sich gegenseitig bekämpfen und auch relativieren.

»Verabsolutieren eines immer partikularen Erkennens zum Ganzen einer Menschenerkenntnis führt zur Verwahrlosung des Menschenbildes. Die Verwahrlosung des Menschenbildes aber führt zur Verwahrlosung des Menschen selbst. Denn das Bild des Menschen, das wir für wahr halten, wird selbst ein Faktor unseres Lebens. Es entscheidet über die Weisen unseres Umgangs mit uns selbst und mit den Mitmenschen […]«[115]

Der philosophische Glaube ist selbst nicht ein konkreter Glaube, sondern der Name einer Haltung, einer philosophischen Einstellung und Überzeugung, die das eine Wahre niemandes Besitz allein sein lässt und so dafür sorgt, dass Kommunikationsbrüche verhindert werden. Dies führt Jaspers zu einer selbstverpflichtenden Theorie und Praxis der Toleranz. Dabei wird der Begriff »Toleranz« nicht zu einer Gleichgültigkeit verwässert. »Gegen Intoleranz«, so Jaspers, »bleibt nur Intoleranz.«[116] Eine interkulturelle Verständigung besteht in einer respektvollen Einmütigkeit, die die ›Wahrhaftigkeit‹ höher schätzt als die ›Wahrheit‹ und bereit ist, die Wahrhaftigkeit (Authentizität) fremder Denkungsarten und Lebensformen auch ohne den völligen Konsens analogisch zu bezeugen.[117] Denn sie folgen der Einsicht: Wir werden wir selbst nur in dem Maße, als der Andere er

---

113 Ibid. S. 134 f.

114 Ibid. S. 75.

115 Ibid. S. 50.

116 Ibid. S. 85.

117 Vgl. Jaspers, K.: Einführung in die Philosophie, München 1971.

selbst wird, werden frei nur, nur soweit der Andere frei wird. Darin liegt eine methodische Selbstbeschränkung (Epoché), ohne alle Wertungen und Abschätzungen der Sache als solcher den Blick zuzuwenden.[118]

»Der philosophische Glaube bleibt so das Wagnis radikaler Offenheit. [...] er muß sich zur Erscheinung bringen in der Weise des Denkens und Begründens. Schon im Pathos des unumgänglichen Behauptens, das wie Verkündigung klingt, sind wir philosophisch in Gefahr des Verlierens.«[119]

Der ›gemeinsame Boden‹, vom dem Jaspers im Vorwort seiner Spätschrift *Der philosophische Glaube angesichts der Offenbarung* spricht, zielt auf die Konzeption einer Absolutheit, Unbedingtheit, Ursprünglichkeit und Gewissheit nach innen. Er meint damit die Bejahung und Stärkung der Authentizität hin zu freiheitlicher Selbstständigkeit und eben nicht eine Absolutheit nach außen, im Versuch einer strengen Allgemeingültigkeit die eigene Wahrhaftigkeit zu exportieren und zu doktrinieren. Die Philosophen haben oft von ihren Argumenten mehr verlangt, als diese geben können, nämlich eine allgemeine Übereinstimmung oder gar völlige Überzeugung, unbedingte Objektivität und Allgemeingültigkeit. Die philosophischen Theorien und Ansichten zählen zu ihren konstitutiven Elementen neben den philosophischen Argumenten auch die je besondere philosophische Disposition und Sozialisation der am Gespräch beteiligten Philosophen. Wie sonst könnte man die prinzipiellen Unterschiede auch unter den großen Philosophen und Denkern der Menschheit erklären.[120]

Jaspers betreibt Philosophie als immer schon in einen weltphilosophischen Kontext eingebunden.[121] Er entwirft eine neue Konzeption einer philosophischen Historiographie, die aus der Lebensform

---

[118] Vgl. Jaspers, K.: Philosophie, Bd. 1: Philosophische Weltorientierung, München 1994, S. 166.

[119] Jaspers, K.: Der philosophische Glaube, S. 16.

[120] Vgl. Mall, R. A.: Was konstituiert philosophische Argumente, in: Bremer Philosophica, Universität Bremen, 1996/1.

[121] »Der Sinn der Philosophiegeschichte liegt für Jaspers nicht in der einseitigen Darstellung der philosophischen Gehalte der Tradition, sondern im Miteinanderphilosophieren [...] Welchen ungeheuren Umfang aber Jaspers Aufzeichnungen zur Philosophiegeschichte haben, konnte erst der Nachlaß enthüllen, der Jaspers Plan und teilweise Durchführung einer Weltgeschichte der Philosophie zu Tage treten läßt [...] In seiner weiteren Entwicklung kam er immer mehr dazu, die Philosophie auch auf die politischen und gesellschaftlichen Daseinsverhältnisse zu beziehen. Philoso-

des Einzelnen entspringt. »Wir sind«, ruft er, »auf dem Wege vom Abendrot der europäischen Philosophie durch die Dämmerung unserer Zeit zur Morgenröte der Weltphilosophie.«[122] Die praktischen Auswirkungen dieses Denkens in Lehre und Forschung kann sehr wohltuend sein. Denn Jaspers verpflichtet sowohl den Einzelnen als auch Lehre und Pädagogik zur Bildung eines interkulturell philosophierenden Herzen:

»Es gibt keinen Königsweg zur Philosophie. Jeder Weg ist möglich und hat seine Vorzüge. Die ausschließliche Geltung eines einzigen Weges aber wäre in Frage zu stellen. Dieser Weg ist heute: Studium der Philosophie, Doktor der Philosophie, die Habilitation für Philosophie, die Professur für Philosophie. Dieses Kreisen der Philosophie in sich selbst, ihr Leben allein aus der Überlieferung, nicht aus dem eigenen Leben, aus den Welterfahrungen und aus den Wissenschaften, hat vielleicht den Niedergang der akademischen Philosophie zur Folge gehabt, den Unernst, der in ihr oft herrscht.«[123]

Diese Forderung im Sinne der Lebensform wiederholt, wie wir oben gesehen haben, auch Pierre Hadot, denn »die moderne universitäre Philosophie ist selbstverständlich keine Lebensweise, keine Lebensform mehr, es sei denn, sie sei der persönliche Lebensstil des Philosophieprofessors.«[124] Er beruft sich dabei auf Schopenhauer, der in drastischen Worten bereits die Lage der universitären Philosophie seiner Zeit darstellt und sie »bloße Spiegelfechterei«, »Kathederphilosophie«, ja sogar »Spaßphilosophie« nennt.[125]

---

phie sollte Weltphilosophie werden, die existentiellen signa Weltbezug gewinnen.« Burkard, Franz-Peter: Karl Jaspers, Würzburg 1985, S. 93 f.

[122] Jaspers, K.: Denkwege. Ein Lesebuch, München/Zürich 1983, S. 72. Vgl. weiter Teoharova, G.: Karl Jaspers' Philosophie auf dem Weg zur Weltphilosophie, Würzburg 2005.

[123] Karl Jaspers im Gespräch mit Francois Bondy, in: DIE ZEIT, Nr. 9, 1963.

[124] Hadot, P.: Philosophie als Lebensform, S. 172.

[125] Ibid. Vgl. Schopenhauer, A.: Die Welt als Wille und Vorstellung, Sämtliche Werke, hrsg. v. Griesebach, E., Band II, Leipzig 1891, S. 188 f. Nietzsche drückte sich im Anschluss an Schopenhauer noch drastischer aus: »Jede Philosophie, welche durch ein politisches Ereignis das Problem des Daseins verrückt oder gar gelöst glaubt, ist eine Spaß- und Afterphilosophie.« Nietzsche, F.: Licht wird alles, was ich fasse, Lexikon der Nietzsche Zitate, hrsg. v. Prossliner, J., München 1999, S. 11. Edmund Husserl, obwohl eher bekannt für eine epistemologisch orientierte Universitätsphilosophie im Sinne einer »reinen Theoria«, betont das »Berufsartige« der phänomenologischen Einstellung. Es geht um die zentrale Einstellung der Epoché, die phänomenologische Bekehrung, die hier nicht nur eine bloß epistemologische Änderung bewirkt, sondern die Sichtweise des Phänomenologen verändert. In diesem Zusammenhang spricht Husserl von einer »Berufsepoché« und meint, »dass es im Grunde gleichkommt, ob

Mit Jaspers Philosophie als Therapie begreifen heißt nun: die philosophische Lebensform zu üben und die Vielgestaltigkeit dieser Lebensform anzuerkennen und diese Anerkennung auch ins je eigene Tun zu tragen. Philosophie, das Unbedingte, das Eigentliche, darf sich weder in die reine Theorie zurückziehen noch ihre Befähigung zur strukturierten Reflexion und kritischem Denken aufgeben.

»Die Forderung der Zugänglichkeit der Philosophie für jedermann muß anerkannt werden. […] Jede Philosophie definiert sich selbst durch ihre Verwirklichung. Was Philosophie sei, das muß man versuchen. Dann ist Philosophie in eins der Vollzug des lebendigen Gedankens und die Besinnung auf diesen Gedanken (die Reflexion) oder das Tun und das Darüberreden. Aus dem eigenen Versuch heraus erst kann man wahrnehmen, was in der Welt als Philosophie uns begegnet […] Im Philosophieren handelt es sich um das Unbedingte, Eigentliche, das gegenwärtig wird im wirklichen Leben. Jeder Mensch als Mensch philosophiert.«[126]

8. Zhuāngzǐ: Reflexiv-meditativ-transformative Übungen zu einem allumfassenden Mitgefühl

Denken und Handeln sind unzertrennlich miteinander verbunden. Zumindest soll dies unser Ziel sein. Der Übergang zwischen Denken und Handeln vollzieht sich reflexiv-meditativ-transformativ. Philosophische Reflexion, das philosophische Denken führt über sich hinaus zum Nachdenken. Das Nachdenken schließlich führt zu einer Einstellungsänderung, zu einer Transformation des Denkens, zu einer Wandlung des Denkenden. Die Rede von reflexiv-meditativ-

man Schuster oder Phänomenologe ist […]« Husserl, E.: Die Krisis der europäischen Wissenschaften und die transzendentale Phänomenologie, Husserliana Band VI, Haag 1962, S. 140. Von einer personalen Wandlung ist in diesem Zusammenhang die Rede. Husserl schreibt, fast philosophisch-autobiografisch: »Vielleicht wird es sich sogar zeigen, dass die totale phänomenologische Einstellung und die ihr zugehörige ›Epoché‹ zunächst wesensmäßig eine völlige personale Wandlung zu erwirken berufen ist, die zu vergleichen wäre zunächst mit einer religiösen Umkehrung, die aber darüber hinaus die Bedeutung der größten existentiellen Wandlung in sich birgt, die der Menschheit als Menschheit aufgegeben ist.« Ibid. S. 140. Und der Phänomenologe Jan Patočka schreibt in einem Brief an Samuel Ijesseling, damaliger Direktor des Husserl-Archivs: »Der Glaube an eine geistige Sendung der Philosophie verbindet alle Phänomenologen, welcher Abschattung sie sich auch verpflichtet fühlen mögen.« 23. XII. 1976; Thomas Vongehr für Open Phenomenology, 01. 02. 2016.

[126] Jaspers, K.: Einführung in die Philosophie, München 1971, S. 14.

transformativen Übungen schließt alle drei Komponenten ein. Diese Übungen sind keine geistlichen, sondern geistige Übungen. Im Folgenden möchten wir uns einigen dieser Übungen bei Zhuāngzǐ widmen.

Zhuāngzǐ, der wohl bekannteste Taoist und für manche sogar überragender als sein Meister Laozi, versucht in seiner Lebensphilosophie, Denken und Handeln zur gegenseitigen Bereicherung Hand in Hand gehen zu lassen. Zhuāngzǐ lebt in der zweiten Hälfte des vierten Jahrhunderts vor Christus, also etwa 250 Jahre nach Laozi. Zhuāngzǐ lebt aus freien Stücken in großer Armut. Er lehnt es immer wieder ab, Regierungsämter zu übernehmen mit der Begründung, er laufe dadurch Gefahr, seine Freiheit zu verlieren. Ein Vergleich mit den Kynikern bietet sich an. Es wird berichtet, dass der damalige König einen Boten mit vielen Geschenken und der Bitte schickte, Zhuāngzǐ möge als Minister an seinen Hof kommen. Zhuāngzǐ lehnt diese Bitte jedoch zynisch ab. Seine Ablehnung begründet er wie folgt:

»Tausend Stücke Gold sind ein großer Gewinn, und die Stellung eines Ministers genießt größtes Ansehen. Aber habt ihr nie den Ochsen für das Schlachtopfer in den Vorstädten gesehen? Nachdem man ihn jahrelang gefüttert hat, staffiert man ihn mit prächtigem Schmuck aus, um ihn so in den großen Tempel zu führen. Ist es erst so weit gekommen, möchte er sich wohl wünschen, ein unbeachtetes Schweinchen zu sein – doch wie könnte das sein? Entfernt Euch rasch, mein Herr, und korrumpiert mich nicht! Ich vergnügte mich lieber in einer stinkenden Suhle, als mich vom Herrscher eines Königreiches in Banden halten zu lassen. So lange ich lebe, werde ich kein Amt annehmen, denn gerade so gefällt es mir!»[127]

Es stellt sich hier die Frage: Wenn die Weisen sich von der Politik fernhalten und wenn Politik unser aller Schicksal ist, wie soll sich dann die Situation der Menschen und ihre Gesellschaft ändern?[128] Hier sieht man, mit einem Seitenblick auf Mahatma Gandhi, dass dieser einen anderen Weg einschlägt und sich aktiv als »Weiser« in die Politik einmischt, jedoch von selbiger Einsicht wie Zhuāngzǐ ausgeht. Oft wird Politik, und dies nicht immer ganz zu Recht, als ein

[127] Zit. in Wohlfart, G.: Zhuāngzǐ, Stuttgart 2003, S. 9.

[128] Mit Blick auf unsere Tage stellt sich die Frage genauer: Wie soll Demokratie gelingen, halten sich die Gemäßigten, die Etablierten, die Gelassenen und die Belesenen aus ihr heraus? Wie soll Demokratie, ein toleranter Pluralismus, gelingen, wird das Feld der Politk allzu leicht den Demagogen und Populisten überlassen?

opportunistisches Geschäft bezeichnet. In diesem Sinne spricht Toynbee von Gandhi und schreibt:

»Slums müssen beseitigt werden, und zur Beseitigung von Slums braucht man Helden, die sie in die Hand nehmen. Aber man kann nicht Hand anlegen, ohne die Gefahr, sich schmutzig zu machen. Die Slums der Politik sind moralische Slums, und die Beschmutzung, die einen Arbeiter in diesen Slums bedroht, ist moralische Beschmutzung. Aus diesem Grund haben viele empfindsame, reine und edle Geister davon Abstand genommen, an der Politik teilzunehmen. Und diese Zurückhaltung, natürlich wie sie ist, hat einen *circulus vitiosus* geschaffen; denn die Politik kann nicht erlöst werden, es sei denn die edelsten Geister widmen sich dieser wenig anziehenden Aufgabe. Die Aufgabe, die Politik zu erlösen, wird immer drängender […] Im Atomzeitalter, mehr als je zuvor, braucht man Heilige, die sich auf ihre eigene geistige Gefahr hin in den Schlamm der Politik stürzen. Gandhi sprang bis zum Hals hinein und kam geistig unbeschädigt durch.«[129]

Zhuāngzǐ und Gandhi scheinen hier zwei Wege zu wählen. Das philosophische Denken sollte dennoch seine therapeutische Dimension zumindest als ein notwendiges Merkmal betrachten und in den Dienst (an) der Gemeinschaft stellen. Denn dazu verpflichtet Denken.

Günter Wohlfart, ein Kenner der Philosophie Zhuāngzǐs im weltphilosophischen Kontext und im Geiste eines interkulturellen Philosophierens, schreibt in seiner Einleitung, warum es gerade heute geboten ist Zhuāngzǐ zu lesen:

»Wenn wahrhaftes Philosophieren heißt: sich über die Borniertheit welt- und lebensfremder Schulphilosophen zu mokieren, dann war Zhuāngzǐ ein Philosoph, ein ›Weltweiser‹ und Lebenskünstler […] Dies ist ein guter Grund *Zhuāngzǐ* zu lesen. Er verführt uns, den Blick über den engen Brunnenrand unseres Kultur-Kreises […] in die Ferne des Ostens schweifen zu lassen.«[130]

Wir werden hier versuchen, einige unser Thema betreffende Stellen aus den Schriften Zhuāngzǐs im Geiste einer Philosophie als Therapie zu rekontextualisieren, zu kommentieren und zur Anwendung zu empfehlen.

---

129 Zit. in: Rau, Heimo: Mahatma Gandhi, Reinbeck 1970, S. 138.
130 Wohlfart, G.: a. a. O., S. 31.

Die Freude der Fische

In seinem Gespräch mit Hui-Tze über *Die Freude der Fische*, entwickelt Zhuāngzǐ den Gedanken der wesentlichen Verbundenheit aller Dinge im kosmischen Haushalt. Die erkenntnistheoretische Einsicht dahinter ist: Gleiches erkennt Gleiches.

»Dschuang Dsi ging einst mit Hui Dsi spazieren am Ufer eines Flusses.

Dschuang Dsi sprach: ›Wie lustig die Forellen aus dem Wasser herausspringen! Das ist die Freude der Fische.‹

Hui Dsi sprach: ›Ihr seid kein Fisch, wie wollt Ihr denn die Freude der Fische kennen?‹

Dschuang Dsi sprach: ›Ihr seid nicht ich, wir könnt Ihr da wissen, daß ich die Freude der Fische nicht kenne?‹

Hui Dsi sprach: ›Ich bin nicht Ihr, so kann ich Euch allerdings nicht erkennen. Nun seid Ihr aber sicher kein Fisch, und so ist es klar, daß Ihr nicht die Freude der Fische kennt.‹

Dschuang Dsi sprach: ›Bitte laßt uns zum Ausgangspunkt zurückkehren! Ihr habt gesagt: Wie könnt Ihr denn die Freude der Fische erkennen? Dabei wußtet Ihr ganz gut, daß ich sie kenne, und fragtet mich dennoch. Ich erkenne die Freude der Fische aus meiner Freude beim Wandern am Fluß.‹«[131]

Lässt man das Gespräch auf sich wirken, merkt man, dass es hier nicht so sehr um ein sprachliches Problem zwischen den beiden geht. Vielmehr geht es um die Verwandtschaft aller Wesen im großen Haushalt der kosmischen Natur. Demzufolge geht es um ein gemeinsames Empfinden, mag es dabei um Menschen oder um Fische gehen. Denn Zhuāngzǐ kontert nahezu dialektisch, indem er fragt, woher sein Gegenüber denn wisse, dass er nicht weiß, dass die Fische sich freuen. M.a.W. geht es stets um das scheinbar beliebige und anthropozentrische Auslegen von Verhaltensformen. Zhuāngzǐ führt die Argumentation Hui-Tzes *ad absurdum*, indem er aufzeigt, dass er den Anspruch erhebt Zhuāngzǐ zu verstehen, aber nicht die Freude der Fische. Wobei in beiden Fällen ein Empfinden so oder so ausgelegt wird. (Denn Hui-Tze *ist nicht* Zhuāngzǐ.) Denn man kann ebenso von der Freude der im Park spielenden Kinder sprechen, so wie Zhuāngzǐ durch seinen Spaziergang am Fluss von der Freude der Fische spricht.

---

131 Dschuang Dsi: Das wahre Buch vom südlichen Blütenland, übers. v. R. Wilhelm, München 1996, S. 192.

Es scheint hier eine umfassendere Hermeneutik am Werke zu sein, eine Hermeneutik, die ein Verstehen unter den verschiedenen Gattungen in der Natur ermöglicht. »An diesem Beispiel«, schreibt Kah Kyung Cho, »zeigt sich unüberhörbar so etwas wie eine leise Parodie auf die hermeneutische Kurzformel, dass Leben sich selbst erfasse. Von Tschuang-Tze wurde diese These allerdings formaliter bejaht, denn hier erkennt ein Lebewesen ein anderes Lebewesen. Er konnte die Freude der Fische unmittelbar nachfühlen. [...] Denn Tschuang-Tzes Erfahrung widerspricht gerade dem *homothetischen* Prinzip der Diltheyschen Erkenntnistheorie.«[132] Irgendetwas Tieferes und Grundlegenderes verbindet alle Wesen in der Natur trotz ihrer Unterschiede. Leibniz hatte für seine fensterlose Monade eine prästabilierte Harmonie postuliert. Der Vorstellungsverlauf der Monade kreist unablässig in und um sich selbst. So ist eine jede – von Gott geschaffene – Substanz zu jeder anderen Substanz zu jedem Zeitpunkt in vollkommenem Gleichklang. Für Zhuāngzǐ ist dies – in der Tradition seines Lehrers Laozi – das Tao.

Philosophie als Therapie zu begreifen bedeutet hier einmal mehr, sich mit der Einsamkeit in der Differenz zu konfrontieren. Das Andere, das wir je schon *nicht* sind, bedeutet immer schon das Abfließen unserer Welt, unseres ganzen Universums hin zum Anderen. Das Alleinbleiben in der eigenen Originalität kann Linderung erfahren in der Einsicht, dass das Vielgestaltige, das Vielfältige, das Anderssein nichts Bedrohliches ist. Diese Einsicht zu kultivieren, sich selbst zu kultivieren, ist das Thema dieses Kapitels.[133] Der kurze Blick in Überlieferungen der frühesten Tage vergewissert uns, dass dieses Thema, die Omnipräsenz des Vielgestaltigen, immer schon Anlass zum Philosophieren gab. Der Blick auf diese Omnipräsenz vergewissert uns auch des zutiefst therapeutischen Charakters der Einsicht, dass die eigene Originalität nicht unabänderlich mit der Einsamkeit des Für-sich-Seins einhergeht.

---

132 Cho, K. K.: Bewußtsein und Natursein, Freiburg/München 1987, S. 308 f.

133 Vgl. Schmücker, M., Heubel, F.: Dimensionen der Selbstkultivierung, Freiburg/München 2013.

Der Opferpriester und die Schweine

Sympathie ist gut, aber Empathie ist besser.[134] Dies ist die Moral des Gesprächs Zhuāngzǐs zwischen dem Opferpriester und den Schweinen:

»Der Opferpriester trat in seinem langen, dunklen Gewand an das Gitter des Schweinestalls und redete also zu den Schweinen: ›Weshalb wollt ihr euch vor dem Tod scheuen? Ich werde euch mästen drei Monate lang; ich werde mich kasteien zehn Tage lang und drei Tage fasten. Dann werde ich die Matten von weißem Stroh ausbreiten; ich werde eure Schultern und euren Schwanz auf geschnitzte Opferschalen legen. Was wollt ihr noch mehr?‹

Dann dachte er nach, was wohl den Schweinen lieber sei, und sagte: ›Sie haben's besser, wenn man sie mit Spreu und Kleie füttert und sie in ihrem Stall stehen lässt.‹ Für sich selber aber war er bereit, wenn er nur im Leben Staatskarossen und prächtige Kleider haben konnte, der Gefahr des Todes sich auszusetzen. Das Los, das er vom Standpunkt der Schweine aus verwarf, hat er für sich selbst gewählt. Warum denn wollte er's anders haben als die Schweine?»[135]

---

[134] Wohl zu unterscheiden ist Mitgefühl von Empathie. Empathie ist die Fähigkeit mit anderen mitzufühlen und beschreibt eine intuitive emotionale Qualität unserer Psyche, die uns die Gefühle anderer Menschen durch eine Art Spiegelung erleben lässt. Empathie ist, fiebern wir mit den Protagonisten im Film mit oder trösten wir unsere Freunde in ihrer Trauer, die uns tatsächlich selbst Traurigkeit fühlen lässt. Mitgefühl (Compassion, Karuna) ist jedoch eine reflektierte Zuwendung zum Anderen, der ein Moment der Selbstdistanzierung vorausgeht – ich will mitfühlen. Die Neuropsychologin Tania Singer erklärt so das Phänomen, dass buddhistische Mönche willentlich zwischen Mitgefühl und nicht-Mitgefühl hin und her schalten können, aufgrund ihres durch Meditation geschulten allumfassenden Mitgefühls. Empathie geht Mitgefühl daher in gewisser Weise voraus. Dass die Unterscheidung zwischen Empathie und Mitgefühl essentiell ist, will man verstehen, warum wir dieser Tage nach mehr Mitgefühl in unseren Gesellschaften rufen, zeigt die Arbeit des Psychologen Paul Bloom, der für diese Unterscheidung sehr in der Kritik steht. Dessen ungeachtet bedarf es der Kultivierung von Mitgefühl, denn dieses bleibt lebendig erfahrbar, ist sein auslösender Reiz (z. B. der leidende Mitmensch) nicht mehr gegenwärtig. Empathie verbleibt genau in dieser Abhängigkeit zum auslösenden Reiz, behält sein intentionales (und d. h. instantanes und distinktes) Objekt. Ein Effekt auf dem unsere Mediengesellschaften beruhen. Daher sprechen wir uns hier für die Kultivierung von Mitgefühl (Compassion) durch die reflexiv-meditative Übung aus. Die Formel könnte daher vollständig so lauten: Sympathie ist gut, aber Empathie ist besser, denn sie führt uns zu einem (allumfassenden) Mitgefühl.

[135] Dschuang Dsi: a. a. O., S. 201 f.

Es ist wahr, der Priester empfindet große Sympathie mit den Schweinen und füttert und mästet sie, aber seine eigene Person und sein eigenes Schicksal bleiben im Zentrum aller Überlegungen und Handlungen. Er vermag es nicht, die egozentrische Perspektive zu verlassen, bzw. sich ihrer ganz klar zu werden und spricht der menschlichen Lebensform den höheren Wert zu. Es kommt nicht zu einer Empathie, die uns in die Lage versetzt, dass wir uns mit dem Standpunkt des Opfers dergestalt identifizieren, dass wir ihnen das gleiche Los zukommen lassen, dass wir selbst in Anspruch nehmen, nämlich – durch Reichtum, Ehre und Gefahr – einen *prächtigen* Tod zu sterben. Aus der Empathie ein Mitgefühl entspringen zu lassen, würde hier bedeuten, dass der Priester den Schweinen einen natürlichen Tod am Ende ihres Lebens gönnt – stattdessen übersteigt sich der Priester zu der Annahme, der einfache Tod nach einem einfachen Leben, sei *im Sinne* der Schweine. Daher ist die Frage nicht abwegig: Ist der Priester wirklich so sehr verschieden von den Schweinen? Der Anthropozentrismus, eben der Egozentrismus des Priesters, ist hier bestimmend. Bis auf den Menschen selbst erscheint so alles als ein Mittel zum Zweck. Zhuāngzǐ vertritt hier eine Form der (Tier-)Ethik, die ihn u.a. mit Schopenhauer verbindet.

Alles wirkliche menschliche Leben ist Begegnung und Beziehung mit Ich, Welt und dem Anderen. Daher bestimmt die Qualität dieser Begegnung, d.h. wie wir miteinander und allen anderen Lebewesen umgehen wollen, unsere Beziehung zur Wirklichkeit überhaupt. Zhuāngzǐ erlaubt hier, in den Schweinen sowohl die Tiere als auch den Menschen, d.h. sowohl das Problem des Anthropo- als auch des Egozentrismus zu lesen. Empathie zuzulassen, zu üben und zu kultivieren bedeutet, sich aktiv diesem zwischenleiblichen Geschehen hinzugeben, sich dem Anderen tätig zuzuwenden. Vor diesem Hintergrund gewinnt das Nachdenken über Mitgefühl und sein (selbst) therapeutisches Potential seine Relevanz. Zhuāngzǐ liefert uns hier eine Parabel für die Empathie und die Frage »Warum denn wollte er's anders haben als die Schweine?«, ist die Frage, die wir immer wieder an uns selbst stellen dürfen. Die Goldene Regel ist eine ebensolche Frage. Der ethische Anspruch, der von diesen Fragen ausgeht, ist an die konkrete, leibliche Gegenwart des Anderen gerichtet und verweist auf die Notwendigkeit, die allzumenschliche Fähigkeit, die eigene Perspektive verlassen zu können, zu kultivieren.

Die Parabel von dem Brunnenfrosch und was sie uns lehrt

Die Parabel vom Brunnenfrosch lehrt uns, dass wir den eigenen Standpunkt, auf welchem Gebiete auch immer, nicht mit dem einzigen richtigen Standpunkt verwechseln sollen, den es sowieso nicht gibt. Der Frosch, wie wir sehen werden, steht erstens für eine enge Sicht und zweitens für die Untugend, diese Sicht in den absoluten Stand zu setzen.

»Der Philosoph Gung Sun Lung befragte den Prinzen Mau von We und sprach: ›Von früher Jugend habe ich die Lehren der alten Könige gelernt; seit ich erwachsen bin, durchschaue ich die Tugenden der Güte und Pflicht; ich erkenne Übereinstimmung und Abweichung der Dinge […], sodaß ich wohl von mir behaupten kann, daß ich die höchste Stufe der Weisheit erklommen. Nun habe ich die Worte des Dschuang Dsi gehört, die mich in ungeheures Staunen versetzen […]‹

Der Prinz Mau lehnte sich auf seinen Tisch, atmete tief, blickte zum Himmel empor und sprach lächelnd: ›Kennt ihr nicht die Geschichte vom Frosch im alten Brunnenloch, der einst zu einer Schildkröte des Ostmeeres sprach: ›Wie groß ist doch meine Freude! Ich kann emporspringen auf den Rand des Brunnens. Will ich wieder hinunter, so kann ich auf den zerbrochenen Ziegelstücken der Brunnenwand ausruhen. Ich begebe mich ins Wasser, ziehe meine Beine an mich, halte mein Kinn steif und wühle im Schlamm; so kann ich tauchen, bis meine Füße und Zehen ganz bedeckt sind. Wenn ich um mich blicke, so sehe ich, daß von all den Muscheln, Krabben und Kaulquappen in ihren Fähigkeiten mir keine gleichkommt. Auf diese Weise das Wasser eines ganzen Loches zur Verfügung zu haben und all das Behagen des alten Brunnens nach Belieben auszukosten: das gehört zum Höchsten […]‹

Als aber die Schildkröte des Ostmeeres ihren linken Fuß noch nicht im Wasser hatte, da war der rechte schon steckengeblieben. Darauf zog sie sich vorsichtig wieder zurück und erzählte ihm vom Meer, das weit über tausend Meilen groß und weit über tausend Klafter tief sei […] Als der Frosch vom alten Brunnen das hörte, da erschrak er sehr und verlor vor Überraschung fast das Bewußtsein.‹

Nun ist Eure Weisheit noch nicht einmal so weit, daß Ihr die Grenzen von Behauptung und Leugnung erkennt, und doch wollt Ihr Euch eine Ansicht bilden über die Worte des Dschuang Dsi. Das ist gerade, wie wenn man einer Mücke einen Berg aufladen wollte oder einen Tausendfuß mit dem Gelben Fluß um die Wette laufen ließe […] Macht Ihr es da nicht gerade so wie der Frosch im alten Brunnen?‹«[136]

---

[136] Ibid. S. 189f.

Gerade die heutigen Zentrismen (Verabsolutierungen) in den unterschiedlichsten Gebieten unseres Zusammenlebens verhalten sich wie der Frosch im Brunnen. Und das ist schon auf der Denkebene eine Form der Intoleranz, Gewalt und Anmaßung.[137] Viel schlimmer wird es, wenn ein solch theoretischer Absolutismus mit Macht einhergeht. Die therapeutische Einsicht lautet hier: Verwechsle die eigene Wahrheit nicht mit der Falschheit des Anderen.

Lösung von Meinungsverschiedenheiten

Seit Menschengedenken gibt es unterschiedliche Ansichten, Überzeugungen und Auslegungen, die alle Dinge zwischen Himmel und Erde betreffen. Und ebenso alt, ist der Wunsch nach Einheit, Harmonie und Übereinstimmung mit unseren Mitmenschen. Dissens ist und Konsens soll sein. Daran erinnert uns Zhuāngzǐ. Unabhängig von der menschlichen Freiheit der Sinngebung gibt es immer etwas, von dem her wir Sinn geben.[138] Dieses Etwas – mag es säkularer oder sakraler Natur sein – kennt einen Zustand *vor* der Interpretation und einen *nach* der Interpretation. Auch wenn unsere Interpretationen nicht selten konträr bis kontradiktorisch sind; gemeinsam ist uns, dass wir doch immer schon von diesem *Etwas* ausgehen, dass wir eben interpretieren.[139] Daraus resultiert die Pluralität der Meinungen und Standpunkte, die nicht nur immer wieder zu Konflikten führt, sondern häufig allein durch ihr Erleben sehr bedrückend sein kann. Differenz ist schwer auszuhalten. Zu gern möchten wir mit den Menschen unseres Umfeldes einhellig einer Meinung, gleicher Anschau-

---

[137] Wir nennen dies auch eine theoretische Gewalt.

[138] Wir sind immer aus *etwas heraus*. Unser Aufwachsen in Interaktion mit unserer Umgebung bedingt die Art und Weisen, wie wir dieser Umgebung Sinn verleihen. In seiner *Anleitung zum Unglücklichsein* beschreibt der Psychologe Paul Watzlawick anschaulich das Problem der Sinngebung durch intuitive und zumeist höchst unzutreffende Kausalitätsbeziehungen. Je schwächer das konkrete situative Wissen, desto stärker die gefühlten Wahrheiten. Mit seiner Geschichte über *Die verscheuchten Elefanten* illustriert er meisterhaft die Zweifelhaftigkeit so mancher Sinngebung als auch die Verlockung intuitiver, doch unzutreffender Kausalitäten.

[139] Die Erreichung eines Zustandes vor jeder Interpretation ist mehr als fraglich – wir kennen den Text nicht *vor* seiner Deutung. Er ist immer schon einmal durch unseren Menschenkopf hindurchgegangen und danach ein anderer, so wie auch wir nach dem Text ein anderer sind.

ung und wohlwollender Einheitlichkeit sein. Zu wichtig und zu zerbrechlich ist uns die konzentrische Ordnung unserer Umgebung, als dass sie durch das vermeintlich Fremde gestört werden darf. Auf dieses Aufkommen von Differenz durch ein Außen, das in ein Innen tritt, haben wir bereits geschaut und dabei gesehen, dass sich inter und intra ineinander auflösen. Bei Zhuāngzǐ finden wir eine sehr lebenspraktische Meditation zum Umgang mit Verschiedenheit und lernen eine Bescheidenheit in Hinblick auf das, was wir Verstehen nennen.

Das hermeneutische Unternehmen dreht sich eben um dieses Verstehen des Gemeinsamen, d.i. die Suche nach der Überlappung im Sinne der analogischen Hermeneutik. (Andersverstehen ist nicht Falschverstehen.) Dazu gehört auch die Frage: Wann kann man sagen, dass man verstanden hat? Dieser Frage geht jedoch die Prüfung voraus: Wie lege ich *Verstehen* selbst fest? Eine Hilfe im Sinne einer Therapie kommt hier von Zhuāngzǐs Brunnenfrosch: Erkenne deine eigene Ansicht als eine Perspektive unter vielen. Nehmen wir z.B. an, A stellt eine Frage an B. Doch B versteht die Frage nicht, aus welchen Gründen auch immer. Nichtverstehen ist noch lange nicht Missverstehen. Man kann von einer Unmöglichkeit des Verstehens sprechen, wenn der Fragesteller unter Verstehen seiner Frage nur sein eigenes Selbstverstehen begreift, d.h. die Wahrhaftigkeit des Selbstverständnisses zum Absolutum erhebt. Denn sagt B zu A, »Ich verstehe deine Frage anders, als du es willst«, kann A sagen, »Du verstehst meine Frage nicht.« Zhuāngzǐ bietet uns gerade hierfür eine Lösung an:

»Angenommen, ich disputiere mit dir; du besiegst mich, und ich besiege dich nicht. Hast du nun wirklich Recht? Hab' ich nun wirklich Unrecht? Oder aber ich besiege dich, und du besiegst mich nicht. Habe ich nun wirklich Recht und du wirklich Unrecht? Hat einer von uns Recht und einer Unrecht, oder haben wir beide Recht oder beide Unrecht? Ich und du, wir können das nicht wissen. Wenn die Menschen aber in einer solchen Unklarheit sind, wen sollen sie rufen, um zu entscheiden? Sollen wir einen holen, der mit dir übereinstimmt, um zu entscheiden? Da er doch mit dir übereinstimmt, wie kann er entscheiden? Oder sollen wir einen holen, der mit mir übereinstimmt? Da er doch mit mir übereinstimmt, wie kann er entscheiden? Sollen wir einen holen, der von uns beiden abweicht, um zu entscheiden? Da er doch von uns beiden abweicht, wie kann er entscheiden? Oder sollen wir einen holen, der mit uns beiden übereinstimmt, um zu entscheiden? Da er doch mit uns beiden übereinstimmt, wie kann er entscheiden? So können also ich und du und die andern einander nicht verstehen, und da sollten wir uns von etwas, dass außer uns ist, abhängig machen? Vergiß die

Zeit! Vergiß die Meinungen! Erhebe dich ins Grenzenlose! Und wohne im Grenzenlosen!»[140]

Das Grenzenlose ist die Verzichtleistung auf einen *ab ovo* erhobenen *universalistischen* Geltungsanspruch; denn ein solcher Anspruch bewirkt eine Behinderung der Toleranz, welche wiederum ein Brechen der Kommunikation zur Folge hat.

Auch wenn das hier angesprochene Grenzenlose als Quelle eines möglichen Verstehens vorgeschlagen wird, können viele diese Metaphysik des Einen nicht ohne weiteres nachvollziehen. Dennoch ist eine metaphysikfreie Hermeneutik denkbar. Und diese besteht in unserer Bereitschaft, die Fiktion eines »*Eins zu eins*-Verstehens« ebenso aufzugeben wie die Fiktion eines »*Ganz und gar nicht*-Verstehens«. Dies deutet auf die Möglichkeit eines überlappenden Verstehens hin.

Der indische Skeptiker Sriharsha (11. Jh. n. Chr.), auch er vergleichbar in den Anliegen Zhuāngzǐs, argumentiert für die Unmöglichkeit, erstens sinnvoll Fragen stellen zu können und zweitens diese sinnvoll verstehen und beantworten zu können. Er spricht von einer inhärenten Unstimmigkeit, die alle Fragestellungen begleitet.[141] Es geht um eine paradoxe Situation, in der der Fragende steckt. Er möchte seine Frage so verstanden wissen, wie er sie versteht. Dazu ist er epistemisch verpflichtet. Denn er, als Fragesteller, hat das Primat, was die Frage bedeutet und erfragt. Das ist das Primat des Selbstverstehens. Das gleiche gilt für die Antwort, denn eine bestimmte Antwort, anvisiert von dem Fragesteller, möchte die Richtigkeit der Antwort festlegen. Der Philosoph Jonardon Ganeri spricht von »paradoxes of inquiry« und zitiert Sriharsha: »Whatever may be the topic of the question, that designated thing is the one which must (also) be what is spoken about in reply.«[142]

Die Regeln des Gesprächs scheinen die Struktur des Frage-Antwort-Schemas dahingehend vorzubestimmen, dass sich der Antwortende in der Tat auf die Dinge bezieht, die der Fragesteller im Sinn hat. Denn es ist die Frage, die der Antwort vorausgeht. (Das ist dann das Primat der Frage.) Wenn man aber das Frage-Antwort-Schema so rigide auslegt, dann versteht nur ein Bekehrter den Bekehrer.

---

[140] Ibid. S. 50 f.

[141] Vgl. Sriharsa: Khandana-khanda-khadya (Amassed Morsels of Refutation), hrsg. v. Jha, N., Sanskrit Series 197, Varanasi 1970. Jha, G.: The Khandanakhandakhadya of Sriharsa, Delhi 1986.

[142] Ganeri, J.: Identity As Reasoned Choice, New York/London 2012, S. 118.

»This principle might seem a fair and necessary point of dialogical hygiene; questions must be addressed in the terms in which they are put: no changing the subject, and no trading on an equivocation, is permitted in a reply that counts as answering the question.«[143]

Dass so die Diskurse nicht geführt werden können und sollen, liegt auf der Hand. Denn hier herrscht eine enge, strikte ›Identitätshermeneutik‹, die besagt: B versteht A dann und nur dann richtig, wenn B eben A so versteht, wie A sich selbst versteht. Bleibt Verstehen hier nicht doch der Pluralität gegenüber blind und taub? Der Antwortende muss das Recht haben, neue Informationen auf dem Wege seiner Antwort vortragen zu dürfen. M.a.W. muss das Verstehen auch das Verstehen *der* Differenz und das Verstehen *mit* Differenz bedeuten. Und dies ist nicht eine apriorische, metaphysische oder rein formallogische Festlegung. Es ist eine empirische, aus der Erfahrung (der Differenz) geborene Einsicht. Diese Einsicht ist das selbsttherapeutische Moment in Zhuāngzǐs Aufruf, das Grenzenlose zu wagen.

Schmetterlingstraum

Zhuāngzǐ hat von einem beständigen Werden und von der immerwährenden Wandlung der Dinge gesprochen. Das immerwährende Werden problematisiert unsere ureigene Sehnsucht nach einer ewig gleichbleibenden Identität, einer ewigen Einheit mit uns selbst. Die Einsicht, dass Identität immer schon im Werden begriffen ist, entlarvt diese Suche als eine Illusion.[144] Diese Ansicht verbindet Zhuāngzǐ mit Heraklit, Buddha, David Hume und William James. Die Parabel vom Schmetterlingstraum ist ein Beleg hierfür:

»Einst träumte Dschuang Dschou, daß er ein Schmetterling sei, ein flatternder Schmetterling, der sich wohl und glücklich fühlte und nichts wusste von Dschuang Dschou. Plötzlich wachte er auf: da war er wieder wirklich und wahrhaftig Dschuang Dschou. Nun weiß ich nicht, ob Dschuang Dschou geträumt hat, daß er ein Schmetterling, oder ob der Schmetterling geträumt hat, daß er Dschuang Dschou sei, obwohl doch zwischen Dschuang

[143] Ibid. S. 119.

[144] Man kann diese Frage sehr literarisch an sich selbst stellen, wendet man die Verse des Dichterphilosophen Friedrich Hölderlins auf die eigene Person an: »Einig zu sein ist göttlich und gut, woher die Sucht denn unter den Menschen, dass einer und eines nur sei?« Hölderlin, F.: Sämtliche Werke und Briefe, Band 1, hrsg. v. Mieth, G., München 1970, S. 241.

Dschou und dem Schmetterling sicher ein Unterschied ist. So ist es mit der Wandlung der Dinge.«[145]

Hier sind drei Momente zu unterscheiden: Erstens ist da Zhuāngzǐ vor dem Traum, zweitens Zhuāngzǐ, der träumt, er sei ein Schmetterling, und drittens Zhuāngzǐ, der aus dem Traum erwacht und sich die Frage stellt, ob er Zhuāngzǐ oder ein Schmetterling sei. Unser landläufiges Verständnis der Träume geht von der Identität des Träumers aus, der dem Traum nicht den gleichen Status zubilligt wie dem Wachzustand.[146] In dem Schmetterlingstraum von Zhuāngzǐ wird von einer ontologischen Zuschreibung abgesehen. Denn weder der Schmetterling weiß von Zhuāngzǐ noch weiß Zhuāngzǐ vom Schmetterling. Ein Erinnern des Traumes ist so schon ausgeschlossen. Zhuāngzǐ ist während des Traums ganz und gar Schmetterling, ohne irgendeine Erinnerung an Zhuāngzǐ zu haben, so wie der Schmetterling keine Erinnerung an Zhuāngzǐ hat. Der Zhuāngzǐ-Kommentator Guo Xiang (232–312 n.Chr.) spricht von einem gegenseitigen Vergessen: »Now Zhuang Zhou is just as ignorant about the butterfly as the butterfly was ignorant about Zhuang Zhou during the dream.«[147]

Dieses gegenseitige Vergessen darf jedoch nicht missverstanden werden als ein Mangel an Achtsamkeit. Vielmehr geht es hier um die Einsicht in die ›Ichlosigkeit‹. Zhuāngzǐ vor dem Traum und Zhuāngzǐ nach dem Traum sind nicht der gleiche Zhuāngzǐ – sie sind aber auch nicht zwei Zhuāngzǐs. Es geht um Prozesskontinuität, ähnlich wie zwei Wellen im Meer *in*einander übergehen, ohne identisch zu sein – es sind ja eben zwei Wellen aus demselben Ursprung, ohne numerisch different zu sein. Daher sagt die Parabel, man weiß nicht, ob Zhuāngzǐ im Traum zu einem Schmetterling wird oder es einen Schmetterling gibt, der im Traum zu Zhuāngzǐ wird. Wang Xianqian

---

[145] Dschuang Dsi: Das wahre Buch vom südlichen Blütenland, übers. v. Richard Wilhelm, Köln 1969, S. 52.

[146] »Someone who dreams of drinking wine at a cheerful banquet may wake up crying the next morning. Someone who dreams of crying may go off next morning to enjoy the sport of the hunt. When we are in the midst of a dream, we do not know it's a dream. Sometimes we may even try to interpret our dreams while we are dreaming, but then we awake and realize it was a dream. Only after one is greatly awakened does one realize that it was all a great dream, while the fool thinks that he is awake and presumptuously aware.« Zhuangzi, zit. in: Thompson, E.: Waking, Dreaming, Being, New York 2015, S. 1.

[147] Moeller, Hans-Georg: Daoism Explained: From the Dream of the Butterfly to the Fishnet Allegory, Chicago 2004, S. 48.

(1842–1917) kommentiert: »You can say that it is Zhuang Zhou being the butterfly, or that it is the butterfly being Zhuang Zhou. Either is acceptable – and just this is their oneness, their transformation into each other.«[148]

Die Lehre von der Ichlosigkeit, von der Leerheit, eben von dem prozessualen Entstehen und Vergehen, führt zur Anerkennung der Authentizität eines jeden Moments. Was zählt, ist das Hier und Jetzt. Der Schmetterlingstraum ist nicht bloß ein Traum, sondern ein Gewahrwerden, eine Erfahrung. Freilich versucht Zhuāngzǐ eine Urteilsenthaltung zu üben in voller Anerkennung der Erfahrungsgegebenheiten. Unsere Bevorzugung der Erfahrungen im wachen Zustand ist durch Interessen geleitet. Zhuāngzǐ sieht alles eingebettet in die Wandlung der Dinge. Der Parabelerzähler scheint die Rolle eines unbeteiligten Zuschauers einzunehmen. Gua Xiang kommentiert die Parabel als eine Allegorie zwischen Leben und Tod. Er schreibt: »The distinction between dreaming and waking is not different from the differentiation, the debate, between life and death.«[149]

Ein Traumzustand ist nicht minder real als ein Wachzustand. Ähnlich verhält es sich mit Leben und Tod. Den einen Zustand auf Kosten des anderen zu bevorzugen, widerspricht dem Gang der Dinge, dem je schon alles unterliegt. Die geistig-spirituellen Yoga-Übungen zielen auf die Entwicklung und Kultivierung einer Haltung, die weder dem Leben noch dem Tod einen Vorrang einräumt.[150] Das unparteiische Akzeptieren beider Zustände stellt eine Weisheit dar, die verhindert, dass wir unser Dasein weder ganz mit dem Leben noch ganz mit dem Tod identifizieren.

Zhuāngzǐ sieht alle Dinge zwischen Himmel und Erde als Verwandte ohne jede Privilegierung, als Gleiche unter Gleichen. Alles ist gleichberechtigt eingebettet im allumfassenden Tao. Und so könnte eine Lesart des Schmetterlingstraums auch lauten: Aus der Sicht des Tao ist Zhuāngzǐ ein Schmetterling und der Schmetterling ist Zhuāngzǐ, denn beide verdanken ihr Sosein dem Tao selbst. Und das Tao selbst kennt nur die beständige Wandlung der Dinge.

---

148 Zhuangzi: The Essential Writings, übers. v. Brook Ziporyn, Indianapolis 2009, S. 163.

149 Moeller, Hans-Georg: Daoism Explained, S. 162.

150 Man fühlt sich an Epikurs Weisung erinnert: Solange Leben ist, ist kein Tod.

Stilles Bescheiden

Das Streben nach absolutem Wissen hält Zhuāngzǐ nicht nur für unmöglich, sondern auch für gefährlich. Auch hier rät er uns zur Bescheidenheit:

»Unser Leben ist endlich; das Wissen ist unendlich. Mit dem Endlichen etwas Unendlichem nachzugehen, ist gefährlich. Darum bringt man sich nur in Gefahr, wenn man sein Selbst einsetzt, um die Erkenntnis zu erreichen. Dem Gutestun folgt der Ruhm nicht auf dem Fuße nach; dem Übeltun folgt die Strafe nicht auf dem Fuße nach. Wer es aber versteht, die Verfolgung der Hauptlebensader zu seiner Grundrichtung zu machen, der ist im Stande, seinen Leib zu schützen, sein Leben völlig zu machen, den Nächsten Gutes zu tun und seiner Jahre Zahl zu vollenden.«[151]

Zhuāngzǐ gibt hier seine eigene Begründung und Rechtfertigung für das Tun des Guten. Dass das Tun des Guten belohnt und das des Bösen bestraft werden soll, ist ein ethisch-moralischer Wunsch, ja sogar Forderung. Es trifft oft zu, aber ebenso oft trifft es eben nicht zu. Man kann hier die Karma-Lehre zur Hilfe nehmen oder das Gericht Gottes. Zhuāngzǐ plädiert für die »Verfolgung der Lebensader« mit ihrer Begründung im Tao. Es bedeutet, sich einverstanden zu erklären mit dem Gang der Dinge im großen Haushalt der kosmischen Natur und dem eigenen Platz darin. Diese Bescheidung meint nicht Determinierung, nicht Vorbestimmung und Resignation angesichts einer irgendwie gearteten Schicksalshaftigkeit. In *stillem Bescheiden* geben wir den Widerwillen auf, befrieden den Streit mit der Welt, der stets zu unseren Ungunsten ausgeht, und nehmen den Platz in der Welt ein, der sich uns darbietet. Diese gleichberechtigte Stellung unser selbst im Haushalt der Natur gibt Raum zur Selbstentfaltung im Einklang mit dem Tao, d.h. in Einheit mit dem Ganzen. Eine solche Verankerung im Tao motiviert uns, das Gute zu tun, ohne auf eine Belohnung zu hoffen. Alle Dinge im kosmischen Haushalt verhalten sich ja sowieso nach dem Tao. Wer ethisch, moralisch handelt, tut es so aus eigener Verantwortung (sich selbst gegenüber) in einem (sich selbst bescheidenden) Einvernehmen mit dem Tao.

---

[151] Dschuang Dsi: a.a.O., S. 53 f.

V. Anhang

Den Leser um Nachsicht bittend, möchten wir hier einige tentative Imperative formulieren hinsichtlich des Umganges mit Differenzen. Sie folgen der Maxime, Differenzen nicht aus der Welt schaffen zu wollen, sondern – im Sinne der Selbsttherapie – einen Umgang mit ihnen zu finden. Damit meinen wir sowohl den je eigenen Umgang als auch unseren Umgang mit Verschiedenheit in der Gesellschaft. Differenzen restlos abschaffen zu wollen ist nicht unser Anliegen, denn das scheint uns nicht nur nicht möglich, sondern auch im Sinne eines toleranten Pluralismus nicht erstrebenswert. Doch Fremdheit und Ambiguität, in welchem Grade sie auch immer auftauchen mögen, sind immer schon ein Stachel im weichen Fleisch des Selbstverstehens. Diesen Stachel, diese Einsamkeit im Selbstverstehen, werden wir wohl nie ganz heilen können. Doch wir können eine Form der Selbsttherapie kultivieren, die diese Einsamkeit minimiert. So therapiert sich das Selbst durch ein kontinuierliches Zureden seiner selbst, übt sich darin, Herr des eigenen Denkens zu sein, sich seines Verstandes zu bedienen und die Ohnmacht des Denkens, die philosophische Melancholie, durch Selbsttransformation zu beruhigen. Wir glauben, dass dies maßgeblich durch die Selbstbescheidung, durch den Verzicht auf einen verabsolutierenden Wahrheitsanspruch und exklusivistischen Geltungsanspruch gelingen kann. Dies ist die kontinuierliche Übung in die Einsicht, dass *meine* Wahrheit *eine* Wahrheit ist. Das stille Bescheiden ist anstrengend und schmerzhaft, wirkt jedoch therapeutisch, da es die Konflikte in uns und mit der schicksalshaften Ambiguität der Welt heilt. Damit einher geht auch der Blick für den Anderen und das Zusammenleben, welches bestimmt ist dadurch, wie wir es gestalten und uns selbst in dieser Gestaltung gewiss werden. In aller Bescheidenheit möchten wir daher einige reflexiv-meditativ-transformative Übungen anbieten, die das eigene Nachdenken und die Arbeit an dieser Schrift begleiten:

I

Versuche stets, Dissens zu minimieren und Konsens zu maximieren. Denn Dissens ist und Konsens soll sein. Versuche dabei stets, weder den Dissens noch den Konsens zu ideologisieren, zu essentialisieren oder in irgendeiner Weise eine Letztbegründung dingfest zu machen.

II

Merke, es gibt keine allseitig akzeptable argumentative Widerlegung der Differenzen und wird es aller Wahrscheinlichkeit nach auch nie geben. Wir befinden uns immer schon in einem tentativen und approximativen Prozess der Wahrheits- und der Sinnsuche. Und dies gilt auch für die Macht der besseren Argumente: Präferenzen *(philosophy is a matter of taste)* und Argumente verhalten sich wie Henne und Ei. Wer könnte sagen, welches zuerst da war?

III

Überhöhe weder Ähnlichkeit zu Identität noch Differenz zu Beliebigkeit. Gemeinsamkeiten auf der Ebene der »Hardware« (»Äußerliches«) sind erstrebenswert, doch im Eigentlichen geht es um die Gemeinsamkeit auf der Ebene der »Software« (»Inneres«) – tiefere Verwandtschaft resultiert aus der Verbundenheit im Denken.

IV

Gestehe deinem Gegenüber, deinem Gesprächspartner, das gleiche Recht zu, eine Position zu beziehen und zu vertreten – ein Recht, welches du bereits in Anspruch nimmst. Dies folgt der Einstellung, dass die eigene Position mit einer Verzichtleistung einhergehen muss, dass die Verwandtschaft im »Wir alle argumentieren« liegt.

V

Daraus folgt; bekämpfe eine jede Position, die neben sich keine andere zulässt. Dieser Absolutheitsanspruch oder absolute Wahrheitsanspruch, der Anspruch auf universelle Gültigkeit erhebt, ist immer schon theoretisch fundamentalistisch, gewalttätig und praktisch intolerant.

VI

Auch dort, wo eine Entscheidung (Konsens) in einem streng binären Entweder-Oder zu enden droht, vertraue der vermittelnden Kraft des Kompromisses, welcher weder »Sieger« noch »Verlierer« kennt, sondern nach einer win-win-Situation sucht. Auch der Kompromiss lebt von einer Verzichtleistung, nämlich Abstand nehmen zu können von den eigenen Interessen und Bedürfnissen.

VII

Leite nicht die Unmöglichkeit des Verstehens von einer apriorischen, ab ovo (von vornherein), paradigmatischen Fixierung einer radikalen Verschiedenheit ab – mag es dabei um das Verstehen von Kulturen, Religionen, Disziplinen, Politik oder das Gegenüber, den Anderen selbst gehen. Das Scheitern der Kommunikation, die Unmöglichkeit des Verstehens, kann es geben und wird es geben. Doch soll die Einsicht in das Scheitern aus deinen konkret unternommenen, empirischen Versuchen des Verstehenwollens folgen.

VIII

Kultiviere und praktiziere daher die Tugend der Verzichtleistung.

(Wie es Tagore einmal ausdrückte: »Wenn je eine solche Katastrophe über die Menschheit hereinbrechen sollte, dass eine einzige Religion [Politik, Philosophie, Kultur, die Vf.] alles überschwemmte, dann müsste Gott für eine zweite Arche Noah sorgen, um seine Geschöpfe vor seelischer Vernichtung zu retten.« Diese seelische Vernichtung, auch im Kleinen, abzuwenden, ist die Aufgabe eines jeden Einzelnen.)

IX

Unterscheide daher stets zwischen ›Einzigartigkeit‹ und ›Absolutheit‹.

Erkenne die Vielfalt des Religiös-Spirituellen nicht nur als eine säkulare, sondern ebenso als eine sakrale Tugend an. Eine pluralistische Demokratie anerkennt den Geist eines toleranten Pluralismus für beide Dimensionen, die säkulare und die sakrale.

X

Lasse dich von einer ›proto-religiösen‹ (ur-religiösen, ursprünglich-spirituellen) Einsicht, Intuition, Überzeugung leiten, die stets der Gewaltlosigkeit verbunden bleibt. Denn Gewaltlosigkeit ist das Herz aller Religion.

XI

Wer allein selig macht, macht nicht nur die anderen unselig.

XII

Es ist der Denker, der das Denken verpflichtet.

VI. Literaturverzeichnis

Die Autoren verweisen zur ergänzenden Lektüre der indischen Philosophie auf das *Kleine Lexikon der indischen Philosophie* (Karl Alber 2009) von Ram A. Mall und Jayandra Soni sowie auf *Indische Philosophie – Vom Denkweg zum Lebensweg* (Karl Alber 2012). Beide Werke enthalten eine Zusammenstellung der wichtigsten überlieferten Primärtexte nebst Hinweisen auf zugehörige Kommentare und Übersetzungen.

Im Folgenden sind alle in dem vorliegenden Band zitierten Werke aufgeführt; einige Referenzwerke wurden hinzugefügt.

Achenbach, G.: Zur Einführung der Philosophischen Praxis. Köln 2010.

Anandvardhana: Dhvanyaloka. Tr. by K. Krishnamoorty. Delhi 1975.

Apel, K.-O.: Fallibilismus, Konsenstheorie der Wahrheit und Letztbegründung. In: Köhler, W. R. et al. (Hg.): Philosophie und Begründung. Frankfurt a. M. 1987.

App, U.: The Birth of Orientalism. Philadelphia – Oxford 2010.

Arendt, H.: Vom Leben des Geistes: Das Denken, Das Wollen. München 1998.

Aryadeva: Aryadeva's Catuhsataka: On the Boddhisattva's Cultivation of Merit and Knowledge, übers. v. Lang, K. C., Copenhagen 1986.

Augustinus: Bekenntnisse. Lateinisch und Deutsch, eingeleitet, übersetzt und erläutert von Joseph Bernhart. Frankfurt am Main 1987.

Aurobindo, Sri: Complete Works. Sri Aurobindo Ashram Pondicherry (ed.), 37 Bd. 1997 ff.

Aurobindo, Sri: The Life Divine, 2 Vols. Calcutta 1947; 1955.

Aurobindo, Sri: Essays on the Bhagavadgita. Pondicherry 1949.

Aurobindo, Sri: The Human Cycle. Pondicherry 1949.

Aurel, M.: Selbstbetrachtungen. Augsburg 2001.

Balcerowicz, P.: Jaina Epistemology in Historical and Comparative Perspective. Critical Edition and English Translation of Logical-Epistemological Treatises. 2 Bde. Stuttgart 2001.

Balslev, A. N.: Cultural Otherness. Correspondance with Richard Rorty. Atlanta 1991.

Banerjee, S. C. (tr.): The Samkhya Philosophy: Samkhya-karika with Gaudapada's Scholia and Narayana's Gloss. Calcutta 1909.

BANERJI, S. C.: A companion to Indian Philosophy. Delhi 1996.
BARNETT, E. J.: Structuralism and the Logic of Dissent. London 1989.
BARODIA, U. D.: History and Literature of Jainism. Bombay 1909.
BARUA, B.: Prolegomena to a History of Buddhist Philosophy. Calcutta 1918.
BAXI, M.: Theory of Many-sidedness (Anekantavada) and Culture of Tolerance, in: Journal of the Asiatic Society of Mumbai, Vols. 77–78, 2002–03.
BERLIN, I.: Freiheit. Vier Versuche. Frankfurt a. M. 1995.
BHARATA: Natya Shastra, with »Avinavabharati« by Abhinavagupta, ed. with Sanskrit Commentary »Madhusudani« and Hindi Translation by Madhusudanan Shastri, 3 Vols. Varanasi 1971–81.
BHARUCHA, F., and KAMAT, R. V.: Syadvada-Theory of Jainism in Terms of Deviant Logic, in: Indian Philosophical Quaterly, 9 (1984), 181–187.
BHATTACHARYYA, H. (ed.): The Cultural Heritage of India, 4 Vols., Calcutta 1957–62. Vol. III: ²1975.
BHATTACHARYA, H. S. (ed.): Vadideva Suri. Pramana-naya-tattvalokalamkara. Bombay 1967.
BHATTACHARYA, K. C.: Studies in Philosophy, 2 Vols. Calcutta 1955–57.
BHATTACHARYA, K. (ed.): Recent Indian Philosophy. Calcutta 1963.
BIERI, P.: Wie wollen wir leben? München 2013.
BLANKENBURG, W.: Psychopathologie des Unscheinbaren. Berlin 2007.
BLAU, U.: Dreiwertige Sprachanalyse und Logik. München 1974.
BOCHENSKI, J. M.: Formale Logik. Freiburg i. Br. 1956; München ³1970.
BÖHME, G.: Aesthetic Knowledge of Nature, in: Issues in Contemporary Culture and Aesthetics, 5, Maastricht 1997.
BOIDI, C.: Conceptus, Jg. XXII, Nr. 56, 1988.
BOSE, N. K.: Selections from Gandhi. Ahmedabad 1948.
BRANDT, D.: Philosophische Praxis. Karl Alber, Freiburg/München 2010.
BREHIER, E.: Histoire de la Philosophie. Paris 1927 ff.
BREMER, W.: Wahre Widersprüche. Einführung in die parakonsistente Logik. St. Augustin 1998.
BREYER, T., FUCHS, T., HOLZEY-KUHZ, A.: Ludwig Binswanger und Erwin Straus. Beiträge zur psychiatrischen Phänomenologie. Freiburg/München 2015.
BRODBECK, K.-H.: Buddhismus – interkulturell gelesen. Nordhausen 2005.
BRÜCKNER, H.: Zum Beweisverfahren Sankaras. Berlin 1979.
BRÜLL, L.: Die japanische Philosophie. Darmstadt 1993.
BUBNER, R.: Rationalität, Lebensform und Geschichte, in: Rationalität, hg. v. H. Schnädelbach, Frankfurt a. M., 198–217.
BÜHLER, G. (tr.): The Laws of Manu with Extracts from Seven Commentaries. Oxford 1886. [= The Sacred Books of the East Series, no. XXV].
BURCKHARDT, J.: Weltgeschichtliche Betrachtungen. Hg. v. R. Marx. Stuttgart 1978. [EA postum 1905, hg. v. J. Oeri.]
CARAKA: Samhit, ed. by Yadava Sharma. Bombay 1933.
CHAKRAVARTHI, R.-P.: Knowledge and Liberation in Classical Indian Thought. Basingstoke 2001.
CHAKRAVARTI, D.: Colonial Indology. Sociopolitics of the Ancient Indian Past. Delhi 1997.

CHAN, Wing-Tsit (ed. and tr.): A Source Book in Chinese Philosophy. Princeton, NJ, 1969.

CHANDRAKIRTI: Lucid Explanation of the Middle Way: The Essential Chapters from the Prasannapada of Chandrakirti, übers. v. Sprung, M., Prajna Press 1979.

CHATTERJEE, S. C., DATTA, D. M.: An Introduction to Indian Philosophy. Calcutta 1968.

CHATTOPADHYAYA, D.: Lokayata. A Study in Ancient Indian Materialism. Delhi 1959.

CHATTOPADHYAYA, D., M. N. GANGOPADHYAYA: Carvaka-Lokayata. An Anthology of Source Materials and Some Recent Studies. New Delhi [3]2006.

CHEN, Hsueh-I: Wer philosophiert interkulturell? In: Polylog Nr. 27, Wien 2012, 71–82.

CHO, K. K.: Bewusstsein und Natursein. Phänomenologischer West-Ost-Diwan. Freiburg i. Br. 1987.

CONCI, D. A., BELLO, A. A.: Phenomenology as the Semiotics of Archaic or »Different« Life Experiences, in: Phenomenological Enquiry, vol. 16, 1991, 106–126.

CONRAD, D.: Gandhi. München 2006.

CONZE, E.: Der Satz vom Widerspruch. Frankfurt a. M. 1976.

COOMARASWAMY, A. K.: The Transformation of Nature in Art. New York 1986.

CRAIG, E. (ed.): Routledge Encyclopedia of Philosophy. 10 vols. London – New York 1998.

DASGUPTA, S. N.: A History of Indian Philosophy, 5 Vols. Cambridge 1922–55; Delhi 1975.

DASGUPTA, S. N.: A History of Sanskrit Literature, Vol. 1, Calcutta 1947.

DAVIDSON, D.: Wahrheit und Interpretation. Frankfurt a. M. 1990.

DALAI LAMA: Der Appell des Dalai Lama an die Welt. Ethik ist wichtiger als Religion. Salzburg 2015.

D'COSTA, G. (ed.): Christian Uniqueness Reconsidered. The Myth of a Pluralistic Theology of Religions, New York 1990;

DELEUZE, G.: Logik der Sensation. München 1995.

DERRIDA, J.: Vom Geist. Heidegger und die Frage. Frankfurt a. M. 1988.

DESAI, M. D. (tr.): The Nyaya-Karnika. Arrah 1915.

DESAI-BREUN, K.: Anschauen und Denken, Reden und Schreiben. Zur Struktur philosophischer Tätigkeit in ihren Anfängen in Indien und Europa. Würzburg 2007.

DEUSSEN, P.: Das System des Vedanta. Leipzig 1883, [3]1920; Neudruck 2005.

DEUSSEN, P.: Die Sutra's des Vedanta oder die Cariraka-Mimansa des Badarayana nebst dem vollständigen Commentare des Cankara. Leipzig 1887.

DEUSSEN, P.: Allgemeine Geschichte der Philosophie, 2 Bd., 1894–1917.

- Bd. I/1: Allgemeine Einleitung und Philosophie des Veda bis auf die Upanishad's, Leipzig [5]1922;
- Bd. I/2: Die Philosophie der Upanishad's, Leipzig [5]1922;
- Bd. I/3: Die nachvedische Philosophie der Inder. Nebst einem Anhang über die Philosophie der Chinesen und Japaner, Leipzig [4]1922.

Deussen, P.: Sechzig Upanishad's des Veda. Aus d. Sanskrit übers. u. m. Einleitungen und Anmerkungen versehen. Leipzig 1897, ³1921.
Deussen, P.: Vier philosophische Texte des Mahabharatam. Sanatsujata-Parvan, Bhagavadgita, Mokshadharma, AnuBhagavadgita. In Gemeinschaft mit Otto Strauss aus d. Sanskrit übersetzt. Leipzig 1906.
Deutsch, E.: Studies in Comparative Aesthetics. Honolulu 1975.
Didion, J.: Slouching Towards Bethlehem: Essays. FSG Classics 2008/Vogue 1961.
Dilthey, W.: Der Aufbau der Geschichtlichen Welt in den Geisteswissenschaften, hrsg. v. Groethuysen, B., Gesammelte Schriften. Stuttgart ²1958.
Diogenes Laertius: Von dem Leben und den Meinungen berühmter Philosophen. Wiesbaden 2008, Hamburg 1967.
Drewermann, E.: Glauben in Freiheit. Düsseldorf 1993.
Dschuang Dsi: Das wahre Buch vom südlichen Blütenland. Übers. v. R. Wilhelm. München 1988.
Dumont, L.: Homo Hierarchicus. The Caste System and its Implications. London 1970.
Dutt, M. N.: The Dharma Sutras. Calcutta 1908.
Ekstein, R., Wallerstein, R. S.: The Teaching and Learning of Psychotherapy. New York 1958.
Elberfeld, R.: Kitaro Nishida und die Frage nach der Interkulturalität. Würzburg 1994.
Elberfeld, R., Arisaka, Y. (Hg.): Kitaro Nishida in der Philosophie des 20. Jahrhunderts. Mit Texten Nishidas in deutscher Übersetzung. Freiburg/München 2014.
Ellis, H.: Psychology of Sex. London 1963.
Edelglass, W.: Emptiness appraised. A Critical Study of Nagarjuna's Philosophy, in: Philosophy East & West, Oct. 2003, 502–506.
Edmundson, M.: Sigmund Freud. München 2009.
Eliade, M: Die Sehnsucht nach dem Ursprung. Von den Quellen der Humanität. Wien 1973.
Eliade, M. (ed.): The Encyclopedia of Religion. 16 Vols. New York 1987.
Eliade, M.: Geschichte der religiösen Ideen. 4 in 5 Bd. Freiburg i. Br. ³1997.
Erikson, E. H.: Identität und Lebenszyklus. Frankfurt a. M. 1973.
Faict, A. J. S. E.: Philosophische Voraussetzungen des interkulturellen Dialogs. Nordhausen 2011.
Fann, K. T.: Die Philosophie Ludwig Wittgensteins. München 1971.
Feuerbach, L.: The Essence of Christianity (1841), New York 1881/2008.
Figl, J.: Handbuch der Religionswissenschaft. Göttingen 2003.
Figl, J.: Religionswissenschaft – Interdisziplinarität und Interreligiosität. Wien 2007.
Flanagan, O.: The Bodhisattva's Brain. Buddhism Naturalized. Cambridge, Massachusetts 2011.
Flintoff, E. Pyrrho and India, in: Phronesis, vol. XXV, 1980, 88–108.
Fraenkel, C.: Mit Platon in Palästina. Vom Nutzen der Philosophie in einer zerrissenen Welt. München 2016.
Frankl, V.: Der unbedingte Mensch. Wien 1949.

Frankl, V.: Die Psychotherapie in der Praxis. München [5]1986.
Frankl, V.: Das Leiden am sinnlosen Leben. Freiburg/München 1989/[2]2015.
Frankl, V.: The Feeling of Meaningless. In: The American Journal of Psychoanalyses 32, 85, 1972.
Frauwallner, E.: Geschichte der indischen Philosophie, 2 Bde. Salzburg 1953–56. [Neuausgabe, hg. v. A. Pohlus, Aachen 2003].
Frauwallner, E.: Philosophie des Buddhismus. Berlin [5]2010.
Freud, S.: Erinnern, Wiederholen und Durcharbeiten. Zuerst in: Internationale Zeitschrift für Ärztliche Psychoanalyse, Bd. 2 (6), 1914, 485–91.
Freud, S.: Gesammelte Werke 1893–1939, Bd. 10, 1910–1919.
Freud, S.: Das Unbehagen in der Kultur. Wien/Zürich 1930.
Freud, S.: Die Widerstände gegen die Psychoanalyse, in: Selbstdarstellung, Schriften zur Geschichte der Psychoanalyse, Frankfurt a. M. 1971
Freud, S: Psychoanalyse. Ausgewählte Schriften. Leipzig 1984.
Freud, S.: Das Unbehagen in der Kultur. Stuttgart 2010.
Freud, S.: Abriss der Psychoanalyse. Lohmann, H.-M. (Hg.), Stuttgart 2010.
Freud, S.: Die Traumdeutung. Hamburg 2010.
Freud, S.: Vorlesungen zur Einführung in die Psychoanalyse. Hamburg 2010.
Fromm, E., Suzuki, D.: Zen-Buddhismus und Psychoanalyse. Frankfurt a. M. 1972.
Fromm, E.: Über den Ungehorsam und andere Essays. Stuttgart 1982.
Fuchs, T.: Leib, Raum, Person. Stuttgart 2000.
Fuchs, T.: Der Begriff der Person in der Psychiatrie. In: Der Nervenarzt, Volume 73, Issue 3, 2002, 239–246.
Fuchs, T.: Non-verbale Kommunikation: Phänomenologische, entwicklungspsychologische und therapeutische Aspekte. In: Zeitschrift f. klinische Psychologie, Psychiatrie und Psychotherapie, Nr. 51, 2003, 333–345.
Fuchs, T.: The Challenge of Neuroscience: Psychiatry and Phenomenology Today. In: Philosophy and Psychiatry, hrsg. v. Schramme, T. und Thome, J., Berlin 2004, 188–200.
Fuchs, T.: Neurobiology and Psychotherapy: An Emerging Dialogue. In: Current Opinion in Psychiatry, Volume 17, Issue 6, 2004, 479–485.
Fuchs, T.: Ökologie des Gehirns. In: Der Nervenarzt, Volume 76, Issue 1, 2005, 1–10.
Fuchs, T.: Das Gehirn – Ein Beziehungsorgan. Stuttgart 2010.
Fuchs, T.: Das Gehirn – Ein Beziehungsorgan. In: Information Philosophie, 5/2010.
Gadamer, H.-G.: Europa und die Ökumene. In: Europa und die Philosophie. Gander, H.-H. (Hg.), Stuttgart 1993.
Gandhi, M. K.: The Collected Works of Mahatma Gandhi. Ed. by the Ministry of Information & Broadcasting, Government of India. 90 Vols. Delhi 1958–1984.
Gandhi, M. K.: My Religion, ed. by B. Kumarappa. Ahmedabad 1955.
Gandhi, M. K.: My Truth is God, ed. by P. K. Prabhu. Ahmedabad 1955.
Gandhi, M. K.: The Story of my Experiment with Truth. Ahmedabad [2]1959; Washington 1960. [Übers. aus d. Gujerati.]

GANDHI, M. K.: My Philosophy and Life and: All Religions are True, ed. by A. T. Hingorani. Bombay 1961–62.
GANERI, J.: Indian Logic, in: Handbook of the History of Logic, vol. 1: Greek, Indian and Arabic Logic, ed. by M. Gabbay and J. Woods. New York – London 2004.
GANERI, J. (Ed.), Carlisle, C.: Philosophy as Therapeia. Cambridge University Press 2010.
GANERI, J.: A Manifesto for Re:emergent Philosophy. In: Confluence: Online Journal of World Philosophies, Vol. 4, 2016, 134–141.
GANERI, J. (Hg.): The Collected Essays of Bimal Kraishna Matilal: Ethics and Epics. New Delhi 2002.
GEERTZ, C.: Welt in Stücken. Wien 1995.
GHURYE, G. S.: Caste, Class and Occupation. Bombay 1961.
GLASENAPP, H.: Die Philosophie der Inder. Eine Einführung in ihre Geschichte und in ihre Lehren. Stuttgart [3]1974.
GLASENAPP, H.: Indische Geisteswelt. Glaube, Dichtung und Wissenschaft der Hindus. Baden-Baden 1959.
GNOLI, R.: The Aesthetic Experience According to Abhinavagupta. Varanasi 1985.
GRANET, M.: Das chinesische Denken. Frankfurt a. M. 1985.
GRASS, G.: Zunge zeigen – Ein interkultureller Zugang aus indischer Perspektive, in: Begegnung von Religionen und Kulturen. Lüddeckens, D. (Hg.), Dettelbach 1998.
GRIFFITH, R. T. H.: The Hymns of Rigveda, Vol. 2, Benares 1920.
GRIMES, John: A Concise Dictionary of Indian Philosophy. Sanskrit Terms Defined in English. New and Revised Edition. New York 1996.
GRÜN, K.-J.: Arthur Schopenhauer interkulturell gelesen. Nordhausen 2005.
GOVINDA, L. A.: Die psychologische Haltung der frühbuddhistischen Philosophie. Wiesbaden 1962.
HAAS, A.: Ignatius von Loyola: *Geistliche Übungen*. Hrsg. u. Übers. Adolf Haas SJ, Freiburg 1966.
HABERMAS, J.: Zwischen Naturalismus und Religion, in: CICERO, Oktober 20
HADOT, P.: Philosophie als Lebensform. Geistige Übungen in der Antike. Berlin 1991.
HADOT, P.: Philosophie als Lebensform. Geistige Übungen in der Antike. Frankfurt a. M. [3]2011.
HALBFASS, W.: Indien und die Geschichtsschreibung der Philosophie, in: Philosophische Rundschau 23 (1976), 104–131.
HALBFASS, W.: Indien und Europa. Perspektiven ihrer geistigen Begegnung. Basel 1981. [Erweiterte, v. Autor besorgte engl. Übers. u. d. T. »India and Europe. An Essay in Philosophical Understanding«, Albany 1988; Delhi 1990.]
HALBFASS, W.: Tradition and Reflection: Explorations in Indian Thought. Albany 1991.
HALBFASS, W.: On Being and what there is: Classical Vaisesika and the History of Indian Ontology. Albany 1992.
HEINZ, A.: Der Begriff der psychischen Krankheit. Berlin 2014.
HEIDEGGER, M.: Was ist das – die Philosophie? Pfullingen 1963.

Heidegger, M.: Europa und die deutsche Philosophie. (1936) In: Martin Heidegger-Gesellschaft Schriftenreihe Band 2, Frankfurt a. M. 1993, 31–41.
Heidegger, M.: Unterwegs zur Sprache. GA 12.
Hick, J.: Philosophy of Religion. Englewood Cliffs, NJ, Prenticehall 1990.
Hick, J.: Gott und seine vielen Namen. Frankfurt a. M. 2002.
Hiriyanna, M.: Outlines of Indian Philosophy. London 1932; 1958.
Hoffmann, Y.: The Idea of Self East and West. A Comparison between Buddhist Philosophy and the Philosophy of David Hume. Calcutta 1980.
Hölderlin, F.: Sämtliche Werke und Briefe, hg. v. G. Mieth, Bd. 1, München 1970.
Holenstein, E.: Philosophie außerhalb Europas, in: Orthafte Ortlosigkeit der Philosophie. Eine interkulturelle Orientierung, hg. v. H. R. Yousefi et al. Nordhausen 2007.
Hopkins, E. W.: The Great Epic of India. New Haven 1928.
Hume, D.: A Treatise of Human Nature. ed. by L. A. Selby-Bigge. Oxford 1960.
Hume, D.: Enquiries. ed. by L. A. Selby-Bigge. Oxford 1966.
Hume, D.: Ein Traktat über die menschliche Natur. Philosophische Bibliothek Band 283. Hamburg 1973.
Hume, D.: Hume, D.: Eine Untersuchung über den menschlichen Verstand. Stuttgart 1982.
Huntington, C. W.: The Emptiness of Emptiness. Honolulu 1989.
Husserl, E.: Ideen zu einer reinen Phänomenologie und phänomenologischen Philosophie. Erstes Buch. Allgemeine Einführung in die Phänomenologie. Hg. v. W. Biemel. Den Haag 1950 [Husserliana, III].
Husserl, E.: Die Krisis der europäischen Wissenschaften und die transzendentale Phänomenologie. Eine Einleitung in die phänomenologische Philosophie. Hg. v. W. Biemel. Den Haag 1954 [Husserliana, VI].
Husserl, E.: Die Krisis der europäischen Wissenschaften und die transzendentale Phänomenologie. Bd. 6, Den Haag/Nijhoff 1962.
Jacobi, H.: Anandavardhanas Dhvanyaloka. Schriften zur indischen Poetik und Ästhetik. Darmstadt 1969 (EA: 1903).
Jacobi, H.: Zur Frühgeschichte der indischen Philosophie, in: Kleine Schriften, Teil 2, hg. v. B. Klöver. Wiesbaden 1970.
Jagganath: Rasagangadhara with Marmaprakasa by Nagesa, ed. with Sanskrit Commentary and Hindi Translation by M. Shastri, 3 Vols. Varanasi 1964–70.
James, W.: Die Vielfalt religiöser Erfahrungen. Eine Studie über die menschliche Natur. Frankfurt a. M. – Leipzig 1997 [= Dt. Übers. v. The Varieties of Religious Experience. A Study in Human Nature. New York – London 1902].
James, W.: Selected Papers on Philosophy. London 1961.
James, W.: Der Sinn des Lebens. Ausgewählte Texte hrsg. v. Krämer, F. und Pape, H., Darmstadt 2010
Jaspers, K.: Allgemeine Psychopathologie. Berlin/Heidelberg 1946.
Jaspers, K.: Vom Ursprung und Ziel der Geschichte. München – Zürich 1949.
Jaspers, K.: Aus dem Ursprung denkende Metaphysiker. Stuttgart 1957.
Jaspers, K.: Einführung in die Philosophie. München 1971.
Jaspers, K.: Psychologie der Weltanschauungen. München [6]1971.
Jaspers, K.: Der philosophische Glaube. München [7]1981.

JASPERS, K.: Weltgeschichte der Philosophie. Einleitung. hrsg. v. Hans Saner. München 1982.

JASPERS, K.: Der Arzt im technischen Zeitalter. München 1986.

JASPERS, K.: Die großen Philosophen. München [4]1988.

JASPERS, K.: Nachlaß zur philosophischen Logik. Saner, H., Hänggi, M. (Hg.). München 1991.

JASPERS, K.: Die Unabhängigkeit des philosophierenden Menschen. München 1997.

JASPERS, K.: Was ist der Mensch. München 2000.

JASPERS, K.: Karl Jaspers – Phänomenologie und Psychopathologie. Fuchs, T., Micali, S., Wandruszka, B. (Hg.), München/Freiburg 2013.

JAYASWAL, K. P.: Hindu Polity, 2 Vols. Bangalore 1955.

JHA, G. (tr.): The Yoga-darsana. The Sutras of Patanjali with Bhashya of Vyasa. Bombay 1907; Madras [2]1934.

JHA, G. (tr.): Manu Smrti. Calcutta 1920–26.

JOLLY, J., and Schmidt, R. (tr.): Arthasastra of Kautilya. Lahore 1923.

JUNG, C. G.: Probleme der Psychotherapie. Olten 1972.

KANE, P. V.: History of Dharmasastra, 4 Vols. Bombay 1930–53.

KANT, I.: Verkündigung des nahen Abschlußes eines Tractats zum ewigen Frieden in der Philosophie, 1798 Akademieausgabe Bd. 8, Berlin 1923.

KANT, I.: Kleinere Vorlesungen, Philosophische Enzyklopädie, in: Akademieausgabe Bd. 29, Berlin 1980.

KAPSTEIN, M. T.: Reason's Traces. Identity and Interpretation in Indian and Tibetan Buddhist Thought. New Delhi 2003.

KAUTILYA: Arthasastra, ed. by T. G. Sastri, I – III, Trivandrum 1924–25.

KIENER, F.: Empirische Kontrolle psychoanalytischer Thesen. In: Handbuch der Psychologie: Bd. 8, Klinische Psychologie, Göttingen 1978.

KIERKEGAARD, S.: Über meine Wirksamkeit als Schriftsteller. Gesammelte Werke, Köln 1960.

KIMMERLE, H.: Interkulturelle Philosophie. Zur Einführung. Hamburg 2002.

KIMURA, B.: Zwischen Mensch und Mensch. Darmstadt 1995.

KIMURA, B.: Das Zwischen als Grundlage der phänomenologischen Methode in der psychiatrisch-psychotherapeutischen Praxis. In: Phänomenologie in Psychotherapie und Beratung, Existenzanalyse 24. Jahrgang, 2/2007.

KIRLOSKAR-STEINBACH, M., Dharampal-Frick, G., Friele, M.: Die Interkulturalitätsdebatte. Leit- und Streitbegriffe. Freiburg/München 2012.

KRACAUER, S.: Die Wartenden. (1922) In: Das Ornament der Masse. Frankfurt a. M. 1977, 106–119.

KRISHNA, D. (ed.): India's Intellectual Tradition. Varanasi 1987.

KRISHNAMOORTY, K.: Indian Literary Theories. Delhi 1985.

KRISHNAMURTHY, K. H.: Foundations of Ayurveda. An Anthropological Approach. Delhi 1999.

LANG, K. C. (Tr.): Four Illusions: Candrakirtis's Advice to Travellers on the Boddhisattva Path. New York 2003.

LEVINAS, E.: Die Spur des Anderen. Freiburg i. Br. 1983.

LINDSETH, A.: Zur Sache der Philosophischen Praxis. Karl Alber, Freiburg/München 2005.

LIESSMANN, K. P.: Philosophie des verbotenen Wissens. Friedrich Nietzsche und die schwarzen Seiten des Denkens. Hamburg 2009.
LORENZ, K.: Indische Denker. München 1998.
LÖWITH, K.: Gesammelte Abhandlungen zur Kritik der geschichtlichen Existenz. Stuttgart 1960
LOTUS-SUTRA. Sutra von der Lotusblume des wunderbaren Gesetzes. Aus dem chinesischen Original von Kumarajiva übersetzt und eingeleitet von Margareta von Borsig. Gerlingen 1992.
MADER, W.: Scheler. Reinbeck bei Hamburg 1995.
MADHAVA: Sarva-darshana-samgraha. Engl. Übers. v. E. B. Cowell u. A. E. Gough. Kalkutta 1894. (Dt. Teilübersetzung in: DEUSSEN, P., Die nachvedische Philosophie der Inder, Leipzig [4]1922 [= Allgemeine Geschichte der Philosophie I/3], 192–344.)
MAHADEVAN, T. M. P.: Gaudapada. A Study in Early Vedanta. Madras 1952.
MAHADEVAN, T. M. P.: Vaisesika. A Study in Early Advaita. Madras 1952.
MAITRA, S. K.: An Introduction to the Philosophy of Sri Aurobindo. Benares 1945.
MALL, R. A.: Experience and Reason. Den Haag 1973.
MALL, R. A.: On Reflection and Negation, in: Philosophy and Phenomenological Research, Vol. 35, No. 1, 1974, 79–92.
MALL, R. A.: Studien zur indischen Philosophie und Soziologie. Zur vergleichenden Philosophie und Soziologie. Meisenheim 1974.
MALL, R. A.: Der operative Begriff des Geistes. Locke, Berkeley, Hume. Freiburg – München 1984.
MALL, R. A.: Die orthafte Ortlosigkeit der Hermeneutik. Zur Kritik einer »reduktiven Hermeneutik«, in: Widerspruch 15, 1988, 38–49.
MALL, R. A., HÜLSMANN, H.: Die drei Geburtsorte der Philosophie. China, Indien, Europa. Bonn 1989.
MALL, R. A.: Meditationen zum Adjektiv »europäisch« aus interkultureller Sicht, in: Der technologische Imperativ. Heinz Hülsmann zum 75. Geburtstag, hg. v. W. Blumberger und D. Nemeth. München 1990. 139–150.
MALL, R. A.: The God of Phenomenology in Comparative Contrast to Theology and Philosophy, in: Husserl Studies 8, 1991.
MALL, R. A.: Macht und Ohnmacht der Vernunft in der Moral, in: Schopenhauer-Jahrbuch, Bd. 72, 1991, 67–76.
MALL, R. A.: Zur interkulturellen Theorie der Vernunft. Ein Paradigmenwechsel, in: Vernunftbegriffe in der Moderne, hg. v. H. F. Fulda und R.-P. Horstmann, Stuttgart 1994.
MALL, R. A.: Philosophie im Vergleich der Kulturen. Darmstadt 1995.
MALL, R. A.: Was konstituiert philosophische Argumente? [= Bremer Philosophica, 1996/1, Universität Bremen].
MALL, R. A.: Der Hinduismus. Seine Stellung in der Vielfalt der Religionen. Darmstadt 1997.
MALL, R. A.: Mensch und Geschichte. Wider die Anthropozentrik. Darmstadt 2000.
MALL, R. A.: Interkulturelle Verständigung. Primat der Kommunikation vor dem Konsens?, in: Ethik und Sozialwissenschaften, Jg. 11, H. 3, Stuttgart 2000, 337–350.

MALL, R. A.: Essays zur interkulturellen Philosophie. Nordhausen 2003.

MALL, R. A.: Zur Hermeneutik des Einen mit vielen Namen. Eine interkulturelle Perspektive, in: Uhl, F./Boelderl, A. R.(Hgg.): Die Sprachen der Religion, Berlin 2003, 349–375.

MALL, R. A.: Ludwig Wittgensteins Philosophie – interkulturell gelesen. Nordhausen 2005.

MALL, R. A. Mahatma Gandhi – interkulturell gelesen. Nordhausen 2005.

MALL, R. A.: Nagarjunas Philosophie – interkulturell gelesen. Nordhausen 2006.

MALL, R. A.: Nietzsches Lehre von der ewigen Wiederkunft oder Das tragische Schicksal der kleinen Subjekte in der Geschichte – eine interkulturelle Sicht, in: Die Auflösung des abendländischen Subjekts und das Schicksal Europas, hg. v. B. Vogel und H. Seubert, München 2005, 133–145.

MALL, R. A.: Interkulturalität. In: Brockhaus Enzyklopädie, 21. Aufl., Bd. 13, Leipzig – Mannheim 2006, 392–396.

MALL, R. A., SONI, J.: Kleines Lexikon der indischen Philosophie. Freiburg – München 2009.

MALL, R. A.: Vernunft – interkulturell. In: Yousefi, H. R./Fischer, K. (Hgg.): Viele Denkformen – eine Vernunft? Nordhausen 2010. 35–57.

MALL, R. A.: Universalismus: Anspruch und/oder Wirklichkeit. Zur Theorie und Praxis eines nicht-essentialistischen »Überlappungsuniversalismus«. In: Vieweg, K. (Hg.): Universalismus. Weimar 2011, 52–73.

MALL, R. A.: Protoreligiosity of Non-Violence (Ahimsa) in Theory and Practice for Peaceful Religious Encounters. In: in ascolto dell' Asia. Urbaniana University Press 2013.

MALL, R. A.: Indische Philosophie – Vom Denkweg zum Lebensweg. Freiburg/München 2012.

MARCHANT, J.: Heal Thyself. In: Webb, J. (Hrsg.): Nothing: Surprising Insights Everywhere from Zero to Oblivion. New York 2014.

MARQUARD, O.: Über die Unvermeidlichkeit der Geisteswissenschaften. In: Apologie des Zufälligen, Stuttgart 1986.

MARQUARD, O.: Abschied vom Prinzipiellen: Philosophische Studien. Stuttgart 1986.

MARQUARD, O.: Philosophische Praxis. In: Historisches Wörterbuch der Philosophie. Ritter, J. (Hrsg.), Basel/Stuttgart 1989.

MASSON, J. L./PATWARDHAN, M. V.: Shantarasa and Abhinava Gupta's Philosophy of Aesthetics. Poona 1969.

MASSON-OURSEL, P.: La philosophie comparée. Paris 1923. (Engl.: Comparative Philosophy, London 1926).

MATILAL, B. K.: Epistemology, Logic and Grammar in Indian Philosophical Analysis. The Hague – Paris 1971.

MATILAL, B. K.: The Central Philosophy of Jainism (Anekantavada). Ahmedabad 1981.

MATILAL, B. K.: Logic, Language and Reality. An Introduction to Indian Philosophical Studies. Delhi 1985.

MATILAL, B. K. and EVANS, R. D. (eds.): Buddhist Logic and Epistemology. Studies in the Buddhist Analysis of Inference and Language. Boston 1986.

Matilal, B. K.: Perception. An Essay on Classical Indian Theories of Knowledge. Oxford 1986.
Matilal, B. K.: The Word and the World. India's Contribution to the Study of Language. Delhi 1992.
Matilal, B. K.: Philosophy, Culture and Religion. Mind, Language and World, ed. by J. Ganeri. Oxford – New Delhi 2002.
Mehlig, J. (Hg.): Weisheit des alten Indien, 2 Bde. Leipzig 1987.
Merleau-PONTY, M.: Zeichen. Hamburg 2007.
Messing, M.: Von Buddha bis C. G. Jung. Religion als lebendige Erfahrung. Olten 1990.
Mirandola, P.: Über die Würde des Menschen. Zürich 1988.
Misch, G.: Der Weg in die Philosophie. Leipzig – Berlin 1926.
Mittelstrass, J.: Die Stunde der Interdisziplinarität. In: Kocka, J. (Hrsg.): Interdisziplinarität. Frankfurt a. M. 1987.
Mohanty, J. N.: Philosophy as Reflection on Experience, in: Indian Philosophy Today, ed. by N. K. Devaraja, Delhi 1975.
Mohanty, J. N.: Reason and Tradition in Indian Thought. An Essay on the Nature of Indian Philosophical Thinking. Oxford 1992; repr. 1999.
Mohanty, J. N.: Essays on Indian Philosophy, Traditional and Modern. Ed. by P. Bilimoria. Delhi 1993.
Mohanty, J. N.: Classical Indian Philosophy. New York – Oxford 2000.
Mohanty, J. N.: The Self and its Other. Philosophical Essays. New Delhi 2000.
Mohanty, J. N.: Explorations in Philosophy. Indian Philosophy. Essays. Ed. by B. Gupta. New Delhi 2001.
Moos, T., Rehmann-Sutter, C., Schües, C. (Hg.): Randzonen des Willens. Frankfurt a. M. 2016.
Mossner, E. C.: The Life of Hume. Oxford 1980.
Müller, F. M.: Einleitung in die vergleichende Religionswissenschaft. Straßburg 1876.
Munro, T.: Oriental Aesthetics. Cleveland 1965.
Müller, F. M.: The Six Systems of Indian Philosophy. 1899. Repr. London 1928.
Murti, T. R. V.: The Central Philosophy of Buddhism: A Study of the Madhyamika System. London ²1960.
Murty, K. S., and K. R. RAO (eds.): Current Trends in Indian Philosophy. New Delhi 1972.
Mylius, K.: Die vier edlen Wahrheiten. Texte des ursprünglichen Buddhismus. Stuttgart 1998.
Nagarjuna: The Vigrahavyavartani of Nagarjuna with the author's Commentary, ed. by E. H. Johnston & A. Kunst, in: Mélanges chinois et bouddhiques, Neuvième volume, 1948–51.
Nagarjuna: The Fundamental Wisdom of the Middle Way. Nagarjuna's Mulamadhyama-kakarika. Trans. and commentary by J. L. Garfield. New York 1995.
Nagarjuna: Letter. Nagarjuna's Letter to a Friend. Commentary by Venerable Rendawa, Zhö-nulo-drö. Tr. By Geshe Lobsang Tharcin and Artemus B. Engle. Library of Tibetian Works. Dharamsala 1979.
Nagarjuna: Mulamadhyamakakarika, tr. & ed. by D. T. Kalupahana. Delhi 1991.

Nagarjuna: The Fundamental Wisdom of the Middle Way: Nagarjuna's Mulamadhyamakakarika, trans. and commentary by J. L. Garfield, New York 1995.

Nagarjuna: Die Lehre von der Mitte. Mula-madhyamaka-karika. Hamburg 2010.

Nakamura, H.; Ways of Thinking of Eastern Peoples. India-China-Tibet-Japan. Revised English translation, ed. by P. P. Wiener. Honolulu 1968. [Jap. EA: Tokyo 1960.]

Nakamura, H.: Indian Buddhism. A Survey with Bibliographical Notes. Delhi 1987.

Nancy, J.-L.: Corpus. Berlin 2007.

Neumann, K. E.: Die Reden Gotamo Buddhos in 4 Bänden, München 1927.

Nietzsche, F.: Licht wird alles, was ich erfasse. Lexikon der Nietzsche Zitate, hrsg. v. Prossliner, J., München 1999.

Nietzsche, F.: Gesammelte Werke, Köln 2012.

Nietzsche, F.: Sämtliche Werke. Studienausgabe in 15 Bänden, hrsg. v. Colli, G. und Montinari, M., München 1980.

Nietzsche, F.: Jugendschriften in fünf Bänden, hrsg. v. Mette, H. J. und Schlechta, K., München 1994.

Nishida, K.: Gesamtausgabe, Tokyo ^{4}1987.

Nordhofen, E. (Hg.): Philosophen des zwanzigsten Jahrhunderts im Porträt. Frankfurt a. M. 1986.

Nussbaum, M.: The Therapy of Desire. Princeton 1994.

Nussbaum, M.: Upheavels of Thought: The Intelligence of Emotions. Cambrige University Press 2001.

Nyanatiloka: Die Lehrreden des Buddha aus der Angereihten Sammlung: Angutara-Nikaya. Köln 1969.

Nyanatiloka: *Abhidhamma-Pitak*. Bd. 1, Breslau 1910.

Nyanatiloka: Buddhist Dictonary. Taiwan 2000.

Pätzold, H.: How to bridge the Gap between the Philosophy of Art and Aesthetics of nature: A Systematic Approach, in: Issues in Contemporary Culture and Aesthetics, 5, Maastricht 1997.

Pacyna, T.: Was ist transkulturell an Musikvermittlung und reicht das Konzept der Transkulturalität aus, um Musik im Unterricht zu vermitteln? In: Binas-Preisendörfer, S., Unseld, M. (Hrsg.): Transkulturalität und Musikvermittlung. Frankfurt a. M. 2012.

Pacyna, T.: Kulturen in Bewegung – Beiträge zur Theorie und Praxis der Transkulturalität. In: interculture journal 14/24, 2015.

Pacyna, T., Böll, A.-C.: Grenzen in ihrer Vielfalt: Beiträge aus der theoretischen und praktischen Philosophie. Nordhausen 2015.

Pacyna, T.: The hen and egg principle of religion and theology, in: The Origin of Religion: Perspektives from Philosophy, Theology, and Religious Studies, hrsg. v. Appelqvist, H. und Pihlström, S.: Helsinki 2016.

Pacyna, T.: Die Fremdheit des Eigenen. Wittgensteins Kultur der Einstellung, in: Das Fremde: Chance oder Bedrohung, hrsg. v. Fuchs, B. und Farokhifar, K., nachdenken 6. Rheinbach 2016.

Pandey, K. C.: Abhinavagupta. Varanasi ^{2}1963.

Panikkar, R.: Interreligious Dialogue. New York 1978.

PASCAL, B.: Gedanken über die Religion und einige andere Gegenstände. Pensées sur la religion et sur quelques autres sujets, 1656–1662. Heidelberg 1972.
PATANJALI: Die Wurzeln des Yoga. Die Yoga-Sutren des Patanjali mit einem Kommentar von P. Y. Deshpande, übers. u. hrsg. v. Bäumer, B., Wien/München 1979.
PETERMAN, J. F.: Philosophy as Therapy. Albany New York 1992.
PETZOLD, H. G.: Methoden des therapeutischen Umgangs mit Symbolen und Symbolisierungsprozessen – Überlegungen zu Kernqualitäten des Menschenwesens. Vortrag auf dem 7. Deutschen Symposium für Kunsttherapie, Hückeswagen 1988.
PLESSNER, H.: Zwischen Philosophie und Gesellschaft. Bern 1953.
PLESSNER, H.: Zwischen Philosophie und Gesellschaft. Frankfurt a. M. 1979.
PLESSNER, H.: Gesammelte Schriften. (GS) Band V.
PLOTT, J. C.: Global History of Philosophy, Vols. I – V. Delhi 1977–1989.
POLTRUM, M.: Klinische Philosophie. Logos Ästhetikus und Philosophische Therapeutik. Berlin 2011.
POPKIN, R.: The History of Scepticism from Erasmus to Spinoza. Berkeley – Los Angeles ²1979.
POPPER, K.: Der Zauber Platons. Die offene Gesellschaft und ihre Feinde. Band I, München 1973.
POPPER, K.: Alles Leben ist Problemlösen. Über Erkenntnis, Geschichte und Politik. München/Zürich 1994.
POPPER, K.: Alle Menschen sind Philosophen. München Piper 2004.
POTTER, K. H.: Presuppositions of India's Philosophies. Englewood Cliffs, NJ, 1963; repr. 1976.
PRABHU, P. H.: Hindu Social Organisation. Bombay 1963
RADHAKRISHNAN, S.: Indian Philosophy, 2 Vols. London 1923–1927, ²1929–1931 [Dt. Übers. v. R. Jockel, Indische Philosophie, 2 Bde., Darmstadt – Baden-Baden – Genf 1955–1956.]
RADHAKRISHNAN, S.: The Religion We Need. London 1928.
RADHAKRISHNAN, S.: Religion and Society, London 1947 u. ö.
RADHAKRISHNAN, S.: The Bhagavad Bhagavadgita. With introductory essay, Sanskrit text, translation and commentary. London – New York 1948 u. ö.
RADHAKRISHNAN, S. (Chairman of the Editorial Board): History of Philosophy, Eastern and Western, 2 Vols. London 1952–53.
RADHAKRISHNAN, S. (trans. and commentary): The Principal Upanisads. London 1953.
RADHAKRISHNAN, S./MUIRHEAD, J. (eds.): Contemporary Indian Philosophy. London ⁴1966; Bd. 2, ed. M. Chatterjee, London 1974.
RADHAKRISHNAN, S.: Our Heritage. New Delhi 1973.
RADHAKRISHNAN, S./MOORE, C. (Eds.): A Source Book in Indian Philosophy. Princeton ⁵1973; 12th Princeton Paperback printing 1989.
RADHAKRISHNAN, S.: Eastern Religions and Western Thought. London 1939, ²1940; New Delhi 1991.
RAMANAN, K. V.: Nagarjunas Philosophy. Delhi 1978.
RAWLS, J.: The Idea of Overlapping Consensus, In: Oxford Journal of Legal Studies, 7/1987.

Ricoeur, P.: Geschichte und Wahrheit. München 1974.
Ricoeur, P.: Interpretation Theory: Discourse and the Surplus of Meaning. Fourth Worth, Tex. 1976.
Ricoeur, P.: Oneself as Another. Chicago 1994.
Ristiniemi, J.: Wholeness and the Integral Mind. Stockholm 2003.
Rorty, R.: A Pragmatic View of Rationality and Cultural Difference, in: Philosophy East and West, vol. 42, no. IV, 1992, 581–596.
Rorty, R.: Philosophy and Hybridization of Cultures, in: Educations and their Purposes: A Conversation among Cultures, eds. Roger Ames and Peter Hershock. Honolulu 2008, 41–53.
Rosa, H.: Weltbeziehungen im Zeitalter der Beschleunigung. Berlin 2012.
Ruschmann, E.: Philosophische Beratung. Kohlhammer, Berlin/Köln 1999.
Safranksi, R.: Nietzsche. Biografie seines Denkens. München/Wien 2000.
Saner, H.: Karl Jaspers – Von der Weite der Vernunft und der Verlässlichkeit des Handelns.
Sarkar, B. N.: The Political Institutions and Theories of the Hindus. A Study in Comparative Politics. Calcutta 1939.
Scheler, M.: Vom Ewigen im Menschen. In: Gesammelte Werke, hg. v. Maria Scheler, Bd. 5, Bern – München 1954.
Scheler, M.: Die Stellung des Menschen im Kosmos. Bern – München [6]1962.
Scheler, M.: Philosophische Weltanschauung. Bern 1968.
Schmidt-Leukel, P.: Sag- und Unsagbarkeit von Transzendenz. Zur Hermeneutik menschlicher Gottesrede, in: Uhl, F., Boelderl, A. R. (Hg.): Die Sprachen der Religion, Berlin 2003, 31–47.
Schmidt-Leukel, P: Understanding Buddhism. Edinburgh 2006.
Schmiedl-Neuburg, H.: Graeco-Indische Begegnungen. Die Pyrrhonische Skepsis und die Indische Philosophie, in: Zeitschrift für Kulturphilosophie 8/2014, 343–366.
Schopenhauer, A.: Die Welt als Wille und Vorstellung. Frankfurt a. M. 1986.
Schopenhauer, A.: Die Welt als Wille und Vorstellung. Züricher Ausgabe in zehn Bänden, Band II, Wiesbaden 1972.
Schopenhauer, A.: Parerga und Paralipomena. Frankfurt a. M. 1986.
Schopenhauer, A.: Über die Grundlage der Moral. Züricher Ausgabe in zehn Bänden, Band VI, Zürich 1977.
Schütz, A.: Das Fremde. Gesammelte Aufsätze, Bd. 2, Den Haag 1972.
Sepp, R.: Die Grenze denken. Nordhausen 2011.
Seebass, G.: Was heißt, sich im Wollen orientieren? In: Betzler, Guckes (Hrsg.): Autono-mes Handeln. Beiträge zur Philosophie von Harry G. Frankfurt. Berlin 2000, 193–214.
Sextus Empiricus: Grundriss der pyrrhonischen Skepsis. Übers. v. Hossenfelder, M., Frankfurt a. M. 1985.
Shankara [zugeschrieben]: Sarva-siddhanta-samgraha. Engl. Übers. v. M. Rangacarya. Madras 1909.
Shantideva: Siksha-Samuccaya. A Compendium of Buddhist Doctrin. Trans. by C. Bendall and W. H. D. Rouse. London 1922.
Sharma, C.: A Critical Survey of Indian Philosophy. Delhi 1979.

Sharma, I. C.: Indian Ethics, in: Indian Thought, ed. by D. H. Bishop. New Delhi 1975.
Shastri, D. A.: A Short History of Indian Materialism, Sensationalism, and Hedonism. Calcutta 1930.
Siegfried, E.: The Religion of Tagore. Madras 1949.
Skof, L.: Thinking between Cultures. Pragmatism, Rorty and Intercultural Philosophy. Pensando entre culturas. Pragmatismo, Rorty y la filosofía intercultural, in: Ideas y valores. Número 138. Diciembre de 2008. Bogotá, Columbia, pp. 41–71.
Smart, N.: Doctrine and Argument in Indian Philosophy. Leiden ²1992.
Smart, N.: World Philosophies. London ²2008.
Solomon, R. C.: Existentialism, Emotions, and the Cultural Limits of Rationality, in: Philosophy East and West, vol. 42, no. 4, 1992, 597–621.
Soni, J: Philosophical Anthropology in Saiva Siddhanta with Special Reference to Sivagrayogin. Delhi 1989.
Soni, J.: The Notion of Apta in Jaina Philosophy. Toronto 1996.
Sontag, S.: Krankheit als Metapher, München 1980.
Sontag, S.: As Consciousness Is Harnessed to Flesh: Journals and Notebooks, 1964–1980. Picador 2013.
Stenger, G.: Philosophie der Interkulturalität. Erfahrung und Welten. Eine phänomenologische Studie. Freiburg/München 2006.
Stegmaier, W. (Hg.): Orientierung. Frankfurt a. M. 2005.
Steiner, G.: Warum Denken traurig macht. Frankfurt a. M. 2013.
Stephan, G., Schlimme, J. E. (Hg.): Abenteurer und Selbstsorge. psycho-logik, Jahrbuch für Psychotherapie, Philosophie und Kultur, Bd. 1o, Freiburg 2015.
Steuchus, A.: De perenni philosophia. With a New Introduction by C. B. Schmitt. London 1972.
Strauss, O.: Indische Philosophie. München 1925.
Streminger, G.: David Hume: Der Philosoph und sein Zeitalter, München 2011.
Sturm, H. P.: Weder Sein noch Nichtsein. Der Urteilsvierkant (Catuskoti) und seine Korollarien im östlichen und westlichen Denken. Würzburg 1996.
Swami, R., Ballentine, R., Swami, A. C.: Yoga and Psychotherapy. The Evolution of Consciousness. Illinois 1976.
Sukla, A. C.: The Concept of Initiation in Greek and Indian Aesthetics. Calcutta 1977.
Suzuki, D. T.: Zen Buddhism. Selected Writings of Suzuki, ed. by W. Barrett. New York 1956.
Tagore, R.: The Religion of Man. London 1931; 1981.
Tagore, R.: Sadhana. London 1947.
Tetens, H.: Gott denken. Stuttgart 2015.
Thompson, E.: Mind in Life. Harvard University Press 2010.
Thompson, E.: Waking, Dreaming, Being. New York 2015.
Thomspon, E., Varela, F., Rosch, E.: Der Mittlere Weg der Erkenntnis. München 1995.
Toru, T.: Klinische Psychologie und das Zwischen. In: psycho-logik. Jahrbuch für Psychotherapie, Philosophie und Kultur, Bd. 1, Freiburg 2006, 304–317.

TILLICH, P.: Religionsphilosophie, in: Die Philosophie in ihren Einzelgebieten, hg. v. M. Dessoir, Berlin 1925.
TRAN, T.: Asiatische Philosophie. Schopenhauer und Buddhismus. Nordhausen 2007.
VALÉRY, P.: Collected Works of Paul Valéry: Analects. Vol. 14, Princeton University Press 2015.
VALÉRY, P.: Order, Disorder, and Oneself. LVIII. In: Collected Works of Paul Valéry: Analects. Vol. 14, Princeton 2015.
VITHALDAS: Das Yoga-System der Gesundheit. Stuttgart 1967.
VOSSENKUHL, W. (Hg.): Von Wittgenstein lernen. Berlin 1992.
WALKER, B.: The Hindu World: An Encyclopedic Survey of Hinduism. 2 Vols. New York
1968.
WALDENFELS, B.: In den Netzen der Lebenswelt. Frankfurt a. M. 1985.
WALDENFELS, B.: Ordnung in Zwielicht. Frankfurt a. M. 1987.
WALDENFELS, B.: Das leibliche Selbst. Frankfurt a. M. 2000.
WALDENFELS, B.: Grundmotive einer Phänomenologie des Fremden. Frankfurt a. M. 2006.
WALDENFELS, B.: Sozialität und Alterität. Frankfurt a. M. 2015.
WALDENFELS, B.: Fremdheit innerhalb und außerhalb unserer Kultur. In: Interkulturalität. Konstruktionen des Anderen. Gutjahr, O. (Hg.), Würzburg 2015.
WATSON, G.: The Resonance of Emptiness. A Buddhist Inspiration for a Contemporary Psychotherapy. Delhi 2001.
WEBER-BROSAMMER, B., BACK, D. M.: Die Philosophie der Leere. Nagarjunas Mulamdhyamaka-Karika. Übersetzung des buddhistischen Basistextes mit kommentierenden Einführungen. Wiesbaden 1997
WEISCHEDEL, W.: Die philosophische Hintertreppe. David Hume oder der skeptische Schiffbruch. München 1996.
WEIZSÄCKER, V.: Der kranke Mensch. Stuttgart 1951, GS 9.
WESTEN, D.: Psychology. Mind, Brain, Culture. New York 1996.
WERLE, J.: Seneca für Zeitgenossen. München 2000.
WERLE, J.: Klassiker der philosophischen Lebenskunst. München 2000.
WERLE, J.: Epikur für Zeitgenossen. München 2002.
WHITEHEAD, A. N.: The Function of Reason. Princeton, N. J. 1929.
WILSON, B. (ed.): Rationality. Oxford 1970.
WIMMER, F. M.: Interkulturelle Philosophie. Vom Dilemma der Kulturalität zum Polylog. Wien 2001.
WIMMER, F. M.: Globalität und Philosophie. Studien zur Interkulturalität. Wien 2003.
WIMMER, F. M.: Interkulturelle Philosophie. Eine Einführung. Wien 2004.
WINNICOTT, D.: Reading Winnicott. New York 2011.
WITTGENSTEIN, L.: Philosophische Untersuchungen. Blackwell Publishers, Zweite Auflage, Oxford 1958.
WITTGENSTEIN, L.: Über Gewissheit. Anscombe, G. E. M. und Wright, G. H. (Hrsg.), Werkausgaben Bd. 8, Frankfurt a. M. 1984.
WITTGENSTEIN, L.: Das Blaue Buch. Frankfurt a. M. 1980.
WITTGENSTEIN, L.: Die Geheimen Tagebücher (1914–1916), Wien 1991.

WITTGENSTEIN, L.: Ein Reader, hrsg. v. A. Kenny. Stuttgart 1996.
WATSON, G.: The Resonance of Emptiness. A Buddhist Inspiration for a Contemporary Psychotherpy. Delhi 2001.
WOLFF, O.: Indiens Beitrag zum neuen Menschenbild. Ramakrishna-Gandhi-Sri Aurobindo. Hamburg 1957.
WOHLFAHRT, G.: Das offene Weltmeer des Denkens und der germanozentrische Brunnen-frosch. Wider den philosophischen Lokalpatriotismus. polylog 2000.
WOOD, T. E.: Nagarjunian Disputations. A Philosophical Journey through an Indian Looking-Glass. New Delhi 1994.
YALOM, I. D.: Und Nietzsche weinte. Hamburg [13]1996.
YALOM, I. D.: Die Schopenhauer-Kur. München [5]2006.
YALOM, I. D.: Existenzielle Psychotherapie. Bergisch Gladbach 2010.
YOUSEFI, H. R., MALL, R. A.: Grundpositionen der interkulturellen Philosophie. Nordhausen 2005.
YOUSEFI, H. R., BRAUN, I., SCHEIDGEN, H.-J.: Orthafte Ortlosigkeit der Philosophie. Nordhausen 2007.
ZAHAVI, D., PARNAS, J.: The Role of Phenomenology in Psychiatric Diagnostic and Classification. In: MAJ, M. (Hrsg.): Psychiatric Diagnosis and Classification, Wiley New York 2002.
ZEA, L.: Signale aus dem Abseits. Eine lateinamerikanische Geschichte der Philosophie. München 1989.
ZIMMER, H.: Philosophies of India, ed. by J. Campbell, Princeton, NJ, 1951. [Ins Deutsche übertr. u. hg. v. L. Heyer-Grote u. d. T. »Philosophie und Religion Indiens«, Zürich 1961.]